JN449337

제3판

# 경영 · 경제수학

신준용 지음

敎友社

Preface

# 머리말

Mathematics for Economics & Management

이 책은 경영학과 경제학에서 필요로 하는 모든 수학 분야를 다루지는 않는다. 이 책의 주제는 최적화(optimization)이다. 최적화 문제를 위한 모든 기초 지식은 이 책에 포함되어 있다. 변분법(calculus of variation)이나 최적제어이론(optimal control theory)등은 이 책의 정도를 벗어나므로 포함하지 않았다.

수학을 공부하는 것은, 단지 수학적 지식을 습득하고 활용할 수 있기 때문에만 중요한 것이 아니고, 수학을 공부하는 과정 속에서 수학적 사고, 즉 논리적 사고 능력을 키우고, 명확하고 엄격한 학문적 자세를 배양할 수 있기 때문에 중요하다. 그러나 많은 학생들이 수학이라는 말에서부터 거부감을 느끼고 어렵다고 생각하기 때문에, 모두가 이해하기 쉽고 스스로 공부할 수 있는 수학책을 쓴다는 것은 쉬운 일이 아니다.

누구에게나 쉽고 재미 있게 여겨지는 수학책은 있을 수가 없다. 그러나 충분한 노력을 기울이는 사람을 위하여 이 책에서는 두 가지 노력을 기울였다. 하나는 가능한 모든 설명을 간결하고도 분명하게 하려고 노력하였다는 것이고 또 하나는 수학에 관한 종합 프로그램인 Mathematica를 각 장의 내용과 관련하여 소개함으로써 공부하는 사람 스스로 자신의 풀이가 옳은가를 쉽게 확인할 수 있게 하였다는 것이다. 이 책과 같은 내용을 다루는 다른 책들은 대부분 이 책의 두 배 이상의 분량을 갖고 있다. 이 책에서는 가능한 반복적이거나 장황한 설명을 배제하고, 경영, 경제 또는 사회문제에 응용하고자 하는 사람들에게 필요한 내용을 간결하고도 쉽게 이해될 수 있는 방법으로 제공하고자 노력하였다.

Mathematica는 부록에서 소개하는 대로 trial version을 다운 받아 사용할 수 있다. Mathematica를 책의 내용과 연관하여 설명한 책은 우리나라에서는 이 책이 처음이다. 장래 어떤 분야에서 일하던지, Mathematica에 익숙하여 진다는 것은 대단한 경쟁력이 될 것이지만, 대부분 Mathematica에 관하여 쉽게 배우고 접근할 수 있는 기회가 없거나, 좀 알고 있는 사람도 너무나 강력한 프로그램이라서 공부할 엄두를 내지 못하는 것이 현실이다. 이 책을 공부함으로써 최적화 이론에 대한 기본지식뿐만 아니라, Mathematica의 기본에도 익숙해 질 수 있는 기회를 가질 수 있다고 생각한다. Mathematica에 관한 설명은 별다른 가르침 없이 누구나 스스로 공부할 수 있도록 하였기 때문에 강의시간에 별도의 설명은 전혀 필요 없다. 컴퓨터를 사용할 줄 아는 사람이라면 누구든지 쉽게 따라서 할 수 있도록 하였으며, 실제로 컴퓨터 게임을 익히는 것보다도 더 쉽게 익힐 수 있도록 소개하였기 때문에, 배우고자 하는 의지만 있다면 최소의 노력으로 누구나 Mathematica의 기본을 습득할 수 있다.

이러한 노력에도 불구하고 이 책이, 아름답고 정교한 학문인 수학을 행여 지루하고 귀찮은 기교의 집합으로 전락시키지는 않았을까 두려움이 앞선다. 이 책에서 다루고 있는 것보다 훨씬 더 넓고 깊고 아름다운 수학의 세계가 있다는 것을 조금이라도 강조하기 위하여 잠시 수학이란 무엇이고 수학을 공부한다는 것은 무엇을 공부한다는 것인가 하는 것을 나름대로 생각해 보고자 한다.

수학이란 무엇인가 하는 질문에 대하여 수학을 많이 공부하지 않은 대부분의 사람들은 수학은 수(number)에 관한 학문이고, 세고 계산하고 이러한 계산과정을 따져 설명하는 것이라고 생각할지 모른다. 약 2,500년 전 그러니까 기원전 500년경까지의 이집트와 바벨론 시대의 수학은 그랬다. 이 때의 수학은 실제 생활에 응용하기 위한 목적으로 이루어진 마치 숫자를 요리하는 요리책 같은 것이었다.

시간이 흐르면서 무엇이 수학인가에 대한 대답도 여러 번 바뀌어 진다. 기원전 500년에서 서기 300년에 이르는 기간의 그리스 수학은 도형에 관한 학문, 즉 기하학이 중심이 된다. 숫자도 주로 기하학적인 관점에서, 즉 길이와 도형의 특징을 나타내는 데 사용되었다. 그러나 당시에 그들이 알고 있던 숫자와는 대응시킬 수 없는 길이(무리수의 길이)가 있다는 것을 알게 된 후 숫자에 관한 연구는 더 이상 진전되지 않았다. 그리스인에게 수학은 수와 도형에 관하여 연구하는 학문이었다. 단지 측정하고 셈하는 기술의 집합에서 벗어나 수학이 하나의 연구분야가 되고, 단지 실생활에 응용하기 위한 목적이 아니라 심미적 내지는 종교적인 요소까지도 갖춘 지적탐구의 대상이었다. 논리적인 전개에 의하여 수학적 주장이 공식적으로 증명될 수 있다는 생각이 탈레스(thales)에 의하여 소개된 후 수학적 정리(theorem)가 구성되고 체계화됨으로써 유크리드(Euclid)의 Elements라는 책까지 출현하게 되었던 것이다.

이후 수학의 전반적 특성에 대한 괄목할 만한 변화가 없다가 17세기 중엽 Newton과 Leibniz에 의하여 운동과 변화에 대한 연구로서 미적분학(calculus)이 발명되었다. 운동과 변화를 취급할 수 있는 기술이 개발됨에 따라 항성이나 낙하하는 물체의 운동, 유체의 흐름, 기체의 팽창, 전자기, 이익의 증감, 전염병이나 생명체의 번식 등 수 많은 문제들을 연구할 수 있게 되었다. 이제 수학은 수, 도형, 운동(motion), 변화(change)와 공간(space)에 관한 학문이 되었다.

18세기 중엽 이후, 미적분학의 엄청난 위력이 도대체 어디서 오는 것인가에 대하여 이해하고자 하는 수학자들의 노력에 의하여, 수학 자체에 대한 관심이 점차 높아지게 되었고, 19세기 말에 이르러서는 수학은 수, 도형, 운동, 변화, 공간은 물론 이들에 관한 연구에 이용되는 도구(mathematical tools)에 관한 학문이라고 말할 수 있게 되었다.

20세기부터 지금까지 이루어지고 있는 수학적 연구 활동은 가히 폭발적이라고 할 수 있을 정도로 엄청난 양이 되었다. 온 세상의 수학적 지식을 책으로 정리하면 1900년에는 80권 정도면 되었지만 지금은 대략 100,000권 정도가 된다. 매년 대략 200,000개 정도의 정리가 발표되어 있다. 20세기 초에는 수학을 대략 12개 정도의 분야로 나눌 수가 있었지만, 지금은 70 내지 80개 분야로 나눌 수가 있다. 따라서 오늘날 "수학은 무엇인가?"라는 질문에 대한 간단한 대답은 "수학자들이 생계를 위하여 수행하는 모든 일"이라고 하는 수밖에 없다.

어떤 연구가 수학으로 분류되는 것은 무엇을 연구하는가에 달려 있지 않고 어떻게 연구하는가에 달려 있다고 할 수 있다. 오늘날 대부분의 수학자가 동의할 수 있는 수학에 대한 정의는 "수학은 패턴(pattern)에 관한 학문이다"라는 정도일 것이다. 수의 패턴, 도형의 패턴, 운동의 패턴, 변화의 패턴, 형태의 패턴 등에서 보듯이, 실재하는 것이든 상상의 것이든, 가시적인 것이든 정신적인 것이든, 정적이든 동적이든, 질적이든 양적이든 간에 추상적인 패턴을 연구하는 것이 수학이다. 패턴에 관한 학문인 수학은 따라서 우리가 살고 있는 물리적·생태적·사회적 세상은 물론, 우리의 마음과 사고의 세계를 살펴보는 방법이다.

갈릴레오(Galilew)는 "자연이라는 위대한 책은 그 책이 쓰여진 언어를 아는 사람만이 읽을 수 있는데, 그 언어가 바로 수학이다"라고 하였고, 오늘날에도(1986년) 물리학자인 폴킹혼(Polkinghorne)은 "수학은 물리적 우주의 자물쇠를 여는 추상적 열쇠다"라고 하였다. 우리의 생활과 인식의 세계가 다양해짐에 따라 수학이라는 열쇠로 열어야 하는 새로운 자물쇠가 끊임없이 등장하고 있다. 단지 물리적인 세계뿐만이 아니라, 사고, 정보, 통신, 컴퓨터연산, 사회 및 삶 그 자체에서도 패턴의 인식은 중요하고, 따라서 패턴에 관한 학문인 수학이 중요한 것이다.

이 책으로 공부하는 많은 사람들이 단지 문제를 푸는 테크닉만이 아니라 운동과 변화에 대한 추상적인 패턴의 연구결과인 미적분학을 통하여 이러한 패턴을 인식하는 능력을 키우고, 아름다움을 음미할 수 있게 되기를 바란다.

2018년 1월
저자 씀

# 차 례

Contents

Mathematics for Economics & Management

## Part 01 수학의 기초적 지식

## Part 02 미분

## Part 03 최적화

# Part 01 수학의 기초적 지식

경제와 경영에서 일상적으로 접하게 되는 문제는 경영 또는 경제적 활동을 통하여 국민복지, 국민총생산, 투자 효과, 기대효용, 이익, 원가 등등으로 표현되는 활동의 목적을 어떻게 최선으로 달성할 수 있는가 하는 것이다. 최선으로 달성한다는 것은 주어진 여건하에서 목적을 최대화 또는 최소화하는 것으로서 이러한 문제를 최적화문제라고 부른다. 이 책의 목적은 최적화문제를 수학적으로 표현하고 분석하는 데 필요한 기본적인 이론과 방법을 소개하는 것이다.

제1장에서 제4장까지로 구성된 제1부에서는 최적화문제를 다루는 데 필요한 기초적인 수학지식을 소개한다. 제1장에서는 수학에 대한 이해가 왜 중요하며, 학문의 연구에서 수학적인 방법을 적용한다는 것이 무엇을 의미하는 가를 따져 본 다음, 수학이 갖고 있는 한계와 문제점에 대하여 간략하게 살펴보고, 제2장에서는 수학의 기본적인 개념을 정리하여 소개한다. 우리가 사용할 모든 기본적인 개념을 제2장에 포함하면 간결하고 아름다운 내용의 장이 될 수는 있지만, 이 책으로 공부하는 많은 사람들이 도대체 이러한 개념들이 왜 필요한가에 대하여 충분히 이해하는 것이 쉽지 않아서 읽고 공부한 내용을 자기의 것으로 만들지 못하는 어려움이 따를 수 있기 때문에 제2장은 이 책 전체에 적용되는 기본적인 내용만을 포함하였다. 제2장에 포함되지 않은 기본적인 개념들은 다른 장에서 그러한 개념이 필요한 때에 소개하기로 한다. 제3장과 제4장은 선형대수를 다루고 있으나, 선형대수에 대한 모든 것을 소개하는 것이 목적이 아니기 때문에 최적화문제에 직접 이용되는 기본적인 내용만을 포함하고 있다.

Chapter

# 01 수학에 대한 이해가 왜 중요한가?

Mathematics for Economics & Management

## 1.1 학문의 도구로서의 수학

고대 그리스에서 수학이 하나의 독립된 학문분야로 정립된 이후, 지난 2천년이 넘는 오랜 기간 동안 수학은 진리를 탐구하고 밝히는 학문으로서 인식되어 왔다. 그동안 수학의 여러 분야에서의 연구는 획기적인 성과를 거두었으며, 수와 기하학적 도형에 관한 막대한 양의 정리들은 그 자체만으로도 광활하고 확실한 진리의 세계를 우리에게 약속해 주는 듯하다.

수학이라는 학문분야에서의 진리 추구라는 성과 이외에도, 수학적 개념과 연구방법은 수많은 분야에 응용되어 과학적 이론의 요체를 제공하여 주었다. 물리학, 천문학 등 자연과학의 획기적인 발전은 수학의 발전에 의하여 가능하였다고 할 수 있으며, 사회과학 분야에서도 수학을 이용하여 문제를 새롭고 엄밀한 시각에 의하여 구성하고 해결해 갈 수 있게 되었다. 특히 관찰이나 실험에 의하여 확인된 이러한 수학적 이론들의 예측 정확성은 실로 경이로운 것이었다.

이러한 획기적이고도 강력한 결과를 가져올 수 있었던 것은 수학이 자명한 **공리**(axioms)와 **원칙**(principles)으로부터 출발하여 **연역적 증명**(deductive proof)을 제공하는 특별한 방법을 사용하고 있기 때문이다. **연역적 추론**(deductive reasoning)은 올바른 공리로부터 출발하는 한 언제나 올바른 결과를 보장한다.[1] 또한 수학에서는 모든

---

1) 이에 대하여 Bertrand Russell은 그의 글 "Recent Work on the Principles of Mathematics", international Monthly, Vol.4(1901)에서 다음과 같이 정확하면서도 유머 넘치는 표현을 하였다.
Pure mathematics consists entirely of such severations as that, if such and such a proposition is true of anything, then such and such another proposition is true of that thing. It is essential not to discuss

논리적 개념과 과정까지도 기호화하여 명확한 정의를 제공함으로써 잘못된 논리를 적용할 가능성을 배제하고, 경험적 일상적 언어가 갖고 있는 모호성을 극복할 수 있게 하여준다.

우리가 어떤 관심이 되는 현상을 체계적으로 분석하고 설명한다는 것은, 즉 현상에 대한 이론을 제시한다는 것은, 그 현상을 구성하고 있는 **기본적 요소** 또는 **개념**(factors, variables)을 규명하고 이러한 요소들 사이의 **관계**(relations)를 밝히는 것이다. 현상을 그대로 옮기어 사진 찍듯이 묘사하는 것은 이론이 아니다. 피상적으로 관찰될 수 있는 현상 중에서 우리가 규명하고자 하는 문제를 부각시켜 줄 수 있는 중요한 요소를 추출하고 이러한 요소들 사이의 정태적·동태적 관계를 밝히기 위한 이론을 구축하기 위해서는, 문제의 해결에 도움이 되지 않거나 중요하지 않은 변수들을 제거하고 중요한 변수만을 이용하여 논리적 체계를 구축하는, 현상의 **단순화 과정**이 필요하다.

이론의 타당성을 검토하기 위해서는 이론의 **외적 타당성**(external validity), 즉 이론이 설명하고자 하는 현상과 얼마나 근사하게 구성되었나 하는 것과 **내적 타당성**(internal validity), 즉 이론의 구성과 전개에서 논리적 모순이 개재되어 있지는 않은가 하는 것을 검토하여야 한다. 현상을 구성하는 중요한 요소가 포함되어 있지 않은 것이 있다든지, 그러한 요소들 사이의 중요한 관계가 간과된 것이 있는 경우 이론의 외적 타당성은 보장되지 않을 것이다. 외적 타당성은 관찰이나 실험에 의한 결과와 이론에서 제공된 주장, 결론 또는 예측을 비교하여 검토할 수 있다.

내적 타당성, 즉 논리적 오류나 모순이 이론에 포함되어 있지 않은가를 검토하는 것은 쉬운 작업이 아니다. 이러한 내적 타당성을 보장해 주는 방법이 수학적 방법이다. 수학은 이론이 전제하는 기본 가정(구성요소 사이의 기본 관계)을 애매모호하지 않고 명확하게 제시하고 정확하고 분명한 논리적 전개과정을 거치도록 함으로써 이론의 내적 타당성을 보장하는 것이다. 수학은 논리적 모순 없이 이론을 표현하고 구축할 수 있게 하는 언어라고 할 수 있다.

학문연구의 수단으로서 수학적 지식과 방법이 중요한 이유는 바로 수학의 엄격성,

---

whether the first proposition is really true, and not to mention what the anything is of which it is supposed to be true...... if our hypotheis is about anything and not about some one or more particular things, then our deductions constitute mathematics. Thus mathematics may be defined as the subject in which we never know what we are talking about, nor whether what we are saying is true.

정확성과 수학적 방법의 논리적 타당성 때문이라는 설명은 자연스럽고 보편적으로 무리 없이 받아들여질 수 있는 것으로 보인다. 실제로 많은 저자들이 이러한 설명으로 수학의 중요성을 강조하고 있다. 그러나 진리를 추구하는 학문에서의 수학의 중요성은 이렇게 간단하게 설명할 수 없는 많은 문제를 가지고 있다. 다음 절에서 간략하게 현대 수학이 안고 있는 문제를 살펴봄으로써 수학적 지식과 방법을 응용하는 우리의 입장은 어떤 것이어야 할지 생각해 보기로 하자.

## 1.2 진리탐구와 수학[2)]

19세기 초까지 약 2천여년에 걸친 동안 서구문명의 기저를 이룬 생각은 유일한 실재계(實在界)의 존재와 이러한 실재계의 구성, 변화의 원리로서의 절대적 진리(absolute truth)에 대한 확고한 믿음이었다. 따라서 논리적 정확성과 타당성이 보장되는 수학은 진리탐구의 최선의 수단이며, 수학 그 자체가 절대진리의 탐구라는 생각과 믿음을 누구나 19세기 초까지 가지고 있었다. 레오나르도 다 빈치(Leonardo da Vinci)는 "수학적으로 표현될 수 없는 인간의 탐구는 진정한 학문이라고 할 수 없다(No human investigation can be called real science if it cannot be demonstrated mathematically)"고 하였고 로저 베이컨(Roger Bacon)은 "수학은 학문의 문이고 열쇠이다. 그 이유는 이 세상의 일들은 수학적 지식에 의하지 않고는 알 수가 없기 때문이다(Mathematics is the door and the key to the sciences ... For the things of this world cannot be made known without a knowledge of mathematics)"고 하였다. 또한 임마뉴엘 칸트(Immanuel Kant)는 "어떤 특정한 이론이든지 수학이 포함되어 있는 만큼만 진정한 학문이라고 할 수 있다(In any particular theory is only as much real science as there is Mathematics)"라고 하였고, 제임스 진(Sir James Jeans)같은 사람은 "하나님은 수학자이다(God is a Mathematician)"고까지 말하였을 정도로 진리탐구의 방법으로서의 수학에 대한 신뢰는 확고한 것이었다.

그뿐만 아니라, 풀 어되(Paul Erdö)가 "하나님은 모든 중요한 수학정리의 간결하고

2) 본 장의 내용 중 역사적 관점에서 본 수학의 문제점에 관한 대부분의 내용은 Morris Kline의 책 Mathematics: the Loss of Certainty에서 요약한 것이다.

우아한 증명을 수록한 작고 얇은 책을 갖고 있다(God has a thin little book that contains short, elegant proofs of all significant mathematical theorems)"고 말한 것처럼, 우리가 알고자 하는 모든 진리는 수학적 방법에 의하여 언젠가는 완전히 밝혀질 수 있다는 것도 모두가 자신 있게 가지고 있던 믿음이었다. 그래서 라프라스(Laplace)도 "우주는 하나밖에 없는데 그 우주의 법칙을 발견했으니 뉴턴은 대단히 운이 좋은 사람이다(Newton was a most fortunate man because there is just one universe and Newton had discovered its laws)"고까지 말하였던 것이다.

그러나 이러한 우리의 믿음은 19세기 초로 끝이 난다. 과거의 유클리드 기하학이나 실수계(real number system)에 적용되던 대수학과는 대단히 다른 다양한 기하학과 대수학이 19세기 초에 출현함으로써 수학자들은 원하던 원하지 않던 상관없이, 수학과 과학에서의 수학적 법칙들이 사실은 더 이상 절대적 진리가 아니라는 것을 인정하고 받아들일 수밖에 없었던 것이다. 서로 전혀 다른 종류의 기하학이 우리의 다양한 공간적 경험에 잘 들어맞는다는 것은 유일한 실재계, 즉 단 하나의 우주에 대한 설명체계로서의 수학이 더 이상 존재하지 않는다는 것을 의미하고, 따라서 모든 종류의 공간과 모든 종류의 자연현상에 두루 적용되는 절대적 진리로서의 수학이 아닌 각각의 공간과 현상에 알맞은 각각의 수학체계의 진실성만이 확보된다는 것을 의미하게 된 것이다.

이러한 새로운 기학학과 대수학의 출현은 지금까지 진리를 확실하게 밝혀오고 있다고 믿고 있던 수학자들을 당혹스럽게 만들었고, 19세기까지의 수학을 다시 점검하고 재정비하여 확고한 논리적 기반 위에 올려놓으려는 치열한 노력을 기울이게 하였다.[3)]

19세기 후반에 걸쳐 이루어진 이러한 노력의 결과로 20세기 초에 이르러 수학의 논리적 기반과 체계가 만족스러울 정도로 일관성 있게 재구성되었다고 생각할 수 있었던 순간에 또 다시 수학은 치명적인 재앙을 맞게 된다. 하나는 이렇게 구축한 수학의 논리체계를 치명적으로 손상시키는 모순이 발견된 것이다.[4)] 당시의 수학자와 철학자들은 이러한 모순을 해결하고 새로운 모순이 다시는 발견되지 않도록 하기 위하여, 즉 수학적 체계의 일관성(consistency)을 갖추기 위하여 지대한 노력을 기울였

3) 제2장에서 다루게 되는 수학의 기초적 개념으로서의 집합론이 바로 이러한 노력의 결과이다. 수학을 통일되고 확고한 논리적 기반 위에 다시 세우려는 노력은 집합론에 의하여 가능하게 되었다.

4) 대표적인 Russell의 모순(paradox)을 소개하면, 2장에서 소개하는 집합의 개념에 문제가 있다는 것이다. 그 자신을 원소로 갖지 않는 모든 집합의 집합을 $C=\{A|A\notin A\}$라 하자. $C\in C$라 하면, 집합의 정의에 의하여 $C\notin C$가 되고, 반대로 $C\notin C$라 하면 $C\in C$가 되어 집합 C가 정의되지 않는다.

다. 그러나 이러한 노력의 결과는 통일된 수학적 체계가 아니고, 연역적 논리의 공리와 원칙에 대해서까지도 서로 다른 입장을 취하는 여러 개의 학파가 출현하게 되었던 것이다.

또 하나의 재앙은 1932년 23세의 수리논리학자 괴델(Kurt Gödel)에 의하여 발표된 유명한 논문이다. 그는 이러한 여러 학파에서 채택하고 있는 논리적 원칙에 의해서는 수학의 비모순성(consistency)을 증명할 수가 없다는 것을 증명하였다.[5] 그뿐만 아니라 정확한 지식을 얻는 최선의 방법으로 간주되어 왔던, 공리에서 출발하는 연역적 방법조차도 흠이 없이 완벽한 방법이 아니라는 사실이 밝혀지게 되었던 것이다. 이러한 상황의 전개는 결국 여러 가지 다른 접근 방법을 수학에 적용하려는 노력을 낳았고 수학자들은 과거보다도 더 많은 갈래로 나누어지게 되었다.

현재 수학이 처해 있는 곤경은 하나가 아닌 여러 가지 다른 종류의 수학이 있다는 것이고, 과거 19세기 이전 수학에서처럼 보편적으로 받아들여질 수 있고 절대적으로 확실한 사고로서의 수학, 인간지성의 자존심이고 금자탑이었던 수학은 환영(幻影)이 되었다는 것이다. 객관적이고 절대적으로 확실한 법칙을 발견할 수 있다는 희망은 사라졌다. 이성의 시대(the Age of Reason)는 사라진 것이다. 무엇이 바른 수학인가에 대한 의견의 불일치와 각각의 수학이 기본으로 하고 있는 밑바탕의 차이는 수학에서만의 문제가 아니고 수학을 응용하는 다른 학문 분야에도 심각한 영향을 미치는 문제이다.

그러나 여러 학파에서 사용하는 서로 다른 접근 방법 , 무엇이 타당한 공리인가에 대한 합의의 불가능, 새로운 모순의 발견에 의하여 수학의 많은 부분이 잘못된 것으로 판명될 위험의 존재 등등 현재의 수학이 처해 있는 대단히 불만족스럽고 혼란스러운 상황에도 불구하고, 자연과학은 물론 경제, 경영, 생물, 사회학 등 여러 학문분

---

5) 잘 알려진 거짓말쟁이의 모순(liar paradx)은 "I am lying"이라는 주장의 진위를 판단할 수 없다는 것이다. 이 주장이 진실이라면 거짓말을 하고 있으므로 그 사람이 하는 말이 거짓이라는 것이고, 이 주장이 거짓이라면 진실을 말하고 있으므로 이 사람이 하는 말이 진실이라는 것이다. 괴델은 이 모순을 정수론(number theory)에 의하여 수학적으로 표현하는 방법을 고안했고, 진위의 개념을 증명가능성(provability)으로 대체하여, liar paradox와 유사하게

"(*) The proposition on this page labeled with * is not provable"

이라는 문장이 거짓이라면 증명가능한 것이 되고, 공리체계의 일관성(consistency)를 가정한다면 무엇이든 증명가능한 것은 진실이 된다. 즉 거짓이면 곧 진실한 것이 되는 것이고 증명가능한 것이 된다. 결론은, 일관성 있는 공리체계(consistent set of axioms)는 그 공리체계와 연관된 모든 명제를 증명할 수 있는 완전(complete)한 것이 존재하지 않는다는 것이다. 괴델은 여기서 한 걸음 더 나아가, 진실이지만 증명할 수 없는 명제 중의 하나가 바로 공리체계의 일관성에 관한 명제라는 것을 밝혔다. 결론은, 일관성 있는 공리체계는 필연적으로 불완전하다는 것이다.

야에 응용된 수학이 실제로 대단한 결과를 낳고 있다는 사실은 무엇을 의미하는가? 효과적으로 응용될 수 있다는 것은 바른 것이라고 할 수 있는가? 무엇이 올바른 수학인가에 대한 합의가 이루어질 수 없는 상황인데도 어떻게 이렇게 수학의 응용이 획기적으로 효과적 일 수 있는 것인가? 달이나 화성, 목성은 물론 우주의 구석구석까지 성공적으로 탐사하는 기술은 수학에 의존하고 있는데 그렇다면 우주에 관한 수학적 이론은 맞는 이론이라는 말인가? 불확실한 토대와 서로 상충되는 수학자들의 이론에도 불구하고 수학이 믿기지 않을 정도로 효과적으로 응용되고 있다는 사실은 신비스러운 일이라고 할 수 있다.

## 1.3 수학의 응용

앞 절에서 수학은 확고한 논리와 표현의 정확성을 보장하여 주기 때문에 학문연구의 가장 중요한 도구이며, 가장 확실한 언어라고 하였다. 또한 이론의 내적 타당성을 보장하는 가장 확실한 방법이 수학적 방법이라고 하였다. 그러나 다음 절에서는 이러한 주장은 19세기 초까지 적용될 수 있었던 수학에 대한 믿음에 근거하는 것이며, 현대 수학이 가지고 있는 고민은 여러 개의 기본학파(foundational schools)가 난립하여, 수학적 논리와 증명은 어느 특정 학파의 입장에서 볼 때에만 옳다고 밖에 말할 수 없을 정도로, 진리 추구라는 수학의 목적과 확고한 논리적 엄격성 또는 타당성이라는 수학의 특징이 애매모호하여진 지경에까지 이르렀다는 것이라고 말하였다. 수학의 장래에 대하여 비판적 견해를 갖고 있는 사람들, 즉 인간의 지적 능력에 회의를 갖게 된 사람들 중에는 심지어 “논리는 자신있게 오류에 이르는 기술이다(Logic is the art of going wrong with confidence)”라고 빗대어 표현하는 사람까지 있을 정도가 되었다.

그렇다면 경영학과 경제학을 연구하고자 하는 우리는 이러한 수학적 지식과 수학적 방법을 어떻게 받아들여야 할 것인가? 한 가지 위안이 되는 것은 현재의 수학의 혼돈된 상태에도 불구하고 신비스럽게도 수학의 응용은 여러 분야에서 획기적인 성공을 거두고 있다는 것이다. 수학이 당면하고 있는 문제는 우리 인간 이성의 문제이다. 혼돈된 상태에 있을지언정 인간이 합리적으로 추구할 수 있는 보다 나은 이성적 방법이 발견되지 않는 한 우리에게 주어진 다른 선택의 여지는 없다. 수학적 지식과 방법을 익히고자 하는 우리가 스스로 위안으로 삼을 수 있는 것은, 경영학이나 경제학보다 훨씬 더 수학에 의존하는 양자역학의 대가인 존 휠러(John Wheeler) 같은 사람도 "Mathematics is the poetry of logic. No expression of law can be more compelling or more satisfying than one based on simple and unassailable logical foundations. If, as one belives, all mathematics reduces to the mathematics of logic, and all physics reduces to mathematics, what alternative is there but for all physics to reduce to the mathematics of logic? Logic is the only branch of mathematics that can 'think about itself'. One of the abstraction of the logical expression of nature is the possibility that much, if not all of nature, might be dedued from logical inference rather than empirical evidence"라고 믿고 수학을 사용하고 있다는 것이다.

다양한 수학적 접근방법과 체계가 심각한 문제로 대두되는 것은 주로 대단히 큰(extremely large) 또는 대단히 작은(extremely small) 세계에 대한 이론에 수학을 적용하고자 하는 경우이다. 우리의 일상적 경험세계를 구성하고 있는 유한한 공간에서 다루게 되는 대부분의 경제, 경영학의 문제에서는, 과거 자연과학에서 그랬듯이 아직도 아무런 혼돈이나 무리 없이 수학이 효과적으로 적용될 수 있다고 믿는다.

Chapter

# 02 기본개념; 집합, 관계, 함수

Mathematics for Economics & Management

## 2.1 집합에 관한 이해가 왜 중요한가?

관심과 필요에 따라 다른 시기에 개발된 정수론, 대수학, 기하학, 해석학, 미적분학, 미분방정식, 미분기하학 등 여러 가지 수학 분야를 동일한 토대 위에 일관성 있게 구축하기 위하여 개발되고 사용된 것이 집합론이다. 모든 수학은 집합에 관한 이론에서 출발하고, 전개된다.

집합에 관한 이론(set theory)이 중요한 이유는 집합이라는 수학적 개념이 우리가 알고 있는 모든 수학의 기초, 즉 시발점이 되기 때문이다. 모든 수학적 개념 또는 이론은 집합론의 기본적 개념을 이용하여 정의되고 서술될 수 있다.

우리가 잘 알고 있는 기하학의 **공리체계**(axiomatic system)에서 점, 직선 등의 개념이 정의될 수 없는 것처럼, 모든 수학적 개념의 기본이 되는 "집합"도 정의될 수 없다. 어떤 이론체계의 가장 기초적인 개념으로서 그 이론체계 안에서는 다른 개념이나 용어 에 의하여 정의될 수 없는 것을 **무정의 용어**[1](undefined terms)라고 한다.

집합은 모든 수학에서의 무정의 용어이다. 구태여 집합을 정의하고자 한다면, 모임, 무더기, 떼 등의 다른 단어로 집합이라는 단어를 대치하는 수밖에 없으며, 이 경우 대치된 단어는 다시 정의되지 않는 개념으로 남을 수밖에 없다.

집합론은 "집합(set)"과 "…에 속하다(is an element of: belonging)" 라는 두 개의 무정의 용어와 이들을 결합하여 문장을 구성하는 데 사용되는 네 개의 논리적 기본단어인 "아니다(not)", "또는(or)", "있다(there exists)", "…이면 …이다(if…, the

1) 무정의 용어를 원초어(原初語, Primitive terms)라고도 부른다.

n…)3"를 기본으로 하여 이루어진다. 집합에 관한 모든 개념이나 정리, 따라서 수학의 모든 개념이나 정리는 이 여섯 개의 정의되지 않은 기본단어에 의하여 정의되고 전개될 수 있는 것이다.[2] 이 여섯 개의 기본단어는

| | |
|---|---|
| 집합을 나타내는 | $a, b, c, \cdots, A, B, C, \cdots$ |
| "…에 속하다"를 나타내는 | $\in$ |
| "…아니다"(not)를 나타내는 | ~또는 / |
| "또는"(or)을 나타내는 | $\vee$ |
| "…이 있다" (there exists)를 나타내는 | $\exists$ |
| "…이면 …이다"(if…, then…)를 나타내는 | $\rightarrow$ 또는 $\Rightarrow$ |

와 같은 기호로 표현된다. 이들 여섯 가지의 기호와, 기호로 표현된 구절을 구분하는데 사용하는 쉼표(,)와 묶음표((,))가 집합론에서 사용되는 정의되지 않은 기본적인 기호의 전부이다. 즉 집합론에서 의 기본기호(개념)는

$$a,\ b,\ c, \cdots,\ \in,\ \sim\ (\text{또는 } /\ ),\ \vee,\ \exists,\ (\ ,\ ),\ \Rightarrow \tag{1}$$

가 전부이다. 이들을 이용하여 모든 논리적 개념이나 집합에 관한 개념들이 정의되는 것이다. 집합론은 위 (1)에 나열된 기본적인 기호를 이용하여 구성되는 언어체계라고 할 수 있다. 이러한 언어를 이용하여 수학의 모든 개념과 정리가 표현될 수 있는 것이다.[3]

우리가 일상적으로 사용하는 언어에 의한 문장을 이용하지 않고 기호를 이용하여 표현하는 것은 언어가 갖고 있는 애매모호한 요소(ambiguity)를 제거하기 위한 것이다. 예를 들어,

There exsits a set X such that X is an element of itself or X is not an element of itself (2)

라는 문장을 기호로 표시하면

$$(\exists\ X)\ ((X \in X) \vee (X \notin X)) \tag{3}$$

---

2) 예를 들어 'and' 라는 개념은 A & B=~(~A or ~B)로 즉, '아니다' 와 '또는' 의 무정의 용어를 이용하여 정의될 수 있다.

3) 집합론에 관하여 배우는 것은 마치 외국어를 배우는 것과 같다. 하나의 외국어를 배우기 위해서는 이 외국어의 의미를 파악하기 위한 또 하나의 언어(즉 모국어)가 필요하다. 이 경우, 관심의 대상이 되는 외국어를 object language라고 하고, 이 object language를 해석하고 전달(communicate)하기 위하여 사용되는 언어를 meta-language라고 한다. 지금 우리에게는 집합론이 object language이고 한국어가 metalanguage이다.

이 된다. 식 (3)의 표현이 일상적인 언어에 의한 표현 (2)보다 편리한 이유는 (2)에서 사용된 단어들 중 정의되지 않은 단어, 예를 들면 such나 that과 같은 단어의 의미가 정확히 무엇인가에 대한 의구심과 이러한 단어를 명확히 정의하여야 하는 오력이 식 (3)에서는 필요하지 않다. 우리가 통상적으로 사용하는 언어는 이미 우리에게 익숙하여져 있기 때문에 쉽게 이해될 수 있다는 심리적 장점을 갖고 있지만, 이론의 전개에서 통상적인 언어를 사용하면 무엇이 정의되지 않은 용어이고 무엇이 무정의 용어로부터 파생되어 정의된 것인가가 대단히 불분명한 경우가 많다. 이러한 언어의 애매모호성 때문에 수학은 기호화된 표현을 사용하게 되며 이러한 기호화된 표현의 시발점이 바로 집합론인 것이다. 집합론은 현대수학의 가장 중요하고 기본적인 도구이며 언어이다.[4] 이제 여러분은 수학에서 집합론이 왜 중요한가에 대하여 충분히 이해가 되었을 것이다.

이 책의 목적이 집합론을 명확하게 기술하고 소개하는 것이 아니기 때문에 이 장에서는 우리가 앞으로 사용하게 될 집합론의 기본적 개념을 요약하여 제시하는 데 그칠 것이다.[5]

## 2.2 집합

한 무리의 비둘기, 화병에 꽂힌 꽃송이, 상자 안에 들어 있는 과일, 떼 지어 가는 사슴, 지금 이 순간 이 책으로 공부하는 학생들 등은 모두 **집합**(set)의 예이다. 물리적 형상을 갖고 있는 것이든 추상적·개념적인 것이든 각각의 개체를 명확하게 구분하여 식별할 수 있는 것의 모음을 집합이라 한다.

집합은 사물들의 모임이다. $x$가 $A$라는 집합에 포함되어 있으면 "$x$는 $A$의 **원소**

4) 집합론과 집합론을 이용하여 수학의 기본(foundation of mathematics)을 정립하는 연구는 19세기 말 Cantor, Frege, Russell 등에 의하여 시작되었다. 실제로 거의 모든 수학은 집합론에 기초를 두고 전개될 수 있으나, Frege나 Russell이 처음 생각하였던 것과는 달리 집합론을 아무런 제한 없이 사용할 경우 모순(contradictions)에 빠지는 위험이 있다는 것이 밝혀지게 되었다. 따라서 집합론은 이러한 모순을 배제할 수 있는 여러 가지 방법을 이용하여 조심스럽게 구성되어야만 한다.

5) 이 책에서 보다 더 엄밀하고 자세하게 전개되는 집합론의 공부를 위해서는 Paul R. Halmos의 *Naive Set Theory*, Suppes의 *Axiomatic Set Theory*, Alexander Abian의 *The Theory of Sets and Transfinite Arihmetic* 또는 Kelly의 General Topology의 부록을 참조하면 좋을 것이다.

(element)이다” 또는 “$x$는 $A$에 속한다”고 하며“$x \in A$”로 표현한다. “$x \notin A$” 또는 “$\sim(x \in A)$”는 “$x$는 $A$의 원소가 아니다”를 의미한다. 집합에 관한 이론을 전개하기 위해서는 우선 집합을 구별해 볼 수 있어야 하고 또한 집합 간에 어떠한 관계가 있는가를 살펴서 비교해 볼 수 있어야 한다. 집합의 구분이나 집합간의 비교는 아래의 정의에서 볼 수 있듯이 집합에 속한 원소에 의하여 이루어진다. 다시 말하면 집합은 그 집합에 속한 원소에 의하여 결정된다.

**정의 1**

$x \in A$이면 $x \in B$이고, $x \in B$이면 $x \in A$인 성질이 만족되면, $A = B$이다.

**정의 2**

집합 $A$의 모든 원소가 또한 집합 $B$의 원소이면(즉 $x \in A$이면 $x \in B$가 되면), $A$는 $B$의 **부분집합**(subset)이라고 하며 “$A \subseteq B$”로 표시한다.

**정의 1**은 두 집합 $A$와 $B$가 동일한 원소를 갖고 있으면 $A$와 $B$는 이름에 상관없이 동일한 집합이라는 것을 의미한다. **정의 2**는 한 집합이 다른 집합에 속한 원소의 일부만을 원소로 갖고 있으면 이 집합은 다른 집합의 부분집합이라는 관계에 있다는 것을 의미한다. 따라서 $A \subseteq A$, 즉 모든 집합은 자신의 부분집합이다. 한편 $A \subseteq B$이고 $B \subseteq A$이면 **정의 1**에 의하여 $A = B$임을 알 수 있다.

집합은 그 집합에 속한 원소에 의하여 결정되므로 집합을 나타내는 기호 $\{\}$ 안에 그 집합에 속한 원소를 모두 나열하거나, 또는 그 집합에 속하기 위하여 원소가 만족하여야 하는 조건을 명시함으로써 집합을 나타낼 수가 있다. 예를 들면 $a, b, c, d$로 이루어진 집합 $A$는 $A = \{a, b, c, d\}$[6]로, 집합 $X$의 원소 중에서 $P(x)$라는 조건을 만족시키는 원소 $x$로 이루어진 집합 $B$는

$$B = \{x \in X \mid P(x)\} \quad (4)$$

또는 집합 $X$가 분명히 이해될 수 있는 경우에는 단순히 $B = \{x \mid P(x)\}$로 표현된다.[7]

6) $X$와 $\{X\}$는 같은 표현이 아님을 주의해야 한다. 또한 집합의 표현에서 원소가 나열된 순서는 의미가 없다. 즉 $\{x, y\} = \{y, x\}$

모든 집합은 원소들의 모임이라고 할 수 있지만, 원소를 전혀 갖고 있지 않은 집합도 집합으로 허용하면 대단히 편리하다. 이러한 집합을 **공집합**(empty or null set)이라고 하며 $\phi$는 모든 집합의 부분집합이다.[8)]

두 집합 $A$와 $B$에 속한 모든 원소를 함께 포함하는 집합을 $A$와 $B$의 **합집합**(union)이라 하며 $A \cup B$로 표시한다.

**정의 3**

$A \cup B = \{x \mid x \in A \text{ 또는 } x \in B\}$

두 집합 $A$와 $B$에 모두(공통으로) 속한 원소로 이루어진 집합을 $A$와 $B$의 **교집합**(intersection)이라고 하며 $A \cap B$로 표시한다.

**정의 4**

$A \cap B = \{x \mid x \in A \text{ 그리고 } x \in B\}$

합집합과 교집합은 두 개 이상의 집합에 대하여도 같은 방법으로 정의될 수 있다. 합집합과 교집합에 대하여는 다음의 정리가 성립한다.

**정리 1**

집합 $A$, $B$, $C$에 대하여 다음이 만족된다.[9)]

---

7) 이러한 집합의 표기에서 집합 $X$를 명시적으로 또는 묵시적으로 분명히 하는 것은 주 4)에서 설명한 모순을 배제하기 위하여 대단히 중요하다. 원소를 제한하는 집합 $X$가 명시되지 않으면 Russell paradox(Suppes의 책 p. 6 또는 Halmos의 책 p. 7 참조)에 이를 위험이 있다. 식 (4)와 같이 표현되는 집합이 존재한다는 사실을 분류의 공리(Axiom of specification)라고 부른다.

8) 임의의 집합 $A$에 대하여 $\phi \subseteq A$가 되는 것을 증명하자. $\phi$가 $A$의 부분집합이 아니라고 가정하자. 그러면 **정의 2**에 의하여 $\phi$에는 속하지만 $A$에는 속하지 않는 원소가 최소한 하나는 있어야 한다. 그러나 공집합은 원소를 갖고 있지 않으므로 이러한 원소가 있다는 것은 모순이다. 따라서 $\phi \subseteq A$이다.
이와 같이 어떠한 결과가 모순을 야기하는 것을 보임으로써 그 가정이 옳지 않다는 것을 보이는 것을 모순에 의한 증명(proof by contradiction)이라고 한다.

9) 정리 1, 2, 3의 증명은 간단하므로 제공하지 않았다. 각자 논리적으로 증명해 보는 것이 좋다. 설명하기 위하여 흔히 사용하는 벤다이아그램은 증명이 아니다.

$A \cup \phi = A$, $A \cap \phi = \phi$, $A \cup A = A$, $A \cap A = A$,
$A \cup B = B \cup A$, $A \cap B = B \cap A$ (교환법칙)
$A \cup (B \cup C) = (A \cup B) \cup C$, $A \cap (B \cap C) = (A \cap B) \cap C$ (결합법칙)
$A \cup (B \cap C) = (A \cup B) \cap (A \cup C)$, $A \cap (B \cup C) = (A \cap B) \cup (A \cap C)$ (분배법칙)
$A \subseteq B \Leftrightarrow$[10] $A \cup B = B$, $A \cap B = A$

두 집합 $A$와 $B$가 있을 때 $A$에는 속하지만 $B$에는 속하지 않는 원소들로 이루어진 집합, 다시 말하면 $A$에서 $B$에 속한 원소들을 뺀 나머지 원소들로 이루어진 집합을 $A$에 대한 $B$의 차집합[11](relative complement)이라고 하며 $A-B$로 표시한다. 우리가 어떤 논의를 전개할 때 논의의 관심대상이 되는 모든 집합을 부분집합으로 갖는 **전체집합**(universal set) $U$를 생각할 수 있다. 이 경우 전체집합 $U$가 분명히 이해될 수 있으면 $U-A$를 간단히 $A^C$로 표시하고 $A$의 **여집합**이라고 부른다.

**정의 5**

$A - B = \{x \in A | x \notin B\}$
$A^C = U - A = \{x | x \notin A\}$

**정리 2**

$(A^C)^C = A$, $\phi^C = U$, $U^C = \phi$
$A \cap A^C = \phi$, $A \cup A^C = U$,
$A \subseteq B \Leftrightarrow B^C \subseteq A^C$
$(A \cup B)^C = A^C \cap B^C$, $(A \cap B)^C = A^C \cup B^C$ (De Morgan 법칙)

집합에 관한 등식에 있는 ∪, ∩, U, ∅를 각각 ∩, ∪, ∅, U로 바꾸어서 표현한 등식을 원래 등식의 **쌍대**(dual)라 부른다. 집합에 관한 모든 등식은 **쌍대원칙**(Principle of duality)을 만족한다. 즉 집합에 관한 등식이 성립하면, 그 등식의 쌍대도 항상 성

10) 기호 ⇔는 필요충분조건(if and only if)을 나타내는 기호이다. $A \Leftrightarrow B$는 $A$이면 $B$이고 ($A \Rightarrow B$) 또 $B$이면 $A$가 된다 ($B \Rightarrow A$)는 것을 의미한다. $A \Rightarrow B$이면, $A$는 $B$가 되기 위한 충분조건, $B$는 $A$가 되기 위한 필요조건이라 한다.
11) 차집합(difference set)이라고도 한다.

립한다. 예를 들어, 등식 $(A \cup B)^C = A^C \cap B^C$이 성립하므로 쌍대 $(A \cap B)^C = A^C \cup B^C$도 당연히 성립한다. 정리 1과 2는 쌍대원칙을 이용하여 더 간결하고 중복적이지 않게 표현할 수도 있었다.

## 2.3 순서쌍, 카테시안곱

집합에서는 원소의 나열된 순서(order)가 중요하지 않다. 그러나 수학에서는 많은 경우 순서가 중요한 경우가 있다. 두 개의 원소 $a$와 $b$가 순서 있게 나열된 것을 나타내기 위하여 $(a, b)$와 같이 표현을 하며 이를 **순서쌍**(ordered pair)이라고 부른다.[12] 여러분들은 이와 같은 표현을 이미 좌표(coordinates)를 공부할 때 배웠을 것이다. 두 개 이상의 원소, 즉 세 개(triples), 네 개(quadruples) 또는 $n$개($n$-tuples)의 원소들을 순서있게 나열하는 경우도 같은 방법으로 표시된다.[13] 순서쌍에서는 원소가 나열된 순서가 중요하기 때문에 $(a, b) \neq (b, a)$이며, 따라서 $(a, b) = (x, y)$이면 $a = x$이고 $b = y$이다.

**정의 6**

두 집합 $A$와 $B$에서, $a \in A$이고 $b \in B$인 모든 순서쌍 $(a, b)$의 집합 $A \times B$를 $A$와 $B$의 **카테시안곱**(Cartesian product)이라고 한다. 즉

$$A \times B = \{(a, b) \mid a \in A,\ b \in B\}$$

$A \times B$는 첫 번째 원소는 $A$에서, 두 번째 원소는 $B$에서 취한 모든 순서쌍의 집합이다. 세 개 이상의 집합의 카테시안곱도 같은 방법으로 정의된다. 실수의 집합을 $R$이라 하면 $R \times R$은 우리가 잘 알고 있는 평면상의 모든 점의 집합과 동일하다. 이 경우 $R \times R = R^2$, $R \times R \times R = R^3$와 같이 표현하기도 한다.

---

12) 앞에서 수학의 모든 개념이나 용어는 집합론의 무정의 용어에 의하여 체계적으로 정의된다고 하였다. "순서쌍" 같이 새롭게 대두되는 개념은 $(a, b)$와 같은 기호를 사용하지 않고도 순수한 집합의 개념만을 이용하여 $(a, b) = \{\{a\}, \{a, b\}\}$와 같이 집합으로 정의될 수 있다. 이러한 접근방법은 Halmos의 책 pp. 22-25를 참조.

13) $n$개의 원소를 순서있게 나열한 것을 $n$짝이라고 부른다.

**정리 3**

$A$, $B$, $C$, $D$가 집합이라면
$(A\cup B)\times C=(A\times C)\cup(B\times C)$
$(A\cap B)\times(C\cap D)=(A\times C)\cap(B\times D)$
$(A-B)\times C=(A\times C)-(B\times C)$

## 2.4 관계

카테시안곱이나 순서쌍이 중요한 이유 중의 하나는 이들에 의하여 수학적 개념으로서의 **관계**(relation)를 정의할 수 있기 때문이다.[14] 우리가 일반적으로 말하는 관계는 두 개체 사이의 관계, 즉 **이항관계**(binary relation)이다. 부자관계, 부부관계, 친구관계, $x=y$, $x\subseteq y$, $x<y$ 등 두 개체가 가질 수 있는 관계는 다양하게 많다.

집합 $A$의 원소 $a$와 집합 $B$의 원소 $b$ 사이에 $R$이라는 관계가 있을 때 기호로 $aRb$라고 표현한다. $A$를 남자들의 집합, $B$를 여자들의 집합이라고 하자. $a$라는 남자가 $b$라는 여자와 부부관계에 있을 때 $aRb$라고 쓰면 이 때 $R$은 부부관계를 나타내는 기호가 되면 $R$을 **$A$에서 $B$로 가는 관계**(relation from $A$ to $B$)라고 한다.

부부관계에 있는 남자와 여자를 모두 뽑아서 남자를 먼저 나열하고 여자를 다음에 나열하는 순서쌍 (남자, 여자)를 만들면, 부부관계 $R$에 의하여 결정되는 순서쌍들의 집합은 $A\times B$의 부분집합이 된다. 이 부분집합을 부부관계 $R$의 **그래프**(graph)라고 한다.

집합이 하나인 경우에도 그 집합의 원소들 간의 관계가 유사하게 정의될 수 있다. 어떤 집합 $X$에 속한 임의의 두 원소 $x$, $y$에 대하여 $xRy$ 또는 $x\not R y$이면, 즉 $R$의 관계가 있는지 없는지를 명확히 구별하여 말할 수 있으면 $R$을 집합 $X$에서 정의된 관계라고 말한다. 집합 $X$에서 관계 $R$이 정의되어 있을 때, $X$의 원소 중에서 $R$의 관계가 있는 모든 원소들로 이루어진 순서쌍들의 집합 $\{(x, y)\mid xRy,\ x\in X,\ y\in X\}$을 관계 $R$의 그래프라고 말한다.

두 가지 관계 $R$과 $S$에 대하여 $xRy \Leftrightarrow xSy$이면 $R$과 $S$는 동일한 관계라고 말하

14) $n$개 사이의 관계는 $n$-ary relation이라고 하며, 3-ary relation은 ternary relation이라고 부른다.

며, $R$과 $S$의 관계를 갖고 있는 순서쌍들의 집합이 같으므로 그래프도 같다. 따라서 관계는 그래프에 의하여 유일하게 결정되며, 각각의 관계에는 $X\times X$의 부분집합(그래프)이 유일하게 대응된다. 이러한 이유로 우리는 편의상 관계를 그래프와 동일한 것으로 정의한다. 따라서 $x$가 $y$와 $R$의 관계에 있다는 것은 $xRy$ 또는 $(x,\ y)\in R$로 나타낼 수 있다.

**정의 7**

집합 $X$에서의 관계 $R$은 $X\times X$의 부분집합이다.

**예 1**

$A=\{2,\ 3,\ 4\}$이고 $B=\{3,\ 4,\ 5,\ 6\}$이라고 하자. $A$에서 $B$로 가는 관계 $R$을 다음과 같이 정의하자.

$$xRy \quad \Leftrightarrow \quad y\text{는 } x\text{의 배수(multiple)이다.}$$

그러면 $R=\{(2,\ 4),\ (2,\ 6),\ (3,\ 3),\ (3,\ 6),\ (4,\ 4)\}\subseteq A\times B$가 되고, **그림 2-1**로 나타낼 수 있다.

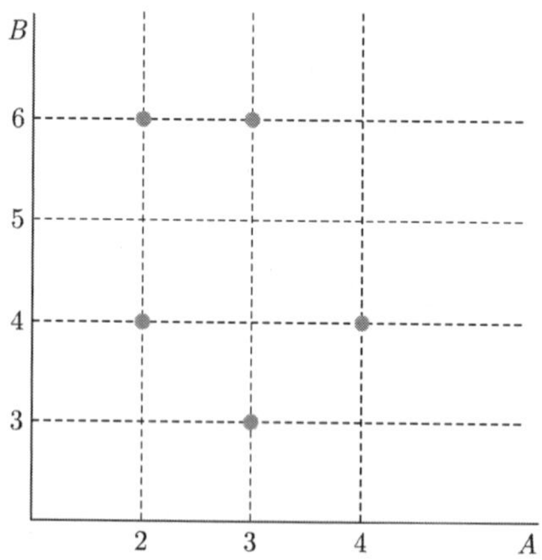


**| 그림 2-1 |**

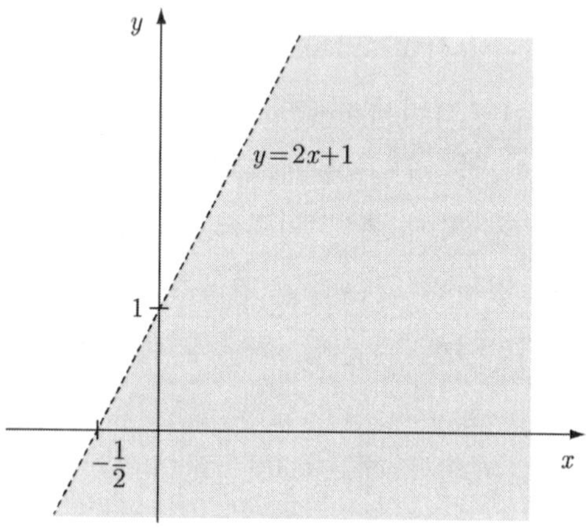


**| 그림 2-2 |**

예 2

실수의 집합에서의 관계가 $S$가 $y < 2x+1$로 정의되면

$$S = \{(x,\ y) \mid y < 2x+1\}$$

이고 **그림 2-2**로 나타낼 수 있다.

어떤 집합에서 정의될 수 있는 관계 중에서 가장 기본적인 관계는 **동등관계**(equivalence relation)이다. 동등관계는 실수에서의 =를 일반화한 관계로서, 집합에 속한 원소들 중에서 어떠한 원소들이 앞으로의 특정한 논의에서 구태여 구별할 필요가 없는 동등한 원소인가를 나타내 준다. 다음의 세 가지 성질이 모두 만족되는 관계를 동등관계라고 한다.

**정의 8**

집합 $X$에서의 관계 $R$은 $X$에 속한 모든 원소, $x$, $y$, $z$에 대하여
1) $xRy$이고 $yRz$일 때 $xRz$가 성립하면 **추이성**(transitivity)이,
2) $xRy$이면 $yRx$가 성립하면 **대칭성**(symmetry)이,
3) $xRx$가 성립하면 **반사성**(reflexivity)이 만족된다고 한다.

실수에 대한 =의 관계나 도형의 합동을 나타내는 ≡의 관계는 **정의 8**의 세 가지 성질이 모두 만족되는 동등관계이다. 이러한 동등관계를 이용하면 집합에 속한 원소를 서로 동등한 관계에 있는 원소만으로 이루어진 부분집합으로 나눌 수가 있다.[15]

예 3

정의 집합 $I$에서, 임의의 양의 정수 $n$에 대하여 관계 ≡(mod $n$)을 다음과 같이 정의하자.[16]

15) 동등관계를 이용하면 집합의 원소를 서로 동등한 원소들끼리 모아서 구분할 수가 있다. 원래의 집합을 동등한 원소들의 모임으로 재구성하여 이루어진 집합을 원래 집합의 몫집합(quotient set 또는 equivalence set)이라고 한다. [예 3]에서 $I_0$, $I_1$, ……, $I_{n-1}$은 $I$의 몫집합이다.

16) 순서쌍의 집합으로 표현하면, $\equiv \bmod n = \{(a,\ b) \mid a \in I,\ b \in I,\ \frac{a-b}{n} \in I\}$.

$$a \equiv b \pmod{n} \quad \Leftrightarrow \quad \frac{a-b}{n} \in I$$

이 관계는 위의 세 가지 성질을 모두 만족하는 동등관계이며, 정수의 집합 $I$를 $n$으로 나눌 때 나머지가 0이 되는 정수의 집합, 나머지가 1이 되는 정수의 집합, ⋯, 나머지가 $n-1$이 되는 정수의 집합으로, 즉 $n$개의 부분집합으로 나누어준다. $I_i = \{a \in I \mid a \equiv i \pmod{n}\}$이라고 하면,

$$I = I_0 \cup I_1 \cup \cdots\cdots \cup I_{n-1}$$ )))

세 가지 성질이 모두 만족되지 않는 관계의 예를 들면, 실수에 대한 <의 관계는 추이성은 만족하지만 대칭성과 반사성은 만족하지 않는다. $\leq$의 관계는 추이성과 반사성은 만족하지만 대칭성은 만족하지 않는다. 집합에 대한 부분집합 관계는 추이성을 만족하며, 또한 모든 집합이 그 자신의 부분집합이기 때문에 반사성을 만족한다. 그러나 대칭성은 만족되지 않는다.

**예 4**

$A = \{1, 2, 3, 4\}$에서 관계 $R = \{(1, 1), (2, 4), (3, 3), (4, 1), (4, 4)\}$라면, $(2, 2) \notin R$이므로 반사성이 만족되지 않으며, $(2, 4) \in R$이고 $(4, 1) \in R$이지만 $(2, 1) \notin R$이므로 추이성도 만족되지 않고, $(2, 4) \in R$이지만 $(4, 2) \notin R$이므로 대칭성도 만족되지 않는다.
관계 $S = \{(2, 2), (3, 3), (4, 4)\}$에서는 추이성과 대칭성은 만족되지만, $(1, 1) \notin S$이므로 반사성은 만족되지 않는다.[17) ]))

**예 5**

$A$를 유클리드 평면(Euclidean plane)에서의 모든 삼각형의 집합이라 하고 $R$이 닮은 삼각형(similar triangle)의 관계를 나타낸다면 이 관계는 세 가지 성질을 모두 만족한다. 합동삼각형(congruent triangle)의 관계도 세 가지 성질을 모두 만족한다. )))

17) 수학에서의 논리는 일상적 논리와는 조금 다르다. 어떤 성질이 만족된다는 것은 그 성질을 만족하는 경우가 있어야 한다는 것이 아니고, 그 성질을 위배하는 경우가 존재하지 않는다는 것이다. 관계 $S$의 경우, 추이성이 위반되는 경우가 없으므로 추이성이 만족된다. 이러한 논리의 적용은 공집합이 모든 집합의 부분집합임을 증명할 때 이미 보았다.

관계는 순서쌍으로 표현되므로, 일반적으로 관계가 대칭적이지만 않으면 집합에 있는 원소를 서로 관계가 있는 순서대로 나열할 수가 있다. 집합의 모든 원소에 대하여 이러한 관계가 성립되어야 하는 것은 아니므로 모든 원소를 관계에 의하여 순서 있게 나열할 수 없고 부분적으로 순서를 결정할 수 있다. 이러한 관계를 **부분순서**(partial ordering)라고 부른다. 집합의 모든 원소를 일렬로 순서 있게 정렬시킬 수 있는 관계는 **선형순서**(linear ordering)라고 한다.

그러나 어떤 관계가 부분순서가 되려면 모든 원소에 대하여 대칭성이 만족되지 않아야 한다는 조건은 너무 강한 조건이다. 실수에서의 관계 $\geq$처럼 반사성을 만족하는 관계도 원소를 순서 있게 나열시킬 수 있으므로, 서로 다른 두 원소가 대칭적인 관계를 갖지 않는다는 조건이면 부분순서가 되기에 충분하다.

**정의 9**

집합 $X$에 속한 임의의 원소 $x$, $y$에 대하여, $xRy$이고 $yRx$이면 $x=y$가 되는 관계 $R$은 **반대칭적**(antisymmetric)이라고 한다.[18)]

**정의 10**

집합 $X$에서 정의된 관계 $R$이 추이성, 반사성을 만족하고, 반대칭적이면 이러한 관계를 **부분순서**라고 하고 $X$는 **부분순서 집합**이라 한다. 추이성과 반대칭성만 만족되는 관계는 **순부분순서**(strict partial ordering)라 한다.

**정의 11**

집합 $X$에 속한 모든 원소 $x$, $y$에 대하여, $xRy$ 또는 $yRx$가 성립하는 부분순서 $R$을 **선형순서**(또는 **완전순서**(total order))라고 한다.[19)] 이 때 $X$는 **선형순서집합**(또는 **완전순서집합**)이라 한다. 반사성 이외의 모든 선형순서 조건을 만족하는 관계를 **순선형순서**(strict linear ordering)라 한다.

---

18) 대칭성과 반대칭성은 서로 반대가 되는 개념이 아니다. 다시 말하면, 대칭적이 아니면 반대칭적이고, 반대칭적이 아니면 대칭적인 관계가 되는 것이 아니다. 예를 들면, $A=\{1, 2, 3, 4\}$에서 $R=\{(1, 3), (4, 2), (4, 4), (2, 4)\}$이면, $(4, 2)\in R$이고 $(2, 4)\in R$이지만 $2\neq 4$이므로 $R$은 반대칭적이 아니다. $(1, 3)\in R$이지만 $(3, 1)\notin R$이므로 $R$은 대칭적인 관계도 아니다.
한편 어떤 관계가 대칭적이면서 동시에 반대칭적인 것도 가능하다. 앞의 예에서 $R_1=\{(1, 1), (2, 2), (3, 3), (4, 4)\}$, $R_2=\{(1, 1), (3, 3)\}$이면 $R_1$과 $R_2$는 모두 대칭적이고 동시에 반대칭적이다.

19) 집합 $X$에 속한 모든 원소 $x$, $y$에 대하여 $xRy$ 또는 $yRx$가 성립하면 완비성(completeness)이 만족된다고 한다.

실수에서의 $\le$와 집합에 대한 $\subseteq$ 등은 부분순서의 예이다. 이 중 $\le$은 **선형순서**이다. $<$은 **순부분순서**이고 동시에 **순선형순서**이다.

**예 6**

$A$와 $B$가 각각 관계 $R$과 $S$에 의한 선형순서집합인 경우 $A \times B$도 $R$과 $S$를 이용하여 선형순서집합으로 만들 수 있다. $A \times B$에서의 관계 $<$를 다음과 같이 정의하자.

$(a,\ b) < (a',\ b') \quad \Leftrightarrow \quad aRa'$ 또는 $a = a'$이면 $bSb'$

관계 $<$는 선형순서관계이며 이렇게 정의된 관계를 **사전식 순서**(lexicographic order)라고 부른다.

)))

$R$이 집합 $X$에서의 부분순서이고 $aRb$이면, $a$는 $b$를 **선행한다**(또는 $a$는 $b$ 보다 작다)고 말하고 $b$는 $a$를 **뒤따른다**(또는 $b$는 $a$보다 크다)고 말한다. $X$의 부분집합 $E$에 속한 모든 원소 $x \in E(x \neq a)$에 대하여 항상 $aRx$이면, 즉 $E$의 모든 원소가 $a$보다 크면 $a$를 집합 $E$의 **첫번째 원소**(first element) 또는 **최소원소**(smallest or least element)라고 부른다. **마지막 원소**(last element) 또는 **최대원소**(largest element)에 대하여도 같은 방법으로 정의할 수 있다. 어떤 원소 $a \in E$를 선행하는 원소가 $E$에 없으면 $a$를 $E$의 **극소원소**(minimal element)라고 하며, 뒤따르는 원소가 없으면 **극대원소**(maximal element)라고 한다.

**정의 12**

$R$은 집합 $X$에서 정의된 부분순서이고 $E \subseteq X$, $a \in E$라고 하자. $x \neq a$인 모든 $x \in E$에 대하여 $aRx$가 성립하면 $a$는 $E$의 **최소원소**이다.

**정의 13**

$R$은 집합 $X$에서 정의된 부분순서이고 $E \subseteq X$, $a \in E$라고 하자. $x \neq a$이고 $xRa$인 원소 $x$가 집합 $E$에 존재하지 않으면 $a$는 $E$의 **극소원소**이다.

**예 7**

집합 $A=\{a, b, c, d, e\}$가 다음 그림에 나타난 관계 $S$에 의하여 순서가 주어졌다고 하자.

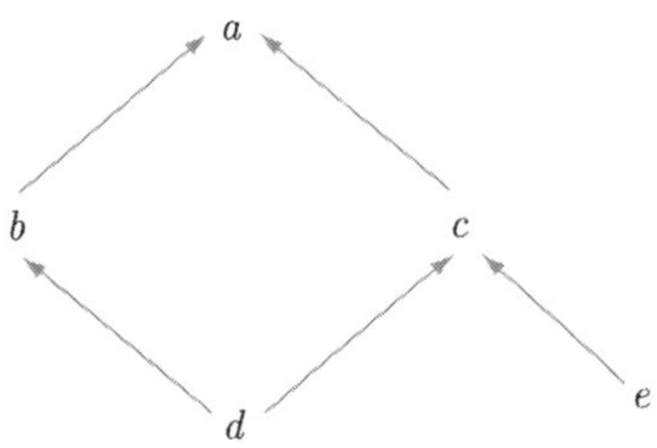


위 그림에서, $x$로부터 화살표를 따라 $y$로 이동이 가능하든지 또는 $x=y$인 경우에 $xSy$가 성립한다고 하자.[20] 이 때 $a$는 최대원소이고 극대원소이다. $d$와 $e$는 이보다 더 작은 원소가 없기 때문에 극소원소이다. 그러나 $d$는 $e$보다 작지 않고 $e$는 $d$보다 작지 않으므로 $d$와 $e$는 최소원소는 아니다. )))

위 정의에서 알 수 있듯이 어떤 집합의 최소원소는 또한 극소원소이다. $R$이 선형관계인 경우가 아니면 일반적으로 극소원소는 최소원소가 아니다.

**예 8**

관계 또는 다음 절에서 설명하는 함수의 개념은 경제적 의사결정에 관한 이론에서 중요한 역할을 담당한다. 개인, 집단 또는 조직이 여러 가지 대체안 중에서 어떻게 최선의 대체안을 선택하는가를 분석하려면, 우선 대체안에 대한 선호를 파악하여야 한다. 이러한 선호를 관계 또는 함수로 표현함으로써 여러 가지 분석이 가능해진다. 예를 들어 어떤 사람이 $n$가지 대체안 $X_1, X_2, \cdots, X_n$ 중에서 하나를 선택하여야 한다고 하자. 비교 대상이 되는 대체안의 집합 $X=\{X_1, X_2, \cdots, X_n\}$을 **선택집합**(choice set)이라 한다. 선택이 가능하려면 이 사람은 $n$개의 대체안을 각각 서로 비교하여 어느 것이 더 좋은가를 말할 수 있어야 한다. $X$의 원소에 대하여 이 사람의 선호를 나타내는 관계 $\gtrsim$을 **선호관계**(preference relation)라 한다. 즉 $X_i \gtrsim X_j$는 이 사람이 $X_i$를 $X_j$보다 더 좋아하거나 또는 같은 정도로 좋아한다(즉 덜 좋아하지 않는다)는 것을 의미한다. 이러한 개인의 선호관계가 일

20) $S=\{(d, c), (d, b), (b, a), (c, a), (e, c), (a, a), (b, b), (c, c), (d, d), (e, e), (e, a), (d, a)\}$, 또는
$S=\{(d, c), (d, b), (b, a), (c, a), (e, c), (a, a), (b, b), (c, c), (d, d), (e, e)\}$

정한 조건을 만족하면 선호관계를 함수로 표현할 수 있으며, 각각의 대체안에 대한 함수값의 비교에 의하여 의사결정을 분석할 수 있다는 것이 경제학에서 증명되었다. 이러한 조건 중에는 우리가 공부한 반사성, 추이성 및 10장과 12장에서 공부하는 닫힌 집합(closed set), 볼록성(convexity) 등의 개념에 의하여 정의되는 조건 등이 포함된다. )))

## 2.5 함수[21)]

19세기의 수학자들에게 **함수**(functions)는 $f(x)=x^2+3x-5$와 같이 실수 $x$에 다른 실수 $f(x)$를 어떻게 대응시킬 것인가를 나타내는 명확하게 표현된 공식(formual)을 의미하였다. 당시에는 $g(x)=(x-5)^{\frac{1}{2}}$와 같은 식이 모든 실수 $x$에 대하여 반드시 실수를 대응시키지 않는다는 것은 함수의 정의를 보다 분명히 하여야 할 만큼 중요한 문제로 인식되지는 않았다. 또한 모든 실수에 대응되는 값이 실수일지라도 이와 같은 대응관계를 명확한 한 개의 식으로 표현할 수 없는 경우, 예를 들면 실수에 절대값을 대응시키는 $h(x)=|x|$라는 표현은 실제로는

$$h(x)=\begin{cases} x & \text{if } x>0 \\ -x & \text{if } x<0 \end{cases}$$

와 같이 한 개의 식이 아닌 여러 개의 식을 모아 놓은 경우가 되는데 이러한 것이 과연 함수인가에 대하여 간단히 합의를 이룰 수가 없었다.

수학이 발전함에 따라 수식(즉 수식에 의하여 결정되는 함수값)을 함수로 정의하면, 흥미롭고 유용한 많은 함수들이 함수로 취급되지 못하게 되는 한계를 갖고 있다는 사실뿐만 아니라, 함수값과 함수 자체를 분리하여 생각할 필요가 있다는 인식을 하게 됨에 따라 보다 더 명확하고 일반적인 정의가 필요하게 된 것이다. 우리가 마치 19세기의 수학자들과 같은 수준에 있다는 가정 하에 함수의 정의를 어떻게 하면 분명하게 할 수 있는지 생각해 보기로 하자.

우선 초급 교과서에 가끔 나타나는 것처럼

---

21) 함수라는 말과 사상(mapping)이라는 말은 대체적으로 쓰여지는 같은 의미의 단어이다. 사상이라는 말은 숫자가 아닌 집합에 정의된 함수인 경우 흔히 사용된다.

"집합 $A$에서 집합 $B$로의 함수 $f$는 집합 $A$의 부분집합 $D$의 각각의 원소에 단 한 개의 $B$의 원소를 대응시키는 대응법칙(rule of correspondence)이다."

라고 정의하면, 19세기 수학자들이 생각했던 것 같은 수식들은 이러한 함수의 정의에 포함된다. 또한 이러한 정의는 집합 $A$의 모든 원소에 $B$의 원소가 대응되지 않는 경우나 집합 $A$, $B$가 실수 또는 숫자의 집합이 아닌 경우도 포함된다. 그러나 이러한 정의는 이해하기는 쉽지만 분명하지 않다는 문제가 있다. 이 정의에서 "대응법칙"은 명확히 무엇을 의미하는 말인가? 물론 여러분 중에는 위에서 제시된 정의보다 더 간결하고 분명한 정의를 생각할 수 있는 사람도 있겠지만 언어 표현이 갖는 불명확성을 완전히 배제할 수는 없을 것이다. 이러한 문제를 해결할 수 있는 가장 좋은 방법은 집합과 집합으로부터 도출된 개념을 이용하여 함수를 정의하는 것이다. 이러한 정의는 인위적이고 감각적으로 익숙하지 않은 단점이 있기는 하지만 정의의 명료성으로부터 얻는 효익이 훨씬 크기 때문에 채택되는 것이다.

함수의 정의에서 중요한 요소는 함수의 그래프, 즉 순서쌍들의 집합이다. 순서쌍들의 임의의 집합은 관계이지만 함수는 아니다. 함수가 되기 위하여 순서쌍의 첫번째 원소에 대응되는 두 번째 원소(첫 번째 원소에 대한 함수 값)가 항상 유일하게 결정되어야 한다. 다시 말하면 함수에 포함되는 순서쌍에는 첫 번째 원소가 한 번만 나타나야 된다.

**정의 14**

두 집합 $A$, $B$가 주어졌다고 하자. **$A$에서 $B$로 가는 함수** $f$는 다음 조건을 만족시키는 순서쌍들의 집합 $f \subseteq A \times B$이다.

$(a, b) \in f$ 이고 $(a, c) \in f$이면, $b = c$

$f$에 속한 순서쌍의 첫 번째 요소가 될 수 있는 $A$의 원소들의 집합을 $f$의 **정의역**(domain)이라 하고 $D(f)$로 표시한다. $f$에 속한 순서쌍의 두 번째 원소가 될 수 있는 $B$의 원소들의 집합을 $f$의 **치역**(range)이라고 하며 $R(f)$로 표시한다.

$f$가 $A$에서 $B$로 가는 함수라는 것은 간단히 $f: A \to B$로 표시하고, $(a, b) \in f$는 $b = f(a)$로 표시한다. 일반적으로 $R(f) \subseteq B$이기 때문에 함수 $f$를 **안으로의 함수**(into function)라고 부르기도 한다. $R(f) = B$인 경우, 즉 $B$의 모든 원소가 함수값이 되는

경우 이러한 함수를 **전사함수**(surjective function, surjection 또는 onto function)라고 한다. $A$에 속한 서로 다른 원소들이 모두 서로 다른 함수값을 갖고 있는 함수, 다시 말하면 $f(a)=f(a')$이면 $a=a'$인 함수를 **단사함수**(injective function 또는 injection) 또는 **일대일 함수**(one-to-one function)라고 한다. 전사함수이면서 동시에 단사함수인 함수는 **전단사함수**(bijective function 또는 bijection)라고 부른다.

### 예 9

실수에서 실수로 가는 함수 $f(x)=x^2$는 전사함수도 단사함수도 아니다. 이런 함수를 안으로의 함수라고 부른다. $f(x)=x^3$는 전단사함수이다.

### 예 10

$A=\{a, b, c, d\}$이고 $B=\{a, b, c\}$라고 하자. 함수 $f: A \to B$를 $f(a)=b$, $f(b)=c$, $f(c)=c$, $f(d)=b$로 정의하면, $R(f)=\{b, c\}$이므로 전사함수가 아니다. 그러나 $f(d)=a$로 정의하면 전사함수가 된다.

### 예 11

제품의 값에 따라 제품의 수요, 즉 소비자가 구매하게 되는 양이 변하게 된다. 제품의 값과 수요량의 관계를 나타내는 함수를 **수요함수**(곡선)(demand function)라고 한다. 제품의 가격을 $p$, 수요량을 $x$라 할 때, 수요곡선은 $x=f(p)$로 표현될 수 있다. 그러나 경제학에서는 수요함수를 표현할 때 전통적으로 가격 $p$를 수요량 $x$의 함수로, 즉 $p=D(x)$의 형태로 표현한다. 가격에 따라 제품의 공급량도 변하게 되므로 제품의 **공급함수**(supply function)는 $p=S(x)$의 형태로 표현된다.

제품의 수요와 공급을 측정하기 위해서는 1) 어떤 시점 또는 기간의 2) 어떤 지역에서의 제품인가를 명확하게 구분할 수 있도록 제품의 정의가 분명하여야 한다. 수요함수와 공급함수는 시장이 어떤 종류의 시장인가에 따라 달라진다. 시장 참여자가 가격에 영향을 미칠 수 없기 때문에 가격을 주어진 상수값으로 간주하고 자신의 효용과 이익을 극대화하는 수량을 결정하는 **경쟁시장**(competitive market)인가, 아니면 가격과 수량 모두를 결정할 수 있는 **비경쟁시장**(non-competitive market)인가에 따라 다르다.

공급자가 $x$개의 제품을 공급할 때 발생하는 원가를 $C(x)$라고 하면, 경쟁시장에서의 공급자는 시장에서 결정된 가격이 $p$일 때 자신의 이익 $px-C(x)$를 극대화하는 수량을 결정하게 되고, 비경쟁시장에서는 공급된 수량에 따라 가격이 영향을 받으므로 자신의 이익 $px - C(x) = D(x)x - C(x)$를 극대화하는 가격과 수량을 결정하게 된다. )))

예 12

제품을 생산하고 판매하기 위해 **원가**(cost)가 발생한다. 원가는 일반적으로 특정한 목적을 달성하기 위하여 소모된 **경제적 재화**(economic resources)로 정의된다. 제품을 생산하기 위하여 발생된 원가는 **제조원가**(manufacturing 또는 product cost)라고 한다. 제조원가는 생산량이 변해도 변하지 않고 일정하게 발생하는 **고정원가**(fixed cost)와 생산량의 변화에 따라 일정하게 변화하는 **변동원가**(variable cost)가 있다.
장기적 관점에서 볼 때 영원히 변치 않는 원가는 있을 수 없고, 어떤 수량을 생산하던지 항상 일정한 비율로 변화하는 원가도 있을 수가 없다. 따라서 경영학에서 흔히 사용하는 이러한 정의는 생산량의 변화나 기술 등 경제적 환경의 변화가 심하지 않은 단기적 관점에서 가능한 정의이다. 원가를 $c$, 고정원가를 $F$, 제품 한 개당 변동원가를 $v$, 생산량을 $x$라 하면, **원가함수**(cost function)는 $c = F + vx$가 된다. 일반적으로 원가함수 $c = C(x)$는 분석기간과 기업의 상황에 따라 다양한 형태를 가질 수 있다. )))

# 02 연습문제

**01** 집합 $A=\{1,\ 2,\ 3,\ ,4\}$의 부분집합을 모두 찾아라.

**02** 정리 1을 증명하여라.

**03** 정리 2를 증명하여라.

**04** 정리 3을 증명하여라.

**05** 자연수의 집합에 정의된 다음에 관계가 반사성, 추이성, 대칭성, 반대칭성을 만족하는가를 보이라.

(1) $x \leq y$

(2) $x$는 $y$의 약수이다.

(3) $x+y=0$

(4) $x$와 $y$는 1이외의 최대공약수를 갖지 않는다.

(5) $x+2y=10$

**06** 집합 $E=\{1,\ 2,\ 3,\ 4\}$에서 정의된 관계 $R=\{(1,\ 1),\ (1,\ 4),\ (2,\ 2),\ (2,\ 4),\ (4,\ 2),\ (4,\ 4)\}$이 다음의 성질을 만족하기 위하여 추가되어야 하는 순서쌍을 구하라.

(1) 반사성 (2) 대칭성 (3) 추이성

**07** 집합 $E=\{1,\ 2,\ 3\}$에서 정의된 다음의 관계가 반사성, 추이성, 대칭성, 반대칭성을 만족하는지를 보이라.

(1) $\{(1,\ 2),\ (3,\ 2),\ (2,\ 2),\ (2,\ 3)\}$

(2) $\{(1,\ 2)\}$

(3) $\{(1,\ 1)\}$

(4) $\{(1,\ 1),\ (3,\ 2),\ (2,\ 3)\}$

(5) $\{(1,\ 1),\ (2,\ 2),\ (2,\ 3),\ (3,\ 2),\ (3,\ 3)\}$

(6) $E \times E$

**08** (1) 그 집합에 정의되는 모든 관계가 대칭성을 만족하는 집합은 어떤 집합인가?

(2) 임의의 집합 $A$에 정의된 관계 중에서 대칭성과 반대칭성을 동시에 만족하는 관계는 어떤 것인가?

**09** 집합 $A$에 정의된 관계 $R$과 $S$에 대하여 아래 명제의 진위를 밝히라.

(1) $R$과 $S$가 대칭성을 만족하면 $R \cup S$와 $R \cap S$도 대칭성을 만족한다.

(2) $R$이 반사성을 만족하면 $R \cup S$도 반사성을 만족한다.

(3) $R$과 $S$가 추이성을 만족하면 $R \cup S$와 $R \cap S$도 추이성을 만족한다.

(4) $R$과 $S$가 반대칭성을 만족하면 $R \cup S$와 $R \cap S$도 반대칭성을 만족한다.

(5) $R$과 $S$가 반사성을 만족하면 $R \cup S$와 $R \cap S$도 반사성을 만족한다.

**10** (1) [예 3]에서 정의된 관계가 동등관계임을 보이라.

(2) 정수집합 $Z$에 속한 임의의 원소 $x,\ y$에 대하여 다음과 같은 관계 $R$이 주어질 때 관계 $R$이 동등관계인지 판단하라.

$$R = \{(x,\ y) \mid x+y=2k,\ k \in Z\}$$

(3) $N^+$를 양의 정수의 집합이라 하자, $N^+ \times N^+$에서 정의된 다음의 관계가 동등관계인가를 보이라.

$$(x, y) \sim (u,\ v) \quad \Leftrightarrow \quad xv = yu$$

(4) 집합 $A$에서 정의된 관계 $R$이 반사성과 추이성을 만족할 때, 다음 관계가 동등관계임을 보이라.

$$a \sim b \quad \Leftrightarrow \quad aRb\ \&\ bRa$$

(5) $\{\{1,\ 3,\ 4\},\ \{2,\ 7\},\ \{5,\ 6\}\}$이 어떤 동등관계에 의한 집합 $\{1,\ 2,\ 3,\ 4,\ 5,\ 6,\ 7\}$의 분할(partition : 모든 몫집합의 집합)이라면, 이 동등관계는 어떠한 관계인가?

**11** 관계 $R = \{(x,\ y) \mid x$는 $y$의 약수이다.$\}$에 의한 부분순서집합 $A = \{2,\ 3,\ 4,\ 5,\ \cdots\}$의 모든 극소원소와 극대원소를 구하라.

**12** 집합 $B=\{2,\ 3,\ 4,\ 5,\ 6,\ 8,\ 9,\ 10\}$에 문제 2-11에서와 같은 관계 $R$이 정의된 경우

(1) $B$의 모든 극대, 극소원소를 구하라.

(2) $B$의 모든 최대, 최소원소를 구하라.

(3) $B$의 공집합이 아닌 부분집합 중에서 $R$에 의한 선형순서집합을 모두 구하라.

**13** 집합 $C=\{a,\ b,\ c,\ d\}$가 아래의 관계에 의한 순서집합이다.

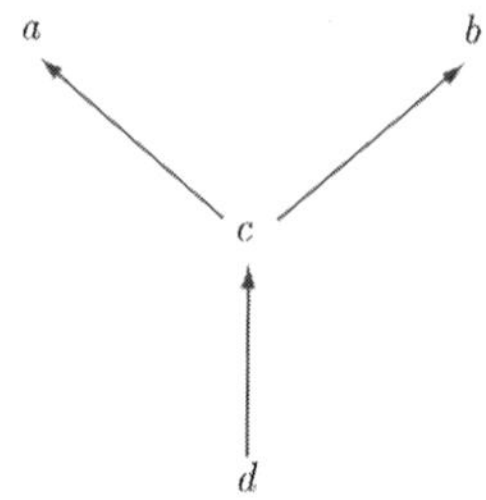


집합 $C$의 공집합이 아닌 부분집합 중 위의 관계에 의한 선형순서집합을 모두 구하라.

**14** $X=\{a,\ b,\ c,\ d\}$의 모든 부분집합으로 이루어진 집합을 $P(X)$라 하자. 집합 $P(X)$에서 관계 $\subseteq$를 순서쌍의 집합으로 보이라. 관계 $\subseteq$는 추이성, 대칭성, 반사성을 만족하는가? 관계 $\subseteq$는 선형순서인가? 최소원소와 극소원소는 각각 무엇인가? 최대원소와 극대원소는 각각 무엇인가?

**15** $A=\{a,\ b,\ c,\ d\}$, $B=\{m,\ n,\ p\}$라 하자. 다음의 관계 중 함수는?

(1) $R=\{(a,\ p),\ (b,\ m),\ (c,\ n)\}$

(2) $R=\{(a,\ n),\ (b,\ p),\ (c,\ n),\ (a,\ p)\}$

(3) $R=\{(a,\ p),\ (b,\ n),\ (c,\ p)\}$

(4) $R=\{(a,\ m),\ (b,\ n),\ (c,\ m),\ (d,\ p)\}$

**16** $A=\{2,\ 3\}$이고 $B=\{1,\ 3,\ 5\}$일 때 $A$에서 $B$로 가는 함수는 모두 몇 가지가 있는가?

**17** 다음의 조건 중 함수 $f: X \to Y$가 단사함수가 되기 위한 조건은 어느 것인가?

(1) $f(a)=f(b) \Rightarrow a=b$

(2) $a=b \Rightarrow f(a)=f(b)$
(3) $f(a) \neq f(b) \Rightarrow a \neq b$
(4) $a \neq b \Rightarrow f(a) \neq f(b)$

**18** 다음 함수의 그래프를 그리시오.

(1) $f(x)=2-5x,\ -1 \leq x \leq 1$
(2) $f(x)=2-5x,\ 0 \leq x < 2$
(3) $f(x)=10-x^2$
(4) $f(x)=1+4x+2x^2$
(5) $f(x)=x^3$
(6) $f(x)=x^4$
(7) $f(x)=\sqrt{4-x^2}$
(8) $f(x)=-\sqrt{9-x^2}$
(9) $f(x)=\sqrt{x^2-9}$
(10) $f(x)=\dfrac{1}{1-x}$
(11) $f(x)=\dfrac{1}{x+2}$
(12) $f(x)=\dfrac{1}{x^2}$
(13) $f(x)=\dfrac{-1}{(x-1)^2}$
(14) $f(x)=\dfrac{|x|}{x}$
(15) $f(x)=\dfrac{1}{2x+3}$
(16) $f(x)=\dfrac{1}{(2x+3)^2}$
(17) $f(x)=\sqrt{1-x}$
(18) $f(x)=\dfrac{1}{\sqrt{1-x}}$
(19) $f(x)=\dfrac{1}{\sqrt{2x-3}}$
(20) $f(x)=|2x-2|$
(21) $f(x)=|x|+x$
(22) $f(x)=-2|x-3|$
(23) $f(x)=|2x+5|+1$
(24) $f(x)=\begin{cases} |x| & \text{if } x<0 \\ x^2 & \text{if } x \geq 0 \end{cases}$

**19** 길이가 10m인 줄이 있다. 이 줄을 $x$와 $10-x$의 둘로 나누었다. 첫 번째 조각은 정사각형 모양으로, 두 번째 조각은 원 모양으로 묶을 것이다. 이 정사각형과 원형의 넓이를 $x$의 함수로 나타내어라.

**20** 부등식 $x^2-x-6>0$를 풀어라.

**21** (1) 제품의 가격을 $P$, 월별 수요량을 $x$라 할 때, 수요곡선이 $x = 400 - 2P$라면, 이 제품의 최대 판매수익은 얼마인가? 이때의 판매량과 가격은 각각 얼마인가?

(2) (1)에서의 제품을 생산하고 판매하는 데 소요되는 원가는 고정원가가 한 달에 \$5,000이고, 개당 변동원가는 \$50이다. 이 제품의 최대이익은 얼마인가? 또 이때의 판매량과 가격은 각각 얼마인가? 고정원가는 제품의 생산 또는 판매량에 관계없이 발생하는 원가이고 변동원가는 제품 양의 증가에 비례하여 증가하는 원가이다.

(3) (2)에서 **손익분기점**은 얼마인가? 손익분기점은 매출액과 원가가 같아서 이익도 손실도 발생하지 않는 판매량을 말한다.

Chapter

# 03 선형대수(線型代數) Ⅰ

Mathematics for Economics & Management

## 3.1 행렬

**행렬(行列)이론**(matrix theory) 또는 **선형대수**(linear algebra)라고 불리는 수학분야는 약 150년 전부터 Hamilton, Cayley, Sylvester 등에 의하여 시작되었지만 실제로 많은 사람들의 흥미를 끌고 널리 사용되기 시작한 것은 1940년대부터이다. 오늘날 행렬이론은 항공, 기계, 전자공학이나 양자역학 등은 물론이고 통계학, 선형계획 등이나 이러한 이론들을 이용하는 사회과학 분야에서 널리 쓰이고 있다. 수체계(number system)에서처럼 행렬의 대수적 특성을 파악하고 이용할 수 있을 뿐만 아니라 행렬에 대한 기하학적 해석이 가능하기 때문에 행렬이론은 대단히 편리하고 유용하다.

3장과 4장의 목적은 미적분을 이용한 최적화 문제를 다루는 데 필요한 선형대수 기법을 소개하는 데 있으므로 이 장에서 소개하는 행렬이론은 대수적 성질에만 제한된다. 행렬이론의 기하학적 측면을 이용하면 편리한 점은 있으나 독자에게 주는 부담이 크다고 판단되어 이 책에서는 가급적 기하학적 해석은 언급하지 않을 것이며, 따라서 벡터공간 등은 제4장의 끝에 있는 부록에서 간략하게 소개할 것이다.

**행렬**(matrix)은 **행**(行, row)과 **열**(列, column)에 맞추어 사각형의 형태로 실수를 나열한 것이다. 이렇게 나열된 숫자를 그 **행렬의 원소**(element)라고 한다. $m$개의 행과 $n$개의 열을 갖고 있는 행렬을 $m \times n$행렬[1]이라고 하며, 행렬을 표기하는 방법은 그 행렬에 속한 모든 원소를 [ ]안에 나열하여

1) $m \times n$은 '$m$ $by$ $n$' 이라고 읽는다.

$$A = \begin{bmatrix} a_{11} & a_{12} \cdots & a_{1n} \\ a_{21} & a_{22} \cdots & a_{2n} \\ \vdots & \vdots \quad \vdots & \vdots \\ a_{m1} & a_{m2} \cdots & a_{mn} \end{bmatrix}$$

와 같이 표시한다. 행렬은 대문자 $A, B, C$ 등으로 나타내고, 행렬의 대표적 원소만을 표시하여

$$[a_{ij}],\ i=1,\ 2,\ \cdots,\ m,\quad j=1,\ 2,\ \cdots,\ n$$ [2)]

또는 더 간단히 $[a_{ij}]_{m\times n}$으로 표현한다. $a_{ij}$는 $i$번째 행과 $j$번째 열의 교차점에 있는 원소를 나타내는 기호이다. 행렬이론에서 자주 사용되는 기본적인 용어를 소개하면 **정의 1**과 같다.

**정의 1**

행의 개수와 열의 개수가 같은 $(m=n)$ 행렬을 **정사각행렬**(square matrix)이라고 한다. 정사각행렬에서 행과 열이 같은 $(i=j)$ 위치에 있는 원소들, 즉 $a_{11},\ a_{22},\ a_{33},\ \cdots,\ a_{nn}$을 그 행렬의 **주대각 성분**(main diagonal)이라 부른다. 주대각선의 위쪽 또는 아래쪽 중 어느 한쪽에 있는 원소가 모두 0인 정사각행렬을 **삼각행렬**(triangular matrix)이라고 한다. 정사각행렬 중에 주대각선을 제외한 모든 원소가 0인 행렬을 **대각행렬**(diagonal matrix)이라고 한다. 주대각선 원소가 모두 1인 대각행렬을 **단위행렬**(identity matrix)이라고 하며, $n\times n$ 단위행렬을 $I_n$으로 표시한다. 모든 원소가 0인 행렬을 **영행렬**(zero matrix)이라고 하며, $O$로 표시한다. [3)]

2) 행렬의 기호는 [ ] 이외에도 $(a_{ij})$와 같이 ( )가 사용되기도 한다.

3) 정사각행렬은 정방행렬, 주대각선은 대각성분이라고도 한다.

## 3.2 행렬의 연산

행렬에 대하여도 실수와 마찬가지로 더하기, 빼기, 곱하기, 나누기 등의 연산을 정의할 수 있다.

**정의 2**

$A=[a_{ij}]$, $B=[b_{ij}]$와 $C=[c_{ij}]$가 모두 $m \times n$ 행렬이라고 하자.

1) 모든 $i$, $j$에 대하여 $a_{ij}=b_{ij}$이면, $A=B$
2) 모든 $i$, $j$에 대하여 $c_{ij}=a_{ij}+b_{ij}$이면, $A+B=C$
3) 모든 $i$, $j$에 대하여 $c_{ij}=a_{ij}-b_{ij}$이면, $A-B=C$
4) 모든 $i$, $j$에 대하여 $c_{ij}=ka_{ij}$이면, $kA=C$

으로 정의한다. ($k$는 실수이며, 스칼라(Scalar)라고 한다.)

위 정의에서 볼 수 있듯이 서로 대응되는 원소(즉 같은 위치에 있는 원소)가 모두 같은 두 행렬은 같은 행렬이다. 행렬의 합과 차는 두 행렬의 서로 대응되는 원소끼리 더하거나 빼서 이루어지는 행렬이기 때문에 두 행렬의 크기(행의 개수와 열의 개수)가 같은 경우에만 연산이 가능하다.

**예 1**

$$A+B=\begin{bmatrix}1+0 & -2+3 & 0+1\\ 0+0 & 1+1 & 5-1\end{bmatrix}=\begin{bmatrix}1 & 1 & 1\\ 0 & 2 & 4\end{bmatrix}$$

$A=\begin{bmatrix}1 & -2 & 0\\ 0 & 1 & 5\end{bmatrix}$이고 $B=\begin{bmatrix}0 & 3 & 1\\ 0 & 1 & -1\end{bmatrix}$이라면

$$A-B=\begin{bmatrix}1-0 & -2-3 & 0-1\\ 0-0 & 1-1 & 5+1\end{bmatrix}=\begin{bmatrix}1 & -5 & -1\\ 0 & 0 & 6\end{bmatrix}$$

$$3A=\begin{bmatrix}3\cdot 1 & 3\cdot(-2) & 3\cdot 0\\ 3\cdot 0 & 3\cdot 1 & 3\cdot 5\end{bmatrix}=\begin{bmatrix}3 & -6 & 0\\ 0 & 3 & 15\end{bmatrix}$$

행렬의 곱도 **정의 3**에서처럼 특이한 방법으로 정의되기 때문에 모든 행렬에 적용될 수 있는 것이 아니며, 곱해지는 행렬의 열의 개수와 곱하는 행렬의 행의 개수가 같은 경우에만 가능하다.

**정의 3**

$A$는 $m \times r$ 행렬이고 $B$는 $r \times n$행렬이라 하자.

$AB = C$이면, 모든 $i, j$에 대하여 $c_{ij} = \sum_{k=1}^{r} a_{ik} b_{kj}$이며, $C$는 $m \times n$ 행렬이다.

두 행렬을 곱해서 이루어지는 행렬 $C$의 $i$행, $j$열의 원소는 첫 번째 행렬 $A$의 $i$행과 두 번째 행렬 $B$의 $j$ 열에 있는 원소를 순서대로 한 쌍씩 곱하여 합한 것이다.[4]

$$c_{ij} = a_{i1} b_{ij} + a_{i2} b_{2j} + \cdots + a_{ir} b_{rj}$$

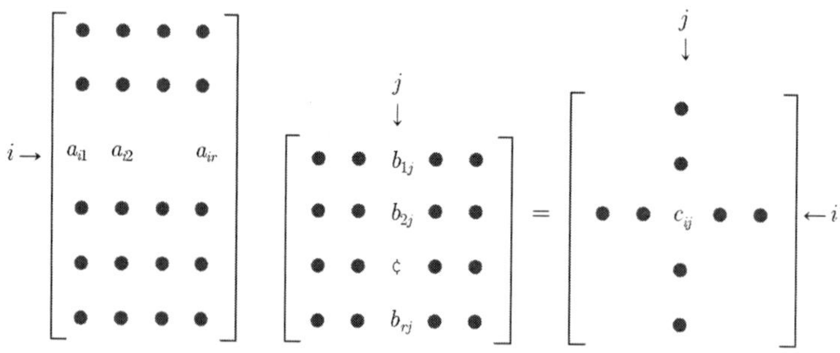


**예 2**

$$A = \begin{bmatrix} 1 & 0 & -1 \\ 0 & 2 & 5 \\ 2 & 1 & 3 \end{bmatrix} \quad B = \begin{bmatrix} 0 & 1 \\ 2 & 0 \\ -2 & 1 \end{bmatrix} \text{이면}$$

$$AB = \begin{bmatrix} (1)(0)+(0)(2)+(-1)(-2) & (1)(1)+(0)(0)+(-1)(1) \\ (0)(0)+(2)(2)+(5)(-2) & (0)(1)+(2)(0)+(5)(1) \\ (2)(0)+(1)(2)+(3)(-2) & (2)(1)+(1)(0)+(3)(1) \end{bmatrix} = \begin{bmatrix} 2 & 0 \\ -6 & 5 \\ -4 & 5 \end{bmatrix}$$

이와 같은 행렬의 곱에 대한 정의를 이용하면 1차연립방정식(system of linear equations)을 행렬의 곱으로 표현할 수가 있다. 예를 들면, 미지수가 $x$, $y$, $z$인 인 연립방정식

4) 행렬에 대한 연산이 모든 행렬에 대하여 정의되지 않을 뿐만 아니라 위 정의에서 보듯이 복잡한 방법에 의하여 곱이 정의되는 등의 이유에 대하여 궁금하게 생각할 수 있다. 이런 식의 연산이 왜 필요한 것인가? 행렬이론의 응용은 선형변환(linear transformation)에서부터 시작되었다. 한 공간(vector space)으로부터 다른 공간으로 가는 선형변환(간단히 말하면 일차연립 방정식 체계)은 계수들에 의한 행렬로 표현하는 것이 편리하며, 이러한 행렬 표현에서 선형변환의 합, 차, 합성변환(composite transformation) 등을 나타내기 위해서는 행렬의 연산이 정의 2와 3에서처럼 정의되어야만 한다.

$$\begin{matrix} a_{11}x + a_{12}y + a_{13}z = c_1 \\ a_{21}x + a_{22}y + a_{23}z = c_2 \\ a_{31}x + a_{32}y + a_{33}z = c_3 \end{matrix} \text{ 을 } \quad \begin{bmatrix} a_{11} & a_{12} & a_{13} \\ a_{21} & a_{22} & a_{23} \\ a_{31} & a_{32} & a_{33} \end{bmatrix} \begin{bmatrix} x \\ y \\ z \end{bmatrix} = \begin{bmatrix} c_1 \\ c_2 \\ c_3 \end{bmatrix} \text{ 와 같이}$$

계수의 행렬, 미지수의 행렬, 상수의 행렬을 이용하여 표현할 수 있고, 각각의 행렬에 $A$, $X$, $C$의 이름을 붙이면 간단히 $AX = C$로 표시할 수 있다.[5)] 행렬을 이용하면 이와 같이 연립방정식을 간단히 표현할 수 있을 뿐만 아니라, 행렬의 대수적 성질을 이용하여 연립방정식의 해를 손쉽게 구할 수 있다. 행렬을 이용하여 연립방정식을 푸는 방법을 설명하기 전에 먼저 몇 가지 기본 개념을 소개하기로 한다.

**정의 4**

$m \times n$ 행렬 $A$의 **전치행렬**(轉置行列, transpose) $A^t$(또는 $A'$) $= [a_{ij}{}']$는 모든 $i$, $j$에 대하여 $a_{ij}{}' = a_{ji}$인 $n \times m$ 행렬이다. $A^t = A$인 행렬 $A$는 **대칭행렬**(symmetric matrix)이라 한다.

전치행렬은 원래 행렬을 주대각선을 축으로 하여 180도 회전하면 얻어진다. 달리 표현하면, 원래 행렬의 행(열)을 차례대로 열(행)로 바꾸어 주면 전치행렬이 된다.

**예 3**

[예 1]에서 $A^t = \begin{bmatrix} 1 & 0 \\ -2 & 1 \\ 0 & 5 \end{bmatrix}$ $\quad B^t = \begin{bmatrix} 0 & 0 \\ 3 & 1 \\ 1 & -1 \end{bmatrix}$ 이고,

[예 2]에서 $A^t = \begin{bmatrix} 1 & 0 & 2 \\ 0 & 2 & 1 \\ -1 & 5 & 3 \end{bmatrix}$ 이다.

행렬의 연산은 다음 법칙을 만족한다.

5) 같은 연립방정식을 행렬을 이용하여

$$[x,\ y,\ z] \begin{bmatrix} a_{11} & a_{21} & a_{31} \\ a_{12} & a_{22} & a_{32} \\ a_{13} & a_{23} & a_{33} \end{bmatrix} = [c_1,\ c_2,\ c_3]$$

즉, $X^t A^t = C^t$로 표현할 수도 있다. 이 책에서는 항상 본문에서와 같은 방법으로 연립방정식을 표현할 것이다.

**정리 1**

아래의 모든 행렬의 연산이 가능한 경우,

1) $A+B=B+A$ (교환법칙)
2) $A+(B+C)=(A+B)+C$ (결합법칙)
3) $A(BC)=(AB)C$ (결합법칙)
4) $A(B+C)=AB+AC$ (분배법칙)
5) $(B+C)A=BA+CA$ (분배법칙)
6) $a(B+C)=aB+aC$
7) $(a+b)C=aC+bC$
8) $(ab)C=a(bC)$
9) $a(BC)=(aB)C=B(aC)$
10) $A+0=0+A=A,\ A-A=0,\ 0-A=-A,\ A0=0A=0$
11) $IA=A,\ AI=A$ (단, $I$는 단위행렬)
12) $(A^t)^t=A,\ (A+B)^t=A^t+B^t,\ (kA)^t=kA^t,\ (AB)^t=B^tA^t$

행렬에 대한 마지막 연산으로서 나눗셈에 해당하는 개념을 소개하면, 6)

**정의 5**

$A$를 정사각행렬이라 하자. $AA^{-1}=A^{-1}A=I$가 되는 행렬 $A^{-1}$가 존재하면, $A$를 **가역행렬**(可逆行列, invertible matrix)이라 하며 $A^{-1}$를 $A$의 **역행렬**(逆行列, inverse matrix)이라 한다.7)

**예 4**

$A=\begin{bmatrix} 2 & -5 \\ -1 & 3 \end{bmatrix}$는 $B=\begin{bmatrix} 3 & 5 \\ 1 & 2 \end{bmatrix}$의 역행렬이고 동시에 $B$는 $A$의 역행렬이다.

왜냐하면

---

6) 실수에서 $4\div 5=4\times\frac{1}{5}$ 즉, 나눗셈은 나누는 수의 역수를 곱하여 주는 것과 같다. 어떤 수의 역수는 $5\times\frac{1}{5}=\frac{1}{5}\times 5=1$과 같이 순서에 상관없이 곱하여 줄 때 1 즉 단위의 수가 되는 수이다. 실수에서 1과 같은 역할을 하는 것이 단위행렬이다.

7) 어떤 행렬의. 역행렬은 그 행렬의 앞이나 뒤에서 곱하는 연산이 가능하여야 하므로, 행과 열의 개수가 같아야 한다. 즉 가역행렬은 정사각행렬이다. 그렇다고 모든 정사각행렬이 가역행렬인 것은 아니다.

$$\begin{bmatrix} 2 & -5 \\ -1 & 3 \end{bmatrix}\begin{bmatrix} 3 & 5 \\ 1 & 2 \end{bmatrix} = \begin{bmatrix} 3 & 5 \\ 1 & 2 \end{bmatrix}\begin{bmatrix} 2 & -5 \\ -1 & 3 \end{bmatrix} = \begin{bmatrix} 1 & 0 \\ 0 & 1 \end{bmatrix}$$

역행렬에 대하여는 다음의 정리가 만족된다.

**정리 2**

$A$와 $B$가 같은 크기의 가역행렬이라 할 때, 다음 성질이 성립한다.

1) $A$의 역행렬은 유일하게 존재한다.
2) $AB$는 가역행렬이며 $(AB)^{-1} = B^{-1}A^{-1}$
3) $(A^{-1})^{-1} = A$
4) 0이 아닌 임의의 실수 $k$에 대하여, $(kA)^{-1} = \left(\frac{1}{k}\right)A^{-1}$

**증명** 1) $A^t$과 $A^{-1}$가 모두 $A$의 역행렬이라 하자. 정리1과 역행렬의 정의에 의하여

$$A^t = A^tI = A^t(AA^{-1}) = (A^tA)A^{-1} = IA^{-1} = A^{-1}$$

2) $(AB)(B^{-1}A^{-1}) = A(BB^{-1}A^{-1}) = A(BB^{-1})A^{-1} = AA^{-1} = I$

$(B^{-1}A^{-1})(AB) = B^{-1}(A^{-1}AB) = B^{-1}(A^{-1}A)B = B^{-1}B = I$

3)과 4)도 정리 1을 이용하여 같은 방법으로 간단히 증명됨.

## 3.3 역행렬의 계산: 방법 I

어떤 행렬의 역행렬을 계산하는 방법에는 여러 가지가 있다. 우선 그중 행이나 열을 변환시켜 감으로써 역행렬을 계산하는 방법을 살펴보기로 하자. 어느 한 행(또는 열)에 일정한 숫자를 곱하거나, 이렇게 곱하여진 행(또는 열)을 다른 행(또는 일)에 더하거나, 두 행(또는 열)을 서로 바꾸어 놓던가 하여서 행(또는 열)을 변환시키는 것을 **기본행**(또는 열)**연산**(基本行演算, elementary row or column operation)이라고 한다. 기본행(열)연산을 이용하면 역행렬을 구할 수 있다.

**정의 6**

**기본행연산**은 주어진 행렬의 임의의 행 $i$, $j$에 대하여 다음과 같은 변환을 하는 것이다.
1) $i$행의 모든 원소에 0이 아닌 실수 $c$를 곱한다.
2) $i$행에 실수 $c$를 곱하여 다른 $j$행에 더하거나 빼준다.
3) $i$행과 $j$행을 바꾸어 놓는다.

기본행연산을 이용하여 역행렬을 구하는 방법에 대한 설명을 간편하게 하기 위하여, 기본행연산을 적용하여 새롭게 얻어지는 행렬에 대한 용어를 몇 가지 소개하기로 하자.

**정의 7**

$n \times n$ 단위행렬에 단 한 번의 기본행연산을 적용하여 얻어지는 $n \times n$ 행렬을 **기본행렬**(elementary matrix)이라고 한다.

**정의 8**

기본행연산을 행렬$A$에 여러 번 적용하면 행렬 $B$가 얻어지고, 반대로 행렬 $B$에 기본행연산을 여러 번 적용하면 행렬 $A$가 얻어지게 되는 두 행렬 $A$와 $B$는 **행-동등**(行同等, row equivalent)하다고 말한다.[8)]

기본행연산과 기본행렬 사이에는 대단히 재미있고 중요한 관계가 성립한다. 어떤 행렬에 기본행연산을 적용하는 것은, 동일한 기본행연산에 의하여 얻어지는 기본행렬을 곱하여 주는 것과 같은 결과를 가져온다. 따라서 어떤 행렬을 기본행연산에 의하여 계속 변환하여 가는 과정을 어떠한 연산이 이용되었는가에 대한 복잡한 설명 없이 기본행렬의 곱으로 간단히 표시할 수 있는 것이다.

**정리 3**

$m \times m$ 단위행렬 $I_m$에 기본행연산을 적용하여 얻어진 기본행렬을 $E$라고 하자.
$A$가 $m \times n$ 행렬이라면 $EA$는 $E$를 얻을 때 적용하였던 것과 같은 기본행연산을 $A$에 적용한 것이다.

8) 이상의 정의는 열에 관한 기본 연산에도 같은 방법으로 적용된다. 여기서 여러 번 적용된다는 것은 유한한 횟수만큼 적용된다는 것이다.

**예 5**

기본행렬 $E=\begin{bmatrix}1&0&0\\0&1&0\\3&0&1\end{bmatrix}$는 첫 번째 행에 3을 곱한 것을 세 번째 행에 더하여 주는 기본연산을 단위행렬 $I_3$에 적용하여 얻어진 행렬이다. 이제

$$A=\begin{bmatrix}1&0&2&3\\2&-1&3&6\\1&4&4&0\end{bmatrix} \text{이면 } EA=\begin{bmatrix}1&0&2&3\\2&-1&3&6\\4&4&10&9\end{bmatrix}$$

가 되며, 행렬 $A$의 첫 번째 행에다 3을 곱하여 세 번째 행렬에 더하여 주면 행렬 $EA$가 얻어지는 것을 알 수 있다.

이 예에서 볼 수 있듯이 기본행렬 $E$로 어떤 행렬 $A$를 왼쪽에서 곱하는 것은 그 기본행렬을 얻을 때 사용된 기본행연산을 $A$에 적용하는 것과 마찬가지이다. 이제 우리는 임의의 행렬의 행(또는 열)을 변환시키는 작업, 즉 기본행연산을 행렬의 곱을 이용하여 표현할 수 있게 되었다.

예 5에서 기본행렬 $E$를 얻을 때 사용된 기본행연산과 반대가 되는 기본행연산, 즉 첫 번째 행에 3을 곱한 것을 세 번째 행에서 빼 주는 기본행연산을 단위행렬에 적용할 경우 얻어지는 기본행렬을 $E'$이라고 하면, $E'E$또는 $EE'$은 각각의 기본행연산을 서로 상쇄시키는 효과를 갖게 되므로

$$E'EI=EE'I=I \quad \text{즉 } E'E=EE'=I$$

가 되는 것을 알 수 있다. 따라서 $E'$과 $E$는 서로 역행렬이다. 다른 모든 기본행렬에 대하여도 같은 방법으로 역행렬을 구할 수 있다.

**정리 4**

모든 기본행렬은 가역행렬이다.

어떤 행렬이 가역행렬인가 즉 역행렬이 존재하는가는 다음 정리에서 알 수 있듯이 여러 가지 방법으로 확인할 수 있다.

**정리 5**

$n\times n$ 행렬 $A$에 대하여 다음은 동등한 명제이다.
1) $A$는 가역행렬이다.
2) $AX=0$는 자명한 해($X=0$)를 갖는다. [9]
3) $A$는 $I_n$과 행-동등하다.

**증명** $1\Rightarrow2\Rightarrow3\Rightarrow1$의 순서로 증명하기로 하자.

($1\Rightarrow2$) $X_0$를 $AX=0$의 해라고 하면 $AX_0=0$가 성립한다. $A$가 가역행렬이므로 이 방정식의 양변을 $A^{-1}$으로 곱하여 주면

$$A^{-1}AX_0=A^{-1}0$$

따라서 $IX_0=0$가 되고 $X_0=0$이다. 연립방정식 $AX=0$는 자명해 $(X=0)$만을 갖는다.

($2\Rightarrow3$) 연립방정식 $AX=0$을 행렬을 이용하지 않고 표현하면

$$\begin{array}{ccccccccc} a_{11}x_1 & + & a_{12}x_2 & + & \cdots & + & a_{1n}x_n & = & 0 \\ a_{21}x_1 & + & a_{22}x_2 & + & \cdots & + & a_{2n}x_n & = & 0 \\ \vdots & & \vdots & & & & \vdots & & \vdots \\ a_{n1}x_1 & + & a_{n2}x_2 & + & \cdots & + & a_{nn}x_n & = & 0 \end{array} \qquad (1)$$

이 된다. 이 연립방정식을 풀기 위해서는 한 식에다 적절한 상수를 곱하여서 다른 식에 더하여 줌으로써 $A$의 주대각선은 1이 되고 주대각선이 아닌 원소는 0이 되도록 변환하는 것이다. $x_1$의 계수가 첫 번째 식에서는 1, 다른 식에서는 0이 되도록 하기 위하여, 첫 번째 식에 $\frac{1}{a_{11}}$을 곱하여 주고, 첫 번째 식에 $-\frac{a_{i1}}{a_{11}}$을 곱한 것을 각각의 $i=2,\ 3,\cdots,$ $n$번째 식에 더하여 주면 연립방정식은

$$\begin{array}{ccccccccc} 1x_1 & + & a_{12}'x_2 & + & \cdots & + & a_{1n}'x_n & = & 0 \\ 0x_1 & + & a_{22}'x_2 & + & \cdots & + & a_{2n}'x_n & = & 0 \\ \vdots & & \vdots & & & & \vdots & & \vdots \\ 0x_1 & + & a_{n2}'x_2 & + & \cdots & + & a_{nn}'x_n & = & 0 \end{array}$$

으로 변환될 것이다. 여기서 $a_{1j}'=\frac{a_{1j}}{a_{11}}$이고, $i\neq1$인 $i$에 대하여 $a'_{ij}=a_{ij}-\frac{a_{1j}a_{i1}}{a_{11}}$이다. 이제 $x_2$의 계수가 두 번째 식에서는 1, 다른 식에서는 0이 되도록 하려면 같은 방법으로, 변환된 연립방정식의 두 번째 식을 $\frac{1}{a_{22}'}$로 곱하여 주고, 두 번째 식에 $-\frac{a_{i2}'}{a_{22}'}$을 곱한 것을 $i(i\neq2)$번째 식에 더하여 주면 된다. 이와 같은 작업을 계속하면 계수행렬의 주대각선은 1 또는 0, 주대각선 이외의 원소는 0이 되도록 연립방정식을 변환할 수 있

9) 연립방정식 중에서 특히 상수항이 모두 0인 방정식을 동차방정식(homogeneous equations)이라고 한다.

다. 그러나 연립방정식이 유일한 해를 갖는다고 하였으므로 주대각선 원소는 0이 될 수는 없다.[10)]

이와 같은 작업은 바로 계수행렬 $A$에 기본행연산을 적용하는 것과 같은 것이며, 이러한 기본행연산을 계속 적용하면 연립방정식 (1)은

$$\begin{aligned} x_1 \quad\quad\quad &= 0 \\ x_2 \quad\quad &= 0 \\ \vdots \quad\quad & \\ x_n &= 0 \end{aligned} \tag{2}$$

가 된다. 따라서 (2) 식은 $I_nX=O$이 된다. $AX=O$을 $I_nX=O$로 변환하는 과정은 행렬 $A$에 기본행연산을 여러 번 적용하는 것과 동일한 과정이므로, 기본행연산을 계속 적용함으로써 $A$를 $I_n$로 바꿀 수가 있다는 것을 알 수 있다. 따라서 $A$는 $I_n$와 행-동등이다.

(3⇒1) $A$가 $I_n$와 행-동등이면 기본행연산을 여러 번 $A$에 적용함으로써 $I_n$을 얻을 수가 있다. 따라서 정리 3에 의하면

$$E_k \cdots E_2E_1A = I_n \tag{3}$$

이 되는 기본행렬 $E_1,\ E_2,\ \cdots,\ E_k$를 찾을 수가 있다. 또한 모든 기본행렬은 가역행렬이므로 (3)식의 양변에 $E_k^{-1},\ E_{k-1}^{-1},\ \cdots,\ E_1^{-1}$을 왼쪽에서 계속 곱하여 주면

$$A = E_1^{-1}E_2^{-1}\cdots E_k^{-1}E_kE_{k-1}\cdots\cdots E_1A = E_1^{-1}E_2^{-1}\cdots E_k^{-1}I_n$$

$$\therefore\ A = E_1^{-1}E_2^{-1}\cdots E_k^{-1}I_n = \left(E_kE_{k-1}\cdots E_1\right)^{-1} \tag{4}$$

가 된다. 따라서

$$A^{-1} = E_k \cdots E_2E_1 \tag{5}$$

이 되고 $A$는 가역행렬이다.

식 (5)는 $A^{-1}=E_k\cdots E_2E_1I_n$과 같으므로 단위행렬 $I_n$의 왼편에 기본행렬 $E_1,\ E_2,\ \cdots,\ E_k$를 $A$의 왼편에 곱하는 것은 바로 각각의 기본 행렬에 대응되는 기본행연산을 $A$에 적용하는 것과 같으므로, $A$를 $I_n$으로 변환시키는 일련의 기본행연산을 $I_n$에 같

10) 주대각선 원소가 0이 되는 행이 있으면, 그 행의 모든 원소가 0이 되므로 방정식이 $0x_1+0x_2+\cdots+0x_n=0$이 되어, 무수히 많은 해가 존재하게 된다. 이 방정식이 $i$번째 방정식이면 임의의 $x_i$값이 모두 해가 될 수 있다. 연립방정식 (1)이 동차방정식이 아닌 경우, 즉 상수항이 모두 0이 아닌 경우에도, 어느 한 방정식이 $0x_1+0x_2+\cdots+0x_n=0$으로 변환되면 무수히 많은 해가 존재하게 되고 $0x_1+0x_2+\cdots+0x_n=c\neq 0$으로 변환되면 해가 전혀 존재하지 않는다. 이 경우 계수행렬의 행렬식(4장 참조)이 0이 되므로, 연립방정식이 유일한 해를 갖기 위하여는 계수행렬의 행렬식이 0이 아니어야 된다는 것을 알 수 있다.

은 순서로 적용하면 $A^{-1}$이 얻어진다.

따라서 $A$의 역행렬을 구하기 위해서는 $A$를 $I_n$으로 변환시키는 일련의 기본행연산을 $I_n$에 같은 순서로 적용하면 되는 것이다. 이를 손쉽게 하는 방법은 $A$의 오른쪽에다 단위행렬을 덧붙여서 이루어진 행렬 $[A \mid I]$의 전체에 기본행연산을 동시에 적용하여 왼쪽($A$)이 단위행렬이 되도록 하면 오른쪽은 $A^{-1}$로 변환된다. 즉 이러한 변환의 결과는 $[I \mid A^{-1}]$가 된다.

$$A \xrightarrow{E_1,\ \cdots\cdots,\ E_k} I_n \text{ 이면 } I_n \xrightarrow{E_1,\ \cdots\cdots,\ E_k} A^{-1} \text{ 이므로}$$

$$[A \mid I_n] \xrightarrow{E_1,\ \cdots\cdots,\ E_k} [I_n \mid A^{-1}]$$

**예 6**

$A = \begin{bmatrix} 1 & 2 & 3 \\ 2 & 5 & 3 \\ 1 & 0 & 8 \end{bmatrix}$의 역행렬을 구하여 보자.

우선 $[A \mid I]$를 구성한다.

$[A \mid I] = \left[\begin{array}{ccc|ccc} 1 & 2 & 3 & 1 & 0 & 0 \\ 2 & 5 & 3 & 0 & 1 & 0 \\ 1 & 0 & 8 & 0 & 0 & 1 \end{array}\right]$의 왼편부분을 단위행렬로 만드는 기본행연산을 행렬 $[A \mid I]$ 전체에 계속 적용하면 $A^{-1}$를 구할 수 있다. 편의를 위하여 행렬기호 [ ]없이 이 과정을 설명하면 아래와 같다.

$$\begin{array}{ccc|ccc} 1 & 2 & 3 & 1 & 0 & 0 \\ 0 & 1 & -3 & -2 & 1 & 0 \\ 0 & -2 & 5 & -1 & 0 & 1 \end{array}$$
(1행에 −2를 곱하여 2행에 더하였다.)
(1행에 −1을 곱하여 3행에 더하였다.)

$$\begin{array}{ccc|ccc} 1 & 2 & 3 & 1 & 0 & 0 \\ 0 & 1 & -3 & -2 & 1 & 0 \\ 0 & 0 & -1 & -5 & 2 & 1 \end{array}$$
(2행에 2를 곱하여 3행에 더하였다.)

$$\begin{array}{ccc|ccc} 1 & 2 & 3 & 1 & 0 & 0 \\ 0 & 1 & -3 & -2 & 1 & 0 \\ 0 & 0 & 1 & 5 & -2 & -1 \end{array}$$
(3행을 −1로 곱하였다.)

$$\left.\begin{matrix}1 & 2 & 0\\0 & 1 & 0\\0 & 0 & 1\end{matrix}\;\right|\;\begin{matrix}-14 & 6 & 3\\13 & -5 & -3\\5 & -2 & -1\end{matrix}$$

(3행에 −3을 곱하여 1행에 더하였다.)
(3행을 3을 곱하여 2행에 더하였다.)

$$\left.\begin{matrix}1 & 0 & 0\\0 & 1 & 0\\0 & 0 & 1\end{matrix}\;\right|\;\begin{matrix}-40 & 16 & 9\\13 & -5 & -3\\5 & -2 & -1\end{matrix}$$

(2행에 −2를 곱하여 1행에 더하였다.)

따라서 $A^{-1}=\begin{bmatrix}-40 & 16 & 9\\13 & -5 & -3\\5 & -2 & -1\end{bmatrix}$

참고로 $A^{-1}$를 기본행렬의 곱으로 표현하면,

$$A^{-1}=\begin{bmatrix}1 & -2 & 0\\0 & 1 & 0\\0 & 0 & 1\end{bmatrix}\begin{bmatrix}1 & 0 & 0\\0 & 1 & 3\\0 & 0 & 1\end{bmatrix}\begin{bmatrix}1 & 0 & -3\\0 & 1 & 0\\0 & 0 & 1\end{bmatrix}\begin{bmatrix}1 & 0 & 0\\0 & 1 & 0\\0 & 0 & -1\end{bmatrix}\begin{bmatrix}1 & 0 & 0\\0 & 1 & 0\\0 & 2 & 1\end{bmatrix}$$
$$\begin{bmatrix}1 & 0 & 0\\0 & 1 & 0\\-1 & 0 & 1\end{bmatrix}\begin{bmatrix}1 & 0 & 0\\-2 & 1 & 0\\0 & 0 & 1\end{bmatrix}$$

계수행렬의 역행렬을 이용하면 연립방정식을 쉽게 풀 수가 있다.

**정리 6**

$n\times n$ 행렬 $A$가 가역행렬이고 $C$가 임의의 $n\times 1$ 행렬이면, 연립방정식 $AX=C$는 유일한 해 $X=A^{-1}C$를 갖는다.

**예 7**

연립방정식 $\begin{cases}x+2y+3z=5\\2x+5y+3z=3\\x\qquad\;\;+8z=17\end{cases}$

의 계수행렬은 [예 4]의 행렬 $A$와 같다. 따라서

$$\begin{bmatrix}x\\y\\z\end{bmatrix}=\begin{bmatrix}-40 & 16 & 9\\13 & -5 & -3\\5 & -2 & -1\end{bmatrix}\begin{bmatrix}5\\3\\17\end{bmatrix}=\begin{bmatrix}1\\-1\\2\end{bmatrix}$$

즉 $x=1,\ y=-1,\ z=2$

연립방정식의 계수행렬 $A$의 역행렬이 계산되어 있지 않은 경우에 연립방정식을 푸는 것을 생각해 보자. **정리 3**에서 $A^{-1}=E_k\cdots E_1$이므로, $A^{-1}C=E_k\cdots E_1C$. 따라서 $A$의 역행렬을 $C$에 곱하는 것은 $A$를 단위행렬로 변환시키는 기본행연산 $E_1\cdots E_k$를 동일한 순서로 $C$에 적용하는 것과 같다. 즉 $A$의 오른쪽에 상수행렬 $C$를 덧붙인 행렬$[A\,|\,C]$에 기본행연산을 적용하여 $A$부분을 $I$로 만들면 $C$부분이 $X$의 값으로 나타난다.

$$\left[\begin{array}{ccc|c} 1 & 2 & 3 & 5 \\ 2 & 5 & 3 & 3 \\ 1 & 0 & 8 & 17 \end{array}\right]$$

에 기본행연산을 적용하여 계수행렬을 단위행렬로 바꾸면 연립방정식의 해가 얻어진다.

$$\left[\begin{array}{ccc|c} 1 & 0 & 0 & 1 \\ 0 & 1 & 0 & -1 \\ 0 & 0 & 1 & 2 \end{array}\right]$$

# 03 연습문제

**01** **정리 1**을 증명하라.

**02** 다음 행렬방정식의 미지수의 값을 구하라.

$$\begin{bmatrix} a-b & b+c \\ 3d+c & 2a-4d \end{bmatrix} = \begin{bmatrix} 8 & 1 \\ 7 & 6 \end{bmatrix}$$

**03** 다음의 행렬에 대한 연산을 하라.

$$A = \begin{bmatrix} 3 & 0 \\ -1 & 2 \\ 1 & 1 \end{bmatrix} \qquad B = \begin{bmatrix} 4 & -1 \\ 0 & 2 \end{bmatrix} \qquad C = \begin{bmatrix} 1 & 4 & 2 \\ 3 & 1 & 5 \end{bmatrix}$$

$$D = \begin{bmatrix} 1 & 5 & 2 \\ -1 & 0 & 1 \\ 3 & 2 & 4 \end{bmatrix} \qquad E = \begin{bmatrix} 6 & 1 & 3 \\ -1 & 1 & 2 \\ 4 & 1 & 3 \end{bmatrix} \qquad F = \begin{bmatrix} 5 & 0 & 0 \\ 0 & 1 & 0 \\ 0 & 0 & 2 \end{bmatrix}$$

(1) $AB$ (2) $D+E$ (3) $D-E$ (4) $ED$ (5) $B^2$

(6) $D+E^2$ (7) $D^t$ (8) $BB^t$ (9) $AF$ (10) $FA$

**04** 다음 행렬의 역행렬을 구하고, 역행렬을 구할 때 사용한 각각의 기본행연산을 기본행렬로 표현하라.

(1) $\begin{bmatrix} 1 & 1 & 0 \\ 0 & 1 & 1 \\ 1 & 0 & 1 \end{bmatrix}$ (2) $\begin{bmatrix} 2 & -1 & 1 \\ 1 & 0 & 3 \\ 1 & -2 & 1 \end{bmatrix}$

(3) $\begin{bmatrix} 2 & 1 & 1 \\ 2 & 4 & 1 \\ -4 & 2 & -1 \end{bmatrix}$ (4) $\begin{bmatrix} 8 & -6 \\ -4 & 3 \end{bmatrix}$

**05** 연립방정식 $\begin{cases} 2x + y - z = -1 \\ 3y + z = -1 \\ x - 6y + 2z = 9 \end{cases}$ 에 대하여

(1) 연립방정식을 행렬을 이용하여 표현하라.

(2) 계수행렬의 역행렬을 계산하라.

(3) 계수행렬의 역행렬을 이용하여 연립방정식을 풀어라.

**06** 위 5의 연립방정식을 $[A \mid C]$에 기본행연산을 직접 적용하여 풀어라.

**07** 다음 행렬에서 $E_2 E_1 A = I$가 되는 기본행렬을 구하고 $A^{-1}$를 기본행렬의 곱으로 표현하라. $A$도 기본행렬의 곱으로 표현하라.

$$A = \begin{bmatrix} 1 & 0 \\ 3 & 4 \end{bmatrix}$$

**08** 어느 회사가 세 가지 원재료 $M_1$, $M_2$, $M_3$를 이용하여 두 가지 제품 $P_1$, $P_2$를 생산하고 있다. $P_1$ 한 개를 생산하는 데 소요되는 $M_1$, $M_2$, $M_3$는 각각 3, 2, 4 단위이며, $P_2$ 한 개를 생산하는 데는 4, 1, 3 단위가 소요된다. 다음을 각각 행렬의 곱으로 표현하라.

(1) $P_1$을 $x$개, $P_2$를 $y$개 생산할 때의 각각의 원재료의 필요량

(2) $M_1$, $M_2$, $M_3$의 원가가 각각 600원, 1,000원, 1,200원 일 때 $P_1$, $P_2$의 개당재료 원가

(3) $P_1$을 $x$개, $P_2$를 $y$개 생산할 때 각각의 생산에 소요된 총재료원가

**09** (Graph Theory) 그래프는 여러 개의 꼭짓점(vertices)과 이들 꼭짓점을 연결하는 선분인 변(edges)으로 구성된다. 네 개의 꼭짓점과 다섯 개의 꼭짓점으로 이루어진 그래프의 예를 들면 다음과 같다.

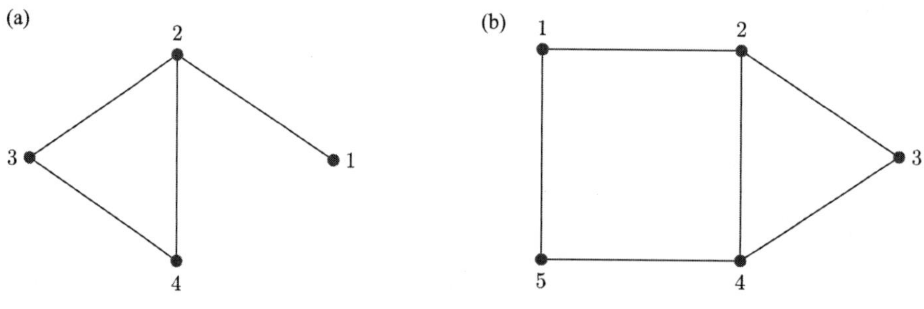


꼭짓점 1, 2, 3…으로 번호를 매기고, 꼭짓점 $i$와 $j$ 사이에 연결하는 선이 있으면 $a_{ij} = 1$, 연결하는 선이 없으면 $a_{ij} = 0$으로 하면 행렬 $A = (a_{ij})$를 각각의 그래프에 대하여 정의할 수 있다.

(1) 위의 두 그래프 (a)와 (b)에 대하여 $A$와 $A^2$을 구성하라.

(2) $A^2$의 $i$, $j$ 원소는 꼭짓점 $i$와 꼭짓점 $j$를 연결할 때 다른 꼭짓점 하나를 반드시 거쳐서 연결하는 가지 수를 나타냄을 보여라.

**10** 다음과 같은 그래프가 있다.

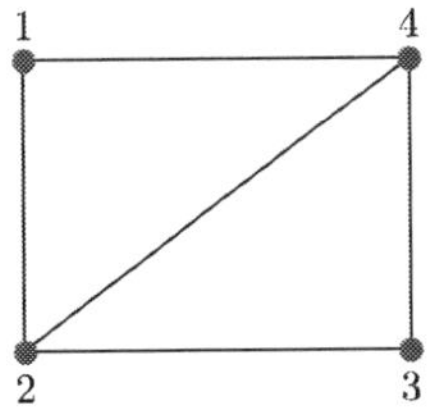


(1) $A$, $A^2$, $A+A^2$을 구성하라.

(2) $A^2$과 $A+A^2$의 $i$, $j$ 원소의 의미를 보여라.

**11** 세 가지 제품 $A$, $B$, $C$가 세 가지 기계 $M_1$, $M_2$, $M_3$를 이용하여 생산된다. 제품 $A$ 한 개를 생산하려면 $M_1$, $M_2$, $M_3$를 각각 3, 1, 8시간 사용하여야 하고, 제품 $B$ 한 개는 2, 3, 3시간, 제품 $C$ 한 개는 2, 4, 2 시간씩 사용하여야 한다. $M_1$, $M_2$, $M_3$는 각각 800, 1,200, 1,300 시간씩 사용할 수 있다. 각각의 기계의 사용가능 시간을 모두 사용하려면 제품 $A$, $B$, $C$를 각각 몇 개씩 생산하여야 하나? 행렬을 이용하여 표현하고 해결하라.

Chapter

# 04 선형대수(線型代數) II

Mathematics for Economics & Management

## 4.1 행렬식

**행렬식**(行列式, determinant)은 식이 아니고 정사각행렬에 부여하는 실수값이다. 정사각행렬마다 행렬식이라는 하나의 실수값을 정의하는 함수를 **행렬식함수**(determinant function)[1]라 부르며, det 또는 | |로 표시한다. det는 정사각행렬의 집합으로부터 실수로 가는 함수이다. 어떤 행렬 $A$의 행렬식은 $\det(A)$ 또는 $|A|$로 표시한다. 행렬식의 개념을 이용하면 선형대수이론의 전개가 간편하여지기 때문에 행렬식에 대한 이해는 매우 중요하다.

행렬식을 정의하기 위하여 필요한 두 가지 개념을 우선 소개한다.

**정의 1**

$n\times n$ 행렬 $A$의 각 행과 열에서 단 한 개의 원소씩만 뽑아서 이루어진 $n$개의 원소의 곱을 **기본곱**(elementary product)이라고 한다.

각 행과 열에서 단 한 개의 원소씩만 뽑았다는 것은, 기본곱에 포함된 원소 중 어느 두 개도 같은 행이나 같은 열에 속할 수 없다는 것을 의미한다. 행렬 $A$를 $A=[a_{ij}]_{n\times n}$으로 표현하면 기본곱은

1) 행렬식함수를 간단히 행렬식이라 부르기도 한다. 행렬식은 행렬식함수와 행렬식함수의 함수값을 모두 가리키는 말로 사용될 수 있으므로 주의할 필요가 있다.

$$a_{1j_1}a_{2j_2}a_{3j_3}\cdots a_{nj_n} \tag{1}$$

으로 쓸 수 있다. 1부터 $n$까지의 숫자가 한 번씩만 첫 번째 아래 첨자로 나타나 있는 것은 각 행에서 단 하나의 원소만을 뽑았다는 것을 뜻하고, 두 번째 아래 첨자 $\{j_1, j_2, j_3, \cdots, j_n\}$는 1부터 $n$까지의 숫자를 재배열한 것으로 이 중 어느 두 숫자도 같지 않게 함으로써 각 열에서 단 하나의 원소만을 뽑아서 곱하였다는 것을 의미한다. 다시 말하면 두 번째 아래 첨자는 $\{1, 2, \cdots, n\}$의 순열[2](順列, permutation)이다.

행렬식은 이러한 기본곱에 적절한 부호(1 또는 $-1$)를 곱하여 합한 값이다. 기본곱의 부호를 결정하는 방법에 대하여 소개하기 위해서는 짝순열(even permutation)과 홀순열(odd permutation)의 개념이 먼저 정의되어야 한다. 어느 순열에서 큰 숫자가 작은 숫자의 앞에 나열된 경우를 반전(反轉, inversion)이라고 한다. 예를 들면 순열 (2, 4, 3, 1)에서 2보다 작은 숫자가 뒤에 오는 경우가 하나, 4보다 작은 숫자가 뒤에 오는 경우가 둘, 3보다 작은 숫자가 오는 경우가 하나 있으므로 도합 4개의 반전이 있다. 순열 (6, 2, 5, 4, 1, 3)에서 반전의 개수는 $5+1+3+2+0=11$개이다.

**정의 2**

반전의 개수가 짝수인 순열은 **짝순열**이라 하고, 반전의 개수가 홀수인 순열은 **홀순열**이라 한다.

따라서 순열(2, 4, 3, 1)은 짝순열이고 순열(6, 2, 5, 4, 1, 3)은 홀순열이다.

기본곱을 위의 식 (1)의 형태로 나타내면, 두 번째 첨자가 짝순열인가 아니면 홀순열인가에 따라 기본곱의 부호를 각각 +, $-$로 부여할 수 있다. 행렬식은 이와 같은 부호가 붙은 기본곱의 합으로 정의된다.

---

2) 정수 $\{1, 2, \ldots, n\}$의 순열은 1에서 $n$까지의 숫자를 어느 하나도 반복되거나 빠뜨리지 않고 순서를 갖추어 늘어놓은 것을 말한다. 예로 $\{1, 2, 3\}$의 순열은 $\{1, 3, 2\}$, $\{1, 3, 2\}$, $\{2, 1, 3\}$, $\{2, 3, 1\}$, $\{3, 1, 2\}$, $\{3, 2, 1\}$의 여섯 개, 즉 $3!$개의 순열이 있다. 따라서 $n\times n$ 행렬에서 얻어지는 기본곱은 모두 $n!$개다.

**정의 3**

$A$를 $n \times n$ 정사각행렬이라 하자. $A$의 **행렬식**($\det(A)$ 또는 $|A|$)은 $A$에서 얻어질 수 있는 모든 부호가 붙은 **기본곱**(signed elementary products)의 합이다.
따라서

$$\det(A) = \sum \text{sign}(j_1, j_2, \cdots, j_n) a_{1j_1} a_{2j_2} a_{3j_3} \cdots a_{nj_n}$$

여기서 $\Sigma$는 $\{1, 2, \cdots, n\}$의 모든 순열 $(j_1, j_2, \cdots, j_n)$에 대한 합을 나타내며, $\text{sign}(j_1, j_2, \cdots, j_n)$는 기본곱의 부호로서 순열 $(j_1, j_2, \cdots, j_n)$이 짝순열이면 $+$, 홀순열이면 $-$이다.

**예 1**

$A = \begin{bmatrix} a_{11} & a_{12} \\ a_{21} & a_{22} \end{bmatrix}$의 행렬식은 $|A| = \begin{vmatrix} a_{11} & a_{12} \\ a_{21} & a_{22} \end{vmatrix} = a_{11}a_{22} - a_{12}a_{21}$

$\{1, 2\}$의 가능한 모든 순열은 (1, 2)와 (2, 1)이므로 행렬식은 두 개의 기본곱의 합이다. 여기서 (1, 2)가 짝순열이므로 $a_{11}a_{22}$의 부호는 양이고, (2, 1)은 홀순열이므로 $a_{12}a_{21}$이 부호는 음이다.
실제로 숫자를 대입하여 계산해 보면,

$$\begin{vmatrix} 2 & -1 \\ 1 & 3 \end{vmatrix} = (2)(3) - (-1)(1) = 6 - (-1) = 7$$

**예 2**

$B = \begin{bmatrix} a_{11} & a_{12} & a_{13} \\ a_{21} & a_{22} & a_{23} \\ a_{31} & a_{32} & a_{33} \end{bmatrix}$의 행렬식을 구하려면 우선 첫 번째 아래 첨자는 $\{1, 2, 3\}$으로 고정하여 두고 $\{1, 2, 3\}$의 순열을 모두 구하여 이 순열을 각각 두 번째 아래 첨자로 갖는 기본곱을 찾아서 부호를 붙여준 후 합하여 주면 된다. $\{1, 2, 3\}$의 순열은 3!개가 있다.

$(1, 2, 3) \longrightarrow +a_{11}a_{22}a_{33}$

$(1, 3, 2) \longrightarrow -a_{11}a_{23}a_{32}$

$(2, 1, 3) \longrightarrow -a_{12}a_{21}a_{33}$

$(2, 3, 1) \longrightarrow +a_{12}a_{23}a_{31}$

$(3, 1, 2) \longrightarrow +a_{13}a_{21}a_{32}$

$(3,\ 2,\ 1) \longrightarrow -a_{13}a_{22}a_{31}$

$$|B| = a_{11}a_{22}a_{33} + a_{12}a_{23}a_{31} + a_{13}a_{21}a_{32} - a_{11}a_{23}a_{32} - a_{12}a_{21}a_{33} - a_{13}a_{22}a_{31}$$

여기서도 두 번째 아래 첨자들로 이루어진 순열이 짝순열인가 홀순열인가에 의하여 기본곱의 부호가 결정된다. 숫자를 대입하여 계산해 보면

$$\begin{vmatrix} 1 & 2 & 3 \\ -2 & -3 & 2 \\ 1 & 2 & 1 \end{vmatrix} = \begin{matrix} +(1)(-3)(1)+(-2)(2)(3) \\ +(1)(2)(2)-(1)(2)(2) \\ -(2)(-2)(1)-(1)(-3)(3) \end{matrix} = -2$$

[예 1]과 [예 2]에서의 행렬식은 다음 그림에서처럼 왼쪽에서 시작하여 오른쪽으로 내려가는 대각선(양의 대각선)상의 기본곱에는 양의 부호를, 오른쪽에서 시작하여 왼쪽으로 내려가는 대각선(음의 대각선)상의 기본곱은 음의 부호를 붙여서 합한 것과도 같다.

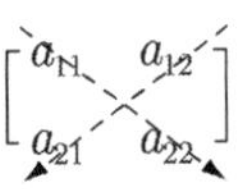


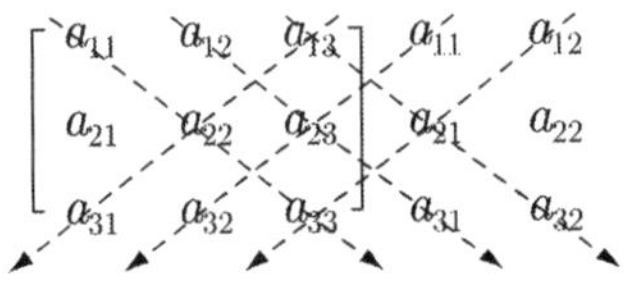


그러나 이와 같은 대각선을 이용한 행렬식 계산법은 4×4 이상의 크기를 갖는 행렬식에는 적용이 되지 않는다는 점에 주의하여야 한다.[3)]

행렬식은 다음의 성질을 만족한다.

**정리 1**

$A$를 $n \times n$ 행렬이라고 하자.

1) $A$의 어느 한 행이 모두 0인 원소를 갖고 있으면
$\det(A) = 0$

2) $A$가 삼각행렬이면 $A$의 행렬식은 주대각선 원소의 곱이다.
$\det(A) = a_{11}a_{22}a_{33} \cdots a_{nn}$

3) $A$의 어느 한 행의 모든 원소를 실수 $k$로 곱하여 얻어진 행렬을 $A^*$라고 하면,
$\det(A^*) = k\ \det(A)$

3) 4×4 행렬의 경우 $\{1,\ 2,\ 3,\ 4\}$의 순열은 $4! = 24$개가 있으므로 행렬식을 계산하기 위한 기본곱은 24개이어야 한다. 그러나 대각선법에 의하면 8개의 기본곱만을 구할 수 있다.

따라서 $\det(kA) = k^n \det(A)$

4) $A$의 두 행의 위치를 바꾸어 놓아서 얻어진 행렬을 $A^*$라고 하면,
$\det(A^*) = -\det(A)$

5) $A$의 어느 한 행에 0이 아닌 실수 $k$를 곱하여 다른 행에 더하여 줌으로써 얻어진 행렬을 $A^*$라 하면[4)]
$\det(A^*) = \det(A)$

6) $\det(A) = \det(A^t)$ (따라서 행에 대하여 표현된 모든 행렬식의 성질은 열에 대하여도 만족된다.)

7) $A$와 $B$가 같은 크기의 정사각행렬이라면
$\det(AB) = \det(A)\det(B)$

8) $\det(I) = 1$

9) $A_i$를 $A$의 $i$열이라 하자.
$\det(A_1,\ A_2,\ \cdots,\ A_i + A_i',\ \cdots A_n)$
$= \det(A_1,\ A_2,\ \cdots,\ A_i,\ \cdots A_n) + \det(A_1,\ A_2,\ \cdots,\ A_i',\ \cdots A_n)$

주의할 것은 위 정리의 7)은 행렬의 곱에 대하여만 성립한다는 것이다. 일반적으로 합에 대하여는 $\det(A+B) \neq \det(A) + \det(B)$이다. **정리 1**은 실제로 $2\times2$ 또는 $3\times3$ 행렬의 예를 만들어서 각각의 경우를 확인하여 익히고 이해하는 것이 큰 도움이 될 것이다.

**예 3**

정리 1의 9)는 어떤 행렬의 한 행(열)을 합으로 표현할 수 있으면, 이 두 행(열)을 각각의 행(열)으로 갖는 두 행렬로 분리하여 행렬식을 구하여 합하여도 된다는 것이다. 예를 들면

$$\begin{vmatrix} 0 & 1 & 5 \\ 3 & -6 & 9 \\ 2 & 6 & 1 \end{vmatrix} = \begin{vmatrix} 0 & 2-1 & 5 \\ 3 & -4-2 & 9 \\ 2 & 1+5 & 1 \end{vmatrix} = \begin{vmatrix} 0 & 2 & 5 \\ 3 & -4 & 9 \\ 2 & 1 & 1 \end{vmatrix} + \begin{vmatrix} 0 & -1 & 5 \\ 3 & -2 & 9 \\ 2 & 5 & 1 \end{vmatrix}$$
$$= 85 + 80 = 165$$

4) 따라서 어느 두 행이나 두 열이 같은 행렬의 행렬식은 0이다. 한 행을 다른 행에서 빼주면, 모든 원소가 0인 행을 갖게 되고, 행렬식은 1에 의하여 0이 된다.

$$\text{또는}\begin{vmatrix} 0 & 1 & 5 \\ 3 & -6 & 9 \\ 1+1 & 4+2 & 3-2 \end{vmatrix} = \begin{vmatrix} 0 & 1 & 5 \\ 3 & -6 & 9 \\ 1 & 4 & 3 \end{vmatrix} + \begin{vmatrix} 0 & 1 & 5 \\ 3 & -6 & 9 \\ 1 & 2 & -2 \end{vmatrix}$$

$$= 90 + 75 = 165$$

예 4

$A = \begin{bmatrix} 0 & 1 & 5 \\ 3 & -6 & 9 \\ 2 & 6 & 1 \end{bmatrix}$ 의 행렬식을 위의 정리를 이용하여 구하여 보자. 행렬식의 정의를 직접 이용하는 것보다는 기본행연산을 이용하여 삼각행렬처럼 행렬식의 계산이 용이한 행렬로 변환시켜서 행렬식을 계산하는 것이 편리하다.

$$\det(A) = \begin{vmatrix} 0 & 1 & 5 \\ 3 & -6 & 9 \\ 2 & 6 & 1 \end{vmatrix} = -\begin{vmatrix} 3 & -6 & 9 \\ 0 & 1 & 5 \\ 2 & 6 & 1 \end{vmatrix} \quad \text{(1행과 2행을 바꾸어 놓았음)}$$

$$= -3\begin{vmatrix} 1 & -2 & 3 \\ 0 & 1 & 5 \\ 2 & 6 & 1 \end{vmatrix} \quad \text{(1행의 공약수 3을 행렬식 밖으로 보냈음)}$$

$$= -3\begin{vmatrix} 1 & -2 & 3 \\ 0 & 1 & 5 \\ 0 & 10 & -5 \end{vmatrix} \quad \text{(1행에 }-2\text{를 곱하여 3행에 더하였음)}$$

$$= -3\begin{vmatrix} 1 & -2 & 3 \\ 0 & 1 & 5 \\ 0 & 0 & -55 \end{vmatrix} \quad \text{(2행에 }-10\text{을 곱하여 3행에 더하였음)}$$

$$= (-3)(-55)\begin{vmatrix} 1 & -2 & 3 \\ 0 & 1 & 5 \\ 0 & 0 & 1 \end{vmatrix} \quad \text{(3행의 공약수 }-55\text{를 행렬식 밖으로 보냈음)}$$

$$= (-3)(-55)(1) = 165 \quad \text{(삼각행렬의 행렬식 값은 1)}$$

정사각행렬이 가역행렬이라는 것이 무엇을 의미하는가를 제3장의 정리 5에서 세 가지의 동등한 명제(필요충분조건)를 통하여 살펴보았다. 이제 이와 동등한 명제를 또 하나 행렬식에 의하여 표현할 수 있다.

**정리 2**

정사각행렬 $A$가 가역행렬이기 위한 필요충분조건은 $\det(A) \neq 0$이다.[5)]

5) 행렬식이 0인 행렬을 특이행렬(特異行列, singular matrix)이라고 하며, 행렬식이 0이 아닌 행렬은 정칙행렬(正則行列, nonsingular matrix) 이라고 부른다.

**증명** $A$가 가역행렬이면 $I = AA^{-1}$이므로 $1 = \det(I) = \det(AA^{-1}) = \det(A)\det(A^{-1})$, 따라서 $\det(A) \neq 0$이다.

이제 $\det(A) \neq 0$이라고 하자. 제3장 **정리 4**의 증명에서처럼 기본행연산을 행렬 $A$에 계속 적용함으로써 주대각선 이외의 원소는 0이고 주대각선의 원소는 0 또는 1인 행렬 $R$로 변환시킬 수가 있다. 달리 표현하면, $E_k \cdots E_2 E_1 A = R$이 되는 기본행렬 $E_1 E_2 \cdots E_k$를 찾을 수가 있다.

$\det(A) = \det(E_1^{-1})\det(E_2^{-1}) \cdots \det(E_k^{-1})\det(R) \neq 0$으로 가정하였으므로 $\det(R) \neq 0$이 되고 따라서 $R$은 주대각선원소가 모두 1인 행렬, 즉 단위행렬이다. $A$가 단위행렬과 행-동등하므로 제3장 **정리 5**에 의하여 $A$는 가역행렬이다.

**정리 3**

$\det(A^{-1}) = 1/\det(A)$

**증명** 위 **정리 2**의 증명에서 $1 = \det(A)\det(A^{-1})$

## 4.2 여인수 전개와 행렬식의 계산

지금까지 행렬식을 계산하는 방법을 두 가지 소개하였다. 하나는 행렬식에 관한 정의를 직접 이용하는 것이고, 또 하나는 기본행연산에 의하여 행렬을 간략하게 변환하여 행렬식을 계산하는 것이다. 이 두 가지 방법을 큰 규모의 행렬에 실제로 적용하기는 쉽지 않다. 큰 규모의 행렬을 여러 개의 작은 규모의 행렬로 나누어서 행렬식을 보다 간편하게 계산하는 방법이 있는데, 이 방법을 이해하려면 우선 몇 가지 용어에 익숙해질 필요가 있다.

**정의 4**

정사각행렬 $A$에서 $i$행과 $j$열을 제거하고 남은 나머지 원소들만의 행렬식을 원소 $a_{ij}$의 **소행렬식**(小行列式, minor 또는 minor deteminant)이라 하고 $M_{ij}$로 쓴다. 그리고 원소 $a_{ij}$의 **여인수**(余因數, cofactor) $C_{ij}$는 $(-1)^{i+j}M_{ij}$, 즉 소행렬식에 부호를 붙인 것이다.

예 5

$A=\begin{bmatrix} 3 & 1 & 0 \\ -2 & -4 & 3 \\ 5 & 4 & -2 \end{bmatrix}$ 에서 첫 번째 행의 원소의 여인수는 다음과 같다.

3의 여인수 : $(-1)^{1+1}\begin{vmatrix} -4 & 3 \\ 4 & -2 \end{vmatrix} = C_{11}$ 1의 여인수 : $(-1)^{1+2}\begin{vmatrix} -2 & 3 \\ 5 & -2 \end{vmatrix} = C_{12}$

0의 여인수 : $(-1)^{1+3}\begin{vmatrix} -2 & -4 \\ 5 & 4 \end{vmatrix} = C_{13}$

여인수에 의하여 행렬식을 쉽게 계산하는 방법을 3×3 행렬을 이용하여 설명하기로 하자. 앞의 [예 2] 에서처럼 3×3 행렬 $A$의 행렬식을 계산하여 첫 번째 행의 원소에 의하여 인수분해를 하면

$$\begin{aligned}\det(A) &= a_{11}a_{22}a_{33} + a_{12}a_{23}a_{31} - a_{11}a_{23}a_{32} - a_{12}a_{21}a_{33} - a_{13}a_{22}a_{31} \\ &= a_{11}(a_{22}a_{33} - a_{23}a_{32}) + a_{12}(a_{23}a_{31} - a_{21}a_{33}) + a_{13}(a_{21}a_{32} - a_{22}a_{31}) \\ &= a_{11}C_{11} + a_{12}C_{12} + a_{13}C_{13}\end{aligned}$$

가 된다. 또한 두 번째 행의 원소에 의하여 인수분해를 하면

$$\det(A) = a_{21}C_{21} + a_{22}C_{22} + a_{23}C_{23}$$

가 되는 것을 알 수 있다. 따라서 행렬식을 구하기 위해서는 행렬의 한 행을 선정하여 그 행에 있는 원소와 각 원소의 여인수를 곱한 것의 합을 구하면 된다.[6] 이와 같이 어느 한 행이나 열의 원소와 그 원소의 여인수의 곱의 합으로 행렬식을 표현한 것을 행렬식의 **여인수전개**(cofactor expansion)라고 부른다.

**정리 4**

$n \times n$ 행렬 $A$의 행렬식은 $A$의 어느 한 행에 있는 원소와 각 원소의 여인수의 곱의 합이다. 즉 행렬식의 임의의 $i$행에 대하여

$$\det(A) = a_{i1}C_{i1} + a_{i2}C_{i2} + \cdots a_{in}C_{in} \tag{2}$$

이다. 식 (2)를 $i$행에 대한 **여인수전개**라고 한다.

6) 행에 관한 모든 논의는 열에 대하여도 적용된다. 즉 어느 한 열의 원소와 여인수의 곱을 합하여도 행렬식이 된다.

여인수전개에 의하여 행렬식을 계산할 때 특히 0을 많이 포함하고 있는 행이나 열을 선정하여 여인수전개를 하면 계산이 매우 편리해진다. 따라서 복잡한 행렬의 경우, 먼저 기본행연산을 적용하여 어느 한 행이나 열이 0의 원소를 많이 갖도록 변환한 후에 이러한 행이나 열에 의한 여인수전개를 이용하면 행렬식 계산이 매우 간편해질 수 있다.

**예 6**

$A=\begin{bmatrix} 3 & 1 & 0 \\ -2 & -4 & 3 \\ 5 & 4 & -2 \end{bmatrix}$의 행렬식을 첫 번째 열에 대한 여인수전개에 의하여 구해 보면 보면

$$\begin{aligned} \det(A) &= 3\begin{vmatrix} -4 & 3 \\ 4 & -2 \end{vmatrix} + (-2)(-1)\begin{vmatrix} 1 & 0 \\ 4 & 2 \end{vmatrix} + 5\begin{vmatrix} 1 & 0 \\ -4 & 3 \end{vmatrix} \\ &= 3(-4)+2(-2)+5(3) = -1 \end{aligned}$$

**예 7**

앞의 [예 4]에서 행렬을 기본행연산에 의하여 변환한 후에 여인수전개를 이용하면

$$\det(A) = -3\begin{vmatrix} 1 & -2 & 3 \\ 0 & 1 & 5 \\ 0 & 10 & -5 \end{vmatrix}$$

$$\det(A) = -3\left(1\begin{vmatrix} 1 & 5 \\ 10 & -5 \end{vmatrix} - 0\begin{vmatrix} -2 & 3 \\ 10 & -5 \end{vmatrix} + 0\begin{vmatrix} -2 & 3 \\ 1 & -5 \end{vmatrix}\right)$$

$$= -3(-55+0+0) = 165$$

여인수전개에서 재미있는 사실은 어느 한 행의 원소에 다른 행의 여인수를 곱하여서 전개하면 합이 0이 된다는 것이다. $n\times n$ 행렬 $A$의 $i$행의 원소에 대한 여인수를 $i$가 아닌 $j$행의 원소에 곱하여서 합한 값은 0이 된다는 것이다.

$$a_{j1}C_{i1}+a_{j2}C_{i2}+a_{j3}C_{i3}+\cdots a_{jn}C_{in}=0$$

그 이유를 3×3 행렬

$A=\begin{bmatrix} a_{11} & a_{12} & a_{13} \\ a_{21} & a_{22} & a_{23} \\ a_{31} & a_{32} & a_{33} \end{bmatrix}$를 통하여 살펴보자.

$A$의 3행을 1행으로 대치한 행렬을 만들면

$$A' = \begin{bmatrix} a_{11} & a_{12} & a_{13} \\ a_{21} & a_{22} & a_{23} \\ a_{11} & a_{12} & a_{13} \end{bmatrix}$$ 이 된다.

이제 $A'$의 3행 원소들에 대한 여인수 $C'_{31}$, $C'_{32}$, $C'_{33}$라고 하면 $C_{31} = C'_{31}$, $C_{32} = C'_{32}$, $C_{33} = C'_{33}$이 된다. $A'$의 두 행이 같으므로 $\det(A') = 0$이며, 따라서 $A'$의 3행(즉 $A$의 1행)에 대한 여인수전개는

$$\begin{aligned}\det(A') &= a_{11}C'_{31} + a_{12}C'_{32} + a_{13}C'_{33} \\ &= a_{11}C_{31} + a_{12}C_{32} + a_{13}C_{33} = 0\end{aligned}$$

**정리 5**

$i \neq j$일 때,
$n \times n$ 행렬 $A$의 $i$행에 대한 여인수를 $j$행의 원소에 곱하여 합하면 0이 된다.

## 4.3 크레이머법칙과 역행렬의 계산: 방법 II

이제 역행렬을 구하는 또 한 가지 방법을 소개한다. 이 방법은 행렬의 여인수를 이용하는 것이다.

**정의 5**

$n \times n$ 행렬 $A$의 모든 원소 $a_{ij}$에 대하여 구한 여인수 $C_{ij}$로 이루어진 행렬 $[C_{ij}]$를 $A$의 **여인수행렬**(matrix of cofactors from $A$)이라고 한다. 여인수행렬의 전치행렬 $[C_{ij}]^t$는 $A$의 **수반행렬**(adjoint of $A$)이라 하며 adj$(A)$로 나타낸다. 즉 $adj(A) = [C_{ji}]$

예 8

$$A=\begin{bmatrix}3 & 2 & -1\\ 1 & 6 & 3\\ 2 & -4 & 0\end{bmatrix}$$ 의 여인수 행렬은 $$\begin{bmatrix}C_{11} & C_{12} & C_{13}\\ C_{21} & C_{22} & C_{23}\\ C_{31} & C_{32} & C_{33}\end{bmatrix}=\begin{bmatrix}12 & 6 & -16\\ 4 & 2 & 16\\ 12 & -10 & 16\end{bmatrix}$$

이므로

$$\mathrm{adj}(A)=\begin{bmatrix}12 & 4 & 12\\ 6 & 2 & -10\\ -16 & 16 & 16\end{bmatrix}$$ 이다.

**정리 6**

$A$가 가역행렬이면, $A^{-1}=\mathrm{adj}(A)/\det(A)$

**증명** 정리 4와 정리 5에 의하여

$$A\ \mathrm{adj}(A)=[a_{ij}][C_{ji}]=\begin{bmatrix}a_{11} & a_{12} & \cdots & a_{1n}\\ a_{21} & a_{22} & \cdots & a_{2n}\\ \vdots & \vdots & \ddots & \vdots\\ a_{n1} & a_{n2} & \cdots & a_{nn}\end{bmatrix}\begin{bmatrix}C_{11} & C_{21} & \cdots & C_{n1}\\ C_{12} & C_{22} & \cdots & C_{n2}\\ \vdots & \vdots & \ddots & \vdots\\ C_{1n} & C_{2n} & \cdots & C_{nn}\end{bmatrix}$$

$$=\begin{bmatrix}\det(A) & 0 & \cdots & 0\\ 0 & \det(A) & \cdots & 0\\ \vdots & \vdots & \ddots & \vdots\\ 0 & 0 & \cdots & \det(A)\end{bmatrix}=\det(A)I$$

$A$가 가역행렬이므로 $\det(A)\neq 0$이고, 양변을 $\det(A)$로 나누어 주면 $A\{(1/\det(A))adj(A)\}=I$

예 9

[예 8]에서 $\det(A)=64$이므로

$$A^{-1}=\frac{1}{64}\begin{bmatrix}12 & 4 & 12\\ 6 & 2 & -10\\ -16 & 16 & 16\end{bmatrix}=\begin{bmatrix}\frac{12}{64} & \frac{4}{64} & \frac{12}{64}\\ \frac{6}{64} & \frac{2}{64} & -\frac{10}{64}\\ -\frac{16}{64} & \frac{16}{64} & \frac{16}{64}\end{bmatrix}$$

행렬식을 이용하면 연립방정식을 쉽게 풀 수 있다.

**정리 7**

**(크레이머 법칙, Cramer's rule)** $n$개의 미지수를 갖고 있는 연립방정식 $AX=B$에서 $\det(A)\neq 0$이면, 연립방정식의 해는 유일하며 다음과 같이 구할 수 있다.

$$x_1=\frac{\det(A_1)}{\det(A)},\ x_2=\frac{\det(A_2)}{\det(A)},\ \cdots,\ x_n=\frac{\det(A_n)}{\det(A)}$$

여기서 행렬 $A_j$는 행렬 $A$의 $j$번째 열을 $B$로 바꾼 것이다.

**증명** $\det(A)\neq 0$이므로 $A$는 가역행렬이며 $X=A^{-1}B$가 $AX=B$의 유일한 해이다.
따라서

$$X=A^{-1}B=\frac{1}{\det(A)}\operatorname{adj}(A)B=\frac{1}{\det(A)}[C_{ji}]B$$

$$=\frac{1}{\det(A)}\begin{bmatrix}C_{11} & C_{21} & \cdots & C_{n1}\\ C_{12} & C_{22} & \cdots & C_{n2}\\ \vdots & \vdots & & \vdots\\ C_{1n} & C_{2n} & \cdots & C_{nn}\end{bmatrix}\begin{bmatrix}b_1\\ b_2\\ \vdots\\ b_n\end{bmatrix}$$

$$=\frac{1}{\det(A)}\begin{bmatrix}b_1C_{11}+b_2C_{21}+\cdots b_nC_{n1}\\ b_1C_{23}+b_2C_{22}+\cdots b_nC_{n2}\\ \vdots \qquad \vdots \qquad \vdots\\ b_1C_{1n}+b_2C_{2n}+\cdots b_nC_{nn}\end{bmatrix}$$

$X$의 $j$행의 원소는

$$x_j=\frac{\{b_1C_{1j}+b_2C_{2j}+\cdots+b_nC_{nj}\}}{\det(A)}$$

$A_j$와 $A$는 $j$열만이 다른 행렬이므로, $A_j$의 $j$열 원소 $b_1,\ b_2,\ \cdots,\ b_n$의 여인수들은 $A$의 $j$열 원소들의 여인수와 동일하다. 따라서 $\det(A_j)$의 $j$열에 대한 여인수전개는

$$\det(A_j)=b_1C_{1j}+b_2C_{2j}+\cdots+b_nC_{nj}$$

이므로 $x_j=\dfrac{\det(A_j)}{\det(A)}$이다.

**예 10**

연립방정식

$$\begin{cases} x_1 \qquad\quad + 2x_3 = 3\\ x_1 + \ x_2 + 2x_3 = 5\\ -x_1 - 2x_2 + 3x_3 = 3\end{cases}$$

을 크레이머 법칙을 이용하여 풀기로 하자.

$$A = \begin{bmatrix} 1 & 0 & 2 \\ 1 & 1 & 2 \\ -1 & -2 & 3 \end{bmatrix} \text{이므로}$$

$$A_1 = \begin{bmatrix} 3 & 0 & 2 \\ 5 & 1 & 2 \\ 3 & -2 & 3 \end{bmatrix},\ A_2 = \begin{bmatrix} 1 & 3 & 2 \\ 1 & 5 & 2 \\ -1 & 3 & 3 \end{bmatrix},\ A_3 = \begin{bmatrix} 1 & 0 & 3 \\ 1 & 1 & 5 \\ -1 & -2 & 3 \end{bmatrix}$$

따라서

$$x_1 = \frac{\det(A_1)}{\det(A)} = \frac{-5}{5} = -1$$
$$x_2 = \frac{\det(A_2)}{\det(A)} = \frac{10}{5} = 2$$
$$x_3 = \frac{\det(A_3)}{\det(A)} = \frac{10}{5} = 2$$

## 4.4 행렬의 고유값과 고유벡터[7)]

제3장에서 행렬의 연산을 소개할 때 행렬의 연산, 특히 행렬의 곱이 특이하게 정의되는 이유는 행렬이 선형변환을 표현한 것이기 때문이라고 하였다. 선형변환은 선형(linearity)의 성질을 만족하는 함수이므로, 행렬의 합이나 차는 함수의 합이나 차, 행렬의 곱은 함수의 연속적인 적용, 즉 함수의 함수, 역행렬은 역함수 등의 정의와 일치하도록 하기 위해 행렬의 연산은 제3장에서와 같이 정의한다.

이제 선형변환, 즉 함수로서의 행렬의 의미와 특성을 간략히 살펴보기로 하자.

우리가 흔히 접하는 이차원공간, 즉 평면이나, 3차원 공간 등은 **벡터공간**(vector-space)의 예이다. 일반적으로 $n$차원의 벡터공간은 $n$개의 실수로 이루어진 순서쌍, 즉 $n$짝(n-tuples)의 집합이다(제4장 끝의 벡터공간에 대한 부록 참조할 것). $n$차원 벡터공간 $V(=R^n)$에서 정의된 선형변환 $T$는, $V$의 기본벡터가 주어졌을 때, 행렬 $A=(a_{ij})$로 표현될 수 있다. 따라서 기본벡터가 주어졌을 때, $n\times n$ 행렬$A$는 $n$차원

7) 벡터공간에 대하여 익숙하지 않은 사람은 먼저 제4장 끝의 부록을 공부한 다음 이 절의 내용을 공부하는 것이 바람직하다.

벡터공간에 정의된 선형변환으로 생각할 수 있다. 이때 함수 $A$에 의한 벡터 $X$의 상은 $A(X)=AX$ 즉 행렬의 곱으로 쓸 수 있다.

행렬이론에 따라서 선형변환에 관한 이론을 실제문제에 응용할 때 자주 접하게 되고 또 중요한 기능을 감당하게 되는 개념이 행렬의 **고유값**(eigenvalues)과 **고유벡터**(eigenvector)이다. 앞에서 설명한 것처럼, 선형변환은 행렬에 의하여 표현될 수 있으며, 이러한 행렬에 의한 표현은 벡터공간의 기본벡터가 무엇으로 선정되었느냐에 의하여 결정된다. 따라서 당연한 질문은, 주어진 선형변환을 어떻게 하면 가장 간단한 형태의 행렬(예를 들면, 대각행렬)로 표현될 수 있도록 기본벡터를 선택할 수 있는가 하는 것이다. 주어진 선형변환에 대응되는 행렬을 대각화할 수 있는가 하는 것을 결정하여 주는 것이 고유값과 고유벡터이다.

$A$를 $n\times n$ 행렬, $X$를 $n$차원 열벡터(column vector)라고 하자.[8] $AX$도 $n$차원 열벡터이다. 일반적으로 벡터 $X$와 $AX$ 사이에 일정한 기하학적 관계를 찾을 수 없지만, $AX$가 $X$에 실수 $\lambda$를 곱한 것과 같은 특별한 경우, 즉 $AX$는 $X$를 $\lambda$배만큼 확대하거나 축소한 것과 같은 경우, 이러한 벡터 $X$를 행렬 $A$의 고유벡터라고 하고 $\lambda$를 $A$의 고유값이라고 한다.

**정의 5**

$A$를 $n\times n$행렬이라고 하자. 어떤 실수 $\lambda$에 대하여 $AX=\lambda X$를 만족하는 영벡터가 아닌 $X$가 있으면 $\lambda$를 $A$의 **고유값**이라고 하고, $X$를 $\lambda$에 대응되는 **고유벡터**라고 한다.[9]

**예 11**

아래에서 보듯이 $X=[1,\ 2]^t$는 $A=\begin{bmatrix}3 & 0\\ 8 & -1\end{bmatrix}$의 고유벡터이고, 대응되는 고유값은 $\lambda=3$이다.

---

8) 임의의 $n$에 대하여 $1\times n$ 행렬 $[x_1 \cdots x_n]$ 또는 $n\times 1$ 행렬 $[x_1 \cdots x_n]^t$를 $n$차원 벡터라고 부른다. 특히 $1\times n$행렬은 행벡터(row vector), $n\times 1$ 행렬은 열벡터(column vector)라고 한다. 흔히 벡터에서는 원소를 ,를 이용하여 구분하고 표시하지만, ,를 사용하지 않고 행렬의 형태로 표시하여도 된다.

9) 고유값과 고유벡터를 각각 특성값, 특성벡터라고도 부른다. eigenvalues는 proper values, characteristic values(또는 roots), latent roots 등으로도 불린다.

$$AX = \begin{bmatrix} 3 & 0 \\ 8 & -1 \end{bmatrix}\begin{bmatrix} 1 \\ 2 \end{bmatrix} = \begin{bmatrix} 3 \\ 6 \end{bmatrix} = 3X$$

행렬 $A$의 고유값을 찾으려면, $AX = \lambda X = \lambda IX$에서,

$$(A - \lambda I)X = 0 \qquad (3)$$

이 되어야 하며, 이 동차방정식이 $X \neq 0$인 해를 가지려면

$$\det(A - \lambda I) = 0 \qquad (4)$$

이 되어야 한다. 따라서 방정식 (4)의 해가 바로 행렬 $A$의 고유값이다. 방정식 (4)를 $A$의 **고유**(또는 특성)**방정식**(characteristic equation)이라고 한다. $A$가 $n \times n$ 행렬이면 고유방정식은 $\lambda$의 $n$차 방정식이고 $\lambda^n$의 계수는 1이다.

$$\lambda^n + c_1\lambda^{n-1} + \cdots + c_n = 0 \qquad (5)$$

**예 12**

$A = \begin{bmatrix} 3 & 2 \\ -1 & 0 \end{bmatrix}$의 고유값은 고유방정식

$$\det(A - \lambda I) = \begin{vmatrix} 3-\lambda & 2 \\ -1 & -\lambda \end{vmatrix} = \lambda^2 - 3\lambda + 2 = 0$$

의 해이다. 따라서 $A$의 고유값은 $\lambda = 1$과 $\lambda = 2$이다. $\lambda = 1$에 대응되는 고유벡터를 $X = (x_1,\ x_2)^t$라 하면, $(A - \lambda I)X = 0$에서

$$\begin{bmatrix} 3-\lambda & 2 \\ -1 & -\lambda \end{bmatrix}\begin{bmatrix} x_1 \\ x_2 \end{bmatrix} = \begin{bmatrix} 2 & 2 \\ -1 & -1 \end{bmatrix}\begin{bmatrix} x_1 \\ x_2 \end{bmatrix} = \begin{bmatrix} 0 \\ 0 \end{bmatrix}$$

따라서 0이 아닌 임의의 실수 $s$에 대하여 $x_1 = s$, $x_2 = -s$가 이 방정식의 해가 되므로, $\lambda = 1$에 대응되는 고유벡터는 $X = s[1,\ -1]^t$이다(단, $s \neq 0$). $\lambda = 2$이면

$$\begin{bmatrix} 1 & 2 \\ -1 & -2 \end{bmatrix}\begin{bmatrix} x_1 \\ x_2 \end{bmatrix} = \begin{bmatrix} 0 \\ 0 \end{bmatrix}\text{에서}$$

0이 아닌 임의의 실수 $s$에 대하여 $x_1 = -2s$, $x_2 = s$가 이 방정식을 만족하므로 $\lambda = 2$에 대응되는 고유벡터는 $X = s[-2,\ 1]^t$이다(단, $s \neq 0$).

2차원 평면의 모든 점을 열벡터로 표현하면, 임의의 점, 즉 임의의 2차원 벡터

$X=(x_1,\ x_2)^t$는 통상적인 좌표계에 의하여 $e_1=(1,\ 0)^t$와 $e_2=(0,\ 1)^t$의 선형결합

$$X=x_1e_1+x_2e_2=(x_1,\ x_2)^t \tag{6}$$

으로 나타낼 수 있다. 여기서 $e_1$, $e_2$는 서로 일차독립이며 따라서 2차원 벡터공간의 기본벡터이다.

이와 같이 2차원 평면의 모든 점 즉 벡터는 선정된 기본 벡터의 선형결합으로 나타낼 수 있기 때문에, 선형결합에서의 기본벡터의 계수로 이루어진 순서쌍에 의해 벡터가 표현된다. $e_1$, $e_2$를 기본벡터로 하여 2차원 벡터공간의 모든 벡터를 식 (6)과 같이 $e_1$, $e_2$의 선형결합으로 나타내는 경우, [예 11]의 행렬 $A$는

$$AX=\begin{bmatrix}3 & 2\\ -1 & 0\end{bmatrix}\begin{bmatrix}x_1\\ x_2\end{bmatrix}=\begin{bmatrix}3x_1+2x_2\\ -x_1\end{bmatrix}$$

즉, 벡터 $X=(x_1,\ x_2)^t$를 $(3x_1+2x_2,\ -x_1)^t$로 대응시키는 함수이다.

이제 $e_1$, $e_2$ 대신에 $A$의 고유벡터 $[1,\ -1]^t$와 $[-2,\ 1]^t$을 기본벡터로 선정하여 2차원 벡터를 표현하자. $e_1$, $e_2$가 기본벡터일 때 $[a,\ b]^t$로 표시된 벡터는

$$[a,\ b]^t=c[1,\ -1]^t+d[-2,\ 1]^t$$

에 의하여 $c=-a-2b$, $d=-a-b$가 되므로, 고유벡터 $[1,\ -1]^t$와 $[-2,\ 1]^t$가 기본벡터로 선정되면 $[-a-2b,\ -a-b]^t$로 표시된다.

행렬 $A$는 $e_1$, $e_2$가 기본벡터일 때 $X=(x_1,\ x_2)^t$를 $(3x_1+2x_2,\ -x_1)^t$로 보내는 함수이다. **그림 4-1**에서 보듯이 이제 기본벡터를 $A$의 고유벡터로 바꾸어서 모든 벡터를 표현하면, $(x_1,\ x_2)^t$는 $(-x_1-2x_2,\ -x_1-x_2)^t$로, $(3x_1+2x_2,\ -x_1)^t$는 $(-x_1-2x_2,\ -2x_1-2x_2)^t$로 표현되므로, 새로운 기본벡터 하에서 $A$와 똑같은 대응관계는 $(-x_1-2x_2,\ -x_1-x_2)^t$를 $(-x_1-2x_2,\ -2x_1-2x_2)^t$로 보내는 함수이다.

$$\begin{bmatrix}1 & 0\\ 0 & 2\end{bmatrix}\begin{bmatrix}-x_1-2x_2\\ -x_1-\ x_2\end{bmatrix}=\begin{bmatrix}-x_1-2x_2\\ -2x_1-2x_2\end{bmatrix}$$

에서 알 수 있듯이

$$\begin{bmatrix}1 & 0\\ 0 & 2\end{bmatrix}$$

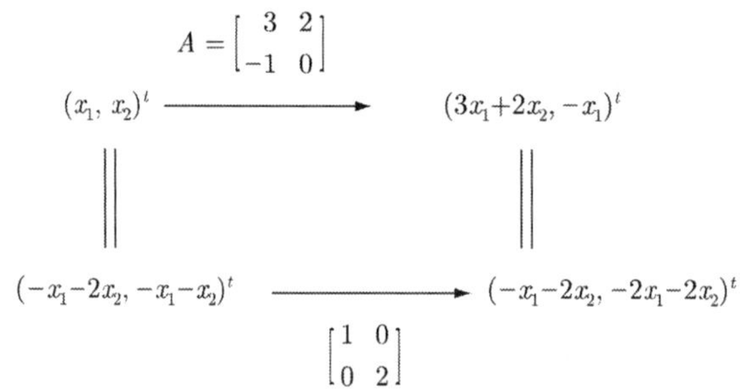


**| 그림 4-2 |**

즉 $A$의 고유값이 주대각선 원소가 되는 대각행렬이 바로 새로운 기본벡터 하에서 표현된 선형변환 $D$이다. 이와 같이 행렬 $A$의 고유벡터를 기본벡터로 하여 모든 벡터를 표현하면 고유값을 대각선 원소로 하는 대각행렬로 선형변환을 간단히 나타낼 수 있다.

**정리 8**

$n \times n$ 행렬 $A$가 $n$개의 서로 다른 고유값 $\lambda_1, \lambda_2, \cdots, \lambda_n$을 가지면, 이들 고유값에 대응되는 고유벡터를 $n$차원 벡터공간의 기본벡터로 선정함으로써 $A$를 $\lambda_1, \lambda_2, \cdots, \lambda_n$이 주대각선 원소가 되는 대각행렬로 나타낼 수 있다.

행렬 $A$가 $n$개의 서로 다른 고유값 $\lambda_1, \lambda_2, \cdots, \lambda_n$을 가지면, $A$의 행렬식을 쉽게 구할 수 있다.

**정리 9**

$\det(A) = \lambda_1 \lambda_2 \cdots \lambda_n$

**증명** 행렬 $A$의 서로 다른 $n$개의 고유값을 $\lambda = (\lambda_1\ \lambda_2 \cdots \lambda_n)$이라 하자. $\lambda_i$에 대응되는 고유벡터는 $X_i = (x_{1i}\ x_{2i} \cdots x_{ni})^t$라 하고, $P = (X_1\ X_2 \cdots X_n)$이라 하면 $A$의 고유방정식에 의하여 $AX_i = \lambda_i X_i$이므로

$$AP = A(X_1 X_2 \cdots X_n) = A\begin{bmatrix} x_{11} & x_{12} \dots & x_{1n} \\ x_{21} & x_{22} & \cdots & x_{2n} \\ \vdots & \vdots & \ddots & \vdots \\ x_{n1} & x_{n2} & \cdots & x_{nn} \end{bmatrix}$$

$$= \begin{bmatrix} \lambda_1 x_{11} & \lambda_2 x_{12} & \cdots & \lambda_n x_{1n} \\ \lambda_1 x_{21} & \lambda_2 x_{22} & \cdots & \lambda_n x_{2n} \\ \vdots & \vdots & \ddots & \vdots \\ \lambda_1 x_{n1} & \lambda_2 x_{n2} & \cdots & \lambda_n x_{nn} \end{bmatrix} = \begin{bmatrix} x_{11} & x_{12} & \cdots & x_{1n} \\ x_{21} & x_{22} & \cdots & x_{2n} \\ \vdots & \vdots & \ddots & \vdots \\ x_{n1} & x_{n2} & \cdots & x_{mm} \end{bmatrix} \begin{bmatrix} \lambda_1 & 0 & \ldots & 0 \\ 0 & \lambda_2 & \cdots & 0 \\ \vdots & \vdots & \ddots & \vdots \\ 0 & 0 & \cdots & \lambda_n \end{bmatrix}$$

$$= P(\lambda I)$$

가 되고, 따라서

$$P^{-1}AP = \lambda I = \begin{bmatrix} \lambda_1 & 0 & \ldots & 0 \\ 0 & \lambda_2 & \cdots & 0 \\ \vdots & \vdots & \ddots & \vdots \\ 0 & 0 & \cdots & \lambda_n \end{bmatrix}$$

따라서

$$\det(A) = \frac{1}{\det(P)} \cdot \det(P) \cdot \det(A) = \det(P^{-1}) \cdot \det(P) \cdot \det(A)$$

$$= \det(P^{-1}) \cdot \det(A) \cdot \det(P) = \det(P^{-1}AP) = \det(\lambda I) = \lambda_1 \lambda_2 \cdots \lambda_n$$

## 4.5 부록

일반적으로 $V$를 **벡터공간**이라 할 때는, 각각의 연산이 정의된 두 개의 집합 $V$와 $F$로서 다음의 조건을 만족하는 경우를 말한다.

(1) $F$에서 정의된 연산 $+$와 $\cdot$ 가[10)]

① 임의의 원소 $a,\ b \in F$에 대하여 $a+b \in F$, $a \cdot b \in F$이고,

② $+$와 $\cdot$ 에 대하여 각각 결합법칙, 교환법칙이 성립하고

③ $+$와 $\cdot$ 에 대하여 각각의 단위원소, 즉 임의의 $a \in F$에 대하여 $a+0=0+a=a$이고, $a \cdot i = i \cdot a = a$가 되는 0과 $i$가 존재하고

④ $+$와 $\cdot$에 대한 역원소, 즉 임의의 $a \in F$에 대하여 $a+a^- = a^- + a = 0$이고, $a \cdot a' = a' \cdot a = i$가 되는 $a^-$와 $a'$이 존재하고

⑤ $\cdot$ 는 $+$에 대하여 분배법칙이 성립한다.

---

10) 우리가 모든 실수에 대하여 덧셈과 곱셈을 할 수 있고, 각각의 연산에 대한 역수가 존재하므로 뺄셈과 나눗셈을 할 수 있는 것처럼, 집합 $F$로 모든 원소에 대하여 실수와 유사한 충분한 연산을 할 수 있는 집합이라는 것이다. 실수의 집합에서와 유사한 모든 연산이 가능한 집합을 장(場, field)이라고 부른다. $F$는 벡터를 표현하는 재료창고와 같은 것으로, $F$의 원소를 스칼라(scalar)라고 부른다.

(2) $V$에 정의된 연산 $\oplus$에 대하여[11)]

① 임의의 원소 $\alpha, \beta \in V$에 대하여 $\alpha \oplus \beta \in V$이고
② $\oplus$는 결합법칙과 교환법칙을 만족하고,
③ $\oplus$에 관한 단위원소가 존재하고,
④ 모든 $V$의 원소가 $\oplus$에 대한 역원소를 갖고 있다.

(3) 임의의 $a,\ b \in F$와 $\alpha,\ \beta \in V$에 대하여[12)]

① $a \odot a \in F$가 되는 연산 $\odot$가 정의되고,
② $(\alpha \oplus \beta) \odot a = (\alpha \odot a) \oplus (\beta \odot a)$,
$a \odot (\alpha \oplus \beta) = (a \odot \alpha) \oplus (a \odot \beta)$,
$(a \odot b) \oplus \alpha = a \odot (b \oplus \alpha)$,
$1 \odot a = a$

위의 모든 조건을 만족하면 $V = \{V,\ F;\ +,\ \cdot,\ \oplus,\ \odot\}$를 장(場) $F$에 대한 **벡터 공간**(vector space over the field F)이라고 말한다(1의 ① ~ ⑤를 만족하는 집합을 場이라고 한다.)

$F$를 실수의 집합으로 제한하면, 모든 유한한 차원의 벡터공간, 즉 $n$차원의 벡터공간은 $n$개의 실수로 이루어진 순서쌍, 즉 $n$짝(n-tuples)의 집합과 일치(isomorphic)하는 것을 보일 수가 있다. 따라서 이 책에서는 실수로 이루어진 $n$쌍의 집합을 $n$차원 벡터공간으로 취급한다. 다시 말하면 $n$차원 벡터공간은

$$R^n = \{(x_1,\ x_2,\ \cdots,\ x_n) \mid x_i \in R,\ i = 1,\ \cdots,\ n\}$$

이다. 이 경우 $F = R$ 이므로 벡터공간 $V$를 $V = R^n$으로 간단히 표시한다. 이때 $V$의 원소, 즉 각각의 $n$쌍 $(x_1,\ x_2,\ \cdots,\ x_n)$을 **벡터**라고 하고 $F$의 원소, 즉 실수는 **스칼라**라고 한다.

임의의 벡터 $v_1,\ v_2,\ \cdots,\ v_n \in R^n$에 대하여

---

11) 집합 $V$는 벡터의 집합이며, 모든 벡터에 대하여 덧셈을 할 수 있다.
12) 벡터에 스칼라를 곱하여 확대 또는 축소가 가능하다는 것을 의미한다.

$$a_1v_1+a_2v_2+\cdots+a_nv_n=0 \quad \Leftrightarrow \quad a_1=a_2=\cdots=a_n=0$$

이면 $n$개의 벡터 $v_1,\ v_2,\ \cdots,\ v_n$은 **일차독립**(linearly independent)이라고 한다.[13)]

벡터공간에 속한 임의의 모든 벡터가 일차독립인 $n$개의 벡터의 **일차결합**(linear combination)으로 표현될 수 있으면, 즉 모든 $X\in V$에 대하여

$$X=a_1v_1+a_2v_2+\cdots+a_nv_n$$

이 되는 일차독립인 $v_1,\ v_2,\ \cdots,\ v_n\in V$가 있으면 $v_1,\ v_2,\ \cdots,\ v_n$을 벡터공간 $V$의 **기본벡터**(basis)라고 하고, $X=(a_1\,a_2\cdots\,a_n)^t$으로 나타내며 $V$의 **차원**(dimension)을 $n$이라 한다. 따라서 $V=R^n$은 $n$차원 벡터공간이다.[14)]

벡터공간 $V$에서 $V$로 가는 **선형변환** $T$는 임의의 $X,\ Y\in V$와 $a,\ b\in F$에 대하여 선형조건, 즉

$$T(aX+bY)=aT(X)+bT(Y)$$

가 성립하는 함수를 말한다.

이제 모든 선형변환은 행렬의 곱으로 나타낼 수 있다는 것을 벡터공간 $V=R^n$에서 보이고자 한다. 기본벡터를 $v_1,\ v_2,\ \cdots,\ v_n$이라고 하고 기본벡터를 열벡터$(n\times 1)$로 표현하면,[15)] 벡터공간에 속한 임의의 벡터 $X$는 기본벡터의 일차결합이므로

$$X=x_1v_1+x_2v_2+\cdots+x_nv_n=\begin{bmatrix}x_1\\x_2\\\vdots\\x_n\end{bmatrix}$$

---

13) 예를 들어 $a_i\neq 0$이고, $a_1v_1+a_2v_2+\cdots+a_nv_n=0$이면

$$v_i=-(a_1v_1+\cdots+a_{i-1}v_{i-1}+a_{i+1}v_{i+1}+\cdots+a_nv_n)/a_i$$

가 되어 $v_i$를 제외한 나머지 벡터에 의하여 $v_i$가 결정될 수 있으므로 $v_i$와 나머지 벡터들은 서로 독립적이 아니다.

14) 2차원 벡터 공간 $R^2$는 평면이며, 이 때 모든 벡터는 순서쌍 $(a_1,\ a_2)$에 의하여 좌표로 나타낼 수 있고, 그 이유는 각각 $x$축과 $y$축 방향으로 단위 길이를 갖는 벡터 $e_1=(1,\ 0)$, $e_2(0,\ 1)$을 기본벡터로 선정하면 임의 벡터 $(a_1,\ a_2)=(a_1,\ 0)+(0,\ a_2)=a_1(1,\ 0)+a_2(0,\ 1)=a_1e_1+a_3e_2$이 되기 때문이다. 공간 $R^2$는 따라서 2차원 공간이다. 벡터는 $(a_1,\ a_2)$와 같이 한 행으로 된 행렬 즉 행벡터로 표현할 수도 있고 $(a_1,\ a_2)^t$처럼 한 열로 이루어진 행렬 즉, 열벡터로 표현할 수도 있다. 열벡터로 표현하여도 지금까지의 논의는 그대로 적용된다.

15) 벡터를 행벡터(row vector)로 표시하여도 되지만, 이 책에서는 열벡터로 표시한다. 열벡터로 표시하면 선형변환의 적용을 행렬의 곱으로 표현하는 것이 더 자연스럽게 이루어질 수 있다.

으로 나타낼 수 있다. 선형변환 $T$가 기본벡터에 적용되면 각각의 기본벡터 $v_i$에 대하여 $T(v_i) \in V$이므로

$$T(v_i) = a_{1i}v_1 + a_{2i}v_2 + \cdots + a_{ni}v_n = \begin{bmatrix} a_{1i} \\ a_{2i} \\ \vdots \\ a_{ni} \end{bmatrix}$$

가 된다. 이제

$$A = [\,T(v_1)\,T(v_2) \cdots T(v_n)] = \begin{bmatrix} a_{11} & a_{12} & \cdots & a_{1n} \\ a_{21} & a_{22} & \cdots & a_{2n} \\ \vdots & \vdots & \ddots & \vdots \\ a_{n1} & a_{n2} & \cdots & a_{nn} \end{bmatrix}$$

이라 하자. $T$는 선형변환이므로 임의 벡터 $X$에 대하여

$$\begin{aligned} T(X) &= T(x_1v_1 + x_2v_2 + \cdots + x_nv_n) \\ &= x_1T(v_1) + x_2T(v_2) + \cdots + x_nT(v_n) \end{aligned}$$

이고

$$\begin{aligned} AX &= \begin{bmatrix} a_{11} & a_{12} & \cdots & a_{1n} \\ a_{21} & a_{22} & \cdots & a_{2n} \\ \vdots & \vdots & & \vdots \\ a_{n1} & a_{n2} & \cdots & a_{nn} \end{bmatrix} \begin{bmatrix} x_1 \\ x_2 \\ \vdots \\ x_{nn} \end{bmatrix} = \begin{bmatrix} x_1a_{11} + x_2a_{12} + \cdots + x_na_{1n} \\ x_1a_{21} + x_2a_{22} + \cdots + x_na_{2n} \\ \vdots \quad\quad \vdots \quad\quad \ddots \quad\quad \vdots \\ x_1a_{n1} + x_2a_{n1} + \cdots + x_na_{nn} \end{bmatrix} \\ &= \begin{bmatrix} x_1a_{11} \\ x_1a_{21} \\ \vdots \\ x_1a_{n1} \end{bmatrix} + \begin{bmatrix} x_2a_{12} \\ x_2a_{22} \\ \vdots \\ x_2a_{n2} \end{bmatrix} + \cdots + \begin{bmatrix} x_na_{1n} \\ x_na_{2n} \\ \vdots \\ x_na_{nn} \end{bmatrix} \\ &= x_1\begin{bmatrix} a_{11} \\ a_{21} \\ \vdots \\ a_{n1} \end{bmatrix} + x_2\begin{bmatrix} a_{12} \\ a_{22} \\ \vdots \\ a_{n2} \end{bmatrix} + \cdots + x_n\begin{bmatrix} a_{1n} \\ a_{2n} \\ \vdots \\ a_{nn} \end{bmatrix} \\ &= x_1T(v_1) + x_2T(v_2) + \cdots + x_nT(v_n) \end{aligned}$$

이 되어 $T(X) = AX$가 되는 것을 알 수 있다.

이와 같이 모든 선형변환은 행렬에 의한 변환, 즉 행렬의 곱으로 나타낼 수 있으며, 행렬에 의한 표현은 기본벡터를 어떻게 선정하는가에 따라서 달라진다. 일반적으로 $n$차원 벡터공간의 기본벡터는 $(1\ 0\ \cdots\ 0)^t, (0\ 1\ 0\ \cdots\ 0)^t, \cdots, (0\ \cdots\ 0\ 1)^t$과 같은 $n$개의 단위벡터가 주로 사용된다.

# 04 연습문제

**01** 다음의 열거된 $\{1,\ 2,\ 3,\ 4,\ 5\}$의 순열에서 반전은 각각 몇 개인가?

(1) $(3\ 4\ 1\ 5\ 2)$ (2) $(4\ 2\ 5\ 3\ 1)$ (3) $(5\ 4\ 3\ 2\ 1)$

(4) $(1\ 2\ 3\ 4\ 5)$ (5) $(1\ 3\ 5\ 4\ 2)$ (6) $(2\ 3\ 5\ 4\ 1)$

**02** 다음의 값을 구하라. (행렬식의 정의를 이용하여)

(1) $\begin{vmatrix} 1 & 2 \\ -1 & 4 \end{vmatrix}$ (2) $\begin{vmatrix} 5 & 0 \\ 1 & 2 \end{vmatrix}$ (3) $\begin{vmatrix} k-1 & 2 \\ 3 & k-2 \end{vmatrix}$

(4) $\begin{vmatrix} 1 & -2 & 7 \\ 3 & 0 & 2 \\ 2 & 3 & 5 \end{vmatrix}$ (5) $\begin{vmatrix} 1 & 0 & 3 \\ 0 & 2 & 1 \\ -1 & 3 & 7 \end{vmatrix}$ (6) $\begin{vmatrix} 3 & 7 & -5 \\ 0 & 2 & -2 \\ 0 & 0 & 5 \end{vmatrix}$

(7) $\begin{vmatrix} 1 & 2 & 3 \\ 2 & -1 & 5 \\ 1 & 2 & 3 \end{vmatrix}$ (8) $\begin{vmatrix} 2 & 3 & 2 \\ 1 & 2 & 1 \\ 0 & -1 & 0 \end{vmatrix}$ (9) $\begin{vmatrix} 0 & 4 & 0 & 0 & 0 \\ 0 & 0 & 0 & 2 & 0 \\ 0 & 0 & 3 & 0 & 0 \\ 0 & 0 & 0 & 0 & 1 \\ 5 & 0 & 0 & 0 & 0 \end{vmatrix}$

**03** 다음의 행렬식을 $0$으로 만드는 $x$값을 구하라.

(1) $\begin{vmatrix} x-1 & -2 \\ 1 & x-4 \end{vmatrix}$ (2) $\begin{vmatrix} x-6 & 0 & 0 \\ 0 & x & -1 \\ 0 & 4 & 2 \end{vmatrix}$

**04** 다음의 행렬식을 기본행연산을 적용하여 계산하라.

(1) $\begin{vmatrix} 2 & 1 & 1 \\ 4 & 2 & 3 \\ 1 & 2 & 0 \end{vmatrix}$ (2) $\begin{vmatrix} 2 & -4 & 8 \\ -2 & 7 & -2 \\ 0 & 1 & 5 \end{vmatrix}$

(3) $\begin{vmatrix} 2 & 1 & 3 & 1 \\ 1 & 0 & 1 & 1 \\ 0 & 2 & 1 & 0 \\ 0 & 1 & 2 & 3 \end{vmatrix}$ (4) $\begin{vmatrix} 1 & 1 & 1 \\ k & k & k \\ k^2 & k^2 & k^2 \end{vmatrix}$

**05** 4의 행렬식을 여인수전개에 의하여 계산하라.

**06** 다음의 행렬식을 계산하라.

(1) $\begin{vmatrix} 5 & 2 & 3 \\ 1 & -1 & 0 \\ 2 & 0 & 1 \end{vmatrix}$ (2) $\begin{vmatrix} 5 & 1 & 2 \\ 2 & -1 & 0 \\ 3 & 0 & 1 \end{vmatrix}$ (3) $\begin{vmatrix} 5+a & 2-a & 3 \\ 1 & -1 & 0 \\ 2 & 0 & 1 \end{vmatrix}$

(4) $\begin{vmatrix} 1 & -1 & 0 \\ 5 & 2 & 3 \\ 2 & 0 & 1 \end{vmatrix}$ (5) $\begin{vmatrix} 1 & 1 & 1 \\ a & b & c \\ a^2 & b^2 & c^2 \end{vmatrix}$ (6) $\begin{vmatrix} b+c & c+a & b+a \\ a & b & c \\ 1 & 1 & 1 \end{vmatrix}$

**07** 정리 2를 이용하여 다음 중 가역행렬을 찾아라.

(1) $\begin{bmatrix} 1 & 0 & 0 \\ 3 & 6 & 7 \\ 0 & 8 & -1 \end{bmatrix}$ (2) $\begin{bmatrix} 7 & 2 & 1 \\ 7 & 2 & 1 \\ 3 & 6 & 6 \end{bmatrix}$

(3) $\begin{bmatrix} 0 & 7 & 5 \\ 0 & 1 & -1 \\ 0 & 3 & 2 \end{bmatrix}$ (4) $\begin{bmatrix} -2 & 1 & -4 \\ 1 & 1 & 2 \\ 3 & 1 & 6 \end{bmatrix}$

**08** 행렬 $A = \begin{bmatrix} a & b & c \\ d & e & f \\ g & h & i \end{bmatrix}$ 의 행렬식 $\det(A) = 5$일 때 다음의 행렬식 값을 구하라.

(1) $\det(A^{-1})$ (2) $\det((4A)^{-1})$

(3) $\begin{vmatrix} g+2d & h+2e & i+2f \\ a & b & c \\ 3d & 3e & 3f \end{vmatrix}$

**09** $A = \begin{bmatrix} 2 & 0 & 2 & 2 \\ -1 & 0 & 1 & 1 \\ 1 & -3 & 0 & 3 \\ 4 & 3 & 10 & 2 \end{bmatrix}$ 에 대하여 다음을 구하여라.

(1) $M_{13}$와 $C_{13}$ (2) $M_{23}$와 $C_{23}$

(3) $M_{22}$와 $C_{22}$ (4) $M_{21}$와 $C_{21}$

(5) $M_{41}$와 $C_{41}$ (6) $adj(A)$

(7) $A^{-1}$의 1행 3열 원소 (8) $A^{-1}$(정리 6을 이용할 것)

**10** 크레이머 법칙을 이용하여 다음 연립방정식을 풀어라.

(1) $\begin{cases} 3x - 4y = -5 \\ 2x + \ \ y = \ \ 3 \end{cases}$

(2) $\begin{cases} 2x - y + 3z = \ \ 3 \\ \quad\ \ y \qquad\ = -2 \\ 2x + y + \ \ z = \ \ 1 \end{cases}$

(3) $\begin{cases} \ \ x - 3y + \ \ z = \ \ 4 \\ 2x - \ \ y \qquad\ = -2 \\ 4x \qquad - 3z = \ \ 0 \end{cases}$

**11** 크레이머 법칙이 적용될 수 없는 연립방정식은 어떤 것인가?

**12** (Input-Output model) 경제를 구성하고 있는 여러 산업의 수요와 공급은 서로 영향을 미친다. 예로 자동차산업의 수요의 변화는 바로 철강, 고무, 화공 등 연관산업의 수요에 영향을 미치게 된다. 이러한 산업간의 관계를 감안하여 각 산업의 미래 생산예측을 하기 위하여 Leontief에 의하여 소개된 모델이 **투입-산출 모델**이다. 두 개의 산업 $P$, $Q$로 이루어진 경제를 생각하자. $P$의 생산 200단위는 $P$산업이 60단위, $Q$산업이 64단위, 소비자가 76단위 사용하고, $Q$의 생산 160단위는 $P$산업이 100단위, $Q$산업이 48단위, 소비자가 12단위 사용한다고 하자.

(1) 소비자에 의한 $P$산업 생산품의 소비가 70단위로, $Q$산업 생산품의 소비가 50단위로 증가하는 경우 각 산업이 생산하여야 하는 생산품의 양을 계산하기 위한 방정식을 구성하라. $P$의 생산량을 $x_1$, $Q$의 생산량을 $x_2$라 하라.

(2) (1)의 방정식을 $\begin{bmatrix} x_1 \\ x_2 \end{bmatrix} = A \begin{bmatrix} x_1 \\ x_2 \end{bmatrix} + D$의 형태로 표현하라.

이때 $X = \begin{bmatrix} x_1 \\ x_2 \end{bmatrix}$를 **산출(물)행렬**(output matrix), $D$를 **수요행렬**(demand matrix), $A = (a_{ij})$를 **투입-산출행렬(input-output matrix)**이라고 부른다.

(3) $(I - A)^{-1}$을 계산하고 $X = (I - A)^{-1} D$를 구하라.

**13** (Markov chain) 시간을 두고 반복되는 시행(trial)의 결과가 나타날 수 있는 상태(states)는 항상 $n$가지 경우가 있으며, 어떠한 상태의 결과가 얻어질 것인가는 바로 이전의 시행의 결과에 의하여 결정된다. $i$의 상태에 있을 때 시행의 결과가 $j$의 상태가 될 확률을 $p_{ij}$라고 하면, $p_{ij}$는 **추이확률**(transition probability), $P = [p_{ij}]$는 **추이행렬**(transition matrix)라고 하며, 이와 같이 반복되는 시행에 의하여 상태가 변화하여 가는 과정을 **마르코프 과정**

(Markov process) 또는 **마르코프 연쇄**(Markov chain)라고 부른다.

매일 관찰되는 어느 기업 주식의 가격은 오르기도 하고 내리기도 한다. 주가가 오르면 다음 날에는 내리기 쉽고, 내리면 반대로 오르는 경향이 있다. 이를 마르코프 행렬로 나타내면 다음과 같다고 하자.

| 내일의 변화 / 오늘의 변화 | 증가 | 감소 |
|---|---|---|
| 증가 | 0.1 | 0.9 |
| 감소 | 0.8 | 0.2 |

오늘을 $t=0$, 내일은 $t=1$이라 하고, $A_t = [p_1, \ p_2]$는 $t$일에서의 $p_1 =$주가가 증가할 확률과 $p_2 =$ 주가가 감소할 확률을 나타낸다고 하자.

(1) $A_0 = [0 \ \ 1]$일 때 $A_1$을 구하라.

(2) $A_0 = [0 \ \ 1]$일 때 $A_3$을 구하라.

(3) 일반적으로 $A_{k+1} = A_k P$가 되는 것을 확인하라.

**14** 다음 행렬의 고유값과 고유벡터를 구하고 행렬식이 고유값의 곱인 것을 보여라.

(1) $\begin{bmatrix} -2 & -1 \\ 5 & 2 \end{bmatrix}$

(2) $\begin{bmatrix} 4 & 0 & 1 \\ -2 & 1 & 0 \\ -2 & 0 & 1 \end{bmatrix}$

(3) $\begin{bmatrix} 3 & -2 & 0 \\ -2 & 3 & 0 \\ 0 & 0 & 5 \end{bmatrix}$

(4) $\begin{bmatrix} -2 & 0 & 1 \\ -6 & -2 & 0 \\ 1 & 5 & 4 \end{bmatrix}$

# Part 02 미 분

미적분학(Calculus)은 운동과 변화에 대한 수학으로 16, 17세기의 물리학에서 중요한 문제였던 움직이는 물체의 운동(motion)에 관한 연구를 위하여 17세기에 창안되었다.[1] 정해진 궤도를 따라 일정한 속력(speed)으로 움직이는 물체의 연구에는 미분학이 필요하지 않다. 그러나 궤도가 일정하지 않거나 속도가 부단히 변화하는 경우에는 미분학 이전의 수학으로 이러한 운동을 표현하기는 대단히 어렵다. 운동을 정확하게 묘사하기 위해서는 속도(velocity)와 가속도(acceleration)의 개념이 명확하게 정의되어야 하는데 이러한 정의를 미분학에서의 도함수를 이용하여 제공할 수 있는 것이다.

어떤 물체의 위치와 그 물체에 가해진 힘을 알고 있을 때 그 물체가 어떠한 운동을 하게 되는지, 다양한 곡선에 의하여 둘러싸여진 영역의 넓이, 곡선의 길이나 기울기, 임의의 입체의 질량중심을 구하는 것 등이 미적분학에 의하여 가능하게 되었다. 우리가 잘 알고 있는 케플러 법칙[2]을 케플러가 발견하는 데는 20년의 시간이 필요했지만, 뉴턴의 운동법칙으로부터 미적분을 이용하여 케플러의 법칙을 도출하는 데는 단 몇 시간도 걸리지 않는다.

오늘날 미적분학은 단지 물리학에만 응용되는 수학이 아니고, 변화, 성장 등이 중요한 요소로 간주될 수 있는 모든 자연과학 및 사회과학분야의 연구에서 중요한 도구로 이용된다. 자연과학뿐만 아니라 사회과학 분야에서도 그 응용범위는 대단히 넓다. 경영과 경제분야 에서도 경제나 거래유형의 예측, 수익, 비용, 원가 예측 및 계획, 자산의 관리, 이익의 최적화 등 많은 응용이 가능하다. 20세기 최대의 수학자 중의 한 사람이라고 할 수 있는 노이만[3]은 "미적분학은 현대수학의 최초의 업적으로써, 논리적 전개와 명확한 사고의 기술적 방법을 제공하는 현대수학의 시발점으로서의 중요성은 어떠한 말로도 과대평가될 수가 없다"[4]고 하였다.

---

1) 미분학은 뉴턴(Sir Issac Newton, 1642-1727)과 라이프니츠(Gottfried Wilhelm Leibniz, 1646-1716) 두 사람이 독립적으로 연구하여 개발되었다.

2) Johannes Kepler(1571-1630)가 발견한 행성의 운동(planetary motion)에 관한 법칙으로서 다음과 같다.
(1) 행성은 태양을 한 초점으로 갖는 타원궤도를 운행한다.
(2) 태양과 행성을 연결한 직선은 동일한 시간에 동일한 면적을 진행한다.
(3) 행성의 회전주기의 제곱과 행성궤도의 반축(semimajor axis)의 세제곱의 비는 모든 행성에 동일하다.

3) John von Neumann(1903-1957)

4) World of Mathematics, vol.4(new York: Simon and Schuster, 1960), "The Mathematician" by John von Neumann, pp. 2053-63.

Chapter

# 05 함수의 극한과 연속

Mathematics for Economics & Management

## 5.1 함수의 극한

미적분학에서 중심이 되는 도함수와 정적분의 개념은 극한에 의하여 정의된다.

미적분학과 그 이전의 수학분야를 구분하는 새로운 개념이 바로 극한의 개념이다.

연속함수는 수없이 많은 자연적인 행태를 나타낼 수 있는 함수이기 때문에 여러 학문분야의 연구에서 널리 이용된다. 극한의 개념은 함수의 연속성을 명확히 정의하고 검증하는 데에도 사용되기 때문에 더욱 중요하다.

우리는 유한한 세계에서 살고 있다. 아무리 거대한 대포를 쏘아도 탄환이 날아갈 수 있는 거리에는 한계가 있으며, 공중에서 낙하하는 물체도 처음에는 속도가 가속적으로 증가하지만 얼마 후에는 공기저항 때문에 일정한 속도에 이르게 된다. 가벼운 물체일수록 일정한 속도에 이르는 시간은 짧다. 특정한 투자로부터 낼 수 있는 이익도 한계가 있고, 효율을 저해하지 않는 범위 안에서 절감할 수 있는 원가도 한계가 있다. 한 사람이 들 수 있는 무게에도 한계가 있고, 제 아무리 이상적인 운동과 섭생을 한다고 하더라도 한 사람이 숨 쉬고 살아갈 수 있는 시간도 한정되어 있는 것이다. 우리가 접하는 일상적인 모든 경험에서 우리는 한계 또는 극한을 인식하며 살아가고 있다. 우리가 관심을 갖고 있는 것(그것이 거리, 시간, 이익, 원가, 무게 등 어떠한 것이든) 이 일정한 조건하에서 취할 수 있는 값의 변화와 한계를 생각하는 데도 극한의 개념이 쓰여 질 수 있다. 수학에서 사용하는 극한은 유한한 값을 갖기 때문에 한계가 주어진다는 의미는 있지만, 이러한 일상적 의미로서의 한계 또는 경계(bound)와는 다른 의미를 갖는다.

어떤 함수 $f$의 값(우리가 알고자 하는 것)이 독립변수의 값이 변할 때 어떻게 따라 변하는가 하는 것을 아는 것이 바로 함수를 이해하는 것이다. 각각의 독립변수 값 주변에서 함수값이 어떻게 변하는가를 알면, 함수의 형태를 이해할 수 있다. 다시 말해, 독립변수 값이 어떤 특정한 값 $a$에 점점 가까이 접근하여 간다면 함수값도 어떤 특정한 값 $L$에 점점 더 접근하여 갈 것인가? 아니면 변수값의 일정한 변화에도 불구하고 함수값은 야생마의 뜀박질처럼 종잡을 수 없는 것이 될 것인가? 만일 함수값이 어떤 한계값을 향하여 점점 접근하여 간다면, 이는 독립변수의 값을 통하여 함수값을 조절할 수 있다는 것을 의미하기 때문에 이러한 지식은 대단히 유용하다. 일정한 조건(즉, 독립변수의 값이 $a$에 접근할 때)하에서 함수값이 접근하여 가는 값 $L$이 존재하면 이 값을 함수 $f$의 **극한**(極限, limit)이라고 한다.

예를 들면, 함수

$$f(x) = \frac{x^3 - 8}{x^2 - 4}$$

는 $x = 2$에서는 정의되지 않는다. 그러나 $x$가 금지된 값 2에 무한히 가깝게 접근한다면 함수값은 어떻게 변화할 것인가? **그림 5-1의** 함수의 그래프에서 보면, $x$가 2의 양쪽에서 2로 접근하여 갈 때 함수값은 3에 접근하는 것을 알 수 있다. 함수$f(x)$가 $x = 2$에서 정의되지는 않지만 함수값의 변화에는 한계가 있으며, 함수값이 접근하여 가는 값, 즉 극한값은 3이라는 것을 알 수 있다.

극한에 대한 이와 같은 이해를 이용하여 함수의 극한을 다음과 같이 정의할 수가 있다.

> "$x$가 $a$에 접근할 때 함수값 $f(x)$가 $L$에 접근하면 함수 $f(x)$는 $x = a$에서 극한 $L$을 갖는다."

그러나 이러한 정의는 명확하지 않다. "접근한다"는 말이 무엇인가? 얼마나 가까이 가는 것이 접근하는 것인가? 의미를 더 명확하게 하기 위하여 "점점 더 접근한다" 또는 "무한히 접근한다" 등의 표현을 사용하여도 듣는 사람의 입장에 따라서 얼마나 가까이 가는 것이 충분히 접근한 것인가에 대한 판단이 달라질 수 있기 때문에 이러한 애매한 표현은 수학에서는 용납될 수가 없는 것이다. 누가 어떠한 상황에서 보아도 같은 의미로 인식될 수 있도록 명확한 정의를 내리지 않으면 안 된다.

함수의 극한에 대한 수학적 정의를 소개한다.

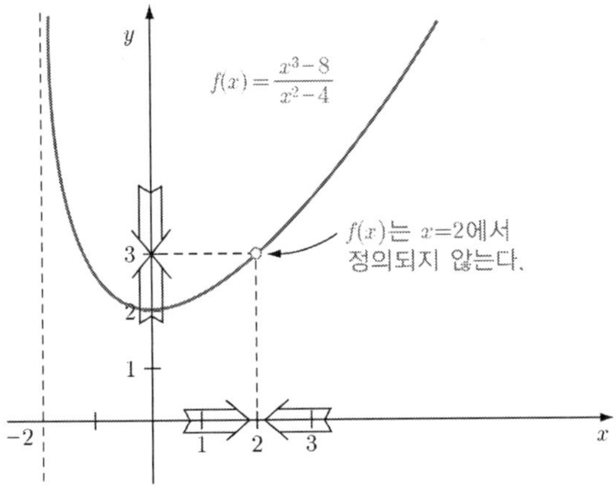


**| 그림 5-1 |**

**정의 1**

함수 $f$가 $a$를 포함하는 열린 구간(open interval)에서 정의되고(단, $a$에서는 정의되지 않아도 됨) $L$이 실수일 때, 임의의 $\epsilon>0$에 대하여

$$0<|x-a|<\delta \quad \text{이면} \quad |f(x)-L|<\epsilon$$

이 되는 $\delta>0$가 존재하면,[1] $L$을 **$x$가 $a$에 접근할 때의 함수 $f$의 극한**이라 하고 $\lim_{x\to a} f(x)=L$로 표시한다.[2]

집합 $\{x \mid |x-a|<\delta\}$를 $a$의 **$\delta$-근방(neighborhood)**이라 하고 집합 $\{y \mid |y-L| < \epsilon\}$을 $L$의 **$\epsilon$-근방**이라고 한다.

정의1을 다시 표현하면, 임의의(아무리 작은) $\epsilon>0$을 취하더라도 $x(x\neq a)$가 $a$의 $\delta$-근방, 즉 열린 구간 $(a-\delta,\ a+\delta)$에 속하면 함수값 $f(x)$도 $L$의 $\epsilon$-근방, 즉 열린구간 $(L-\epsilon,\ L+\epsilon)$에 반드시 속하게 되는 $\delta>0$를 항상 찾을 수 있으면 $\lim_{x\to a} f(x)=L$이라는 것이다. 적절한 $\delta$의 선택은 $\epsilon$의 크기에 의하여 결정된다. **그림 5-2**에서 볼 수 있듯이 $\epsilon$이 주어지면, 함수값이 극한으로부터 $\epsilon$의 범위 안에 있도록 충분히 작은 $\delta$를 선택할 수 있어야 한다. 즉 $x$를 $a$에 접근시킬 때, 어떠한 $\epsilon$-

1) 앞의 조건을 $\delta$-허용구간 ($\delta$ tolerance 또는 tolerance interval)이라 하고 뒤의 조건을 $\epsilon$-허용구간($\epsilon$ tolerance 또는 $\epsilon$ tolerance interval)이라 부른다.

2) 극한의 개념은 불란서의 Augustin Louis Cauchy가 1821년 처음 만들어 냈고 몇 년 후 독일의 Karl Weierstrass가 지금 사용하는 정의를 제공하였음. 6장에서 공부하는 도함수의 정의에서 극한의 개념은 필수적인 역할을 담당하지만 Newton이나 Leibniz는 극한의 개념없이 미적분학을 발전시켰음.

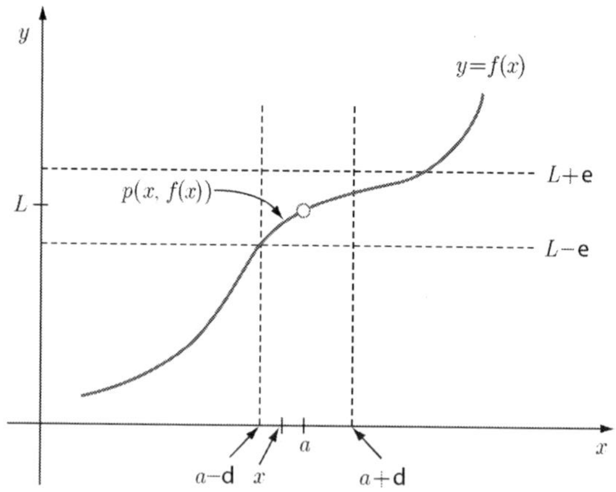


| 그림 5-2 |

범위에 대해서도 $f(x)$를 $L$에 가깝게 즉 $\epsilon$-범위 이내로 접근시킬 수가 있으면 $L$은 $f(x)$의 극한이다.

**정리 1**

$x$가 $a$에 접근할 때 함수 $f(x)$의 극한이 존재하면 극한은 유일하다.

**증명** $\lim_{x\to a} f(x)=L$이고 $\lim_{x\to a} f(x)=M$이며 $L\neq M$이라 하자. **정의** 1에 의하여, $\epsilon=\frac{|L-M|}{2}>0$에 대하여 다음 조건을 만족하는 $\delta_1$과 $\delta_2$가 존재한다.[3)]

$$0<|x-a|<\delta_1 \text{ 이면 } |f(x)-L|<\frac{|L-M|}{2}$$
$$0<|x-a|<\delta_2 \text{ 이면 } |f(x)-M|<\frac{|L-M|}{2}$$

$\delta_1$과 $\delta_2$ 중에 작은 값을 $\delta$라고 하면 (즉 $\delta=\min(\delta_1,\ \delta_2)$)[4)]

$$0<|x-a|<\delta \text{ 이면}$$
$$|L-M|\leq|L-f(x)|+|f(x)-M|=|f(x)-L|+|f(x)-M|$$
$$<\frac{|L-M|}{2}+\frac{|L-M|}{2}=|L-M|$$

이 되며, 이것은 모순이다.

3) 여기서 $\epsilon$의 크기는 $|L-M|<|L-M|$이 되어 모순을 이끌어낼 수 있다는 것을 확인한 다음에 선정한 값임. 증명을 서술하는 순서와 증명을 생각하는 순서는 다를 수 있다는 것을 유의해야 함.
4) $\min(a,\ b)$는 $a$와 $b$중에서 작은 값을 의미한다.

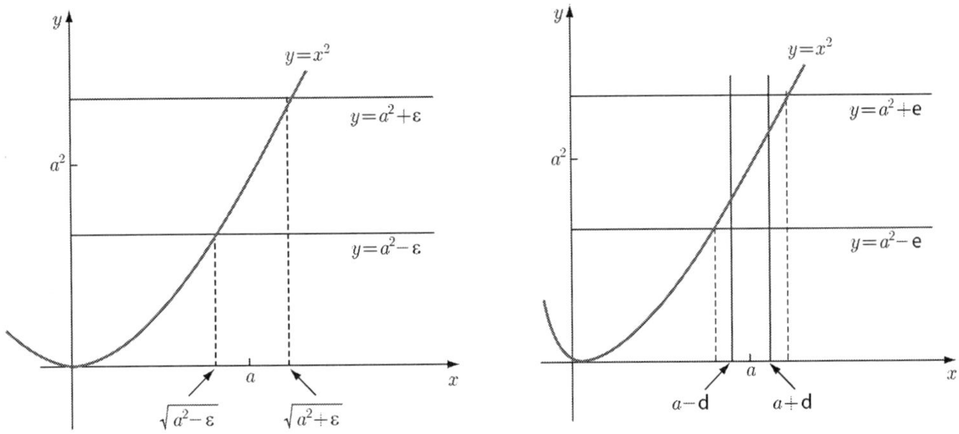


**| 그림 5-3 |**

**예 1**

$\lim_{x \to 4}(3x-5)=7$을 보이라.

**증명** 임의의 $\epsilon > 0$에 대하여 $0 < |x-4| < \delta \Rightarrow |(3x-5)-7| < \epsilon$이 되는 $\delta$를 찾을 수 있음을 보이면 된다.

$|(3x-5)-7| = |3x-12| = 3|x-4| < \epsilon$이 되기 위해서는 $|x-4| < \frac{\epsilon}{3}$가 되면 되므로 $\delta \leq \frac{\epsilon}{3}$이 되도록 $\delta$를 선정하면 된다.)

**예 2**

$\lim_{x \to a} x^2 = a^2$를 보아라. (단, $a > 0$)

**증명** 임의의 $\epsilon > 0$에 대하여 $x$가 열린 구간 $(a-\delta,\ a+\delta)$에 속하면 $f(x)=x^2$이 열린 구간 $(a^2-\epsilon,\ a^2+\epsilon)$에 속하도록 $\delta$를 선정할 수 있음을 보이면 된다. **그림 5-3**에서 알 수 있듯이 $\delta \leq \min\{a-\sqrt{a^2-\epsilon},\ \sqrt{a^2+\epsilon}-a\}$이 되도록 $\delta$를 택하면 충분하다.)

**예 3**

$\lim_{x \to 0} \frac{1}{x}$이 존재하지 않음을 보아라. (단 $x \geq 0$)

$\lim_{x\to 0}\frac{1}{x}=L$이라면, 임의의 $\epsilon$에 대하여

$0<|x-0|=|x|=x<\delta \Rightarrow \left|\frac{1}{x}-L\right|<\epsilon$이 되는 $\delta$가 있다. 그러나 $0<x<\min\left(\delta,\ \frac{1}{|L|+\epsilon}\right)$인 $x$에 대하여, $x<\delta$이지만 또한 $x<\frac{1}{|L|+\epsilon}$이므로 $\frac{1}{x}>|L|+\epsilon$가 된다. 따라서

$$\left|\frac{1}{x}-L\right| \ge \left|\frac{1}{x}\right|-|L|=\frac{1}{x}-|L|>\epsilon$$

이 되므로 모순이다.

$x$가 $a$에 접근하는 데는 $a$보다 큰 숫자 쪽에서 접근하거나 $a$보다 작은 숫자 쪽에서 접근하는 두 가지 방향에서의 접근이 있다. 각각의 방향에서의 접근에 대한 극한을 별도로 고려하면 편리한 경우가 있다. 접근하는 방향에 따라서 결정되는 극한을 다음과 같이 정의한다.

**정의 2**

함수 $f$가 $a$를 포함하는 열린 구간(open interval)에서 정의되고(단, $a$에서는 정의되지 않아도 됨) $L$이 실수일 때, 임의의 $\epsilon>0$에 대하여

$$a<x<a+\delta \quad \text{이면} \quad |f(x)-L|<\epsilon$$

이 되는 $\delta>0$가 존재하면, $L$을 함수 $f$의 **우극한**(right-hand limit)이라 하고 $\lim_{x\to a^+}f(x)=L$로 표시한다.

**정의 3**

함수 $f$가 $a$를 포함하는 열린 구간(open interval)에서 정의되고(단, $a$에서는 정의되지 않아도 됨) $L$이 실수일 때, 임의의 $\epsilon>0$에 대하여

$$a-\epsilon<x<a \quad \text{이면} \quad |f(x)-L|<\epsilon$$

이 되는 $\delta>0$가 존재하면, $L$을 함수 $f$의 **좌극한**(right-hand limit)이라 하고 $\lim_{x\to a^-}f(x)=L$로 표시한다.

우극한은 $x$가 $a$보다 큰 값 즉 오른쪽에서 $a$에 접근할 때의 극한이고, 좌극한은 $x$가 $a$보다 작은 값 즉 왼쪽에서 $a$에 접근할 때의 극한이다. **정의 1**에서의 $\delta$-허용 구간은 **정의 2**와 **정의 3**에서의 $\delta$-허용구간을 모두 포함하므로, 함수의 극한이 존재하기 위해서는 우극한과 좌극한이 존재하고 같은 값이어야 한다. 다시 말하면, $x$가 어떠한 방향에서 $a$로 접근하더라도 $f(x)$가 $L$에 충분히(즉, $\epsilon$-허용구간 이내로) 접근하여야 한다는 것이다.

**정리 2**

$$\lim_{x\to a^+} f(x) = \lim_{x\to a^-} f(x) = L \quad \Leftrightarrow \quad \lim_{x\to a} f(x) = L$$

**예 4**

$f(x)= \sqrt{x-2}$ 일 때 **(그림 5-4)**

1) $\lim_{x\to 2^+} f(x) = \lim_{x\to 2^+} \sqrt{x-2} = \sqrt{2-2} = 0$이고,

2) $x < 2$이면 $\sqrt{x-2}$는 실수가 아니므로 함수가 정의되지 않으며, $\lim_{x\to 2^-} \sqrt{x-2}$은 존재하지 않는다. 따라서

3) 함수 $f(x)= \sqrt{x-2}$가 2를 포함하는 열린 구간 전체에서 정의되지 않으므로 $\lim_{x\to 2} f(x)$는 존재하지 않는다.)

**예 5**

함수 $f(x)=\dfrac{|x|}{x}$는 $x=0$에서는 정의되지 않는다. **(그림 5-5)**
그러나 $x>0$이면 $f(x) = 1$이고 $x<0$이면 $f(x) = -1$이므로,
$\lim_{x\to 0^+} f(x) = 1$이고 $\lim_{x\to 0^-} f(x) = -1$이다.
우극한과 좌극한이 같지 않으므로 $\lim_{x\to 0} f(x)$는 존재하지 않는다.

**예 6**

$c$를 빛의 속도(약 $3.0\times 10^8$m/sec 또는 186,000mi/sec)라고 하자. 아인슈타인의 상대

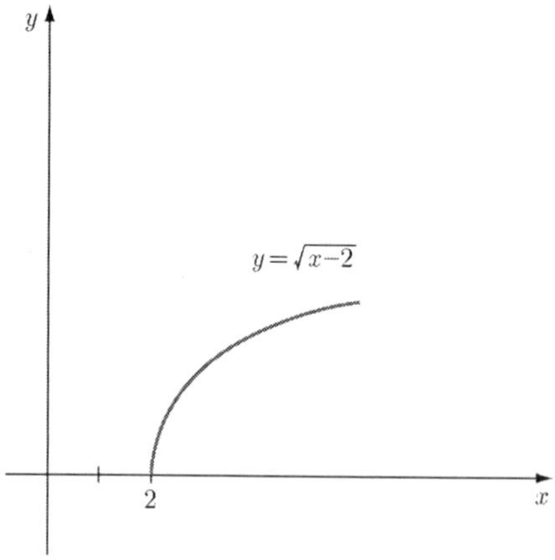


| 그림 5-4 |

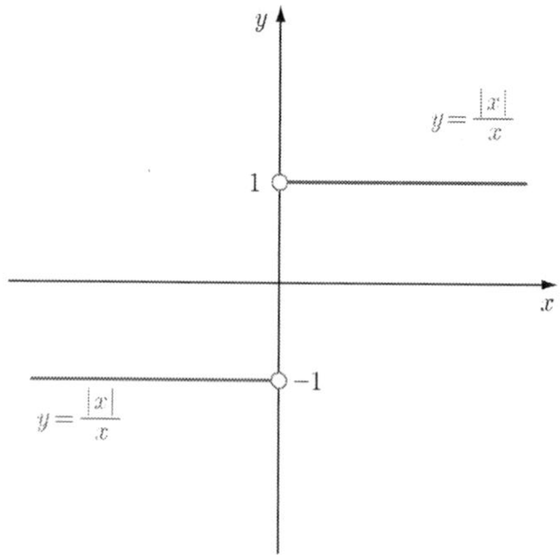


| 그림 5-5 |

성이론(theory of relativity)에서 **로렌츠공식**(Lorentz contraction formular)은 다음과 같다.

$$L = L_0\sqrt{1-\frac{v^2}{c^2}}$$

이 공식에서 $L$은 관찰자에 대하여 $v$의 속도로 움직이는 물체의 길이이고, $L_0$는 물체가 정지상태에 있을 때의 길이이다. 공식에 의하면 움직이는 물체는 정지하고 있는 물체보다 관찰자에 의하여 측정되는 길이가 짧다($v>0$이면, $L<L_0$).

$\lim_{v\to c^-} L=0$(즉 물체의 길이가 없어진다)이기 때문에 빛의 속도 또는 그 이상의 속도는 불가능하다. 또한 $v>c$이면 제곱근 부호 안이 음수가 되므로 이 함수는 정의되지 않는다. 따라서 이 함수의 우극한은 의미가 없고 단지 좌극한만이 가능하다.

## 5.2 극한의 성질

함수의 극한에 대하여 다음 명제가 성립한다.

**정리 3**

1) $\lim_{x\to a} c = c$ ($c$는 상수)

2) $\lim_{x\to a} x = a$

$\lim_{x \to a} f(x)$와 $\lim_{x \to a} g(x)$가 모두 존재한다면,

3) $\lim_{x \to a}[f(x) \pm g(x)] = \lim_{x \to a} f(x) \pm \lim_{x \to a} g(x)$

4) $\lim_{x \to a}[f(x)g(x)] = \lim_{x \to a}[f(x)] \lim_{x \to a}[g(x)]$

5) $\lim_{x \to a}[cf(x)] = c[\lim_{x \to a} f(x)]$

6) $\lim_{x \to a} g(x) \neq 0$이면, $\lim_{x \to a}\left[\frac{f(x)}{g(x)}\right] = \frac{\lim_{x \to a}[f(x)]}{\lim_{x \to a}[g(x)]}$

증명 1) $f(x)=c$라 하면, 모든 $x$에 대하여 $|f(x)-c| = |c-c| = 0$이므로 임의의 $\delta$에 대하여 극한조건이 만족된다.

2) $f(x)=x$라 하면, $|f(x)-a| = |x-a| < \epsilon$은 $\delta = \epsilon$이 되도록 $\delta$를 선택하면 만족된다.

3) $\lim_{x \to a} f(x) = L$, $\lim_{x \to a} g(x) = M$이라 하면 다음 조건을 만족하는 $\delta_1$, $\delta_2$가 있다.

$0 < |x-a| < \delta_1$ 이면 $|f(x)-L| < \frac{\epsilon}{2}$

$0 < |x-a| < \delta_2$ 이면 $|g(x)-M| < \frac{\epsilon}{2}$

$\delta = \min(\delta_1, \delta_2)$라 놓고, $0 < |x-a| < \delta$이면

$|[f(x)+g(x)] - (L+M)| \leq |f(x)-L| + |g(x)-M| < \epsilon$

4) $\lim_{x \to a} f(x) = L$, $\lim_{x \to a} g(x) = M$이라 하면 다음 조건을 만족시키는 $\delta_1$, $\delta_2$, $\delta_3$가 존재한다.

$0 < |x-a| < \delta_1$ 이면 $|f(x)-L| < 1$ 따라서 $|f(x)| < 1+|L|$

$0 < |x-a| < \delta_2$ 이면 $|g(x)-M| < \frac{\epsilon}{2(1+|L|)}$

$0 < |x-a| < \delta_3$ 이면 $|f(x)-L| < \frac{\epsilon}{2|M|}$

$\delta = \min(\delta_1, \delta_2, \delta_3)$라 놓고, $0 < |x-a| < \delta$이면

$$\begin{aligned} |f(x)g(x) - LM| &\leq |f(x)g(x) - f(x)M| + |f(x)M - LM| \\ &\leq |f(x)||g(x)-M| + |M||f(x)-L| \\ &< (1+|L|)\left(\frac{\epsilon}{2(1+|L|)}\right) + |M|\left(\frac{\epsilon}{2|M|}\right) = \epsilon \end{aligned}$$

5) 1)과 4)에 의하여 성립

6) 우선 $\lim_{x \to a} \frac{1}{g(x)} = \frac{1}{\lim_{x \to a} g(x)}$인 것을 보이자.

$\lim_{x \to a} g(x) = M$이라 하면, 다음 조건을 만족하는 $\delta_1$, $\delta_2$가 존재한다.

$0<|x-a|<\delta_1$이면 $|g(x)-M|<\dfrac{|M|}{2}$, 따라서 $|M|-|g(x)|\le|g(x)-M|$이므로

$|g(x)|>\dfrac{|M|}{2}$, 즉 $\dfrac{1}{|g(x)|}<\dfrac{2}{|M|}$

$0<|x-a|<\delta_2$ 이면 $|g(x)-M|<\dfrac{|M|^2}{2}\epsilon$

따라서 $\delta=\min(\delta_1,\ \delta_2)$이라 할 때, $0<|x-a|<\delta$이면

$$\left|\frac{1}{g(x)}-\frac{1}{M}\right|=\frac{|g(x)-M|}{|g(x)||M|}<\frac{|M|^2\epsilon/2}{|M|}\cdot\frac{2}{|M|}$$

위 결과와 4)에 의하여 $\lim\limits_{x\to a}\left[\dfrac{f(x)}{g(x)}\right]=\dfrac{\lim\limits_{x\to a}f(x)}{\lim\limits_{x\to a}g(x)}$이 성립한다.

정리 3을 이용하면 다음의 정리를 쉽게 도출할 수 있다.

**정리 4**

1) $\lim\limits_{x\to a}(mx+b)=ma+b$
2) $\lim\limits_{x\to a}x^n=a^n$
3) $\lim\limits_{x\to a}f(x)$가 존재한다면, $\lim\limits_{x\to a}\{f(x)\}^n=\left\{\lim\limits_{x\to a}f(x)\right\}^n$
4) $f$가 **다항함수**(polynomial function)이고 $a$가 실수이면 $\lim\limits_{x\to a}f(x)=f(a)$
5) $q$가 **유리함수**(rational function)[5]이고 $a$가 $q$의 정의역에 속하면, $\lim\limits_{x\to a}q(x)=q(a)$

다항함수나 유리함수의 극한은 **정리 3**과 **따름정리 4**에 의해 쉽게 구할 수 있다. 함수의 형태나 값을 결정하거나 추적하기가 쉽지 않은 함수의 극한도 **샌드위치정리**(sandwich theorem)를 이용하면 쉽게 구할 수도 있다. **그림 5-6**에서 함수$f(x)$는 복잡하지만 이 함수가 모든 $x$에서 단순한 꼴의 함수 $g(x)$와 $h(x)$에 의하여 둘러싸여져 있고, 두 함수 $g(x)$와 $h(x)$가 같은 극한을 갖는다면 $f(x)$의 극한도 이 두 함수의 극한과 같다.

5) 분자와 분모가 모두 다항함수인 분수형태의 함수를 유리함수라고 한다.

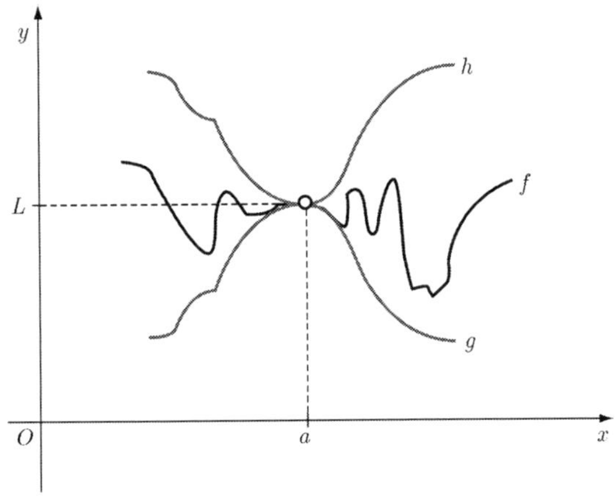


**| 그림 5-6 |**

**정리 5**

$a$를 제거한 열린 구간에 속한 모든 $x$에 대하여 $g(x) \le f(x) \le h(x)$가 성립하고,

$$\lim_{x \to a} g(x) = L = \lim_{x \to a} h(x) \text{이면} \quad \lim_{x \to a} f(x) = L$$

**증명** $g(x)$와 $h(x)$의 극한이 존재하므로 다음을 만족하는 $\delta_1$, $\delta_2$가 있다.

$0 < |x-a| < \delta_1$이면 $|g(x) - L| < \epsilon$

$0 < |x-a| < \delta_2$이면 $|h(x) - L| < \epsilon$

따라서 $\delta = \min(\delta_1, \delta_2)$이라 할 때, $0 < |x-a| < \delta$ 이면

$|f(x) - L| < \max\{|g(x) - L|, |h(x) - L|\} < \epsilon$[6)]

**예 7**

$\lim_{x \to 0} x^2 \sin \frac{1}{x^2}$를 구하여 보자(**그림 5-7**).

삼각함수 중의 하나인 sin에 대하여 잘 알지 못하여도 sin 함수의 절대값이 1보다 작거나 같다는 사실만 알고 있으면 샌드위치 정리를 이용하여 극한을 구할 수 있다.

모든 $x \ne 0$에 대하여 $-1 \le \sin \frac{1}{x^2} \le 1$이므로 $-x^2 \le x^2 \sin \frac{1}{x^2} \le x^2$이다. 따라서 $\lim_{x \to 0}(-x^2) = 0$이고 $\lim_{x \to 0} x^2 = 0$이므로 $\lim_{x \to 0} x^2 \sin \frac{1}{x^2} = 0$이다. )))

---

6) $\max\{a, b\}$는 $a$와 $b$중에서 큰 값을 취한 값이라는 의미의 기호이다.

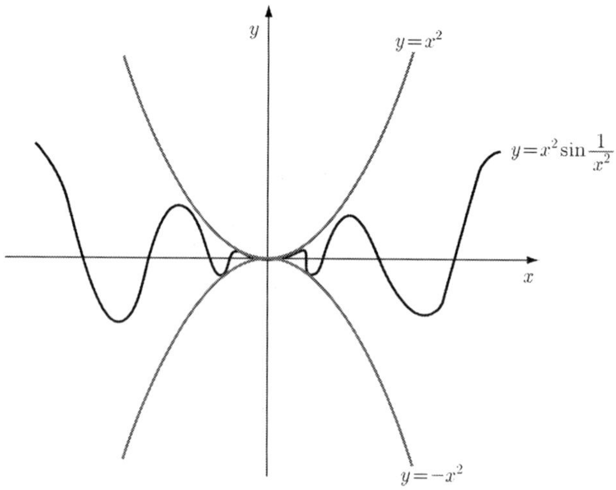


| 그림 5-7 |

**예 8**

$$f(x)=\begin{cases}x^2, & x\text{가 유리수(rational number)}\\ x^4, & x\text{가 무리수(irrational number)}\end{cases}$$

에서 $\lim_{x\to 0} f(x)$을 구하여 보자.[7)]

$|x|<1$일 때 $0\le f(x)\le x^2$이고 $\lim_{x\to 0}x^2=0$이므로 샌드위치 정리에 의하여 $\lim_{x\to 0}f(x)=0$이다.

지금까지 소개된 극한에 관한 모든 정리는 우극한이나 좌극한에 대해서도 마찬가지로 적용할 수가 있다.

독립변수 $x$가 $c$에 접근할 때 함수 $f(x)$의 극한을 구하려면, 정리 3과 따름정리 4에서 보듯이 함수 $f(x)$가 $x=c$에서 정의되어 있으면 $x=c$를 $f(x)$에 대입하면 된다. 그러나 함수가 $x=c$에서 정의되지 않는 경우에는 $x=c$를 대입할 수가 없다. 이러한 대표적인 경우가 $x=c$를 대입하면 분모가 0이 되는 경우이다. 예를 들면, $f(x)=\frac{x^2-9}{x-3}$에 $x=3$을 대입하면 $\frac{0}{0}$이 된다. 따라서 $\lim_{x\to 3}\frac{x^2-9}{x-3}$는 $x=3$을 대입하여 구할 수 없다. 그러나 $x$가 3에 접근하는 중에는 $x\ne 3$ 즉 $(x-3)\ne 0$이므로 공통인수

7) 이렇게 정의된 함수 $f(x)$를 디리클레(Dirichlet)함수라고 한다.

$(x-3)$으로 약분을 하면

$$\lim_{x\to 3}\frac{x^2-9}{x-3}=\lim_{x\to 3}\frac{(x+3)(x-3)}{(x-3)}=\lim_{x\to 3}(x+3)=6$$

이 되어 쉽게 극한을 구할 수 있다. $\frac{0}{0}$의 형태가 되는 분수를 **부정형**(indeterminate form)이라 한다. $x=c$를 대입하면 부정형이 되는 경우에는 분자와 분모를 인수분해 하거나 분자와 분모에 공통인수를 곱해서, $x=c$를 대입하였을 때 분모가 0이 되는 요소를 제거하여 쉽게 극한을 구할 수 있다.[8)]

**예 9**

1) $\lim_{x\to 2}\frac{x^2-5x+6}{x^2-x-2}=\lim_{x\to 2}\frac{(x-2)(x-3)}{(x-2)(x+1)}=\lim_{x\to 2}\frac{x-3}{x+1}=-\frac{1}{3}$

2) $\lim_{x\to 9}\frac{x-9}{\sqrt{x}-3}=\lim_{x\to 9}\frac{(\sqrt{x}-3)(\sqrt{x}+3)}{\sqrt{x}-3}=\lim_{x\to 9}\sqrt{x}+3=6$

또는 $=\lim_{x\to 9}\frac{(x-9)(\sqrt{x}+3)}{(\sqrt{x}-3)(\sqrt{x}+3)}=\lim_{x\to 9}\frac{(x-9)(\sqrt{x}+3)}{x-9}=\lim_{x\to 9}\sqrt{x}+3=6$

3) $\lim_{x\to 0}\frac{\sqrt{4+x}-2}{x}=\lim_{x\to 0}\frac{(\sqrt{4+x}-2)(\sqrt{4+x}+2)}{x(\sqrt{4+x}+2)}=\lim_{x\to 0}\frac{1}{\sqrt{4+x}+2}=\frac{1}{4}$ )))

## 5.3 무한대와 극한

지금까지 함수의 극한은 독립변수가 유한한 값에 접근하거나 극한값이 유한한 경우에만 제한하여 사용하였다. 그러나 독립변수가 무한히 커지거나 무한히 작아지는 경우 또한 함수값이 유한하지 않은 값으로 접근하는 경우에도 극한의 개념을 확장하여 적용하면 수학적 표현이나 논의가 편리해 진다.

독립변수가 무한히 커지거나 작아지는 경우, 즉 양 또는 음의 무한대($\infty$)에 접근

8) 이와 같은 방법으로도 해결이 잘 되지 않을 경우에는 제 9장에서 소개하는 로피탈의 법칙을 이용하면 된다. (pp. 208~210). 로피탈의 법칙은 $\frac{0}{0}$ 이외에도 $\frac{\infty}{\infty}$, $-\frac{\infty}{\infty}$이나 $0\cdot\infty$, $\infty^0$, $\infty-\infty$등의 부정형에도 적용될 수 있다.

하는 경우에 함수값이 유한한 값 $L$에 접근하면 $L$을 이 함수의 극한이라 한다.

**정의 4**

임의의 $\epsilon > 0$에 대하여, $x > N$이면 $|f(x) - L| < \epsilon$ 가 되는 충분히 큰 수 $N > 0$ 이 존재하면, $\lim_{x \to \infty} f(x) = L$ 이라 한다.

이때 $f(x)$가 접근하게 되는 직선 $y = L$을 $f(x)$의 **점근선**(asymptotic line)이라고 부른다. 한편 독립변수가 어떤 유한한 값에 접근할 때 함수값이 무한히 커지는 경우, 이 함수는 극한을 갖지 않는다고 말하거나 또는 간단히 함수의 극한이 무한대라고 말한다.

**정의 5**

충분히 큰 임의의 $M > 0$에 대하여 $0 < |x - a| < \delta$이면 $f(x) > M$이 되는 $\delta > 0$가 존재하면, $\lim_{x \to a} f(x) = \infty$ 이라 한다.

**예 10**

1) $\lim_{x \to \infty}\left(1 + \frac{1}{x}\right) = 1$이 되는 것을 보아라.

임의의 $\epsilon > 0$에 대하여, $x > N$이면 $\left|\left(1 + \frac{1}{x}\right) - 1\right| < \epsilon$이 되는 $N > 0$이 존재한다는 것을 보이면 된다. $x > 0$인 경우만 고려하여도 되므로

$$\left|\left(1 + \frac{1}{x}\right) - 1\right| = \left|\frac{1}{x}\right| = \frac{1}{x} < \epsilon$$

이 만족되기 위해서는 $1 < x\epsilon$, 즉 $x > \frac{1}{\epsilon}$이면 된다. 즉 $N = \frac{1}{\epsilon}$ )))

예 11

1) $\lim\limits_{x \to 0^+} \frac{1}{x} = \infty$ 9), $\lim\limits_{x \to 0^-} \frac{1}{x} = -\infty$ 10), $\lim\limits_{x \to 0^+} \frac{1}{x^2} = \infty$, $\lim\limits_{x \to 0^-} \frac{1}{x^2} = \infty$

2) $\lim\limits_{x \to 0^+} \frac{1}{x^{\frac{1}{3}}} = \lim\limits_{x \to 0^+} \left(\frac{1}{x}\right)^{\frac{1}{3}} = \infty$, $\lim\limits_{x \to 0^-} \frac{1}{x^{\frac{1}{3}}} = \lim\limits_{x \to 0^-} \left(\frac{1}{x}\right)^{\frac{1}{3}} = -\infty$

3) $\lim\limits_{x \to 1^+} 1\frac{1}{x-1} = \infty$, $\lim\limits_{x \to 1^+} \frac{1}{x-1} = -\infty$

4) $$\lim_{x \to \infty} \frac{3x^2+2x-7}{5x^2+4} = \lim_{x \to \infty} \frac{3+\frac{2}{x}-\frac{7}{x^2}}{5+\frac{4}{x^2}} = \frac{3+0-0}{5+0} = \frac{3}{5}$$

5) $$\lim_{x \to -\infty} \frac{6x+5}{3x^3-2} = \lim_{x \to -\infty} \frac{\frac{6}{x^2}+\frac{5}{x^3}}{3-\frac{2}{x^3}} = \frac{0+0}{3-0} = 0$$

6) $$\lim_{x \to -\infty} \frac{6x^2+5}{3x-2} = \lim_{x \to -\infty} \frac{6x+\frac{5}{x}}{3-\frac{2}{x}} = -\infty$$

$$\lim_{x \to \infty} \frac{6x^2+5}{3x-2} = \lim_{x \to \infty} \frac{6x+\frac{5}{x}}{3-\frac{2}{x}} = \infty$$

## 5.4 함수의 연속

우리는 흔히 연속이라는 말을 끊어지거나 빈 곳이 없이 계속된다는 의미로 사용한다. 물이 연속적으로 흐른다는 것은 물이 흘러 지나가는 두 지점 사이의 어느 곳도 물이 채워지지 않은 곳 없이 흐른다는 것을 의미하고, 일정한 지점에서 낙하하는 물

9) $x>0$이므로, 임의의 $M>0$에 대하여, $0<x=|x-0|<1/M$이면 $f(x)=1/x>M$, $\therefore \delta=1/M$
10) $x<0$이므로, 임의의 $M>0$에 대하여 $0<-x=|x-0|<1/M$이면 $f(x)=1/x<-M$, $\therefore \delta=1/M$

체의 운동이 연속적이라는 것은 낙하하는 궤적이 끊어진 곳이나 뛰어넘은 곳이 없이 연이어 있다는 것을 의미한다. 함수의 연속(continuity)도 같은 맥락에서 정의된다. 함수가 연속이라는 것은 함수의 그래프가 끊어지거나 중간에 구멍이 나 있지 않고 연이어 있다는 것이다.

**정의 6**

다음 세 가지 조건이 만족되면 함수 $f$는 $c$에서 **연속**이라 한다.

1) $f(c)$가 정의되고,
2) $\lim_{x \to c} f(c)$가 존재하며,
3) $\lim_{x \to c} f(x) = f(c)$

조건 3)이 만족되기 위해서는 조건 1)과 2)가 만족되어야 하므로 연속함수가 되기 위한 조건은 3)만으로 표현하여도 충분하다.

**정리 6**

1) 다항함수 $f$는 모든 $c$에서 연속이다.
2) 유리함수 $q = \dfrac{f}{g}$는 $g(c) \neq 0$인 모든 $c$에서 연속이다.

**증명** 극한에 관한 따름정리 4에 의하여 $f$가 다항함수이면 $\lim_{x \to c} f(x) = f(c)$이고, 유리함수 $q = \dfrac{f}{g}$에 대하여도 $\lim_{x \to c} g(x) = g(c) \neq 0$일 때 $\lim_{x \to c} \dfrac{f(x)}{g(x)} = \dfrac{f(c)}{g(c)} = q(c)$이므로 연속함수의 조건을 만족한다.

**그림 5-8**의 함수는 **불연속점**(그 점에서 함수가 연속이 아닌 점)을 갖고 있는 함수의 예이다.

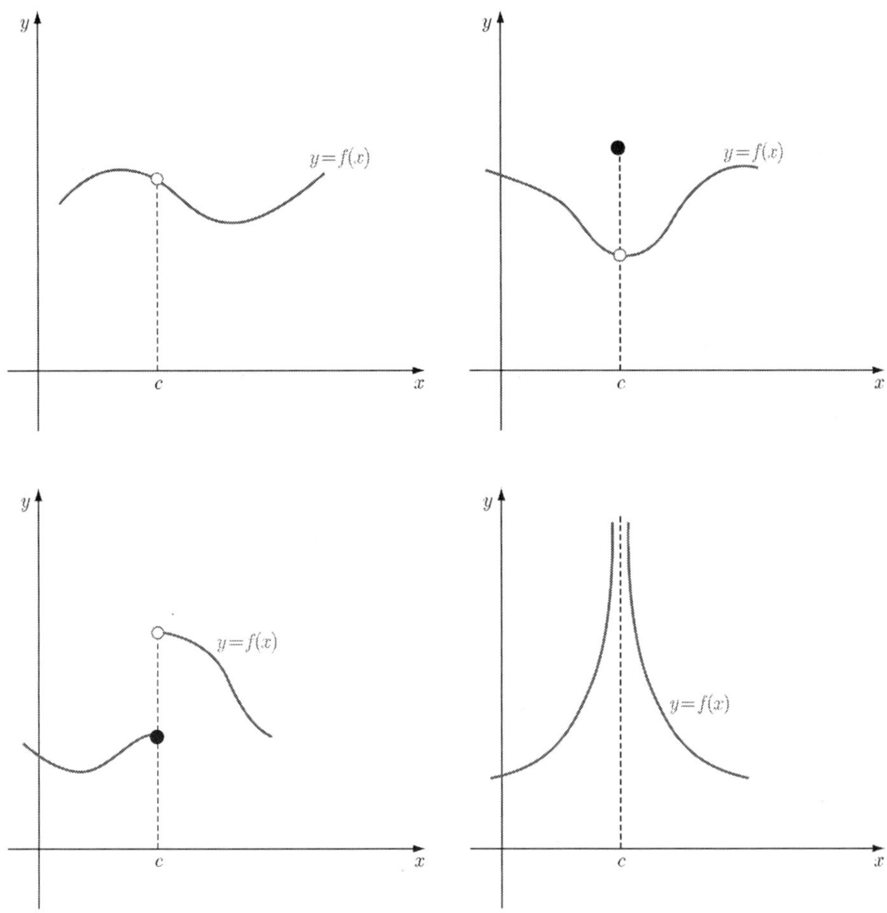


| 그림 5-8 |

예 12

$f(x)=\dfrac{x^2-1}{x^3+x^2-2x}$의 불연속점(discontinuity)을 찾아보자. 함수 $f$가 유리함수이므로 $f$의 불연속점은 **정리 6**에 의하여 분모가 0이 되는 점이다. 분모를 인수분해하면 $x^3+x^2-2x=x(x+2)(x-1)$이 되므로 불연속점은 0, −2, 1이다.

**정의 6**은 함수가 어떤 특정한 한 점에서 연속인가를 말하여 준다. 함수가 일정한 구간에서 연속이기 위해서는 당연히 그 구간 안의 모든 점에서 연속이어야 할 것이다.

**정의 7**

함수 $f$가 열린구간 $(a,\ b)$에 속한 모든 점에서 연속이면, 함수 $f$는 $(a,\ b)$에서 연속이라고 말한다.

**정의 8**

함수 $f$가 닫힌 구간 $[a,\ b]$에서 정의되어 있고, 열린 구간 $(a,\ b)$에서 연속이며 또한 $\lim_{x \to a^+} f(x) = f(a)$와 $\lim_{x \to b^-} f(x) = f(b)$이 만족되면 함수 $f$는 닫힌구간 $[a,\ b]$에서 연속이라 한다. $\lim_{x \to a^+} f(x) = f(a)$이 만족되는 경우, $f$는 $a$에서 **우측으로부터 연속**(continuous from the right)이라 하고, $\lim_{x \to b^-} f(x) = f(b)$이 만족되면 함수 $f$는 $b$에서 **좌측으로부터 연속**(continuous from the left)이라 한다.

**예 13**

$f(x)= \sqrt{9-x^2}$은 $[-3,\ 3]$에서 연속이다.
$-3 < c < 3$인 모든 $c$에 대하여 $\lim_{x \to c} \sqrt{9-x^2} = \sqrt{9-c^2} = f(c)$이고, $c = -3$이면 $\lim_{x \to -3^+} \sqrt{9-x^2} = \sqrt{9-9} = 0 = f(-3)$, $c = 3$이면 $\lim_{x \to 3^-} \sqrt{9-x^2} = \sqrt{9-9} = 0 = f(3)$이므로 $f(x)$는 $[-3,\ 3]$에서 연속이다. 또한 $f(x)$는 $-3$에서 우측으로부터 연속이고, 3에서는 좌측으로부터 연속이다.

이제 연속함수의 특성에 대하여 알아보기로 하자.

**정리 7**

함수 $f(x)$와 $g(x)$가 $c$에서 연속이면 다음 함수도 $c$에서 연속이다.

1) $f(x) \pm g(x)$
2) $f(x) \cdot g(x)$
3) $\dfrac{f(x)}{g(x)}$ (단, $g(c) \neq 0$)

**증명** 정리 4에 의하여 자명하다. 예를들어, 1)을 증명하면, 정리 4에 의하여

$$\lim_{x \to c} \{f(x) + g(x)\} = \lim_{x \to c} f(x) + \lim_{x \to c} g(x) = f(c) + g(c)$$

**정리 8**

**함수 $g(x)$가 $c$에서 연속이고 함수 $f(x)$가 $b=g(c)$에서 연속이라면,**

**1) $\lim_{x\to c}(f(g(x))) = f\left(\lim_{x\to c} g(x)\right) = f(g(c))$이고,**
**2) 합성함수 $f\circ g(x)=f(g(x))$는 $c$에서 연속이다.**

**증명** 임의의 $\epsilon>0$에 대하여,
$|x-c|<\delta$이면 $|f(g(x))-f(g(c))| = |f(g(x))-f(b)|<\epsilon$이 되는 $\delta$가 존재하는 것을 보이면 된다. $f$가 $b$에서 연속이므로 $\lim_{y\to b} f(y)=f(b)$이고 따라서

$$|y-b|<\delta_1 \text{이면 } |f(y)-f(b)|<\epsilon \qquad (1)$$

가 되는 $\delta_1$이 존재한다. 또한 $g$가 $c$에서 연속이므로

$$|x-c|<\delta \text{이면 } |g(x)-b|<\delta_1 \qquad (2)$$

이 되는 $\delta$가 존재한다.
(1)과 (2)를 결합하면 $|x-c|<\delta$이면 $|g(x)-b|<\delta_1$이므로
$|f(g(x))-f(b)|<\epsilon$가 된다.

연속함수의 특성에 대한 다음 정리의 증명은 이 책의 정도를 넘으므로 생략한다. 그러나 정리 9는 우리가 일상적으로 연속이라는 개념을 사용할 때 의미하는 것을 연속함수도 만족시킨다는 것을 보여주는 중요한 정리로서 **중간값정리**(Intermediate value theorem)라고 한다.

**정리 9**

**함수 $f$가 $[a,\ b]$에서 연속이고, $w$가 $f(a)$와 $f(b)$ 사이의 임의의 값이라면, $f(c)=w$가 되는 $c$가 $[a,\ b]$에 적어도 하나 존재한다.**

중간값정리에 의하면 $x$가 $a$에서 $b$로 변할 때 연속함수 $f$는 $f(a)$와 $f(b)$ 사이의 모든 값을 함수값으로 갖는다. 따라서 $f(a)$와 $f(b)$가 서로 다른 부호를 갖는다면 $f(c)=0$이 되는 $c$가 $a$와 $b$ 사이에 반드시 존재한다는 것을 의미한다(즉 $f$의 그래프는 $x$축과 적어도 한번 만난다). 또한 어떤 구간에서 연속함수의 함수값이 0이 되는 경우가 없다면, 그 구간에 속한 모든 $x$에서 $f(x)>0$이거나 $f(x)<0$이다. (즉 함수값은 동일한 부호를 갖는다.)

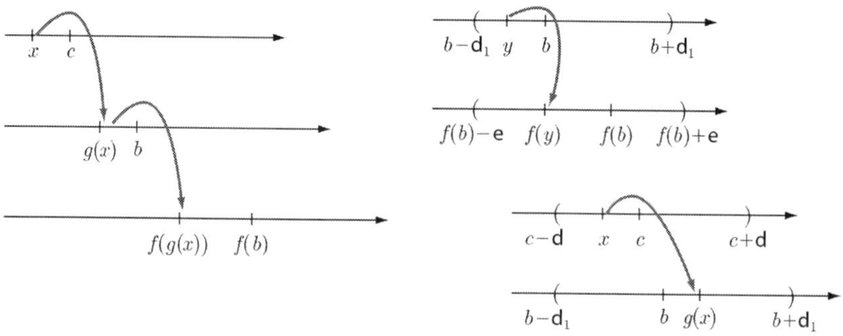


| 그림 5-9 |

**예 14**

$f(x)= x^5 + 2x^4 - 6x^3 + 2x - 3$이 $x=1$과 $x=2$ 사이에서 0의 값을 갖는 것을 보여라. (즉 방정식 $f(x)=0$의 해가 1과 2 사이에 있음을 보여라.)

$x=1$과 $x=2$를 $f(x)$에 대입하면

$$f(1) = 1 + 2 - 6 + 2 - 3 = -4$$
$$f(2) = 32 + 32 - 48 + 4 - 3 = 17$$

즉 $f(1)$과 $f(2)$가 서로 다른 부호의 값을 가지며 $f$가 연속함수(다항함수)이므로 중간값정리에 의하여 $f(c)=0$이 되는 $c$가 1과 2 사이에 존재한다.

연속함수에 관한 또 하나 중요한 정리는 **최댓값정리**(maximum value theorem)로서 닫힌 구간에서 연속인 함수는 그 구간의 점에서 최댓값을 반드시 갖는다는 것이다. 마찬가지로 닫힌 구간에서의 연속함수는 반드시 최솟값을 갖는다(**최솟값 정리**).

**정리 10**

함수 $f$가 닫힌 구간 $[a, b]$에서 연속이면 $[a, b]$에 속한 모든 $x$에 대하여 $f(c) \ge f(x)$가 되는 $c$가 반드시 $[a, b]$ 안에 존재한다.

**정리 11**

함수 $f$가 닫힌 구간 $[a, b]$에서 연속이면 $[a, b]$에 속한 모든 $x$에 대하여 $f(d) \le f(x)$가 되는 $d$가 반드시 $[a, b]$가 존재한다.

최댓값정리나 최솟값정리는 최댓값 또는 최솟값이 닫힌 구간 안에 반드시 존재하는 것만 말해 준다. 이러한 최댓값이나 최솟값을 어떻게 구하는지에 대하여는 제6장에서 설명할 것이다.

# 05 연습문제

**01** 다음 각각에서 $f+g$, $f \circ g$, $\frac{f}{g}$를 구하고, 이 새로운 함수들의 정의역과 치역을 정의하시오.

(1) $f(x)=x+1$, $g(x)=x^2+2x-3$

(2) $f(x)=\frac{1}{x-1}$, $g(x)=\frac{1}{2x+1}$

(3) $f(x)=\sqrt{x}$, $g(x)=\sqrt{x-2}$

(4) $f(x)=\sqrt{x+1}$, $g(x)=\sqrt{5-x}$

(5) $f(x)=\sqrt{x^2-1}$, $g(x)=\frac{1}{\sqrt{4-x^2}}$

**02** 다음 각각에서 $f(g(x))$와 $g(f(x))$를 구하시오.

(1) $f(x)=1-x^2$, $g(x)=2x+3$

(2) $f(x)=-1$, $g(x)=|x|$

(3) $f(x)=\sqrt{x^2-3}$, $g(x)=x^2+3$

(4) $fx=x^2+1$, $g(x)=\frac{1}{x^2+1}$

(5) $f(x)=x^3-4$, $g(x)=\sqrt[3]{x+4}$

**03** 다음을 $f(x)=x^k$의 형태로 나타내고, $f(g(x))=h(x)$에서의 함수 $g$를 구하라.

(1) $h(x)=(2+3x)^2$

(2) $h(x)=(4-x)^3$

(3) $h(x)=\sqrt{2x-x^3}$

(4) $h(x)=(1+x^4)^{17}$

(5) $h(x)=(5-x^2)^{\frac{3}{2}}$

(6) $h(x)=\sqrt[3]{(4x-6)^4}$

(7) $h(x)=\frac{1}{x+1}$

(8) $h(x)=\frac{1}{1+x^2}$

(9) $h(x)=\frac{1}{\sqrt{x+10}}$

(10) $h(x)=\frac{1}{(1+x+x^2)^3}$

**04** 극한을 구하여라.

(1) $\lim_{x\to 2}(5(2x-1)(x+1))$

(2) $\lim_{x\to -1} 3(2x-1)^2$

(3) $\lim_{x\to 0^+}\dfrac{x+3}{x^2+3x+1}$

(4) $\lim_{x\to 0}\dfrac{4-x}{3+x^3}$

(5) $\lim_{x\to 0}\dfrac{3}{\sqrt{3x+1}+1}$

(6) $\lim_{x\to 5^+}\dfrac{x-5}{x^2-25}$

(7) $\lim_{x\to -5}\dfrac{x^2+3x-10}{x+5}$

(8) $\lim_{t\to -1}\dfrac{t^2+3t+2}{t^2-t-2}$

(9) $\lim_{x\to 1}\dfrac{-2x-4}{x^3+2x^2}$

(10) $\lim_{y\to 2}\dfrac{y^3-8}{y^4-16}$

(11) $\lim_{x\to 0}\dfrac{\sqrt{2x+3}-\sqrt{3}}{x}$

(12) $\lim_{x\to 0^-}\dfrac{1}{3x}$

(13) $\lim_{x\to 2^+}\dfrac{x}{x-2}$

(14) $\lim_{x\to 2^-}\dfrac{x}{x-2}$

**05** $\lim_{x\to -2} p(x)=4,\ \lim_{x\to -2} r(x)=0,\ \lim_{x\to -2} s(x)=-3$일 때 다음의 극한값을 구하라.

(1) $\lim_{x\to -2}(p(x)+r(x)+s(x))$

(2) $\lim_{x\to -2} p(x)\cdot r(x)\cdot s(x)$

(3) $\lim_{x\to -2}\dfrac{(-4p(x)+5r(x))}{s(x)}$

(4) $\lim_{x\to -2}\dfrac{p(x)}{2r(x)-s(x)}$

**06** 다음 함수의 극한을 1) $x\to\infty$ 2) $x\to-\infty$ 의 경우에 대하여 각각 구하라.

(1) $f(x)=\dfrac{2}{x}-3$

(2) $f(x)=\dfrac{1}{2+\dfrac{1}{x}}$

(3) $f(x)=\dfrac{-5+\dfrac{7}{x}}{3-\dfrac{1}{x^2}}$

(4) $f(x)=\dfrac{3-\dfrac{2}{x}}{4+\dfrac{\sqrt{2}}{x^2}}$

(5) $f(x) = \dfrac{2x+3}{5x+7}$

(6) $f(x) = \dfrac{2x^3+7}{x^3-x^2+x+7}$

(7) $f(x) = \dfrac{x+1}{x^2+3}$

(8) $f(x) = \dfrac{1-12x^3}{4x^2+12}$

(9) $g(x) = \dfrac{10x^5+x^4+31}{x^6}$

(10) $h(x) = \dfrac{-x^4}{x^4-7x^3+7x^2+9}$

(11) $g(x) = \dfrac{2\sqrt{2}+x^{-1}}{3x-7}$

(12) $h(x) = \dfrac{2+\sqrt{x}}{2-\sqrt{x}}$

(13) $g(x) = \dfrac{\sqrt[3]{x}-\sqrt[5]{x}}{\sqrt[3]{x}+\sqrt[5]{x}}$

(14) $h(x) = \dfrac{x^{-1}+x^{-4}}{x^{-2}-x^{-3}}$

**07** $\dfrac{2x^2}{x^2+1} < f(x) < \dfrac{2x^2+5}{x^2}$일 때 $\lim\limits_{x\to\infty} f(x)$와 $\lim\limits_{x\to-\infty} f(x)$를 구하라.

**08** (1) 0에 충분히 가까운 $x$에 대하여 $1-\dfrac{x^2}{6} < \dfrac{x\ \sin x}{2-2\ \cos x} < 1$이 성립한다. $\lim\limits_{x\to 0}\dfrac{x\ \sin x}{2-2\ \cos x}$를 구하라.

(2) $\lim\limits_{x\to 1}\ (x^2-1)(\sin\dfrac{1}{x-1})\cos x$

**09** $\lim\limits_{x\to 1}\left[\dfrac{1}{x-1} - \dfrac{2}{x^2-1}\right] \neq \lim\limits_{x\to 1}\dfrac{1}{x-1} - \lim\limits_{x\to 1}\dfrac{2}{x^2-1}$임을 보이고, 일반적으로 $\lim\limits_{x\to 1}[f(x)-g(x)] \neq \lim\limits_{x\to 1}f(x) - \lim\limits_{x\to 1}g(x)$이 적용되지 않는 이유를 설명하라.

**10** 다음의 함수가 불연속인 점을 갖고 있는가를 밝히라. 불연속점에서 왼쪽으로부터 연속 또는 오른쪽으로부터 연속인가를 밝히라.

(1) $y = \dfrac{2}{x-2} - 3x$

(2) $y = \dfrac{2}{(x+2)^2} + 4$

(3) $y = \dfrac{x+1}{x^2-3x-10}$

(4) $y = \dfrac{1}{|x|+1} - \dfrac{x^2}{2}$

(5) $y = \dfrac{x+3}{x^2-3x-10}$

**11** 다음의 함수가 $x=0$에서 왼쪽으로부터 연속, 오른쪽으로부터 연속, 또는 연속함수인가? 연속이 아니라면 왼쪽으로부터 연속, 오른쪽으로부터 연속, 또는 연속인 함수가 되기 위해서는 $f(0)$이 얼마로 정의되어야 하나?

(1) $f(x) = \dfrac{10^x - 1}{x}$

(2) $f(x) = \dfrac{10^{|x|} - 1}{x}$

(3) $f(x) = (1+2x)^{\frac{1}{x}}$

**12** 함수 $f(x)$와 $g(x)$가 $0 \le x \le 1$에서 연속일 때 $\dfrac{f(x)}{g(x)}$가 연속이 아닌 점이 있는가? 불연속점이 있으면 그 점에서 불연속인 것을 연속함수의 정의를 이용하여 증명하라.

**13** 함수의 곱 $f(x) \cdot g(x)$가 $x=0$에서 연속일 때 $f(x)$와 $g(x)$도 $x=0$에서 반드시 연속이 되어야 하나? 이에 대한 대답을 증명하라.

**14** 방정식 $3x^3 + 2x^2 - 6x = 9$이 $x=1$과 $x=2$ 사이에서 근을 가짐을 보이라.

Chapter

# 06 도함수(導函數)

Mathematics for Economics & Management

## 6.1 도함수의 정의

미분학은 운동과 변화에 관한 수학으로 시작되었다고 이미 앞에서 설명하였다.

어떤 함수 $y=f(x)$가 있을 때 $x$의 변화에 대응하여 $y$가 얼마나 민감하게 변화하는가 하는 것은 $x$의 변화에 대한 $y$의 상대적 변화, 즉 평균변화율(average rate of change)에 의하여 알 수 있다. $x$가 $a$로부터 $a+h$까지 $h$만큼 증가할 때 함수값의 변화는 $f(a+h)-f(a)$ 이므로 이때의 평균변화율은

$$\frac{\Delta y}{\Delta x}=\frac{f(a+h)-f(a)}{(a+h)-a}=\frac{f(a+h)-f(a)}{h} \tag{1}$$

이다.[1] 그림 6-1에서 볼 수 있듯이 평균변화율 (1)은 함수의 그래프 상에 있는 두 점 $P(a, f(a))$와 $Q(a+h,\ f(a+h))$를 지나는 할선(secant line)의 기울기이다. 식 (1)에서 알 수 있듯이 평균변화율은 변화가 시작되는 값 $a$와 변화량 $h$에 따라서 달라진다. $x=a$에서 $x$의 변화에 대한 $y$의 반응이 어떠한가를 평균변화량에 의하여 표현하려면 $h$를 먼저 분명히 나타내야 한다. 이러한 불편을 제거하고, $x$의 변화에 대한 $y$의 반응의 강도를 $x=a$에 대하여 표현하는 방법이 바로 순간변화율(instantaneous rate of change)이다.

이제 $a+h$를 $a$에 접근시키면, 즉 $h$를 0에 접근시키면 식 (1)은 점점 $x$의 아주

1) $\Delta y$는 $y$값의 증분(increment)이라고 하며 델타 $y$라고 읽는다. $\Delta x$는 $x$값의 증분이다.

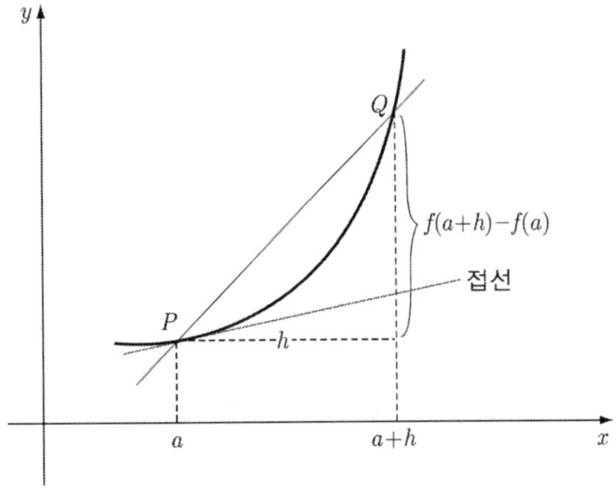


**| 그림 6-1 |**

짧은 구간에서의 평균변화율이 되고, 이 평균변화율의 극한

$$\lim_{a+h \to a} \frac{f(a+h)-f(a)}{(a+h)-a} = \lim_{h \to 0} \frac{f(a+h)-f(a)}{h} \tag{2}$$

이 $x=a$에서의 순간변화율이다. (2)의 극한값이 존재할 때, $y=f(x)$는 $x=a$에서 미분가능하다고 하고 그 극한값을 $x=a$에서의 미분계수라고 한다. 함수 $y=f(x)$의 순간변화율을, 그 함수의 도함수(derivative)라고 하며, $f'$, $y'$, $\frac{df}{dx}$, $\frac{dy}{dx}$, $D_x f$, 또는 $D_x y$ 등의 기호로 표시한다. 식(2)는 $x=a$에서의 도함수의 값을 나타낸다.

$$f'(a) = \lim_{x \to a} \frac{f(x)-f(a)}{x-a} = \lim_{h \to 0} \frac{f(a+h)-f(a)}{h} \tag{3}$$

$f'(a)$는 그림 6-1에서 볼 수 있듯이 점$P(a,\ f(a))$에서의 함수 $f$의 접선(tangent line)의 기울기가 된다. 따라서 점 $P(a,\ f(a))$를 지나는 접선의 식은[2] 다음과 같다.

2) 곡선의 임의의 점에서의 접선을 아는 것이 왜 중요한가? 접선에 관한 지식은 다양하게 이용될 수 있다. 예를 들면 역학(mechanics)에서 물체가 어떤 경로를 따라 움직일 때 이러한 경로의 각 점에서의 접선은 물체의 운동방향을 나타낸다.

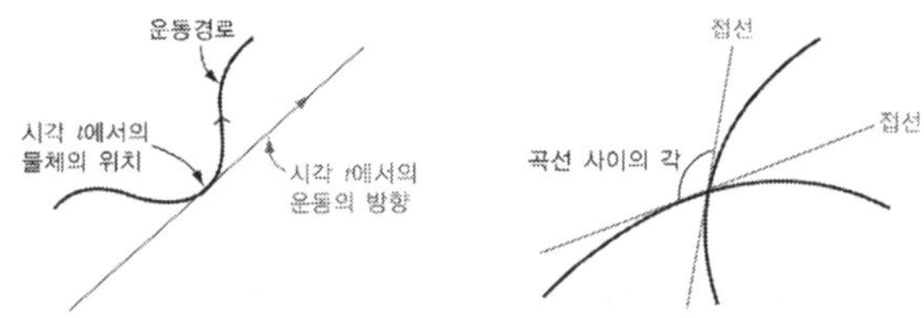

$$y = f(a) + f'(a)(x - a) \tag{4}$$

가 된다.

임의의 독립변수에 대한 도함수 $f'(x)$는 다음과 같이 정의된다.

**정의 1**

함수 $f$의 독립변수 $x$에 대한 도함수는[3)]

$$f'(x) = \lim_{h \to 0} \frac{f(x+h) - f(x)}{h}$$

이다.

$f'(x)$가 존재하면 $f$는 $x$에서 미분가능(differentiable)하다. 또는 $f$는 $x$에서 도함수 $f'(x)$를 갖는다고 말한다.[4)]

열린 구간 $(a, b)$에 속한 모든 $x$에서 $f'(x)$가 존재하면 $f$는 $(a, b)$에서 미분가능하다고 한다.

---

기하학에서 서로 교차하는 두 곡선의 교각은 이 교차점에서의 각 곡선에 대한 접선 사이의 각으로 표현될 수 있다. 광학(optics)에서 광선이 렌즈에 투사될 때의 입사각도 렌즈의 곡면에서의 접선에 의하여 결정된다.

곡선에 대한 접선을 어떻게 구할 것인가 하는 문제는 17세기 초의 과학자들에게는 대단히 중요한 문제였다. 데카르트(Decartes)는 자기가 아는 한 접선에 관한 문제는 가장 유용하고 일반적인 문제라고까지 말하였다.

3) Newton은 함수를 "fluent", 도함수를 "fluxion"이라고 불렀음. 우리가 쓰는 기호 $dy/dx$는 Leibniz가 사용한 기호임. Newton은 함수 위에 점을 찍어서 도함수를 표현함.

17세기의 Newton과 Leibniz는 지금처럼 정확하게 극한의 개념을 이용하여 정의하는 방법을 몰랐음. Leibniz는 $dx$와 $dy$를 "infinitely small"이고 "indefinitely small"한 양이라고 표현하였는데, 이러한 것들의 연산이 정당한 것이라는 것을 보여줄 수가 없었던 그는 단지 "(you may) think that such things are utterly impossible; it will be sufficient simply to make use of them as a tool that has advantages for the purpose of calculation."이라고 주장하였음. Leibniz처럼 "infinitely small"이라고 하지 않고 Newton은 fluxion을 "ultimate ratio of evanescent increments"라고 설명하였음.

당시 많은 비판을 받음. 특히 영국의 철학자 Bishop Berkeley는 1734년에 발표한 미적분학의 비판에서 "And what are these fluxions? The velocities of evanescent increments? They are neither finite quantities, nor quantities infinitely small, nor yet nothing. May we not call them ghosts of departed quantities?"이라고 하였음.

Newton과 Leibniz처럼 $h$를 small but fixed quantity로 취급하면, Berkeley의 주장은 전적으로 옳음. 그러나 $h$를 변수라고 간주하고 주어진 함수가 아니라 $h$가 $0$으로 접근할 때의 근삿값을 구하는 과정이라고 생각하면 Berkeley의 주장은 성립하지 않음.

Calculus는 Weierstrass가 제공한 극한의 정의에 의하여 비로소 탄탄하게 정립되었는데, 이렇게 되기까지 거의 200년의 세월이 걸렸음

4) 정확하게 표현하면 도함수는 $f'$이라는 함수이고 $f'(x)$는 $x$에서의 도함수의 함수값이다.

**정의 2**

$f$가 $(a,\ b)$에서 미분가능하고 극한

$$\lim_{h\to 0^+}\frac{f(a+h)-f(a)}{h} \text{ 과 } \lim_{h\to 0^-}\frac{f(b+h)-f(b)}{h}$$

이 존재하면 $f$는 $[a,\ b]$에서 미분가능하다고 한다.

극한 $\lim_{h\to 0^+}\frac{f(a+h)-f(a)}{h}$ 을 $x=a$에서의 우미분계수(right differential coefficient)라고 하며

극한 $\lim_{h\to 0^-}\frac{f(b+h)-f(b)}{h}$ 을 $x=b$에서의 좌미분계수(left differential coefficient)라고 한다.

같은 방법으로 극한을 이용하여 $[a,\ b)$, $(a,\ b]$, $(a,\ \infty)$, $(a,\ \infty)$, $(-\infty,\ b)$,$(-\infty,\ b]$ 등의 구간에서의 도함수가 정의될 수 있다.

도함수도 함수의 극한으로 정의되는 함수이므로, 도함수의 도함수를 생각할 수 있다. 도함수의 도함수

$$f''(x)= D_x[f'(x)] = D_x[D_xf(x)] = D_x^2 f(x) = \frac{d^2f}{dx^2}$$

를 2계도함수(2nd order derivative)라고 하며, 2계도함수의 도함수

$$f'''(x) = D_x[f''(x)] = D_x\left[D_x^2 f(x)\right] = D_x^3 f(x) = \frac{d^3f}{dx^3}$$

를 3계도함수(3nd order derivative)라고 한다.[5] 일반적으로 함수 $f$를 계속 $n$번 미분함으로써 $n$계도함수를 구할 수 있고, 2계 이상의 $n$계도함수를 고계도함수라고 한다. 고계도함수를 표현하는 여러 가지 기호는 다음과 같다.

$$f'(x),\ f''(x),\ f'''(x),\ f^{(4)}(x),\ \cdots,\ f^{(n)}(x),$$
$$D_xy,\ D_x^2y,\ D_x^3y,\ D_x^4y,\ \cdots,\ D_x^ny$$
$$y',\ y'',\ y''',\ y^{(4)},\ \cdots,\ y^{(n)}$$
$$\frac{dy}{dx},\ \frac{d^2y}{dx^2},\ \frac{d^3y}{dx^3},\ \frac{d^4y}{dx^4},\ \cdots,\ \frac{d^ny}{dx^n}$$

---

5) 도함수를 특히 1계도함수라고 부르기도 한다. 어떤 함수에 도함수를 구하는 연산을 적용하는 것을 그 함수를 미분한다(differentiate)고 한다.

**예 1**

어떤 물체가 $x$시간 후 이동한 거리를 $f(x)$라고 하면 $f'(x)$는 속도, $f''(x)$는 가속도라고 한다. 예를 들면 지상으로부터 600 ft 상공에서부터 낙하하는 물체의 $t$초 후의 지상으로부터의 높이는

$$f(t) = 600 - 16t^2$$

이 된다.
2초 후, 즉 $t = 2$ 일 때의 물체의 속도를 구하려면 우선 도함수

$$\begin{aligned} f'(t) &= \lim_{h \to 0} \frac{f(t+h) - f(t)}{h} \\ &= \lim_{h \to 0} \frac{[600 - 16(t+h)^2] - [600 - 16(t)^2]}{h} \\ &= \lim_{h \to 0} \frac{-16(t^2 + 2th + h^2) + 16(t)^2}{h} \\ &= \lim_{h \to 0} \frac{-32th - 16h^2}{h} = \lim_{h \to 0}(-32t - 16h) = -32t \end{aligned}$$

에서 $f'(2) = -32(2) = -64$ ft/sec 가 된다는 것을 알 수 있다. 여기서 음의 부호는 물체가 진행하는 방향을 나타내는 것으로서 물체가 지상으로 낙하하고 있다는 것을 의미한다. 낙하하는 물체의 가속도는, 2계도함수를 구하면

$$f''(t) = \lim_{h \to 0} \frac{f'(t+h) - f'(t)}{h} = \lim_{h \to 0} \frac{-32(t+h) + 32t}{h} = -32$$

이므로 모든 $t$에서 일정하다. 낙하하는 물체에 작용하는 힘은 지구의 중력(gravity)으로 항상 일정하므로 속도의 순간변화율, 즉 가속도도 일정하다.

**예 2**

$f(x) = \dfrac{1}{x}$ 의 도함수를 구하라.

$$f'(x) = \lim_{h \to 0} \frac{f(x+h) - f(x)}{h} = \lim_{h \to 0} \frac{\dfrac{1}{x+h} - \dfrac{1}{x}}{h}$$

$$= \lim_{h \to 0} \frac{1}{h} \cdot \frac{x-(x+h)}{x(x+h)} = \lim_{h \to 0} \frac{-1}{x(x+h)} = \frac{-1}{x(x+0)} = -\frac{1}{x^2}$$ )))

예 3

$f(x) = x^2 - 2x$ 를 미분하라.

$$f'(x) = \lim_{h \to 0} \frac{f(x+h)-f(x)}{h} = \lim_{h \to 0} \frac{[(x+h)^2 - 2(x+h)] - [x^2 - 2x]}{h}$$

$$= \lim_{h \to 0} \frac{(x^2 + 2xh + h^2 - 2x - 2h) - (x^2 - 2x)}{h}$$

$$= \lim_{h \to 0} \frac{h^2 + 2hx - 2h}{h} = \lim_{h \to 0}(h + 2x - 2) = 2x - 2$$ )))

예 4

함수 $f(x) = 3x^2 - 12x + 8$ 의 도함수가 $f'(x) = 6x - 12$ 이 되는 것을 보이라.

$$f'(x) = \lim_{h \to 0} \frac{f(x+h)-f(x)}{h}$$

$$= \lim_{h \to 0} \frac{[3(x+h)^2 - 12(x+h) + 8] - (3x^2 - 12x + 8)}{h}$$

$$= \lim_{h \to 0} \frac{6xh + 3h^2 - 12h}{h} = \lim_{h \to 0}(6x + 3h - 12) = 6x - 12$$ )))

예 5

$f(x) = \sqrt{x}$ 일 때 $f'(x)$를 구하고 $f'$ 의 정의역을 보이라.

$$f'(x) = \lim_{h \to 0} \frac{\sqrt{x+h} - \sqrt{x}}{h} \cdot \frac{\sqrt{x+h} + \sqrt{x}}{\sqrt{x+h} + \sqrt{x}}$$

$$= \lim_{h \to 0} \frac{(x+h) - x}{h(\sqrt{x+h} + \sqrt{x})} = \lim_{h \to 0} \frac{1}{\sqrt{x+h} + \sqrt{x}} = \frac{1}{\sqrt{x} + \sqrt{x}} = \frac{1}{2\sqrt{x}}$$

$f'$ 의 정의역: $\{x \mid x > 0\}$ )))

**예 6**

함수 $y=|x|$는 $x=0$을 제외한 모든 $x$의 값에서 도함수를 갖는다. $x=0$에서 $y=|x|$는 연속이지만,

$$\text{우미분계수} = \lim_{h\to 0^+}\frac{|0+h|-|0|}{h} = \lim_{h\to 0^+}\frac{|h|}{h} = \lim_{h\to 0^+}\frac{h}{h} = 1\text{과}$$

$$\text{좌미분계수} = \lim_{h\to 0^-}\frac{|0+h|-|0|}{h} = \lim_{h\to 0^-}\frac{|h|}{h} = \lim_{h\to 0^-}\frac{-h}{h} = -1\text{이 같지 않으므로}$$

미분가능하지 않다. 따라서 도함수의 정의역은 0을 제외한 모든 실수이다. 이 예에서 볼 수 있듯이 모든 연속함수가 미분가능한 것은 아니다.

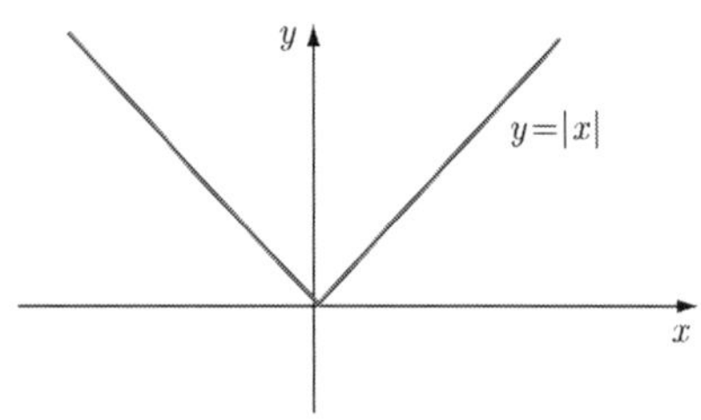


**| 그림 6-2 |**

**예 7**

경제학에서는 흔히 도함수를 한계(marginal)라는 수식어를 이용하여 표현한다. 제품 $x$개를 생산하여 판매할 때의 원가를 $C(x)$, 수익을 $R(x)$, 이익을 $\pi(x)=R(x)-C(x)$라고 하면, $C'(x)$는 한계원가(marginal cost), $R'(x)$는 한계수익(marginal revenue), $\pi'(x)=R'(x)-C'(x)$ 는 한계이익(marginal profit)이라고 말한다.
마찬가지로, 제품 $x$개를 소비할 때의 소비자의 효용(utility)이 $U(x)$라면 $U'(x)$는 한계효용(marginal utility)이라고 부른다.

## 6.2 함수의 특성과 도함수

연속함수가 모든 점에서 미분가능한 것은 아니다. 연속함수는 어떤 경우에 미분가능하지 않을까? [예 6]에서 $y=|x|$ 는 연속함수이지만 $x=0$에서 미분가능하지 않았다. $y=|x|$ 의 그래프에서 미분가능하지 않은 점은 매끈하지 않고 꺾여 있다. 그래프상의 이러한 점을 모서리(corner)라고 부른다.

**정의 3**

함수 $f$가 $a$에서 연속일 때, $a$에서의 우미분계수와 좌미분계수가 같지 않거나 또는 우미분계수나 좌미분계수 중 하나가 $\infty$인 경우[6] 점 $(a,\ f(a))$를 모서리라고 한다.

연속함수일지라도 모서리에서는 미분가능하지 않다.[7]

**정의 4**

함수 $f$가 $x=a$에서 연속이고 $\lim_{x \to a}|f'(a)| = \infty$ 이면, 함수 $f$의 그래프는 점 $(a,\ f(a))$에서 수직접선(vertical tangent line)을 갖는다고 한다.

---

6) 달리 표현하면 $x \to a^-$ 또는 $x \to a^+$일 때 $|f'(x)| \to \infty$

7) 절대값 함수는 한 점에서 미분가능하지 않다. 이를 이용하면 아래 그림에서 볼 수 있듯이 무한히 많은 점에서 미분가능하지 않은 연속함수도 생각할 수 있다. 그렇다면 모든 점에서 미분가능하지 않은 연속함수도 있을까? 놀랍게도 이러한 연속함수가 존재하며 그 숫자도 대단히 많다는 것이 알려져 있다. Karl Weierstrass(1815–1897)가 1872년에 발견한 다음과 같은 함수가 바로 그예이다.

$$f(x) = \sum_{n=0}^{\infty}\left(\frac{2}{3}\right)^n \cos(9^n \pi x)$$

어느 곳에서도 미분가능하지 않은, 따라서 어느 곳에서도 접선을 갖지 않는 연속함수는 유한한 길이를 부여할 수 없기 때문에 카오스이론(chaos theory)에서 널리 이용된다.

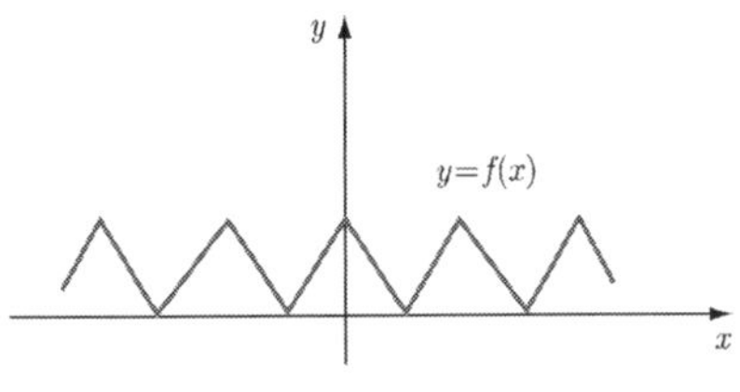

**정의 5**

$a$에서 연속인 함수 $f$의 그래프 위에 있는 점 $(a, f(a))$는 다음 조건이 만족되면 첨점(尖點, cusp)이라고 한다.

1) $x$가 한쪽에서 $a$에 접근할 때 $f'(x) \to \infty$이고
2) $x$가 다른 쪽에서 $a$에 접근할 때 $f'(x) \to -\infty$

연속함수는 모두 미분가능한 것이 아니지만 다음 정리에 의하여, 미분가능한 함수는 모두 연속함수이다. 따라서 미분가능한 함수의 집합은 연속함수 집합의 부분집합이라는 것을 알 수 있다.

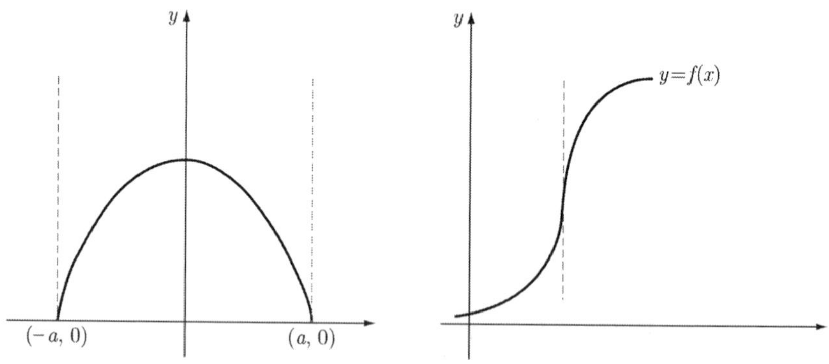


**| 그림 6-4 |** 수직접선

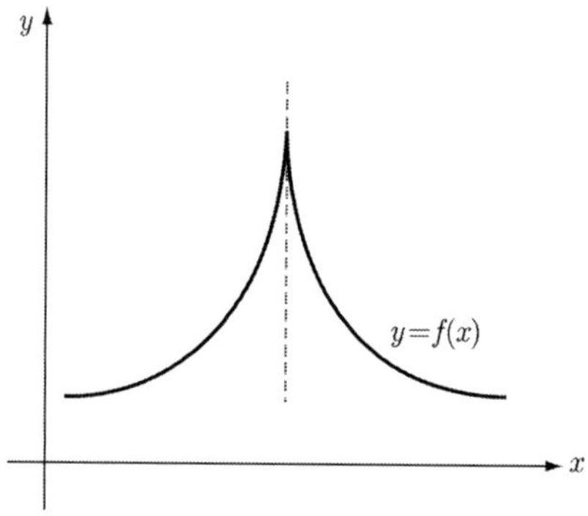


**| 그림 6-5 |** 첨점

**정리 1**

함수 $f$가 $a$에서 미분가능하면, $f$는 $a$에서 연속이다.

증명
$$\lim_{x\to a} f(x) = \lim_{x\to a}\left\{\frac{f(x)-f(a)}{x-a}(x-a)+f(a)\right\}$$
$$= \lim_{x\to a}\frac{f(x)-f(a)}{x-a}\cdot \lim_{x\to a}(x-a)+\lim_{x\to a} f(a)$$
$$= f'(a)\cdot 0 + f(a) = f(a)$$

## 6.3 미분법

함수를 미분하는 것은 그 함수의 도함수를 구하는 것이다. 도함수의 정의를 직접 이용하지 않고 함수를 미분하는 방법에 관하여 알아보자. $f$와 $g$가 미분가능 함수이고 $c$, $m$, $b$는 실수, $n$은 유리수(또는 실수)라고 하자.

**정리 2**

1) $\frac{d}{dx}c = 0$

2) $\frac{d}{dx}(mx+b) = m$

3) $\frac{d}{dx}x^n = nx^{n-1}$

4) $\frac{d}{dx}[cf(x)] = c\frac{d}{dx}f(x)$

5) $\frac{d}{dx}(f(x)+g(x)) = \frac{d}{dx}f(x) + \frac{d}{dx}g(x)$

6) $\frac{d}{dx}(f(x)g(x)) = \left\{\frac{d}{dx}f(x)\right\}g(x) + f(x)\left\{\frac{d}{dx}g(x)\right\} = f'(x)\cdot g(x) + f(x)\cdot g'(x)$

7) $\frac{d}{dx}\left\{\frac{f(x)}{g(x)}\right\} = \frac{\left\{\frac{d}{dx}f(x)\right\}g(x) - f(x)\left\{\frac{d}{dx}g(x)\right\}}{(g(x))^2} = \frac{f'(x)\cdot g(x) - f(x)\cdot g'(x)}{[g(x)]^2}$

**8) 연쇄법칙(Chain Rule)**

$y=f(u)$ 이고 $u=g(x)$ 이면 (즉, $y=f(g(x))=(f\circ g)(x)$: 합성함수)

$$\frac{dy}{dx}=\frac{dy}{du}\frac{du}{dx}=f'(u)g'(x)=f'(g(x))g'(x)$$

증명 1) $\frac{d}{dx}c=\lim_{h\to 0}\frac{f(x+h)-f(x)}{h}=\lim_{h\to 0}\frac{c-c}{h}=0$

2) $\frac{d}{dx}(mx+b)=\lim_{h\to 0}\frac{[m(x+h)+b]-(mx+b)}{h}=\lim_{h\to 0}\frac{mh}{h}=\lim_{h\to 0}m=m$

3) (i) $n$이 양의 정수인 경우 [8)]

$$\begin{aligned} f'(x) &= \lim_{h\to 0}\frac{(x+h)^n-x^n}{h} \\ &= \frac{\left(x^n+nx^{n-1}h+{}_nC_2x^{n-2}h^2+\cdots+nxh^{n-1}+h^n\right)-x^n}{h} \\ &= \lim_{h\to 0}\left(nx^{n-1}+{}_nC_2x^{n-2}h+\cdots+nxh^{n-2}+h^{n-1}\right) \\ &= nx^{n-1}\end{aligned}$$

(ii) $n$이 음의 정수인 경우

$x\neq 0$ 이면, 양의 정수 $k$에 대하여 $n=-k$ 라 쓸 수 있으므로,

$$f'(x)=(x^n)'=\left(\frac{1}{x^k}\right)'=\frac{-kx^{k-1}}{x^{2k}}=-kx^{-k-1}=nx^{n-1}$$

(iii) $n=0$ 이고 $x\neq 0$ 이면, $f'(x)=0=0x^{0-1}$

(iv) $n$이 유리수인 경우

$n$이 양의 정수일 때 $f(x)=x^{\frac{1}{n}}$ 이면 $f'(x)=\frac{1}{n}x^{\frac{1}{n}-1}$ 이 되는 것을 보이면 충분하다.

$$u^n-v^n=(u-v)\left(u^{n-1}+u^{n-2}v+\cdots uv^{n-2}+v^{n-1}\right)$$

이므로 $u\neq v$ 이라면

$$\frac{u-v}{u^n-v^n}=\frac{1}{u^{n-1}+u^{n-2}v+\cdots uv^{n-2}+v^{n-1}}$$

가 된다. $u=(x+h)^{\frac{1}{n}}$ 과 $v=x^{\frac{1}{n}}$ 을 윗 식에 대입하면

8) 식에서 ${}_nC_r$은 $n$개에서 $r$개를 뽑는 모든 경우의 수 즉, $n$개 중에서 $r$개를 뽑는 조합(combination)을 의미한다.

$$\frac{(x+h)^{\frac{1}{n}}-x^{\frac{1}{n}}}{(x+h)-x}=\frac{1}{(x+h)^{\frac{(n-1)}{n}}+(x+h)^{\frac{(n-2)}{n}}x^{\frac{1}{n}}+\cdots+(x+h)^{\frac{1}{n}}x^{\frac{(n-2)}{n}}+x^{\frac{(n-1)}{n}}}$$

가 된다. $h\to 0$이면 윗 식은

$$f'(x)=\frac{1}{x^{\frac{(n-1)}{n}}+x^{\frac{(n-1)}{n}}+\cdots+x^{\frac{(n-1)}{n}}}=\frac{1}{nx^{\frac{(n-1)}{n}}}=\frac{1}{n}x^{\frac{1}{n}-1}$$

이 된다.[9]

다른 방법으로서, 음함수 미분법(6.4절)에 의한 증명은 다음과 같다.

$n=\frac{p}{q}$ 라 하자. (단 $p, q$는 정수이고 $q\neq 0$)

$y=x^{\frac{p}{q}}$ 이면 $y^q=x^p$이다. 이 식의 양변을 $x$에 관하여 미분하면

$qy^{q-1}\frac{dy}{dx}=px^{p-1}$ 이므로

$$\frac{dy}{dx}=\frac{px^{p-1}}{qy^{q-1}}=\frac{p}{q}x^{p-1}y^{-q+1}=\frac{p}{q}x^{p-1}(x)^{\frac{p}{q}(-q+1)}=\frac{p}{q}x^{\frac{p}{q}-1}=nx^{n-1}$$

이 된다.

4) $\frac{d}{dx}[cf(x)]=\lim_{h\to 0}\frac{cf(x+h)-cf(x)}{h}=c\lim_{h\to 0}\frac{f(x+h)-f(x)}{h}=c\frac{d}{dx}f(x)$

5) $\frac{d}{dx}(f(x)+g(x))$

$$=\lim_{h\to 0}\frac{[f(x+h)+g(x+h)]-[f(x)+g(x)]}{h}$$

$$=\lim_{h\to 0}\frac{[f(x+h)-f(x)]}{h}+\lim_{h\to 0}\frac{[g(x+h)-g(x)]}{h}=\frac{d}{dx}f(x)+\frac{d}{dx}g(x)$$

6) $\frac{d}{dx}(f(x)g(x))=\lim_{h\to 0}\frac{[f(x+h)g(x+h)]-f(x)g(x)}{h}$

$$=\lim_{h\to 0}\frac{[f(x+h)-f(x)]g(x+h)+f(x)[g(x+h)-g(x)]}{h}$$

$$=\lim_{h\to 0}\frac{[f(x+h)-f(x)]f(x+h)}{h}+\lim_{h\to 0}\frac{f(x)[g(x+h)-g(x)]}{h}$$

$$=f'(x)g(x)+f(x)g'(x)$$

9) 여기에서는 $n$이 유리수인 경우까지만 보였지만, 정리는 모든 실수 $n$에 대하여 성립한다.

7) $\frac{d}{dx}\left(\frac{f(x)}{g(x)}\right) = \lim_{h\to0}\frac{\frac{f(x+h)}{g(x+h)} - \frac{f(x)}{g(x)}}{h}$

$= \lim_{h\to0}\frac{f(x+h)g(x) - g(x+h)f(x)}{hg(x+h)g(x)}$

$= \lim_{h\to0}\frac{[f(x+h)-f(x)]\,g(x) - f(x)\,[g(x+h)-g(x)]}{hg(x+h)g(x)}$

$= \lim_{h\to0}\frac{1}{g(x+h)g(x)}\ \lim_{h\to0}\left\{\left(\frac{[f(x+h)-f(x)]}{h}\right)g(x) - f(x)\left(\frac{[g(x+h)-g(x)]}{h}\right)\right\}$

$= \frac{f'(x)\,g(x) - f(x)\,g'(x)}{(g(x))^2}$

8) $\lim_{h\to0}\frac{f(g(x+h)) - f(g(x))}{h}$

$= \lim_{h\to0}\frac{f(g(x+h)) - f(g(x))}{g(x+h)-g(x)} \cdot \frac{g(x+h)-g(x)}{h}$

$= \lim_{h\to0}\frac{f(g(x+h)) - f(g(x))}{g(x+h)-g(x)} \cdot \lim_{h\to0}\frac{g(x+h)-g(x)}{h}$

$= f'(g(x))g'(x)$

**예 8**

다음 함수의 도함수를 구하라.

1) $f(x) = 2x^4 - 4x^3 + x^2 - 3x + 2$

$f'(x) = 8x^3 - 12x^2 + 2x - 3$

2) $f(x) = (x^3-2)(3x^2+5x-2)$

$f'(x) = 3x^2(3x^2+5x-2) + (x^3-2)(6x+5)$

$= 9x^4 - 15x^3 - 6x^2 + (6x^4 + 5x^3 - 12x - 10)$

$= 15x^4 + 20x^3 - 6x^2 - 12x - 10$

3) $f(x) = \frac{3x^2 - x + 2}{4x^2 + 5}$

$f'(x) = \frac{(3x^2-x+2)'(4x^2+5) - (3x^2-x+2)(4x^2+5)'}{(4x^2+5)^2}$

$= \frac{(6x-1)(4x^2+5) - (3x^2-x+2)(8x)}{(4x^2+5)^2} = \frac{4x^2+14x-5}{(4x^2+5)^2}$

4) $f(x) = (5x^3 - x^4)^7$

$u = 5x^3 - x^4$ 라 하면

$$f'(x) = \frac{df}{du}\frac{du}{dx} = 7(5x^3 - x^4)^6 \frac{d}{dx}(5x^3 - x^4) \quad = 7(5x^3 - x^4)^6(15x^2 - 4x^3)$$

5) $f(x) = \dfrac{1}{3x - 2}$

$u = 3x - 2$ 라 하면

$$f'(x) = \frac{d}{dx}(3x - 2)^{-1} = -(3x - 2)^{-2}\frac{d}{dx}(3x - 2) \quad = -\frac{3}{(3x - 2)^2}$$

)))

예 9

점 (1, 2)를 지나는 $y = 6\sqrt[3]{x^2} - \dfrac{4}{\sqrt{x}}$ 의 접선의 식을 구하라.

$$\frac{dy}{dx} = \frac{d}{dx}\left(6x^{\frac{2}{3}} - 4x^{-\frac{1}{2}}\right) = \frac{d}{dx}\left(6x^{\frac{2}{3}}\right) - \frac{d}{dx}\left(4x^{-\frac{1}{2}}\right)$$

$$= 4x^{-\frac{1}{3}} - \left(-2x^{-\frac{3}{2}}\right) = \frac{4}{x^{\frac{1}{3}}} + \frac{2}{x^{\frac{3}{2}}}$$

$x = 1$ 에서 $\dfrac{dy}{dx}$ 를 구하면 $\dfrac{dy}{dx}\Big|_{x=1} = \dfrac{4}{1} + \dfrac{2}{1} = 6$ 이므로

그래프 상의 점 (1, 2)를 지나고 기울기가 6인 직선은

$y - 2 = 6(x - 1)$ 또는 $y = 6x - 4$ 이다.[10]

)))

예 10

초점거리가 $f$ 인 볼록렌즈로부터 $p$의 거리에 있는 물체의 상은 렌즈로부터 $q$의 거리에 나타나며 이들 사이에는 다음의 관계(렌즈 방정식)가 있다.

$$\frac{1}{f} = \frac{1}{p} + \frac{1}{q}$$

주어진 렌즈의 초점거리가 2cm일 때

1) $q$의 $p$에 대한 변화율을 구하라.

2) $p = 22$cm일 때, $q$의 $p$에 대한 변화율을 구하라.

---

10) $x = a$에서의 $\dfrac{dy}{dx}$ 의 값을 $\dfrac{dy}{dx}\Big|_{x=a}$로 표현한다.

렌즈 방정식에 $f = 2$ 를 대입하여 $q$를 구하면, $q = \dfrac{2p}{p-2}$ 이다. $q$를 $p$에 대하여 미분하면

$$\frac{dq}{dp} = \frac{(p-2)\frac{d}{dp}(2p) - (2p)\frac{d}{dp}(p-2)}{(p-2)^2} = \frac{-4}{(p-2)^2}$$

$$\frac{dq}{dp}\bigg|_{p=22} = \frac{-4}{(22-2)^2} = -\frac{1}{100}$$

)))

## 6.4 음함수의 미분

$y = f(x)$ 와 같이 독립변수와 종속변수가 각각 무엇이고, 독립변수 $x$에 의해 종속변수 $y$가 어떻게 결정되는지 분명히 명시된 함수를 양함수(explicit function)라 하고, 방정식 $g(x,\ y) = 0$ 와 같은 형태로 변수들 사이의 관계가 주어져서 두 변수 사이에 함수관계가 있다는 것은 암시되지만 정확히 그 함수 관계가 무엇이고 독립변수와 종속변수가 각각 어떤 것인지 불분명하게 표현된 경우를 음함수(陰函數, implicit function)라고 한다. $y$가 $x$의 함수라는 것을 알고 있는 경우에도, 음함수$g(x,\ y) = 0$를(위의 [예 10]]에서처럼) 양함수 $y = f(x)$ 의 형태로 바꾸는 것은 쉬운 일이 아니다. $x^2 + y^2 - c^2 = 0$에서 볼 수 있듯이(그림 6-6) 하나의 음함수가 여러 개의 양함수를 내포하고 있는 경우도 있고, 아래의 [예 11]에서처럼 단순히 양함수로의 변환이 불가능한 경우도 있다.

[예 10]에서처럼 음함수를 양함수로 변환할 수 있는 경우에는 지금까지 우리가 배운 미분법을 이용하여 도함수를 쉽게 구할 수 있다. 그러나 양함수로의 변환이 불가능한 경우, 또는 여러 가지 양함수가 가능한 경우처럼 함수의 꼴을 정확히 알지 못하는 경우에 도함수를 어떻게 구할 것인가? 음함수는 $y = f(x)$ 의 형태로 풀지 않고도 미분을 할 수가 있다.[11] 음함수 $g(x,\ y) = 0$ 에서 $y$의 $x$에 대한 도함수는 음함수

11) 방정식 $g(x,\ y) = 0$ 에 의하여 정의된 함수가 미분가능하기 위한 조건의 도출은 10장에서 소개되는 편미분의 개념을 이용하여야 가능하기 때문에 여기서는 단순히 조건만을 소개한다. $g(x,\ y) = 0$ 가 연속이고(음함수의 연속은 9장에서 정의됨). 다른 변수를 고정하고(즉, 상수로 취급하고) 각각의 변수에 대하여 $g$를 미분한 것(즉, 편미분)이 연속이면 음함수는 미분가능하다.

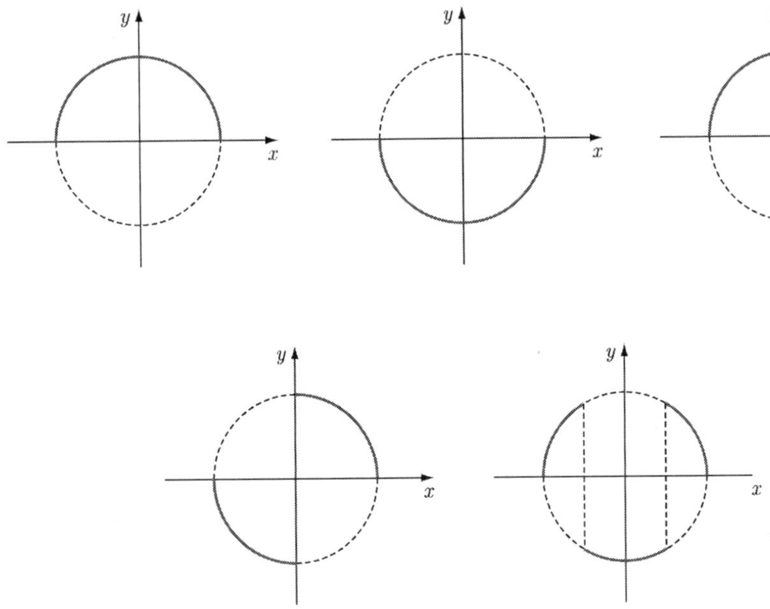


| 그림 6-6 |

의 각 항을 연쇄법칙을 이용하여 $x$에 대하여 미분함으로써 얻어진다.

예 11

방정식 $y^4 + 3y - 4x^3 = 5x + 1$ 이 미분가능한 함수 $y = f(x)$ 를 정의한다고 가정하면, 함수 $f$ 의 $x$에 대한 도함수는 방정식의 각 항을 $x$에 대하여 미분하면 얻어진다.

$$4y^3y' + 3y' - 12x^2 = 5 + 0$$

따라서 $y' = \dfrac{12x^2 + 5}{4y^3 + 3}$, 즉 $f'(x) = \dfrac{12x^2 + 5}{4(f(x))^3 + 3}$ 가 된다.

[예 11]의 도함수는 우리가 알지 못하는 함수 $y$(즉 $f(x)$)를 포함하고 있으므로 불편하다. 그러나 함수의 형태를 명확히 알지 못하여도 이러한 도함수를 여러 가지 목적으로 편리하게 사용할 수가 있다. 예를 들면 그래프 상에 있는 점 (1, −2)에서 음함수의 접선의 기울기는

$$\frac{12(1)^2 + 5}{4(-2)^3 + 3} = -\frac{17}{29}$$

이 되고 접선의 식은 $y = -2 - \frac{17}{29}(x-1)$, 즉 $y = -\frac{17}{29}x - \frac{41}{29}$ 이 되는 것을 알 수 있다. 함수를 독립변수의 식으로 분명히 표현하지 못하는 경우에도 접선의 식을 구할 수 있는 것이다.

**예 12**

어떤 제품의 생산량 $z$가 두 가지 투입요소 $x$, $y$에 대하여 $z = f(x, y)$ 로 결정된다고 하자. 두 가지 투입요소가 서로 대체적으로 사용될 수 있을 때, 일정한 생산량 $C$를 생산하기 위하여 투입될 수 있는 모든 투입요소의 조합은 집합 $\{(x, y) | f(x, y) = C\}$ 로 나타낼 수 있다. 이러한 집합의 그래프를 등고선(level curve, production isoquant 또는 constant product curve) 또는 등위선이라고 한다. 동일한 생산량 $C$를 생산할 때 $x$를 증가시키면, $y$를 감소시켜야 하므로, $f(x, y)= C$는 음함수로 생각할 수 있다. 이 경우 $\frac{dy}{dx}$를 첫 번째 요소($x$)의 두 번째 요소 ($y$)에 대한 한계대체율(margial rate of substitution)이라 한다. )))

## 6.4 선형근사

복잡한 함수의 함수값을 계산하기가 어려울 때 도함수를 이용하면 함수값을 근사적으로 구할 수가 있다. 어떤 함수이든지 함수의 그래프 상에 있는 점$(x_0, f(x_0))$의 충분히 작은 근방에서는 함수의 그래프와 이 점에서의 접선이 거의 일치한다는 사실을 이용하여 함수값을 근사적으로 계산하는 방법을 소개하기로 한다.

함수 $y=f(x)$에서 $x$가 $x_0$에서 $x$로 변할 때 $x$의 증분(增分, increment)을 $\Delta x = x - x_0$, $y$의 증분을 $\Delta y = f(x) - f(x_0) = f(x_0 + \Delta x) - f(x_0)$라 하면

$f'(x) = \lim_{\Delta x \to 0} \frac{\Delta y}{\Delta x}$이다.

따라서 아주 작은 $\Delta x \approx 0$에 대하여

$$\frac{\Delta y}{\Delta x} \approx f'(x), \text{ 즉 } \Delta y \approx f'(x)\Delta x \tag{5}$$

라고 할 수 있다. $f'(x)\Delta x$를 간략히 표현하기 위하여 다음과 같이 정의한다.

**정의 6**

함수 $y = f(x)$ 가 미분가능함수이고 $\Delta x$가 $x$의 증분이라고 하면 독립변수 $x$의 미분(微分, diffe- rential) $dx$는 $dx = \Delta x$ 이고, 종속변수 $y$의 미분 $dy$는

$$dy = f'(x)\Delta x = f'(x)dx$$

이다.[12)]

그림 6-7에서 보듯이 $\Delta y$는 $x$가 $\Delta x$만큼 변할 때의 함수값의 변화이고, $dy$는 함수를 접선에 의하여 선형화(linearization)했을 때의 변화이다.

일반적으로 $\Delta y \neq dy$ 이지만 그러나 $\Delta x \approx 0$인 경우에는 $\Delta y \approx dy = f'(x)dx$가 된다. 또한 주의할 것은 $dx$와 $dy$는 $\Delta x \to 0$일 때의 $\Delta x$와 $\Delta y$의 극한이 아니라는 것이다.

이들 극한값은 0이지만 $dx$와 $dy$는 반드시 0이 되지는 않는다. $dx$가 주어지면 $dy$는 **정의 6**에서의 식에 의하여 결정되기 때문에 $dy$는 독립변수 $dx$에 의하여 결정되는 종속변수이다. 이제

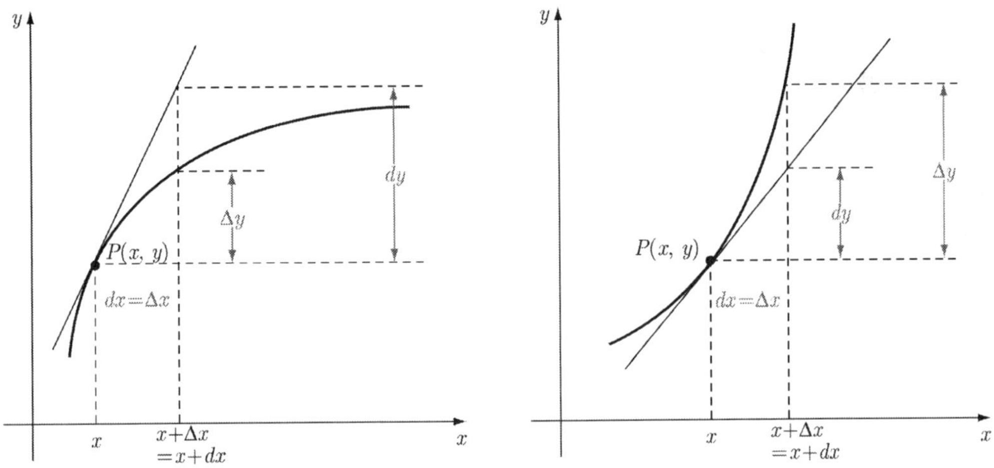


**| 그림 6-7 |**

12) $y$의 미분의 정의식 양변을 $4\pi r^2$로 나누어 주면 $\dfrac{dy}{dx} = f'(x)$ 가 된다. 즉 도함수를 미분의 몫으로 생각할 수도 있다는 것이다. $y$의 미분 $dy$는 증분 $\Delta y$를 접선에 의하여 계산한 근삿값이다. 독립변수의 증분 $\Delta x$는 우리가 의도적으로 변화시킨 값이므로 근삿값 $dx$와 같다.

$$f(x+\Delta x) = f(x) + \Delta f(x) = f(x) + \Delta y \approx f(x) + dy = f(x) + f'(x)dx \qquad (6)$$

를 이용하여 함수값을 근사적으로 계산할 수가 있다. 식 (6)을 함수 $f$의 1차 선형근사(first order linear approximation)라 한다.

선형근사에 의한 오차는

$$\begin{aligned}\Delta f(x) - f'(x)\Delta x &= f(x+\Delta x) - f(x) - f'(x)\Delta x \\ &= \left(\frac{f(x+\Delta x) - f(x)}{\Delta x} - f'(x)\right)\Delta x\end{aligned}$$

이다. 이 오차를 $\epsilon\Delta x$이라 하면, 즉 $\epsilon = \dfrac{f(x+\Delta x) - f(x)}{\Delta x} - f'(x)$라 하면, $\Delta x \to 0$일 때 $\epsilon \to 0$이 되므로 아주 작은 $\Delta x$에 대하여 (6)의 선형근사가 정확한 것이 되는 것을 알 수 있고, 또한 식 (5)를

$$\Delta y = f'(x)\Delta x + \epsilon\Delta x = f'(x)dx + \epsilon dx \qquad (7)$$

와 같은 등식으로 표현할 수가 있다, $y$의 미분 $dy = f'(x)dx$ 는 $\Delta y$의 근사값이고 $\epsilon dx$는 오차이다. $dy$를 $\Delta y$의 주요부분(Principal Part)이라고 부른다. $\epsilon$은 $\Delta x$와 $x$의 함수이다.

### 예 13

$y = 3x^2 - 5$ 라 하자.

1) $y' = 6x$
2) $\Delta y = f(x+\Delta x) - f(x) = 3(x+\Delta x)^2 - 5 - (3x^2 - 5) = 6x(\Delta x) + 3(\Delta x)^2$ 이다.[13]
3) $dy = f'(x)dx = (6x)dx$이며,
4) 따라서 $x$가 2에서 2.1로 변하면, $\Delta x = dx = 0.1$이고

   $\Delta y = 6(2)(0.1) + 3(0.1)^2 = 1.23$ 또는

   $\Delta y = f(2.1) - f(2) = [3(2.1)^2 - 5] - [3(2)^2 - 5] = 1.23$이며,

   $dy = (5)(2)(0.1) = 1.2$가 되고, 이 값이 $\Delta y$의 근사값이다.

---

13) 식 (7)과 같이 표현하면 $\epsilon = 3\Delta x$가 되고 [예 14] 에서는 $\epsilon = 3x\Delta x + (\Delta x)^2$이 되는 것을 알 수 있다. 일반적으로 $\epsilon$은 $\Delta x$와 $x$의 함수이다.

$x = 2.1$ 에서의 정확한 $y$ 값은 $y = 3(2)^2 - 5 + \Delta y = 12 - 5 + 1.23 = 8.23$ 이며, 선형근사에 의한 근사값은 $y = 3(2)^2 - 5 + dy = 12 - 5 + 1.2 = 8.2$이고 오차는 0.03이다.

### 예 14

$y = x^3$ 라 하자.

1) $\Delta y = f(x + \Delta x) - f(x) = 3x^2(\Delta x) + 3x(\Delta x)^2 + (\Delta x)^3$
2) $dy = f'(x)dx = 3x^2dx = 3x^2\Delta x$

### 예 15

반경이 10인 원이 있다. 반경이 0.1만큼 증가할 때 면적의 증가를 선형근사에 의하여 구하라.

반경이 $r$인 원의 면적 $A$는 $A = \pi r^2$ 이다. $dr = \Delta r = 0.1$이므로 $dA = A'(10) \cdot dr = 2\pi(10) \cdot (0.1) = 2\pi$ 이다.

$\Delta A = \pi(10.1)^2 - \pi(10)^2 = \pi(102.01 - 100) = 2\pi + 0.01\pi$이므로
오차는 $0.01\pi$이다.

### 예 16

구(sphere)의 표면적 $S = 4\pi r^2$을 참 값의 1% 이내의 오차로 계산하고자 한다면 구의 반경을 얼마나 정확히 측정하여야 하는가?

반경의 측정에서 오차($dr$)의 결과로 생기는 면적의 오차($\Delta S$)가

$$|\Delta S| \le \frac{1}{100}S = \frac{4\pi r^2}{100}$$

이 되도록 하면 된다. $dS = \left(\frac{dS}{dr}\right)dr = 8\pi r dr$ 을 $\Delta S$에 대입하면,

$$|8\pi r dr| \le \frac{4\pi r^2}{100}. \quad 즉, \ |dr| \le \frac{1}{8\pi r} \cdot \frac{4\pi r^2}{100} = \frac{1}{200}r$$

따라서 반경은 참 값의 0.5% 이내의 오차가 있도록 측정되어야 한다.[14)]

14) 이 예에서 반경의 오차 $dr$이 0에 가까운 충분히 작은 양이면 $S(r + dr) = S(r) + S'(r)dr$ 이 되므로, $S(r + dr) - S(r) = S'(r)dr$ 로 생각하여 예에서처럼 오차의 한계를 구하면 된다. 그러나 일반적인 경우보다

## 6.6 뉴턴의 방법

방정식 $f(x) = 0$ 의 해에 대한 공식이 주어져 있지 않을 때에도, **뉴턴의 방법**(Newton's method) 또는 더 정확하게 뉴턴-랍슨 방법(Newton-Raphson method)이라고 불리는 수치계산법(numerical method)을 이용하면 근사적으로 해를 구할 수가 있다.[15] 뉴턴의 방법은 도함수와 접선을 이용하여 복잡한 방정식의 해를 얼마든지 정확하게 근사적으로 구하는 방법이다.

방정식 $f(x) = 0$ 의 해, 즉 함수 $f(x)$의 그래프가 $x$축과 만나는 점을 찾기 위해, 임의의 값 $x_0$을 선정한 후에 함수의 그래프 상의 점 $(x_0,\ f(x_0))$에서의 접선이 $x$축과 만나는 점 $x_1$을 첫 번째 근삿값으로 선정한다. 다시 $x_1$을 이용하여 함수의 그래프 상의 점 $(x_1,\ f(x_1))$에서의 접선이 $x$축과 만나는 점을 두 번째 근삿값 $x_2$로 선정한다. 이와 같은 방법을 계속 적용하여서 방정식의 정확한 해에 가깝게 접근하여 가는 방법을 뉴턴의 방법이라 한다(그림 6-8).

뉴턴의 방법에 의하여 $n+1$ 번째 근삿값을 구하여 보자. $n$번째 근삿값에 의한 접선의 식이

$$y = f(x_n) + f'(x_n)(x - x_n)$$

이므로, 이 접선이 $x$축과 만나는 점 $x_{n+1}$을 위 식에 대입하면 $y = 0$ 가 된다.

$$0 = f(x_n) + f'(x_n)(x_{n+1} - x_n)$$

---

더 정확한 오차의 한계는 다음과 같이 구할 수 있다. 반경의 오차 $dr$에 의한 표면적의 오차는

$$\Delta S = S(r+dr) - S(r) = 4\pi(r+dr)^2 - 4\pi r^2 = 8\pi r(dr) + 4\pi(dr)^2$$

이므로 $8\pi r(dr) + 4\pi(dr)^2 < 0.01(4\pi r^2)$

양변을 $4\pi r^2$으로 나누어 정리하면

$$\left(\frac{dr}{r}\right)^2 + 2\left(\frac{dr}{r}\right) < 0.01 \quad \Rightarrow \quad \left(\frac{dr}{r}+1\right)^2 - 1.01 < 0$$

$\left(\frac{dr}{r}+1\right) > 0$이므로 $\frac{dr}{r} < \sqrt{1.01} - 1$

15) 반복적인 시행착오(trial and error)에 의하여 보다 더 정확한 근사값으로 진행해 가는 방법을 수치계산법이라 한다.

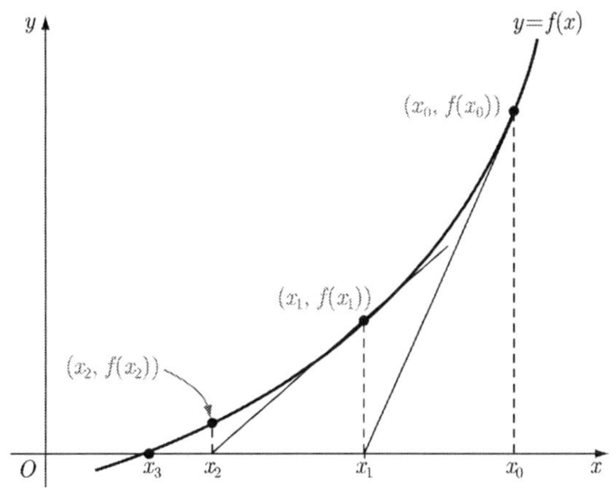


| 그림 6-8 |

따라서

$$x_{n+1} = x_n - \frac{f(x_n)}{f'(x_n)} \tag{8}$$

식 (8)을 $n = 0$ 에서부터 시작하여 계속 적용하면 해의 근삿값을 얻게 되는데, 뉴턴의 방법은 대단히 효과적이어서 근삿값의 수치 중 정확한 값, 즉 방정식의 해와 동일한 값을 갖게 되는 자리수(digit)가 매 단계마다 거의 두 배로 증가한다. 이러한 이유로 방정식의 해를 근사적으로 구할 때 가장 널리 쓰이는 방법이 뉴턴방법이다.

그러나 뉴턴방법에서는 $x_{n+1}$이 항상 $x_n$보다 더 정확한 값이 되리라는 보장이 없다. $f'(x_n)$이 0에 가까운 값이 되는 경우에는 $x_{n+1}$이 $x_n$보다 더 정확한 값이 되지 않는다. 뉴턴 방법을 적용할 때는 처음 선택하는 임의의 값 $x_0$에서 $f'(x_n)$이 0에 가까운 값이 되지 않도록 조심하여 선택할 필요가 있다.

**예 17**

$\sqrt{3}$ 의 값을 소수점 아래 둘째자리까지 정확하게 구하여라.

$f(x) = x^2 - 3$이라 하자. $f(1) = -2$이고 $f(2) = 1$이므로 중간값 정리에 의하여 $f(x) = 0$의 해는 1과 2 사이에 있다는 것을 알 수 있다. $\sqrt{3}$가 2에 더 가까우므로 $x_0 = 2$로 택하면,

$$x_{n+1} = x_n - \frac{f(x_n)}{f'(x_n)} = x_n - \frac{{x_n}^2 - 3}{2x_n}$$ 에서 첫 번째 근삿값은

$$x_1 = 2 - \frac{4-3}{2(2)} = \frac{7}{4} = 1.75$$

이고, 두 번째 근삿값은

$$x_2 = \frac{7}{4} - \frac{(\frac{7}{4})^2 - 3}{2(\frac{7}{4})} = \frac{7}{4} - \frac{1}{56} = \frac{97}{56} \approx 1.732$$

이다. $(1.732)^2 = 2.999824$ 이고 $(1.733)^2 = 3.003289$ 이므로 $\sqrt{3}$ 의 근사값은 1.73 이다. )))

## 예 18

$x^3 - 3x + 1 = 0$ 의 양의 해(근)중에서 큰 값을 소수점 아래 네 자리까지 명확하게 구하라. $f'(x) = 3x^2 - 3 = 3(x+1)(x-1)$ 이므로 $x > 1$ 에 대하여 $f'(x) > 0$ , 즉 $f$ 는 증가함수이다(제 9장, 정리 5) $f(2) = 3 > 0$ 이고 $f(1) = -1 < 0$ 이므로, 해 $x$ 는 $1 < x < 2$ 이다.

$x_0 = 1.5$ 라 하면,

$$x_{n+1} = x_n - \frac{f(x_n)}{f'(x_n)} = x_n - \frac{x_n^3 - 3x_n + 1}{3{x_n}^2 - 3}$$ 에서

$x_1 \approx 1.5333,\ x_2 \approx 1.5321,\ x_3 \approx 1.5321$ )))

# 06 연습문제

**01** 도함수의 정의를 이용하여 다음 함수의 도함수를 구하라.

(1) $y = \dfrac{x^3}{3}$

(2) $f(x) = x^2 - x + 1$

(3) $f(x) = \dfrac{1}{x+2}$

(4) $f(x) = \dfrac{1}{\sqrt{x}}$

(5) $y = -3x^2 - 7x + 5$

**02** 다음 함수들의 1차 도함수와 2차 도함수를 구하라.

(1) $f(x) = \dfrac{1}{(x^4+3)^2}$

(2) $f(x) = \dfrac{x}{\sqrt{1+x^4}}$

(3) $g(t) = \sqrt{\dfrac{1}{3t^5}}$

(4) $g(z) = (3x^2 - 4)^{97}$

(5) $f(t) = [t^2 + (1+t)^4]^5$

(6) $g(x) = \sqrt{\dfrac{2x+1}{x-1}}$

(7) $h(y) = \left(\dfrac{y+1}{y-1}\right)^{17}$

(8) $g(z) = \dfrac{z^2}{\sqrt{1+z^2}}$

(9) $h(x) = \left(\dfrac{x}{1+x^2}\right)^{\frac{5}{3}}$

(10) $g(x) = \sqrt{x + \sqrt{x}}$

(11) $g(t) = \dfrac{1}{t^2}[t - (1+t^2)^{\frac{1}{2}}]$

(12) $f(x) = (1-x)^{\frac{1}{2}}(2-x)^{\frac{1}{3}}$

(13) $f(x) = x(1 + 2x + 3x^2)^{10}$

(14) $h(z) = (z-1)^4(z+1)^6$

(15) $f(x) = (1 - 3x^4)^5(4-x)^{\frac{1}{3}}$

(16) $f(x) = \left(1 - x^{\frac{1}{3}}\right)^{\frac{1}{2}}$

(17) $f(x) = x^3\left(1 - \dfrac{1}{x^2+1}\right)^{\frac{1}{2}}$

(18) $w = (z+1)(z-1)(z^2+1)$ (19) $p = \left(\dfrac{q^2+3}{12q}\right)\left(\dfrac{q^4-1}{q^3}\right)$

**03** 다음에 답하라.

(1) 원 $x^2 + y^2 = 1$ 에 접하고 기울기가 3인 두 직선을 구하라.

(2) $x = 3$ 일 때, $y = \dfrac{x}{2} + \dfrac{1}{2x-4}$ 의 접선을 구하라.

(3) 점 (2, 1)에서 곡선 $y = x^3 - 4x + 1$ 의 접선에 수직인 직선을 구하라.

(4) 점 $P(18,\ 0)$를 지나고 점 $Q(a,\ a^2)$에서 포물선 $y = x^2$에 수직인 직선을 구하라.

(5) 점 (2, 1)에서의 함수 $y = \dfrac{8}{x^2+4}$ 의 접선을 구하라.[16)]

**04** 다음 방정식에 의하여 정의되는 음함수의 $x$에 관한 도함수를 구하라.

(1) $y^5 - x^3 = 0$ (2) $x^2y + xy^2 = 6$

(3) $x^3 + y^3 = 18xy$ (4) $x^2(x-y)^2 = x^2 - y^2$

---

16) 종 모양으로 생긴 곡선 $y = \dfrac{8}{x^2+4}$ 은 "아그네시의 마녀(the Witch of Agnesi)"라는 이름을 갖고 있다. 아그네시의 마녀는 일반적으로 $y = \dfrac{a^3}{x^2+a^2}$ 으로 표현된다.

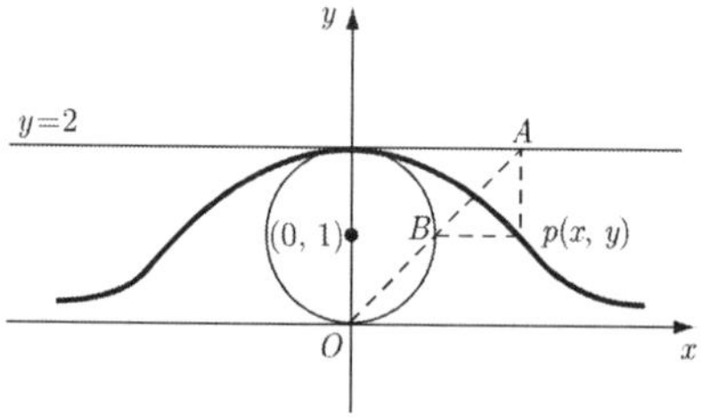


이러한 이름이 붙게 된 데는 재미있는 역사가 있다. Maria Gaetana Agnesi(1718~1799)는 훌륭한 수학자이고 동시에 언어학자(linguist)였다. 여성의 고등교육의 중요성을 주장하는 라틴어 논문을 그녀가 발표한 것은 9세 때였고, 20세가 되었을 때는 이미 많은 논문을 발표한 과학자로서의 위치가 확고하였으며, 30세에는 University of Bologna의 명예교수가 되었다. 미분학에 대한 첫 교과서는 L'Hospital이 썼지만 해석기하, 무한수열, 미분방정식 등을 포함한 본격적인 미적분학 교과서는 Agnesi에 의하여 처음으로 쓰여졌다.

"아그네시의 마녀" 라는 곡선에 Agnesi가 원래 붙인 이름은 "versiera" 로서 회전하는 곡선(turning curve)이라는 뜻을 가지고 있다. Cambridge의 수학자였던 John Colson은 Agnesi의 책이 대단히 중요한 책이라고 생각하고 이 책을 영어로 번역하기 위하여 이태리어를 공부하였다. Colson은 이 책이 번역됨으로써 영국의 젊은이들, 특히 영국 여성들에게 Agnesi가 role model이 될 수 있으리라고 믿었다. 그러나 번역할 때 "versiera" 를 "악마의 부인(the wife of the devil)" 이라는 의미의 "avversiera" 와 혼동하여서 마녀라는 이름이 붙게 된 것이다.

(5) $(3xy+7)^2 = 6y$

(6) $y^2 = \dfrac{x-1}{x+1}$

(7) $x^2 = \dfrac{x-y}{x+y}$

(8) $y^2 + 2y = 2x + 1$

**05** 다음 곡선들의 접선을 주어진 점 $P$에서 구하라.

(1) $x^2 + xy - y^2 = 1,\ P(2,\ 3)$

(2) $x^2 + y^2 = 25,\ P(3,\ -4)$

(3) $x^2y^2 = 9,\ P(-1,\ 3)$

(4) $6x^2 + 3xy + 2y^2 + 17y - 6 = 0,\ P(-1,\ 0)$

(5) $x^2 - \sqrt{3}xy^2 + 2y^2 + y - 1 = 0,\ P(\sqrt{3},\ 2)$

(6) $x^4 = x^2 - y^2,\ P\left(\dfrac{\sqrt{3}}{2},\ \dfrac{\sqrt{3}}{4}\right)$

**06** 다음 함수의 값을 주어진 $x$의 값에서 선형근사로 구하라.

(1) $f(x) = x^2 + 2x,\ x = 0.1$

(2) $f(x) = x^{-1},\ x = 0.8$

(3) $f(x) = 2x^2 + 4x - 3,\ x = -0.9$

(4) $f(x) = \dfrac{x}{x+1},\ x = 1.1$

(5) $f(x) = \sqrt[3]{x},\ x = 8.1$

**07** $x$가 0에 가까운 값일 때 선형근사에 의하여 $f(x) = (1+x)^k \approx 1 + kx$인가를 확인하고 다음을 계산하여라.

(1) $(1.0002)^{50}$

(2) $\sqrt[3]{1.009}$

**08** 다음 함수들에 대하여 $dy$를 결정하라.

(1) $y = x^3 - 3\sqrt{x}$

(2) $y = x\sqrt{1-x^2}$

(3) $y = x + \sqrt[3]{1+2x}$

(4) $y = \dfrac{2\sqrt{x}}{3(1+\sqrt{x})}$

(5) $y = \dfrac{2x}{1+x^2}$

(6) $y = \dfrac{2\sqrt{x}}{1+x^2}$

**09** 다음에 답하라.

(1) $x^2 + x - 1 = 0$의 두 해를 뉴턴 방법을 이용하여 $x_0 = -1, x_0 = 1$이라 놓고 구하라.

(2) $x^3 + 3x + 1 = 0$에서 뉴턴 방법에 의하여 $x_0 = 0$ 이라 놓고 $x_2$를 구하라.

(3) $x^4 + x - 3 = 0$의 두해에 대하여, 뉴턴 방법에 의하여 $x_0 = -1,\ x_0 = 1$ 이라 놓고 $x_2$를 각각 구하라.

(4) $\sqrt[4]{2}$ 의 값을 $x^4 - 2 = 0$ 을 이용하여 $x_0 = 1$ 이라 놓고 $x_2$를 구하라.

(5) $\sqrt{2}$ 의 값을 소수점 아래 다섯 자리까지 정확하게 구하라.

**10** 어떤 제품의 원가는 $C(x) = 200 + 7x$ 이고, 수요곡선은 $P = 20 - \dfrac{x}{50}$ 이다. 한계원가, 한계수익, 한계이익을 구하라.

**11** 어떤 제품을 생산하는 데 필요한 두 가지 투입요소의 양을 각각 $x,\ y$라 하고, 이 제품을 3,024개 생산하기 위하여 투입될 수 있는 모든 $(x,\ y)$는 방정식 $6 - x^{3/4}y^{1/4} = 3{,}024$에 의하여 결정된다고 하자. $x = 81,\ y = 16$ 에서 이 방정식의 그래프의 기울기 $\dfrac{dy}{dx}$, 즉 $x$의 $y$에 대한 한계대체율을 구하라.

**12** $x$와 $y$가 모두 $t$의 함수이고 미분가능하며 다음 방정식에 의하여 서로 연결되어 있다고 하자.

$$x^2 + 5y^2 = 36$$

(1) $\dfrac{dy}{dt}$를 구하라.

(2) $x = 4,\ y = 2,\ \dfrac{dx}{dt} = 5$ 일 때의 $\dfrac{dy}{dt}$를 구하라.

Chapter

# 07 적분(積分)

Mathematics for Economics & Management

## 7.1 부정적분

어떤 함수 $f$가 주어졌을 때, 이 함수의 도함수를 구하는 것이 제6장에서의 과제였다. 이제 우리는 이와 반대가 되는 문제로서, 어떤 함수 $f$가 주어졌을 때 이 함수를 도함수로 갖는 함수 $F$를 어떻게 찾을 것인가 하는 문제를 생각해 보기로 하자.

**정의 1**

어떤 구간 $I$에 속한 모든 $x$에 대하여 $F'(x) = f(x)$가 성립하면, $F$를 $f$의 역도함수(anti-dervative)라고 한다.

역도함수를 구하는 과정을 역미분(antidifferentiation)한다고 하며, 일반적으로 어떤 함수의 역도함수가 존재하면 역도함수는 무수히 많다. 예를 들면 $F(x) = x^2$은 $f(x) = 2x$의 역도함수이다. 임의의 상수 $C$를 $F(x) = x^2$에 더하여 주어도 도함수는 변하지 않으므로, $x^2 + C$도 $f(x) = 2x$의 역도함수이다. 실제로 역도함수는 상수항을 제외하고는 서로 동일하다는 것이 다음 정리이다.

**정리 1**

1) 어떤 구간 $I = [a,\ b]$에 속하는 모든 $x$에 대하여 $F'(x) = 0$이면 $F(x)$는 구간 $I$에서 상수함수이다.
2) 어떤 구간 $I$에서 $F$가 $f$의 역도함수라고 하자. 함수 $G$도 구간 $I$에서 $f$의 역도함수이면, 구

간 $I$에 속한 모든 $x$에 대하여

$$G(x) = F(x) + C$$

가 되는 상수 $C$가 존재한다.

**증명** 1) $x$를 $[a,\ b]$에 속하는 임의의 값이라 하자.
$F$는 구간 $[a,\ x]$에서 미분가능하므로 연속이다. 평균값정리에 의하여[1)]

$$F'(c) = \frac{F(x) - F(a)}{x - a}$$

를 만족하는 $c$가 $(a,\ x)$에 존재한다. $F'(c) = 0$ 이므로 $F(x) = F(a)$ 이다. 따라서 $F(x)$는 구간 $I$에서 상수함수이다.

2) 구간 $I$에 속한 모든 $x$에 대하여 $H(x) = G(x) - F(x)$라 하자. 구간 $I$에 속한 모든 $x$에 대하여 $H'(x) = G'(x) - F'(x) = f(x) - f(x) = 0$. 그러므로 1)에 의하여 $H(x) = G(x) - F(x) = C$ 가 되는 상수 $C$가 존재한다.

**정의 2**

함수 $f$의 역도함수 $F(x) + C$를 $f$의 부정적분(否定積分, indefinite integral)이라 하며 $\int f(x)\, dx$으로 표시한다.

$$\int f(x) dx = F(x) + C$$

함수 $f(x)$를 피적분함수(integrand), $C$를 적분상수(integral constant), $x$를 적분변수(variable of integration), $F(x) + C$를 구하는 것을 $f(x)$를 적분(integration)한다고 한다. 구간 $I$에서 함수 $f(x)$의 역도함수가 존재하면, $f(x)$는 구간 $I$에서 적분가능하다(integrable)고 한다.

**예 1**

1) $\int x^2 dx = \dfrac{x^3}{3} + C$ 는 $x^2$의 부정적분 또는 역도함수이다.

2) $\int -t\ dt = -\dfrac{1}{2}t^2 + C$

1) 평균값 정리는 제9장(p.199)에서 소개된다. 평균값정리는 제6장의 뒷부분에서 소개될 수도 있는 정리이나 9장 이후 많이 사용되기 때문에 뒤에서 소개하였다. 뒤에서 소개되는 정리가 앞에 이용되는 경우는 이번 뿐이다. 1)은 일견 자명한 정리처럼 보이지만 그렇지 않음. 상수 함수의 도함수는 0이지만, 상수함수가 아닌 다른 함수 중에서 도함수가 0이 되는 함수가 없다는 사실은 증명된 적이 없음.

적분의 정의에서 알 수 있듯이 적분과 미분은 서로 반대가 되는 연산과정이다.

**정리 2**

1) 함수 $f(x)$가 미분가능하면,

$$\int\left[\frac{d}{dx}f(x)\right]dx = f(x) + C$$

2) 함수 $f(x)$가 적분가능하면,

$$\frac{d}{dx}\left[\int f(x)\,dx\right] = f(x)$$

**증명** 1)은 부정적분의 정의에 의하여 자명하다. $F(x)$를 $f(x)$의 역도함수라 하면,

$\frac{d}{dx}\left[\int f(x)dx\right] = \frac{d}{dx}[F(x) + C] = f(x)$ 이므로 2)가 성립한다.

이제 적분의 정의를 이용하여 여러 가지 함수에 대한 적분법을 알아보자.

**정리 3**

$f(x)$와 $g(x)$가 구간 $I$에서 적분가능하다고 하자.

1) $\int x^n dx = \frac{x^{n+1}}{n+1} + C \quad (n \neq -1)$

2) $\int kf(x)dx = k\int f(x)dx$, $k$는 상수

3) $\int -f(x)dx = -\int f(x)dx$

4) $\int [f(x) \pm g(x)]dx = \int f(x)dx \pm \int g(x)dx$

**증명** 1) $\frac{d}{dx}\left(\frac{x^{n+1}}{n+1} + C\right) = x^n$

2) $F(x)$를 $f(x)$의 역도함수라 하자.

$\frac{d}{dx}[kF(x)] = kF'(x) = kf(x)$ 이므로 $\int kf(x)dx = kF(x) + C$이고,

한편, $k\int f(x)dx = k[F(x) + C_1] = kF(x) + C$

4) $F(x)$와 $G(x)$를 각각 $f(x)$와 $g(x)$의 역도함수라고 하자.

$\frac{d}{dx}[F(x) + G(x)] = F'(x) + G'(x) = f(x) + g(x)$이므로,

$\int [f(x) + g(x)]dx = F(x) + G(x) + C$ 이며, 또한

$\int f(x)dx + \int g(x)dx = F(x) + C_1 + G(x) + C_2 = F(x) + G(x) + C$

**예 2**

1) $\int (x^2 - 2x + 5)dx = \int x^2 dx - \int 2x dx + \int 5 dx = \frac{x^3}{3} - x^2 + 5x + C$

2) $\int \frac{(x^2-1)^2}{x}dx = \int \frac{x^4 - 2x^2 + 1}{x^2}dx$

$= \int (x^2 - 2 + x^{-2})dx = \frac{x^3}{3} - 2x - \frac{1}{x} + C$

우리가 관심을 갖고 있는 응용문제가 어떤 함수의 도함수나 미분을 포함하고 있는 방정식으로 표현되는 경우가 있다. 이러한 방정식을 미분방정식(differential equations)이라 한다. 미분방정식을 푼다는 것은 그 방정식을 만족시키는 모든 함수를 찾는 것이다. 간단한 형태의 미분방정식을 풀이하는 데 정리 1에 의하여 부정적분이 유용하게 이용될 수 있다. 미분방정식과 함께 방정식의 해가 만족해야 하는 초기조건(initial condition)이 주어져 있으면, 이러한 초기조건을 만족시키는 특정한 해를 구할 수 있다.

**예 3**

초기조건 $f(0) = 2$를 만족시키는 미분방정식 $\frac{dy}{dx} = 6x^2 + x - 5$의 해 $y = f(x)$를 구하라.[2) ] $f'(x) = 6x^2 + x - 5$ 로 놓으면,

$\int f'(x)dx = \int (6x^2 + x - 5)dx = 2x^3 + \frac{1}{2}x^2 - 5x + C$

$f(0) = 2$ 이므로, $C = 2$. 따라서 $f(x) = 2x^3 + \frac{1}{2}x^2 - 5x + 2$

**예 4**

미분방정식 $\frac{d^2y}{dx^2} = 6x^2 - x$와 초기조건 $f(0) = 2$를 만족하는 해를 구하라.

2) 미분방정식은 미분을 이용하여 $dy = (6x^2 + x - 5)dx$로 표현될 수도 있다. 이 경우 해는 $y = \int dy = \int (6x^2 + x - 5)dx = 2x^3 + \frac{1}{2^2} - 5x + C$가 된다.

$$\frac{dy}{dx} = \int\left(\frac{d^2y}{dx^2}\right)dx = \int(6x^2 - x)dx = 2x^3 - \frac{1}{2}x^2 + C$$이므로

$$y = \int\left(2x^3 - \frac{1}{2}x^2 + C\right)dx = \frac{1}{2}x^4 - \frac{1}{6}x^3 + Cx + C_1$$

따라서 $f(0) = 2$ 에 의하여 $f(x) = \frac{1}{2}x^4 - \frac{1}{6}x^3 + Cx + 2$ )))

**예 5**

한 제품을 생산하는 업체가 이 제품을 $x$개 생산 할 때의 한계원가(marginal cost)는 $30 - 0.02x$ 이다.[3]
처음 한 개를 생산 할 때의 생산원가가 $35이었다. 원가함수를 구하고, 100개를 생산할 때의 원가를 구하라.
원가함수를 $f(x)$라고 하자. $f'(x) = 30 - 0.02x$ 이므로

$$f(x) = \int f(x)dx = \int(30 - 0.02x)dx = 30x - 0.01x^2 + C$$

$f(1) = 35$이므로 $C = 5.01$이다. 따라서 $f(x) = 30x - 0.01x^2 + 5.01$이고

$$f(100) \equiv 3{,}000 - 100 + 5.01 = 2{,}905.01$$

## 7.2 정적분

앞에서 어떤 함수를 도함수로 갖는 함수, 즉 역도함수를 그 함수의 부정적분으로 정의하였다. 이제 얼핏 보기에는 이렇게 정의된 부정적분과 아무런 연관도 없어 보이는 정적분(定積分, definite integral)의 개념을 소개한다. 어떤 함수의 정적분은 그 함수의 그래프와 독립변수를 나타내는 축에 의하여 이루어지는 영역의 넓이이다.[4]

부정적분을 구하는 것은 주어진 함수의 역도함수, 즉 '함수'를 구하는 것이고, 정

3) 한계원가는 원가함수의 도함수, 즉 원가의 순간변화율로서, 추가로 한 단위를 더 생산할 때 소요되는 원가를 의미한다.

4) 넓이은 항상 양의 부호를 가지므로 정적분은 엄밀하게는 면적이 아니다. $x$를 독립변수라 하면, 정적분은 정확하게는 부호가 붙은 넓이로써 함수에 의하여 결정되는 영역이 $x$축 위에 있으면(즉 함수값이 양이면) 양의 부호, $x$축 아래에 있으면(즉 함수값이 음이면) 음의 부호가 붙은 넓이이다.

적분을 구하는 것은 주어진 함수에 특정한 연산을 실행하여 넓이의 '값'을 구하는 것이므로 일견 서로 아무런 연관도 없어 보이지만, 이 두 가지 개념이 서로 아주 밀접하게 연관되어 있다는 것을 보게 될 것이다. 정적분의 값은 부정적분을 이용하여 쉽게 계산될 수 있는 것이다.

함수 $f(x)$가 $[a,\ b]$에서 정의되었다고 하자. $a=x_0<x_1<x_2<\cdots<x_{n-1}<x_n=b$가 되는 $x_1,\ x_2,\ \cdots,\ x_{n-1}$을 임의로 선택하면 구간 $[a,\ b]$를 $n$개의 부분집합으로 나눌 수가 있다. 이와 같이 부분집합으로 나누어진 것을 구간 $[a,\ b]$의 분할(分割, partition)이라고 하며, $x_0,\ x_1,\ \cdots,\ x_n$에 의한 분할을 $P=\{x_0,\ x_1,\ \cdots,\ x_n\}$로 표현하자.

**정의 3**

분할 $P=\{x_0,\ x_1,\ \cdots,\ x_n\}$의 노름(norm)은 분할에 속한 부분구간의 길이 중에서 가장 큰 값을 말한다. 즉

$$\|P\| = \max_{1\leq i\leq n}(x_i - x_{i-1})$$

각각의 부분구간에서 임의의 $c_i\in[x_{i-1},\ x_i]$를 선택하고 $\Delta x_i=x_i-x_{i-1}$라 하면

**정의 4**

$\lim\limits_{\|P\|\to 0}\sum\limits_{i=1}^{n} f(c_i)\Delta x_i$을 함수 $f(x)$의 구간 $[a,\ b]$에서 정적분(definite integral 또는 Riemann integral)이라[5] 하며 $\int_a^b f(x)dx$으로 표시한다. 즉

$$\int_a^b f(x)\,dx = \lim_{\|P\|\to 0}\sum_{i=1}^{n} f(c_i)\Delta x_i$$

극한 $\lim\limits_{\|P\|\to 0}\sum\limits_{i=1}^{n} f(c_i)\Delta x_i$이 존재하면[6] 함수 $f(x)$는 구간$[a,\ b]$에서 적분가능하다고 한다.[7]

---

5) 함수 $f(x)$의 $a$에서 $b$까지의 정적분이라고도 한다.

6) 극한의 정의를 이용하여 정적분의 조건, 즉 극한이 존재하기 위한 조건을 표현하면, 임의의 $\epsilon>0$에 대하여, $P$가 $\|P\|<\delta$를 만족하는 분할이면 $\left|\sum\limits_{i=1}^{n} f(c_i)\Delta x_i-\int_a^b f(x)dx\right|<\epsilon$가 되는 $\delta$가 존재한다.

7) 어떤 함수가 '적분가능하다'는 것에는 이제 부정적분이나 정적분이 존재한다는 두 가지 의미가 있다. 그러나 이 두 가지 개념이 일치하는 것이라는 것을 정리 7에서 보게 된다.

$[a,\ b]$는 적분구간(interval of integration), $b$는 적분상한(upper limit of integration), $a$는 적분하한(lower limit of integration)이라 부른다.

**정의 5**

$b > a$라 하면, $\int_b^a f(x)\,dx = -\int_a^b f(x)\,dx$

그림 7-1에서 볼 수 있듯이 정적분은 각각의 구간에서 임의로 선정된 함수값 $f(c_i)$를 높이로 갖는 직사각형의(부호가 붙은) 넓이을 합하여, 부분구간의 폭을 점점 작게 함으로써 극한값을 취한 것이다. 구간 $[a,\ b]$에서 $f(x) \geq 0$이라면, $\int_a^b f(x)dx$는 $f$의 그래프 아래에 있는 영역 중 $a$와 $b$ 사이의 넓이가 된다.

구간도 임의로 나누고 각 구간에서 $c_i$도 임의로 택하기 때문에 $\sum f(c_i)\triangle x_i$도 무한히 많은 다양한 값을 갖게 되지만, 놀라운 사실은 다음 **정리 4**에서 볼 수 있듯이 함수가 구간 $[a,\ b]$에서 연속이기만 하면 $\| P \| \to 0$일 때 $\sum f(c_i)\triangle x_i$은 분할의 선택이나 각 구간에서 $c_i$의 선택에 관계없이 일정한 극한 값을 갖는다는 것이다. 이러한 사실에 대한 증명은 이 책의 정도를 벗어나므로 증명없이 정리를 소개한다.

**정리 4**

닫힌 구간에서 연속인 모든 함수는 적분가능하다.

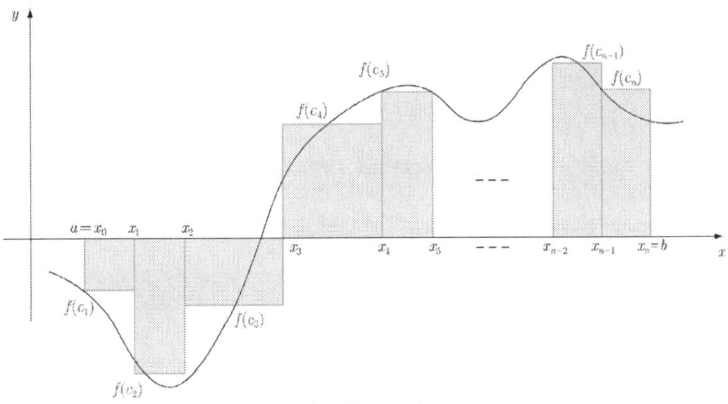


| 그림 7-1 |

정적분의 성질에 관하여 좀 더 자세히 알아보자. **정리 5**에서의 각각의 적분을 부호가 붙은 면적으로 해석하면, 증명 없이도 정리의 내용을 쉽게 이해할 수 있기 때문에 증명은 제7장의 끝에 부록으로 첨부하였다.

**정리 5**

$f(x), g(x)$는 $[a, b]$에서 적분가능하다고 하자.

1) $\int_a^b c\ dx = c(b-a)$, $\int_a^b dx = b-a$

2) $\int_a^a f(x)dx = 0$

3) $\int_a^b cf(x)dx = c\int_a^b f(x)dx$, $\int_a^b -f(x)dx = -\int_a^b f(x)dx$

4) $\int_a^b [f(x) \pm g(x)]dx = \int_a^b f(x)dx \pm \int_a^b g(x)dx$

5) $\int_a^b f(x)dx + \int_b^c f(x)dx = \int_a^c f(x)dx$

6) $a \le x \le b$ 이고 $f(x) \le g(x)$ 이면, $\int_a^b f(x)dx \le \int_a^b g(x)dx$

7) $a \le x \le b$ 이고 $m \le f(x) \le M$ 이면, $m(b-a) \le \int_a^b f(x)dx \le M(b-a)$

8) $a \le b$ 이면, $\left|\int_a^b f(x)dx\right| \le \int_a^b |f(x)|\,dx$

**예 6**

$\int_a^b x\ dx = \frac{b^2 - a^2}{2}$ 이 되는 것을 보아라.

각각의 구간 $[x_{i-1},\ x_i]$에서 $c_i = \frac{x_i + x_{i-1}}{2}$ 라 하면

$$\sum_{i=1}^{n} c_i(x_i - x_{i-1}) = \sum_{i=1}^{n} \frac{x_i + x_{i-1}}{2}(x_i - x_{i-1}) = \frac{1}{2}\sum_{i=1}^{n}(x_i^2 - x_{i-1}^2)$$

$$= \frac{1}{2}(b^2 - x_{n-1}^2 + x_{n-1}^2 + x_{n-2}^2 + \cdots - x_1^2 + x_1^2 - a^2)$$

$$= \frac{1}{2}(b^2 - a^2)$$

)))

예 7

$\int_a^b x^2 dx = \frac{b^3 - a^3}{3}$ 이 되는 것을 보이라.

$[a,\ b]$를 각각의 부분구간의 길이가 $\Delta x = \frac{(b - a)}{n}$이 되도록 등구간으로 분할한 것을 $P$라 하자. 그러면 $x_0 = a,\ x_1 = a + \Delta x, x_2 = a + 2\Delta x,\ \cdots,\ x_n = a + n\Delta x = b$가 된다. $c_i = x_i$라 하면,

$$
\begin{aligned}
\sum f(c_i)\Delta x_i &= \sum c_i^2\, \Delta x_i \\
&= (a + \Delta x)^2 \Delta x + (a + 2\Delta x)^2 \Delta x + \cdots + (a + n\Delta x)^2 \Delta x \\
&= \left[a^2 + 2a\Delta x + (\Delta x)^2 + a^2 + 2 \cdot 2a\Delta x + (2\Delta x)^2\right. \\
&\quad \left. + a^2 + 2 \cdot 3a\Delta x + (3\Delta x)^2 + \cdots + a^2 + 2 \cdot na\Delta x + (n\Delta x)^2\right]\Delta x \\
&= \left[na^2 + 2a\Delta x(1 + 2 + 3 + \cdots + n) + (\Delta x)\sum_{k=1}^{n} k^2\right]\Delta x \\
&= \left[na^2 + an(n + 1)\Delta x + (\Delta x)^2 \frac{n(n + 1)(2n + 1)}{6}\right]\Delta x \\
&= \left[na^2 + a\frac{b - a}{n}n(n + 1) + (b - a)^2 \frac{(n + 1)(2n + 1)}{6n}\right]\frac{b - a}{n} \\
&= \left[a^2 + a(b - a)\frac{n + 1}{n} + \frac{1}{6}(b - a)^2 \frac{(n + 1)(2n + 1)}{n^2}\right](b - a) \\
&= \left[a^2 + (ab - a^2)\left(1 + \frac{1}{n}\right) + \frac{1}{6}(b - a)^2\left(2 + \frac{3}{n} + \frac{1}{n^2}\right)\right](b - a) \\
&\xrightarrow[n \to \infty]{} \left[a^2 + ab - a^2 + \frac{1}{3}(b - a)^2\right](b - a) \\
&= \frac{\left[3ab(b - a) + (b - a)^3\right]}{3} = \frac{3ab^2 - 3a^2 b + b^3 - 3ab^2 + 3a^2 b - a^3}{3} \\
&= \frac{b^3 - a^3}{3}
\end{aligned}
$$

**정리 6**

**(정적분의 평균값정리)** 함수 $f$가 $[a,\ b]$에서 연속이면,

$$\int_a^b f(x)dx = (b - a)f(c) \tag{1}$$

가 되는 점 $c \in [a,\ b]$가 존재한다.[8)]

증명 $f$가 $[a,\ b]$에서 연속이므로 최소, 최댓값 정리에 의하여 $[a,\ b]$에 속한 모든 $x$에 대하여 $m \le f(x) \le M$이 되는 함수값 $m$과 $M$을 찾을 수 있다(그림 7-2). (**정리 5의 7**)에 의하여

$$m(b-a) \le \int_a^b f(x)dx \le M(b-a)$$

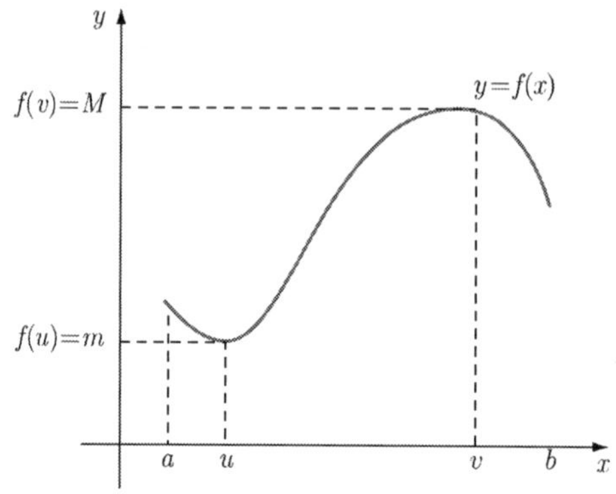


**| 그림 7-2 |**

가 되므로, $m \le \int_a^b \frac{1}{b-a} f(dx) \le M$ 이다. $f$가 연속이므로 $f$는 $m$과 $M$ 사이의 모든 값을 함수값으로 가지며 따라서 중간값 정리에 의하여

$f(c) = \dfrac{\int_a^b f(x)dx}{b-a}$ 가 되는 $c$가 존재한다.

**정리 6**에서의 $c$는 단 하나만 존재하는 것은 아니다. **정리 6**은 (1) 식을 만족시키는 $c$가 최소한 하나는 있다는 것을 보여준다. $f(x) \ge 0$ 이라고 하면 그림 7-3에서 보듯이 (1) 식의 좌변은 $f(x)$의 그래프 아래에 있는 영역의 넓이다. 평균값 정리는 점 $P(c,\ f(c))$를 지나는 수평선에 의하여 이루어지는 직사각형의 넓이의 함수의 그래프 아래에 있는 넓이와 동일하게 되는 $c$를 찾을 수 있다는 것을 의미한다. 달리 표현하면 함수값의 평균값을 함수값으로 갖는 $c$가 존재한다는 것이다.

8) 정적분의 값을 전체구간의 길이 $(b-a)$로 나누어 주면 $\frac{1}{b-a}\int_a^b f(x)dx$는 이 구간에서의 함수값의 평균값과 같다. **정리 6**의 평균값 정리는 구간 $[a,\ b]$에서의 함수의 평균값을 함수값으로 갖는 $x=c$가 존재한다는 것을 의미한다.

예 8

[예 7]에 의하여 $\int_0^3 x^2dx = \frac{3^3-0^3}{3} = 9$ 인 것을 알 수 있다. 평균값 정리를 만족시키는 $c$를 찾으라.

$\int_0^3 x^2dx = f(c)(c-0) = c^2(3)$ 이므로 $c = \pm\sqrt{3}$ 이다.
$c = -\sqrt{3}$ 은 구간 $[0,\ 3]$에 속하지 않으므로 평균값 정리를 만족하는 $c$는 $\sqrt{3}$이다.

영국의 뉴턴과 독일의 라이프니츠가 각각 독립적으로 발견한 다음의 정리는 역도함수와 정적분의 관계를 밝혀 줄 뿐만 아니라 정적분의 계산에 대단히 유용하게 사용될 수 있는 정리로써 미적분학에서 가장 중요한 정리라고 할 수 있다.[9)]

정리 7

(미적분학의 기본정리 ; fundamental theorem of calculus)
$f$가 $[a,\ b]$에서 연속이면,

1) $F(x) = \int_a^x f(t)dt$ 는 $[a,\ b]$의 모든 점에서 미분가능하고

2) $\frac{dF}{dx} = \frac{d}{dx}\int_a^x f(t)dt = f(x)$ 이며, 즉 $F(x)$는 $f(x)$의 역도함수이므로

$$F(x) = \int f(x)dx$$

3) $\int_a^b f(x)dx = F(b) - F(a)$

(= $[F(x)]_a^b$ 또는 $F(x)]_a^b$라고도 표현한다.)

증명 정적분에 관한 평균값정리에 의하여

$$\frac{F(x+h)-F(x)}{h} = \frac{1}{h}\left[\int_a^{x+h} f(t)dt - \int_a^x f(t)dt\right] = \frac{1}{h}\left[\int_x^{x+h} f(t)dt\right] = f(c)$$

가 되는 $c \in [x,\ x+h]$가 존재한다. $h \to 0$이면 $x+h \to x$이고, $c \in [x,\ x+h]$이

9) Sir Isaac Newton(1642–1727)과 Gottfried Wilhelm Leibniz(1646–1716)가 미적분학의 창시자로 알려지게 된 주원인도 이 정리의 발견에 있다고 할 수 있다.

므로 $c \to x$가 된다. $f(x)$가 연속이므로 $\lim_{h \to 0} f(c) = f(x)$ 가 되고, 따라서

$$\frac{dF}{dx} = \lim_{h \to 0} \frac{F(x+h) - F(x)}{h} = \lim_{h \to 0} \frac{1}{h} \int_x^{x+h} f(t)dt = \lim_{h \to 0} f(c) = f(x)$$

가 된다. 이제

$$F(b) - F(a) = \int_a^b f(t)dt - \int_a^a f(t)dt = \int_a^b f(t)dt$$

미적분학의 기본정리는 모든 연속함수는 역도함수를 가지고 있으며(즉 적분가능하며), 직분을 하는 것과 미분을 하는 것은 서로 반대가 되는 과정이라는 것을 확인하여 준다. 또한 정적분의 값은 적분상한과 적분하한에서의 부정적분의 값의 차와 같으므로 부정적분을 이용하여 정적분을 쉽게 계산할 수 있다.

**예 9**

$$\int_{-2}^{3} (6x^2 - 5)dx = \left[2x^3 - 5x\right]_{-2}^{3} = \left[2(3)^3 - 5(3)\right] - \left[2(-2)^3 - 5(-2)\right] = 45$$ [10]

**예 10**

$$\int_1^4 \left(\frac{3}{2}\sqrt{x} - \frac{4}{x^2}\right)dx = \left[x^{\frac{3}{2}} + \frac{4}{x}\right]_1^4 = 4$$

**예 11**

$x$축과 다음 함수의 그래프 사이의 넓이을 구하라.

$$f(x) = x^3 - x^2 - 2x, \qquad -1 \le x \le 2$$

$f(x) = x^3 - x^2 - 2x = x(x+1)(x-2)$이므로 $x = -1,\ 0,\ 2$에서 함수값이 0이 된다. 구간 $[-1,\ 2]$를 $f(x) \ge 0$인 $[-1,\ 0]$과 $f(x) \le 0$ 인 $[0,\ 2]$로 분할하면 넓이는 다음과 같다.

$$\int_{-1}^{0} (x^3 - x^2 - 2x)dx - \int_0^2 (x^3 - x^2 - 2x)dx$$

$$= \left[\frac{x^4}{4} - \frac{x^3}{3} - x^2\right]_{-1}^{0} - \left[\frac{x^4}{4} - \frac{x^3}{3} - x^2\right]_0^2 = \frac{5}{12} - \left(-\frac{8}{3}\right) = \frac{37}{12}$$

10) 여기서 $[식]_a^b$는 [ ] 안의 식에 $b$를 대입한 값에서 $a$를 대입한 값을 빼준다는 의미이다.

예 12

처음 10개의 제품을 생산하는 데 소요되는 원가는 \$200이고, 한계원가는 $\frac{dc}{dx} = \frac{1,000}{x^2}$이다. 100개를 생산한다면 총원가는 얼마인가?

$x$개를 생산할 때의 원가를 $c(x)$라고 하면 90개를 추가로 더 생산하는 데 드는 원가가 $c(100) - c(10)$이므로,

$$c(100) = 200 + c(100) - c(10) = 200 + \int_{10}^{100} \frac{dc}{dx} dx = 200 + \int_{10}^{100} \frac{1,000}{x^2} dx$$

$$= 200 + 1,000 \int_{10}^{100} \frac{1}{x^2} dx = 200 + 1,000 \left[ -\frac{1}{x} \right]_{10}^{100}$$

$$= 200 + 1,000 \left( -\frac{1}{100} + \frac{1}{10} \right) = 200 - 10 + 100 = 290$$ [11]

예 13

어떤 제품의 수요곡선과 공급곡선이 그림과 같아서 $(p^*, x^*)$가 시장균형, 즉 수요와 공급이 일치하는 가격과 수량이라고 하자.

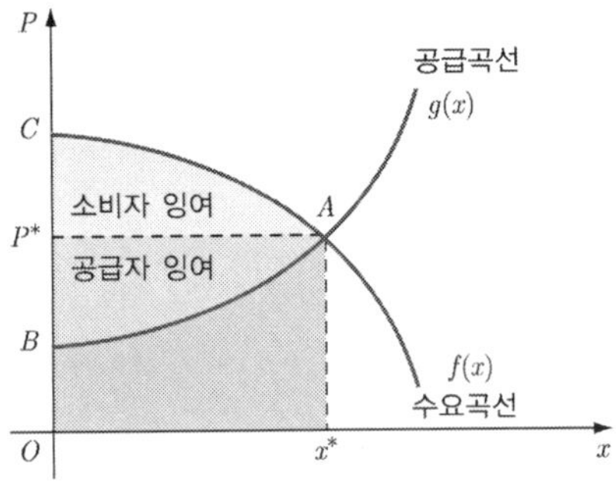


$p^*$와 $x^*$로 이루어진 사각형의 넓이, 즉 $p^* x^*$는 이 제품의 거래에 대하여 소비자가 지불하고 공급자가 받은 금액을 나타낸다. 수요곡선에 의하여 결정되는 $O$에서 $x^*$까지의 영역 $OCAx^*$는 $x^*$개의 제품구입을 위하여 소비자가 지급할 용의가 있는 총금액이므로, $p^* CA$의 영역은 시장에서 모든 소비자에게 동일한 가격 $p^*$를 부과함으로써 소비자가 누리게 되는 혜택, 즉 소비자잉여(consumers' surplus)이다.

11) 부정적분만을 이용하면 원가함수는 $c(x) = \int \frac{1,000}{x^2} dx = -\frac{1,000}{x} + C$ 이고 $c(10) = -100 + C = 200$ 이므로 $C = 300$, 따라서 $c(100) = -\frac{1,000}{100} + 300 = 290$

$$소비자잉여 = \int_0^{x^*} [f(x) - p^*]\,dx$$

마찬가지로 $p^*BA$의 영역은 공급자잉여(producers' surplus)이다.

$$공급자잉여 \int_0^{x^*} [p^* - g(x)]\,dx$$

**정리 7**에 의하면 $f(x)$의 역도함수(부정적분)는

$$F(x) = \int f(x)dx = \int_a^x f(t)dt \tag{2}$$

와 같이 정적분으로 표시할 수 있으며, 또한

$$\frac{d}{dx}\int_a^x f(t)dt = f(x) \tag{3}$$

가 된다.

(3)식은 더 일반적인 경우, 즉 적분상한과 하한이 $x$의 함수인 경우의 미분에도 쉽게 확대하여 적용할 수 있다. 적분상한이 미분가능한 함수 $v(x)$라면,

$$\frac{d}{dx}\int_a^{v(x)} f(t)dt = \left[\frac{d}{dv}\int_a^{v(x)} f(t)dt\right]\frac{dv}{dx} = f(v(x))\frac{dv}{dx}$$

가 된다. 적분하한이 미분가능한 함수 $u(x)$인 경우도 같은 방법으로

$$\frac{d}{dx}\int_{u(x)}^{b} f(t)dt = \frac{d}{dx}\left[-\int_b^{u(x)} f(t)dt\right] = -\left[\frac{d}{du}\int_b^{u(x)} f(t)dt\right]\frac{du}{dx}$$
$$= -f(u(x))\frac{du}{dx}$$

따라서

**정리 8**

$$\frac{d}{dx}\int_{u(x)}^{v(x)} f(t)dt = f(v(x))\frac{dv}{dx} - f(u(x))\frac{du}{dx}$$

예 14

$y = \int_1^{x^2} t\ dt$ 이라면 $\frac{dy}{dx}$ 는 무엇인가?

$u = x^2$ 이라고 놓으면

$$\frac{dy}{dx} = \frac{dy}{du}\frac{du}{dx} = \frac{d}{du}\int_1^u tdt \cdot \frac{du}{dx} = u \cdot 2x = (x^2)2x = 2x^3$$

예 15

$\int_{5x^2+1}^{x^2-2}(2t-1)dt$ 를 $x$에 대하여 미분하라.

$$\frac{d}{dx}\int_{5x^2+1}^{x^2-2}(2t-1)dt = [2(x^2-2)-1]\frac{d(x^2-2)}{dx} - [2(5x^2+1)-1]\frac{d(5x^2+1)}{dx}$$

$$= (2x^2-5)(2x) - (10x^2+1)(10x) = -96x^3 - 20x$$

## 7.3 적분하는 방법

앞 절에서 부정적분과 정적분을 구하는 여러 가지 방법을 소개했다. 특히 미적분학의 기본정리에 의하여 정적분을 계산할 때 부정적분이 유용하게 사용될 수 있는 것을 알았다. 그러나 임의의 형태의 함수를 실제로 적분한다는 것은 그리 쉬운 작업이 아니다.

적분하는 것은 미분하는 것보다 훨씬 더 어렵다. 어떤 함수를 미분하면 도함수는 대체로 원래의 함수와 같은 형태 또는 원래의 함수보다 더 간단한 형태의 함수로 표현되지만, 적분은 원래의 함수보다 훨씬 복잡한 함수의 형태로 나타난다. 어떤 복잡한 함수가 주어진 함수를 도함수로 갖게 되는가를 결정하는 것은 쉬운 일이 아니다.

실제로 수백 가지 적분의 경우를 나열한 부정적분 표가 만들어져 있고, 이러한 표를 참고하지 않고는 적분을 할 수 없는 경우가 많다. 이런 이유 때문에도 우리가 알고 있는 모든 표준적인 함수를 이용하여 적분을 하여 주는 Mathematica와 같은 컴퓨터 프로그램이 유용한 것이다.

함수를 적분할 때 사용될 수 있는 편리한 기법 중의 하나인 대치법(integration by substitution)을 소개한다.

$F$가 $f$의 역도함수라고 하자. 부정적분의 정의에 의하여

$$\int \left[\frac{d}{dx}F(g(x))\right]dx = F(g(x)) + C \tag{4}$$

이므로, $\frac{d}{dx}F(g(x)) = F'(g(x))g'(x) = f(g(x))g'(x)$ 를 (4)에 대입하면

$$\int f(g(x))g'(x)dx = F(g(x)) + C \tag{5}$$

가 된다. $u = g(x)$ 라 하면 $du = g'(x)dx$ 가 되므로 (5)식은 더욱 간단히

$$\int f(u)du = F(u) + C$$

가 되어 부정적분의 정의에 부합되는 형태가 된다. 정적분의 경우에도 마찬가지로

$$\begin{aligned}\int_a^b f(g(x))g'(x)dx &= [F(g(x))]_a^b = F(g(b)) - F(g(a)) \\ &= [F(u)]_{g(a)}^{g(b)} = \int_{g(a)}^{g(b)} f(u)du\end{aligned}$$

가 되는 것을 알 수 있다.

이와 같이 피적분함수가 복잡한 식으로 되어 있을 때 그 중 $g(x)= u$로 볼 수 있는 요소가 있으면 $x$에 관한 적분을 $u$에 관한 적분으로 바꾸어서 적분을 쉽게 하는 것을 대치법이라 한다.

**정리 9**

$F$가 $f$의 역도함수이고 $u = g(x)$ 이면,

1) $\int f(g(x))g'(x)dx = F(g(x)) + C$ 또는

$\int f(u)du = F(u) + C$

2) $\int_a^b f(g(x))g'(x)dx = [F(g(x))]_a^b$ 또는

$\int_{g(a)}^{g(b)} f(u)du = [F(u)]_{g(a)}^{g(b)}$

예 16

1) $\int (x+2)^5 dx$ 를 구하라.

$u = x + 2$ 라 하면, $du = d(x+2) = \frac{d}{dx}(x+2)dx = 1 \cdot dx = dx$. 따라서

$$\int (x+2)^5 dx = \int u^5 du = \frac{u^6}{6} + C = \frac{(x+2)^6}{6} + C$$

2) $\int \sqrt{4t-1}\,dt$ 를 구하라.

$u = 4t - 1$ 이라 하면, $du = 4dt$, 즉, $dt = \frac{1}{4}du$. 따라서

$$\int \sqrt{4t-1}\,dt = \int u^{\frac{1}{2}} \cdot \frac{1}{4}du = \frac{u^{\frac{3}{2}}}{4 \times \frac{3}{2}} + C = \frac{1}{6}(4t-1)^{\frac{3}{2}} + C$$

3) $\int \sqrt{1+y^2}\,2y\ dy$ 를 구하라.

$u = 1 + y^2$ 이라 하면, $du = 2y\ dy$. 따라서

$$\int \sqrt{1+y^2}\,2y\ dy = \int u^{\frac{1}{2}} du = \frac{2}{3}u^{\frac{3}{2}} + C = \frac{2}{3}(1+y^2)^{\frac{3}{2}} + C$$

4) $\int (x^2+2x-3)^2(x+1)dx = \int u^2 \frac{1}{2}du = \frac{1}{6}u^3 + C$

$= \frac{1}{6}(x^2+2x-3)^3 + C$

(단, $u = x^2 + 2x - 3$, $du = 2(x+1)dx$, 즉 $\frac{1}{2}du = (x+1)dx$ )

예 17

$$\int \frac{2z\,dz}{\sqrt[3]{z^2+1}} = \int u^{-\frac{1}{3}} du = \frac{3}{2}u^{\frac{2}{3}} + C = \frac{3}{2}(z^2+1)^{\frac{2}{3}} + C$$

(단, $u = z^2 + 1$, $du = 2z\ dz$)

대치하는 방법에는 단 한 가지만 있는 것은 아니다.

$u = \sqrt[3]{z^2+1}$ 라 놓으면 $du = \dfrac{1}{3u^2}2z\ dz$가 되고, 따라서

$$\int \frac{2z\ dz}{\sqrt[3]{z^2+1}} = \int \frac{3u^2}{u}du = 3\int u\ du$$
$$= \frac{3}{2}u^2 + C = \frac{3}{2}(z^2+1)^{\frac{2}{3}} + C$$

**예 18**

$\displaystyle\int_{-1}^{1} 3x^2\sqrt{x^3+1}\,dx$를 구하라.

$u = x^3+1$이라 놓으면 $du = 3x^2dx$가 되므로

$\displaystyle\int 3x\sqrt[2]{x^3+1}\,dx = \int \sqrt{u}\,du = \frac{2}{3}u^{\frac{3}{2}} + C = \frac{2}{3}(x^3+1)^{\frac{3}{2}} + C.$ 따라서

$$\int_{-1}^{1} 3x^2\sqrt{x^3+1}\,dx = \left[\frac{2}{3}(x^3+1)^{\frac{3}{2}}\right]_{-1}^{1} = \frac{2}{3}\left[2^{\frac{3}{2}} - 0^{\frac{3}{2}}\right] = \frac{4\sqrt{2}}{3}$$

또는 $u(-1) = (-1)^3 + 1 = 0,\ u(1) = 1^3 + 1 = 2$ 이므로

$$\int_{-1}^{1} 3x^2\sqrt{x^3+1}\,dx = \int_0^2 \sqrt{u}\,du = \left[\frac{2}{3}u^{\frac{3}{2}}\right]_0^2 = \frac{4\sqrt{2}}{3}$$

## 7.4 이상(異常) 적분

지금까지 우리가 취급한 정적분은 두 가지 조건을 만족하는 경우로만 제한되었다. 하나는 적분구간이 유한하다는 것이고, 다른 하나는 적분구간 안에서 피적분함수의 함수값이 유한하다는 것이다. 그러나 함수값이 유한하지 않거나(즉 한 점 이상의 점에서 연속이 아니거나) 적분구간이 유한하지 않은 경우에도 적용될 수 있도록 정적분의 개념을 확장할 수는 없을까? 이러한 개념의 확장은 쉽게 예상할 수 있는 것처럼, 적분구간이 유한하지 않은 경우(그림 7-4)에는 유한한 구간의 적분을 취하여 적분구간을 무한대로 접근시킬 때의 극한값을 이용하면 된다.

마찬가지로, 적분구간 $[a,\ b]$ 안에 불연속점 $c$가 있는 경우(그림 7-5)에도 임의의 값 $d,\ e$를 $d < c,\ e > c$가 되도록 취하여 $[a,\ d]$ 에서의 적분과 $[e,\ b]$ 에서의 적분의

좌극한과 우극한의 합으로 적분을 계산할 수가 있다. 적분구간이 유한하지 않거나, 피적분함수의 함수값이 유한하지 않은 경우의 적분을 이상적분(improper integral) 또는 넓은 의미의 적분이라고 부른다.

예를 들면, 그림 7-4에 나타난 함수 $f(x)$에 의하여 결정되는 영역의 $a$에서 $\infty$까지의 면적은 $\int_a^\infty f(x)dx$로 나타낼 수 있고, 이 면적은 $t \to \infty$일 때 $\int_a^t f(x)dx$의 극한값이라고 생각할 수 있다.

같은 방법으로 적분하한이 $-\infty$인 경우나 함수값이 유한하지 않은 경우에도 극한을 이용하여 정적분을 정의할 수 있다.

**정의 6**

다음의 극한이 모두 존재한다면,

1) $\int_a^\infty f(x)dx = \lim_{b \to \infty} \int_a^b f(x)dx$

2) $\int_{-\infty}^b f(x)dx = \lim_{a \to -\infty} \int_a^b f(x)dx$

3) 임의의 실수 $a$에 대하여

$$\int_{-\infty}^\infty f(x)dx = \int_{-\infty}^a f(x)dx + \int_a^\infty f(x)dx$$

**정의 7**

1) 함수 $f(x)$가 $a$에서 불연속이면,

$$\int_a^b f(x)dx = \lim_{c \to a^+} \int_c^b f(x)dx$$

2) 함수 $f(x)$가 $b$에서 불연속이면,

$$\int_a^b f(x)dx = \lim_{c \to b^-} \int_a^c f(x)dx$$

**정의 6**과 **정의 7**에서 유한한 극한값이 존재하면 이상적분은 수렴(converge)한다고 말하고, 극한이 존재하지 않으면 이상적분은 발산(diverge)한다고 말한다.

예 19

$$\int_0^1 \frac{1}{\sqrt{x}}dx = \lim_{a\to 0^-}\int_a^1 \frac{1}{\sqrt{x}}dx = \lim_{a\to 0^+}\left[\ 2\sqrt{x}\ \right]_a^1 = \lim_{a\to 0^+}(2-2\sqrt{a}) = 2$$

예 20

$$\int_0^3 \frac{dx}{(x-1)^{\frac{2}{3}}} = \lim_{b\to 1^-}\int_0^b \frac{dx}{(x-1)^{\frac{2}{3}}} + \lim_{c\to 1^+}\int_c^3 \frac{dx}{(x-1)^{\frac{2}{3}}}$$

$$= \lim_{b\to 1^-}\left[3(b-1)^{\frac{1}{3}} - 3(0-1)^{\frac{1}{3}}\right] + \lim_{c\to 1^+}\left[3(3-1)^{\frac{1}{3}} - 3(c-1)^{\frac{1}{3}}\right]$$

$$= 3 + 3\sqrt[3]{2}$$

$\left(f(x) = \frac{1}{(x-1)^{\frac{2}{3}}}\right.$ 은 $x = 1$ 에서 연속이 아니다(그림 7-5).)

예 21

$\int_1^\infty \frac{dx}{x} = \lim_{b\to\infty}\int_1^b \frac{dx}{x} = \lim_{b\to\infty}(\ln b - \ln 1) = \infty$ 이므로 수렴하지 않는다.[12)]

$$\int_1^\infty \frac{dx}{x^2} = \lim_{b\to\infty}\int_1^b \frac{dx}{x^2} = \lim_{b\to\infty}\left(-\frac{1}{b}+1\right) = 1$$

따라서 적분은 수렴하고 그 값은 1이다. (일반적으로 $p > 1$ 이면 $\int_1^\infty \frac{dx}{x^p}$ 는 수렴하고, $p \le 1$ 이면 발산한다.

12) 대수함수를 이해하지 못하면 $\frac{1}{x}$ 를 적분할 수 없다. 대수함수는 8장에서 자세하게 다루게 되며, 이 때 자연대수 함수가 $\frac{1}{x}$ 의 적분으로 정의되는 것을 보게 될 것이다. 여기서 소개한 이유는 $x^{-n}$ 의 적분에 관한 전체적 모양을 보여주기 위한 것이다.

## 7.5 부 록

(정리 5에 대한 증명)

1) 모든 $x \in [a,\ b]$에 대하여 $f(x) = c$ 라 하자. 임의의 분할 $P = \{x_0 = a,\ x_1,\ \cdots,\}$에 대하여 $\sum_{i=1}^{n} f(c_i)\Delta x_i = \sum_{i=1}^{n} c(x_i - x_{i-1}) = c\sum_{i=1}^{n}(x_i - x_{i-1}) = c(b-a)$이므로, 임의의 $\epsilon > 0$과 모든 $\|P\|$에 대하여

$$\left|\sum_{i=1}^{n} f(c_i)\Delta x_i - c(b-a)\right| = |c(b-a) - c(b-a)| = 0 < \epsilon$$

가 성립한다.

2) $[a,\ a]$의 모든 분할에서 $\Delta x_i = 0$ 이므로 $\sum_{i=1}^{n} f(c_i)\Delta x_i = 0$

3) $c = 0$ 인 경우는 1)에 의하여 자명하므로 $c \neq 0$이라 하자. $\int_a^b f(x)dx = I$라 하자. 임의의 $\epsilon > 0$에 대하여 $\epsilon' = \frac{\epsilon}{|c|}$라 하면 $\int_a^b f(x)dx = I$이므로 $\|P\| < \delta$이면

$$\left|\sum f(c_i)\Delta x_i - I\right| < \epsilon' = \frac{\epsilon}{|c|}$$

가 되는 $\delta$가 존재한다. 양변을 $|c|$로 곱하여 주면

$$\left|\sum cf(c_i)\Delta x_i - cI\right| < \epsilon$$

따라서

$$\lim_{\|P\|\to 0}\sum_{i=1}^{n} cf(c_i)\Delta x_i = c\lim_{\|P\|\to 0}\sum_{i=1}^{n} f(c_i)\Delta x_i$$

4) $\int_a^b f(x)dx = I_1$, $\int_a^b g(x)dx = I_2$라 하자. 임의 분할 $P$에 대하여

$\sum_{i=1}^{n}[f(c_i) + g(c_i)]\Delta x_i = \sum_{i=1}^{n} f(c_i)\Delta x_i + \sum_{i=1}^{n} g(c_i)\Delta x_i$이므로

$$\left|\sum_{i=1}^{n}[f(c_i) + g(c_i)]\Delta x_i - (I_1 + I_2)\right|$$

$$= \left|\left(\sum_{i=1}^{n} f(c_i)\Delta x_i - I_1\right) + \left(\sum_{i=1}^{n} g(c_i)\Delta x_i - I_2\right)\right|$$

$$\leq \left|\sum_{i=1}^{n} f(c_i)\Delta x_i - I_i\right| + \left|\sum_{i=1}^{n} g(c_i)\Delta x_i - I_2\right|$$

$f$와 $g$가 적분가능하므로 $\epsilon' = \frac{\epsilon}{2}$라 하면 $\|P\| < \delta_1$이고 $\|P\| < \delta_2$이면

$$\left|\sum_{i=1}^{n} f(c_i)\triangle x_i - I_1\right| < \epsilon' = \frac{\epsilon}{2} \text{와} \left|\sum_{i=1}^{n} g(c_i)\triangle x_i - I_2\right| < \epsilon' = \frac{\epsilon}{2}$$

가 되는 $\delta_1$과 $\delta_2$가 존재한다. $\delta = \min(\delta_1, \delta_2)$로 놓으면, $\|P\| < \delta$이면

$$\left|\sum_{i=1}^{n} [f(c_i) + g(c_i)]\Delta x_i - (I_1 + I_2)\right| < \frac{\epsilon}{2} + \frac{\epsilon}{2} = \epsilon \text{이 된다.}$$

5) $\int_a^b f(x)dx = I_1$, $\int_b^c f(x)dx = I_2$라 하자. $[a, b]$의 분할을 $P_1$, $[b, c]$의 분할을 $P_2$, $[a, c]$의 분할을 $P$라 하자. 각각의 분할 $P$, $P_1$, $P_2$에 대한 $\sum f(c_i)\triangle x_i$를 각각 $R_P$, $R_{P1}$, $R_{P2}$라 하자.

$\int_a^b f(x)dx = I_1$, $\int_b^c f(x)dx = I_2$이므로, $\| P_1\| < \delta_1$이고 $\| P_2\| < \delta_2$이면

$$|R_{P1} - I_1| < \epsilon' = \frac{\epsilon}{4} \text{이고 } |R_{P2} - I_2| < \epsilon' = \frac{\epsilon}{4} \tag{1}$$

이 되는 $\delta_1$과 $\delta_2$가 존재한다. $f$가 $[a, c]$에서 적분가능하므로 모든 $x \in [a, c]$에 대하여 $f(x) < M$ 이 되는 실수 $M$이 존재한다. 이제 $\delta_1$과 $\delta_2$, $\frac{\epsilon}{4M}$보다 작은 $\delta$를 취하자.

$[a, c]$의 분할 $P = [a = x_0,\ x_1,\ \cdots\ x_n = c]$이 $\| P\| < \delta$를 만족한다고 하자. $P$에 의한 부분구간 중에는 $b$를 포함하는 구간 $(x_{d-1},\ x_d)$가 있으므로

$$R_p = \sum_{i=1}^{d-1} f(c_i)\Delta x_i + f(c_d)\Delta x_d + \sum_{i=d+1}^{n} f(c_i)\Delta x_i \tag{2}$$

로 쓸 수가 있다. $P_1 = \{a_1,\ x_1,\ \cdots,\ x_{d-1},\ b\}$, $P_2 = \{b,\ x_d,\ \cdots,\ x_{n-1},\ c\}$라 하면

$$R_{P1} = \sum_{i=1}^{d-1} f(c_i)\Delta x_i + f(b)(b - x_{d-1}) \tag{3}$$

$$R_{P2} = f(b)(x_d - b) + \sum_{i=d+1}^{n} f(c_i)\Delta x_i$$

가 되고, 식 (1)에 의하여

$$|(R_{P1}+R_{P2})-(I_1+I_2)| \le |R_{P1}-I_1|+|R_{P2}-I_2|$$
$$< \frac{\epsilon}{4} < \frac{\epsilon}{4} = \frac{\epsilon}{2} \qquad (4)$$

가 성립한다. 또한 $|R_P-(R_{P1}+R_{P2})| = |f(c_d)-f(b)|\Delta x_d$이므로 $\|P\|<\delta$ 이면

$$|R_P-(R_{P1}+R_{P2})| \le (|f(c_d)| + |(f(b)|)\Delta x_d$$
$$< (M+M)\frac{\epsilon}{4M} = \frac{\epsilon}{2} \qquad (5)$$

이다. 따라서 $||P|| < \delta$이면

$$|R_P-(I_{P1}+I_{P2})| = |R_P-(R_{P1}+R_{P2})+(R_{P1}+R_{P2})-(I_{P1}+I_{P2})|$$
$$\le |R_P-(R_{P1}+R_{P2})| + |(R_{P1}+R_{P2})-(I_1+I_2)| < \frac{\epsilon}{2}+\frac{\epsilon}{2} = \epsilon$$

6) 모든 $x$에 대하여 $f(x)\ge 0$이면 $\int_a^b f(x)dx \ge 0$이 되는 것을 먼저 보이자. $\int_a^b f(x)dx = I < 0$이라 가정하자. 임의의 분할 $P$에 대하여 $R_P = \sum_i f(c_i)\Delta x$라 하자. 모든 $c_i \in [x_{i-1}, x_i]$에 대하여 $f(c_i)\ge 0$이므로 $R_P \ge 0$이다. 따라서 $R_P - I \ge 0$, $\epsilon = -\frac{I}{2}$로 하자. $\|P\|$가 충분히 작은 분할 $P$에 대하여 $|R_P - I|$ $= R_P - I < \epsilon = -\frac{I}{2}$가 되므로 $R_P < I - \left(\frac{I}{2}\right) = \frac{I}{2} < 0$이 되어 모순이다. 따라서 $I \ge 0$이다.

모든 $x$에 대하여 $f(x)\le g(x)$이므로,

$$\sum_{i=1}^{n}[g(c_i)-f(c_i)]\Delta x_i = \sum_{i=1}^{n} g(c_i)\Delta x_i - \sum_{i=1}^{n} f(c_i)\Delta x_i \ge 0$$

7) 6)과 1)에 의하여 자명하다.

8) $\left|\sum_{i=1}^{n} f(c_i)\Delta x_i\right| \le \sum_{i=1}^{n}|f(c_i)\Delta x_i| = \sum_{i=1}^{n}|f(c_i)|\Delta x_i$에 의하여 자명하다.

# 07 연습문제

**01** 다음 부정적분을 구하라

(1) $\int (4x + 3)dx$

(2) $\int \left(\frac{1}{z^3} - \frac{3}{z^2}\right)dz$

(3) $\int \left(3\sqrt{u} + \frac{1}{\sqrt{u}}\right)du$

(4) $\int (3x - 1)^2 dx$

(5) $\int \left(x - \frac{1}{x^2}\right)dx$

(6) $\int x(2x + 3)dx$

(7) $\int \frac{x^3 - 1}{x - 1}dx$

(8) $\int \frac{(t^2 + 3)^2}{t^6}dt$

(9) $\int \frac{(\sqrt{t} + 2)^2}{t^3}dt$

(10) $\int a^2 dx$

(11) $\int (a + b)du$

(12) $\int \frac{a}{b^2}t\ dt$

(13) $\int \frac{5x}{\sqrt{x^2 - 3}}dx$

(14) $\int x^2 \sqrt[3]{3x^3 + 7}\,dx$

(15) $\int \frac{x}{(x^2 + 5)^3}dx$

(16) $\int x(2x^2 + 3)^{10}dx$

(17) $\int \frac{(1 + \sqrt{x})^3}{\sqrt{x}}dx$

(18) $\int \frac{1}{(5x - 4)^{10}}dx$

(19) $\int \frac{x}{\sqrt[3]{1 - x^2}}dx$

(20) $\int \frac{1}{\sqrt{4 - 5t}}dt$

(21) $\int (3 - x^4)^3 x^3 dx$

**02** 다음에 주어진 조건을 만족하는 미분방정식의 해를 구하라.

(1) $f'(x) = 12x^2 - 6x + 1\ ;\ f(1) = 5$

(2) $f'(x) = 9x^2 + x - 8\ ;\ f(-1) = 1$

(3) $\dfrac{dy}{dx} = 4x^{\frac{1}{2}}$ ; $x = 4$ 이면 $y = 21$

(4) $\dfrac{dy}{dx} = 5x^{-\frac{1}{3}}$ ; $x = 27$ 이면 $y = 70$

(5) $f''(x) = 6x - 4$ ; $f'(2) = 5,\ f(2) = 4$

**03** 어떤 제품의 한계원가(marginal cost)는 $2x^{\frac{1}{3}}$ 이다. 8개를 생산할 때의 원가는 \$20이다. 원가 함수를 구하고, 64개를 생산할 때의 원가를 계산하라.

**04** 어떤 제품의 한계원가는 $20 - 0.015x$ 이고, 한 개를 생산할 때의 원가는 \$25이다. 원가함수를 구하라. 50개를 생산할 때의 원가는 얼마인가?

**05** 다음 적분을 구하라.

(1) $\displaystyle\int_{-2}^{4}\left(\frac{x}{2} + 3\right)dx$

(2) $\displaystyle\int_{-3}^{3} x\sqrt{9 - x^2}\,dx$

(3) $\displaystyle\int_{4}^{1} \sqrt{x}\,dx$

(4) $\displaystyle\int_{1}^{4} \sqrt{x}\,dx + \int_{4}^{1} \sqrt{x}\,dx$

(5) $\displaystyle\int_{4}^{4} \sqrt{x}\,dx$

(6) $\displaystyle\int_{-2}^{2}\left(3 + \sqrt{4 - x^2}\right)x\ dx$

(7) $\displaystyle\int_{-2}^{2}\left(3 - \sqrt{4 - x^2}\right)x\ dx$

(8) $\displaystyle\int_{-1}^{1} |\,x\,|dx$

(9) $\displaystyle\int_{-1}^{1}(1 - |x|)dx$

(10) $\displaystyle\int_{-1}^{1}(2 - |x|)dx$

(11) $\displaystyle\int_{0}^{b} 4x\,dx\ \ (b < 0)$

(12) $\displaystyle\int_{2}^{4}(x^2 - 6x + 8)dx$

(13) $\displaystyle\int_{0}^{2}(3x + 2)^9 dx$

(14) $\displaystyle\int_{1}^{4}(2 - 9x - 4x^2)dx$

(15) $\displaystyle\int_{7}^{12} dx$

(16) $\displaystyle\int_{-6}^{-1} 8\ dx$

(17) $\displaystyle\int_{3}^{2} \frac{x^2 - 1}{x - 1}dx$

(18) $\displaystyle\int_{5}^{5} \sqrt{x^2 + \sqrt{x^5 + 1}}\,dx$

(19) $\int_{-2}^{-1}\left(x-\frac{1}{x}\right)^2 dx$ (20) $\int_{-3}^{6}|x-4|dx$

(21) $\int_{-1}^{5}|2x-3|dx$ (22) $\int_{0}^{1}\frac{1}{(3-2x)^2}dx$

(23) $\int_{-2}^{0}\frac{v^2}{(v^3-2)^2}dv$ (24) $\int_{1}^{4}\frac{1}{\sqrt{x}(\sqrt{x}+1)^3}dx$

(25) $\int_{0}^{1}x^3\sqrt{3-x^4}\,dx$ (26) $\int_{0}^{1}\frac{3x^2+4x-1}{(x^3+2x^2-x-1)^3}dx$

**06** 다음 도함수를 적분을 하지 말고 구하라.

(1) $\frac{d}{dx}\int_{0}^{3}\sqrt{x+16}\,dx$ (2) $\frac{d}{dx}\int_{0}^{1}x\sqrt{x^2+4}\,dx$

(3) $\frac{d}{dx}\int_{0}^{x}\frac{1}{t+1}dt$ (4) $\frac{d}{dx}\int_{0}^{x}\frac{1}{\sqrt{1-t^2}}dt$

(5) $\frac{d}{dx}\int_{0}^{x^4}\sqrt{u}\,du$ (6) $\frac{d}{dx}\int_{2x-5}^{x^2}t^2dt$

(7) $\frac{d}{dx}\int_{(x+3)^3}^{x^2}(2t-1)^4dt$

**07** 각각의 주어진 구간에서, 함수값의 평균값을 함수값으로 갖는 점을 구하라.

(1) $f(x)=x^2-1$ ; $[0,\ \sqrt{3}]$ (2) $f(x)=-\frac{x^2}{2}$; $[0,\ 3]$

(3) $f(x)=3x^2-1$ ; $[0,\ 1]$ (4) $f(x)=3x^2-3$ ; $[0,\ 1]$

**08** 다음 적분을 구하라.

(1) $\int_{1}^{\infty}\frac{1}{x^{4/3}}dx$ (2) $\int_{-\infty}^{0}\frac{1}{(x-1)^3}dx$

(3) $\int_{-\infty}^{0}\frac{1}{x^3}dx$ (4) $\int_{0}^{\infty}\frac{1}{\sqrt[3]{x+1}}dx$

(5) $\int_{0}^{8}\frac{1}{\sqrt[3]{x}}dx$ (6) $\int_{-3}^{1}\frac{1}{x^2}dx$

(7) $\int_{0}^{4} \frac{1}{(4-x)^{3/2}} dx$

(8) $\int_{-1}^{2} \frac{5}{x^3} dx$

(9) $\int_{-2}^{-1} \frac{1}{(x+2)^{4/3}} dx$

(10) $\int_{-1}^{1} x^{4/3} dx$

*(11) $\int_{2}^{4} \frac{x-2}{x^2-4x+4} dx$

(12) $\int_{-\infty}^{0} \frac{1}{x+2} dx$

(13) $\int_{5}^{\infty} \frac{1}{(x-4)^2} dx$

**09** (1) 수요곡선은 $p = 12 - \frac{x}{50}$ 공급곡선은 $p = \frac{x}{20} + 5$일 때 시장균형과 소비자잉여, 공급자잉여를 구하라.

(2) 수요곡선은 $p = \sqrt{25 - 0.1x}$, 공급곡선은 $p = \sqrt{0.1x + 9} - 2$일 때 소비자잉여와 공급자잉여를 구하라.

Chapter

# 08 지수(指數)함수와 로그함수

Mathematics for Economics & Management

초급과정의 수학에서는, $a^2$은 $a$를 두 번 곱한 것, $a^n$은 $a$를 $n$번 곱한 것 하는 식으로 지수함수 $y = a^x \ (a > 0)$를 $a$의 거듭제곱이라는 경험적인 정의를 이용하여 소개한다.

그러나 거듭제곱의 개념은 지수($x$)가 유리수인 경우까지만 확장될 수 있기 때문에, $x$가 무리수인 경우에 대한 정확한 정의는 제공하지 않으면서 $a^{\pi}$, $a^{\sqrt{3}}$ 등의 실수가 존재하는 것으로 가정하고,[1] $a > 1$이면 함수는 증가하고 $0 < a < 1$이면 함수가 감소한다는 등 함수의 모양을 소개한다. 더 나아가 $x$가 유리수인 경우에 성립하는 함수 $y = a^x$ 의 모든 성질이 $x$가 무리수인 경우에도 당연히 성립하는 것으로 가정한다. 또한 이러한 정의되지 않은 지수 표현을 이용하여 함수 $y = \log_a x$ 를 정의하고, 증명되지 않은 지수함수에 관한 법칙을 이용하여 로그함수의 법칙을 증명한다.[2] 초급과정의 수학에서 사용하는 이러한 불완전한 방법을 이 책에서는 사용하지 않을 것이다.

우리는 엄밀하고 정확한 접근방법을 이용하여 지수함수와 로그함수를 다루고자 한다. 정적분의 개념을 이용하여 자연대수함수(natural logarithmic function)를 정의하고, 이러한 정의를 이용하여 지수함수를 정의하고, 로그함수와 지수함수의 성질을 증명할 것이다. 이 책의 접근방법을 처음 대할 때는 초급과정의 수학에서 사용한 방법보다 어렵고 친근하지 않게 느껴질지 모르지만, 우리가 소개하는 접근방법은 로그함수와 지수함수를 정확하게 취급하는 방법 중에서 가장 단순하고 간편한 방법이므로 잘 익혀 둘 필요가 있다.

---

1) 무리수 $x$에 대하여는 거듭제곱의 개념이 확장될 수가 없다. $\pi$는 정수에 의하여 표현될 수 없기 때문에, $\pi$번 거듭제곱한다는 것이 의미가 없다. $a^{\pi}$를 $a$를 $\pi$번 거듭제곱한 것으로는 이해될 수가 없다.

2) 로그함수는 초월함수라고도 부른다.

지수 함수와 로그함수는 서로 역함수의 관계가 있기 때문에 우선 역함수의 개념에 대한 소개부터 하기로 한다.

## 8.1 역함수

일대일 함수(one-to-one function)에 대하여는 제2장에서 이미 소개하였다.

함수 $y=f(x)$의 치역 $R$에 속하는 각각의 $y$를 함수값으로 갖는 $x$가 $f$의 정의역 $D$에 단 하나씩만 존재하면 $f$를 일대일 함수라고 한다. 다시 말하면, $x$축과 평행인 임의의 직선이 함수의 그래프를 두 개 이상의 점에서 만나면 일대일 함수가 아니다.

함수 $f$가 일대일 함수라면 임의의 $y \in R$에 대하여 $y = f(x)$ 인 $x \in D$가 단 하나만 존재하므로, $R$에서 $D$로 가는 함수 $g$를 $x = g(y)$로 정의할 수가 있다. 이와 같이 정의된 함수 $g$를 $f$의 역함수라고 한다.

**정의 1**

일대일 함수 $f$의 정의역이 $D$, 치역이 $R$이라 하자. 모든 $x \in D$와 $y \in R$에 대하여

$$y = f(x) \Leftrightarrow x = g(y)$$

가 성립하면, 정의역이 $R$이고 치역이 $D$인 함수 $g$는 $f$의 역함수(inverse function)라 하며 $f^{-1} = g$로 표시한다.

일대일 함수의 역함수는 유일하다. $g$가 $f$의 역함수이면 $f$는 $g$의 역함수이다. 다음 정리는 $g$가 $f$의 역함수인가를 확인하는 데 사용될 수 있다.

**정리 1**

$f$가 정의역이 $D$, 치역이 $R$인 일대일 함수이고, $g$는 정의역이 $R$, 치역이 $D$인 일대일 함수라고 하자. $g$가 $f$의 역함수가 되기 위한 필요충분조건은

1) 모든 $x \in D$에 대하여 $(g \circ f)(x) = x$이고 2) 모든 $y \in R$에 대하여 $(f \circ g)(y) = y$이다.

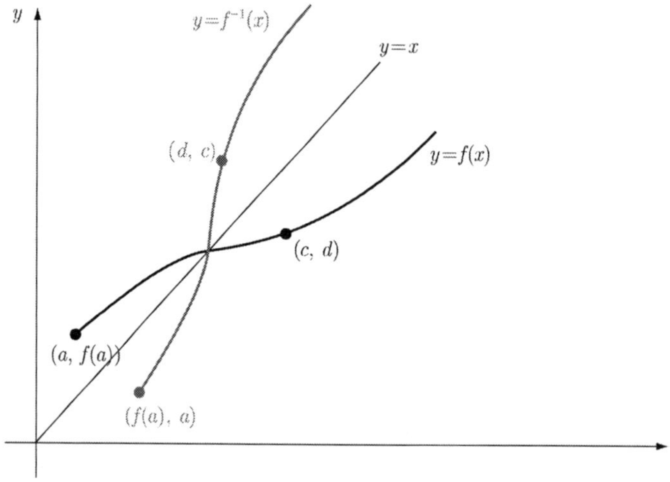


**| 그림 8-1 |**

증명 $g$가 $f$의 역함수라고 하자. 역함수의 정의에 의하여 모든 $x \in D$, $y \in R$에 대하여 $y = f(x) \Leftrightarrow x = g(y)$이므로 $x = g(f(x))$ 이고 $y = f(g(y))$ 이다.
이제 조건 1)과 2)가 만족된다고 하자. $y = f(x)$ 라 하면 1)에 의하여 $g(f(x)) = x$, 즉 $g(y) = x$가 되고, $x = g(y)$라 하면 2)에 의하여 $f(g(y)) = y$, 즉 $f(x) = y$가 된다.

역함수의 그래프는 원래의 함수의 그래프와 특별한 관계를 갖는다.

$b = f(a) \Leftrightarrow a = f^{-1}(b)$이므로 $(a, b)$가 $f$의 그래프 상의 점이면 $(b, a)$는 $f^{-1}$의 그래프 상의 점이 된다.

따라서 함수 $f$와 역함수 $f^{-1}$의 그래프는 직선 $y = x$에 대하여 서로 대칭인 관계에 있다.

**정리 2**

$f$가 $[a, b]$에서 연속이고 증가함수이면, $[f(a), f(b)]$에서 연속이고 증가함수인 역함수 $f^{-1}$가 존재한다.[3)]

3) $[a, b]$에 속한 임의의 $x_1$, $x_2$에 대하여 $x_2 > x_1$이면 $f(x_2) > f(x_1)$ 이 성립하면 $f$는 $[a, b]$에서 증가함수라 하고, $f(x_2) < f(x_1)$ 이 성립하면 감소함수라고 부른다.

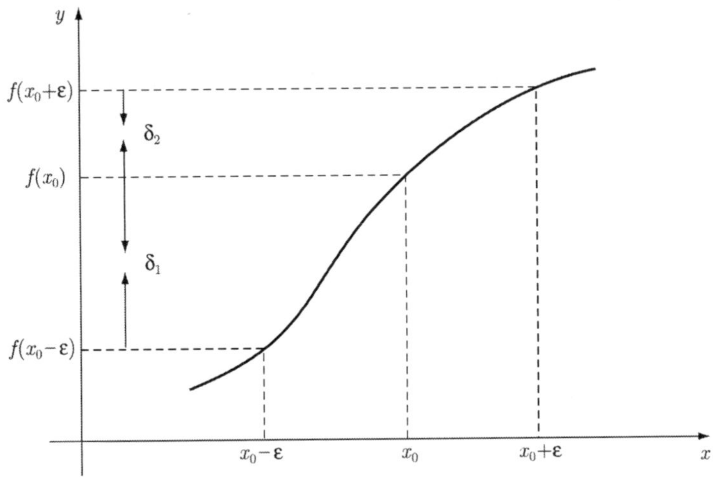


**| 그림 8-2 |**

증명 $f$가 증가함수이면 일대일 함수가 되므로 정의에 의하여 역함수 $f^{-1}$가 존재한다.
$x_1 < x_2$인 임의의 $x_1$, $x_2$에 대하여 $f^{-1}(x_1) \geq f^{-1}(x_2)$ 라 하자. $f$가 증가함수이므로 $x_1 = f(f^{-1}(x_1)) \geq f(f^{-1}(x_2)) = x_2$ 가 되어 모순이다. 따라서 $f^{-1}$는 증가함수이다.
이제 $f^{-1}$가 $[f(a),\ f(b)]$에서 연속인 것을 보이자.
임의의 $y_0 \in (f(a),\ f(b))$와 $y_0 = f(x_0)$이 되는 $x_0 \in (a,\ b)$를 취하면,

$$\lim_{y \to y_0} f^{-1}(y) = f^{-1}(y_0) = x_0$$

이 되는 것을 보이면 된다. 따라서 임의의 $\epsilon > 0$에 대하여
$0 < |y - y_0| = |f(x) - f(x_0)| < \delta$이면 $|f^{-1}(y) - f^{-1}(y_0)| = |x - x_0| < \epsilon$이 되는 $\delta$를 찾을 수 있다는 것을 보이면 된다. 이제

$$f(x_0) - f(x_0 - \epsilon) = \delta_1, \quad f(x_0 + \epsilon) - f(x_0) = \delta_2$$

라 하자. $\delta = \min(\delta_1, \delta_2)$ 에 대하여 $|f(x) - f(x_0)| < \delta$라 하자.
$x > x_0 + \epsilon$이면 $f$가 증가함수이므로 $|f(x) - f(x_0)| > |f(x_0 + \epsilon) - f(x_0)| = \delta_2 \geq \delta$ 가 되므로 모순이다. 따라서 $x < x_0 + \epsilon$ 이다.
마찬가지로 $x < x_0 - \epsilon$ 이면 $|f(x) - f(x_0)| \geq |f(x_0 - \epsilon) - f(x_0)| = \delta_1 \geq \delta$ 가 되므로 모순이다. 따라서 $x > x_0 - \epsilon$ 이다. 즉,

$$|f(x) - f(x_0)| > \delta\text{이면 } |x - x_0| < \epsilon\text{이 된다.}$$

$f(a)$와 $f(b)$에서도 연속인 것을 같은 방법으로 보일 수 있다.

**정리 3**

미분가능한 함수 $f$의 역함수 $f^{-1}$은 미분가능하고, $f'(f^{-1}(x)) \neq 0$ 이면

$$\frac{d}{dx}\left[f^{-1}(x)\right] = \frac{1}{f'(f^{-1}(x))}$$

**증명** $g = f^{-1}$ 라 하자. 도함수의 정의에 의하여

$$g'(c) = \lim_{x \to c} \frac{g(x) - g(c)}{x - c}$$

이제 $y = g(x)$, $a = g(c)$, 즉 $f(y) = x$, $f(a) = c$라 하자. $f$가 미분가능하므로 $f$는 연속함수이며, 정리 2에 의하여 $g$도 연속함수이다. 따라서 $x \to c$이면 $g(x) \to g(c)$, 즉 $y \to a$가 된다. 따라서

$$g'(c) = \lim_{x \to c} \frac{g(x) - g(c)}{x - c} = \lim_{y \to a} \frac{y - a}{f(y) - f(a)}$$

$$= \lim_{y \to a} \frac{1}{\frac{f(y) - f(a)}{y - a}} = \frac{1}{f'(a)} = \frac{1}{f'(g(c))}$$

**예 1**

$f(x) = x^3 + 2x - 1$의 역함수 $g$의 접선의 기울기 점 (2, 1)에서 구하라.

$f'(x) = 3x^2 + 2 > 0$이므로 $f$는 증가함수이고[4] 따라서 $f$는 일대일 함수이다. 정리 2에 의하여, $f$는 역함수를 갖는다. $f(1) = 2$이므로 $g(2) = 1$이 되고 점 (2, 1)은 $g$의 그래프 상에 있는 점이다.

$$g'(x) = \frac{1}{f'(g(x))} \text{ 이므로}$$

$$g'(2) = \frac{1}{f'(g(x))} = \frac{1}{f'(1)} = \frac{1}{[3 \cdot (1)^2 + 2]} = \frac{1}{5}$$

함수 $y = f(x)$의 역함수가 $g$라면 $g(y) = g(f(x)) = x$ 이므로 **정리 3**은

$$g'(y) = \frac{1}{f'(g(y))} = \frac{1}{f'(x)}$$

가 되고, $g(y) = x$, $f(x) = y$를 대입하면

4) $f'(x)$는 순간변화율이므로, $f'(x) > 0$ 이면 $f(x)$가 증가함수, $f'(x) < 0$ 이면 $f(x)$가 감소함수가 된다는 것을 도함수의 정의에 의하여 유추할 수 있다. 이에 대한 증명은 9장에서 제공된다.

$$\frac{dx}{dy} = \frac{1}{\dfrac{dy}{dx}}$$

로 쓸 수 있다. 역함수 $g$의 도함수는 $f$의 도함수의 역수(reciprocal number)라고 생각하면 **정리 3**이 쉽게 기억될 것이다.

## 8.2 자연로그 함수

제7장에서 소개한 미적분학의 기본정리에 의하면, $f$가 $[a,\ b]$에서 연속일 때 미분가능함수 $F(x) = \int_a^x f(t)dt$를 정의할 수 있다.

$f(t) = t^n \quad (n \neq -1)$이라면

$$F(x) = \int_a^x t^n dt = \frac{1}{n+1}\left(x^{n+1} - a^{n+1}\right)$$

이다. 그러나 $n = -1$이면 $\frac{1}{n+1}$이 정의되지 않으므로 $f(t) = t^{-1}$은 이와 같은 방법으로는 적분할 수가 없다. 지금까지 우리가 배운 적분방법으로는 $f(x) = \frac{1}{x}$의 역도함수를 구할 수가 없다. $\frac{1}{x}$에 의하여 정의되는 미분가능함수 $F(x)$를 표현하기 위해서는 새로운 함수가 필요하다.

그림 8-3에서 볼 수 있듯이 $f(x) = \frac{1}{x}$의 그래프 아래 1에서 $x$까지의 넓이는 모든 $x$에 대하여 유한한 값이다. 따라서 각각의 $x$에 대하여 이 넓이를 함수값으로 하는 함수를 정의할 수 있다. 자연로그함수는 $x$에 대응하는 함수값을 이러한 (부호가 붙은) 넓이로 정의한 함수이다.

**정의 2**

자연로그함수(natural logarithmic function) ln은 $x > 0$에 대하여

$$\ln x = \int_1^x \frac{1}{t}dt$$

로 정의된다.

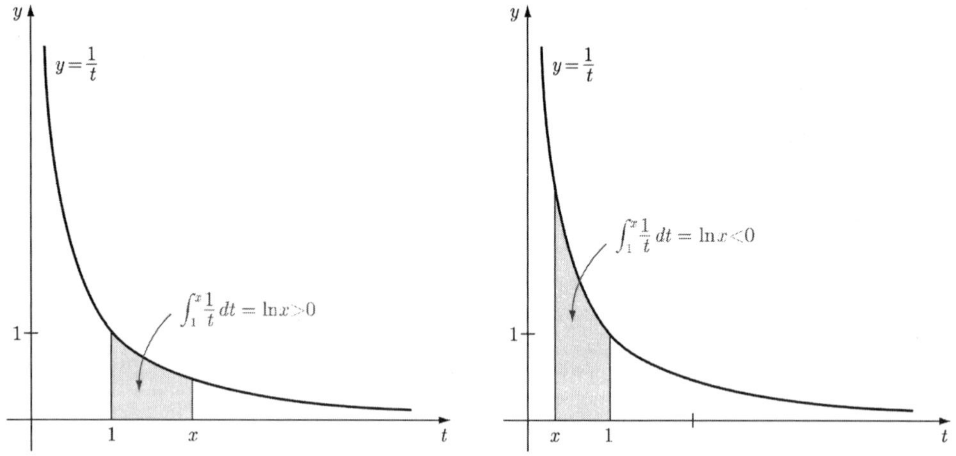


**| 그림 8-3 |**

로그함수를 정적분으로 정의하는 것이 이상하게 보일지 모르지만, 왜 이러한 정의가 필요한가는 제8장의 첫 부분에서 이미 설명하였다. 또한 이렇게 정의된 함수 $\ln x$가 바로 로그함수의 모든 성질을 만족시킨다는 것, 따라서 이 함수가 바로 우리가 익숙해 있던 로그함수와 동일한 함수라는 사실을 확인하게 될 것이다.

**정의 2**에서 $x>0$이라는 조건은 반드시 필요하다. $x \le 0$이면 $\frac{1}{t}$은 불연속이 되고 미적분학의 기본정리가 적용되지 않으며 $\int_1^x \frac{1}{t}dt$는 존재하지 않는다. $x>1$이면 $\ln x$는 $y=\frac{1}{t}$의 그래프의 영역 중에서 $t=1$에서 $t=x$까지의 넓이다(그림 8-3).

$0<x<1$이면 $\int_1^x \frac{1}{t}dt = -\int_x^1 \frac{1}{t}dt$이므로 $ln x$는 $t=x$에서 $t=1$까지의 넓이에 음의 부호를 붙인 값이 된다. 따라서

$x>1$이면, $\quad \ln x > 0$

$0<x<1$이면, $\quad \ln x < 0$

이 되는 것을 알 수 있다. $ln 1 = \int_1^1 \frac{1}{t}dt = 0$이고, 또한 제7장의 **정리 7**에 의하여 $\frac{d}{dx}\int_1^x \frac{1}{t}dt = \frac{1}{x}$이 되므로,

**정리 4**

$$\frac{d}{dx}\ln x = \frac{1}{x}$$

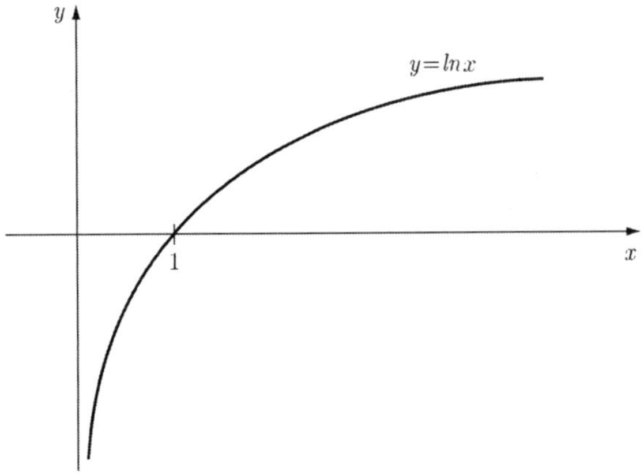


| 그림 8-4 |

$\ln x$는 $\frac{1}{x}$의 역도함수이므로 미분가능하고, 따라서 연속함수이며 $\ln x$의 도함수는 $\frac{1}{x} > 0$이므로 $\ln x$는 증가함수이다. 또한 $\frac{d^2}{dx^2}(\ln x) = -\frac{1}{x^2} < 0$이므로 $\ln x$는 오목함수이다.[5)]

정리 4를 연쇄법칙을 이용하여 좀더 일반적으로 표현하면

**정리 5**

$u = g(x)$ 이고 $g$가 미분가능하다면

1) $\frac{d}{dx}\ln u = \frac{1}{u}\frac{du}{dx}$ (단, $g(x) > 0$ )

2) $\frac{d}{dx}\ln|u| = \frac{1}{u}\frac{du}{dx}$ (단, $g(x) \neq 0$ )

**증명** $y = \ln u,\ u = g(x)$라 하면

1) $\frac{d}{dx}\ln u = \frac{dy}{dx} = \frac{dy}{du}\cdot\frac{du}{dx} = \frac{1}{u}\frac{du}{dx}$

2) $u > 0$이면 $|u| = u$, 1)에 의하여

$$\frac{d}{dx}\ln|u| = \frac{d}{dx}ln\,u = \frac{1}{u}\frac{du}{dx}$$

5) 오목함수에 대한 정의와 2차 도함수에 의한 판별법은 제 9장의 **정의 4**를 볼 것. 일차 도함수가 양이면 함수는 증가함수라는 사실도 제9장에서 분명히 제시됨. 8장과 9장은 서로 독립적인 내용이어서 9장을 공부한 다음에 8장을 공부하여도 됨.

$u<0$이면 $|u|=-u$, 1)에 의하여

$$\frac{d}{dx}\ln|u| = \frac{d}{dx}\ln(-u) = -\frac{1}{u}\cdot\frac{d}{dx}(-u) = \frac{1}{u}\frac{du}{dx}$$

### 예 2

다음 함수의 정의역과 도함수를 구하라.

1) $f(x) = \ln(x^2-6)$

$x^2-6>0$이어야 하므로 정의역은 $|x|>\sqrt{6}$이다.

$$f'(x) = \frac{1}{x^2-6}\frac{d}{dx}(x^2-6) = \frac{2x}{x^2-6}$$

2) $y = \ln\sqrt{x+1}$

$x+1>0$이어야 하므로 정의역은 $x>-1$이다.

$$\frac{dy}{dx} = \frac{1}{\sqrt{x+1}}\frac{d}{dx}\sqrt{x+1} = \frac{1}{\sqrt{x+1}}\cdot\frac{1}{2}(x+1)^{-\frac{1}{2}} = \frac{1}{2(x+1)}$$

3) $f(x) = \ln|4+5x-2x^3|$

$f(x)$는 $4+5x-2x^3\neq 0$인 모든 실수에서 정의된다.

$$f'(x) = \frac{1}{4+5x-2x^3}\frac{d}{dx}(4+5-2x^3) = \frac{5-6x^2}{4+5x-2x^3}$$

### 예 3

어떤 함수 $f(t)$의 자연로그를 취하여 미분하면,

$$\frac{d}{dt}\ln f(t) = \frac{f'(t)}{f(t)}$$

가 된다. 이것은 $f(t)$의 상대적 변화율(relative rate of change)이라고 부르며 이 값에 100을 곱한 것을 %변화율(percentage rate of change)이라고 부른다.

예를 들면 상품 $A$와 상품 $B$의 $t$년도에서의 가격을 각각 $f(t)$, $g(t)$라고 하자. 도함수 $f'(t)$, $g'(t)$는 각각 상품 $A$와 $B$의 가격이 $t$년에 변한 양을 나타낸다. 특정한 시점 $t_0$에서 $f'(t_0)=0.75$이고 $g'(t_0)=1{,}500$이었다면 $t_0$년도에 $A$의 가격은 0.75원 오르고 $B$의 가격은 1,500원 오른다는 것을 의미한다.

1,500원이 0.75보다 크다고 해서 단순히 $B$의 가격이 더 크게 올랐다고 하는 주장은 적절하지 않다. 이와 같은 상대적인 비교를 위해서는 각 상품의 오르기 전 가격과 오른 양을

대비하여 고려해야 한다. 각 상품의 $t_0$년도의 가격을 $f(t_0)=5.25$, $g(t_0)=12{,}000$이라고 하면, $A$상품의 가격은

$$\frac{f'(t_0)}{f(t_0)} = \frac{0.75}{5.25} \fallingdotseq 0.143,\ \text{약 } 14.3\%$$

증가하고, $B$상품의 가격은

$$\frac{g'(t_0)}{g(t_0)} = \frac{1{,}500}{12{,}000} = 0.125,\ 12.5\%$$

증가하므로 $A$의 가격이 더 큰 폭으로 증가하였다고 할 수 있다.

### 예 4

어떤 제품의 수요함수가 $x=f(p)$일 때 **수요탄력성**(elasticity of demand)은 수량 $x$의 상대적 변화율과 가격 $p$의 상대적 변화율의 비를 의미한다.

$$\frac{\text{수량의 상대적 변화율}}{\text{가격의 상대적 변화율}} = \frac{\frac{d}{dp}\ln f(p)}{\frac{d}{dp}\ln p} = \frac{f'(p)/f(p)}{\frac{1}{p}} = \frac{p}{f(p)}f'(p)$$

대부분의 수요함수에서 $f'(p)<0$이므로 양의 비율을 얻기 위하여 수요탄력성 $E(p)$는

$$E(p) = -\frac{p}{f(p)}f'(p)$$

로 정의된다. 따라서 수요탄력성은 가격이 1% 증가할 때 수요가 $E(p)$% 감소한다는 것을 의미한다.

미적분학 이전의 초급과정 수학에서 소개된 로그함수의 성질이 자연로그함수에 의하여 모두 만족된다는 것을 다음 **정리 6**을 통하여 알 수 있다.

### 정리 6

$p>0,\ q>0$라 하면

1) $\ln pq = \ln p + \ln q$

2) $\ln \frac{p}{q} = \ln p - \ln q$

3) 모든 실수 $r$에 대하여 $\ln p^r = r\ln p$

증명 1) 정리 4에 의하여

$$\frac{d}{dq}\ln pq = \frac{1}{pq}\frac{d}{dq}(pq) = \frac{p}{pq} = \frac{1}{q}$$

$\ln pq$와 $\ln q$는 모두 $\frac{1}{q}$의 역도함수가 되므로

$$\ln pq = \ln q + C$$

$q = 1$ 을 대입하면 $C = \ln p$. 따라서 1)이 성립한다.

2) 1)에 $p = \frac{1}{q}$을 대입하면

$\ln\frac{1}{q} + \ln q = \ln\left(\frac{1}{q}\cdot q\right) = \ln 1 = 0$ 즉, $\ln\frac{1}{q} = -\ln q$가 된다. 따라서

$$\ln\frac{p}{q} = \ln\left(p\cdot\frac{1}{q}\right) = \ln p + \ln\frac{1}{q} = \ln p - \ln q$$

3) $\frac{d}{dp}(\ln p^r) = \frac{1}{p^r}\cdot\frac{d}{dp}(p^r) = \frac{1}{p^r}\cdot rp^{r-1} = \frac{r}{p}$이고

$\frac{d}{dp}(r\ln p) = r\frac{d}{dp}(\ln p) = r\left(\frac{1}{p}\right) = \frac{r}{p}$이므로

$\ln p^r$과 $r\ln p$는 모두 $\frac{r}{p}$의 역도함수이다. 따라서 $\ln p^r = r\ln p + C$

$p = 1$ 을 대입하면 $C = 0$이 되므로 $\ln p^r = r\ln p$

로그함수로 표현된 식을 미분할 때는 우선 **정리 6**의 로그법칙을 적용하여 간략히 한 후 도함수를 구하면 쉬워진다.

### 예 5

다음 함수의 도함수 $f'(x)$를 구하라.

1) $f(x) = \ln\left[\sqrt{6x-1}\,(4x+5)^3\right]$

$$f'(x) = \frac{d}{dx}\left[\frac{1}{2}\ln(6x-1) + 3\ln(4x+5)\right]$$

$$= \frac{1}{2}\cdot\frac{1}{6x-1}\cdot 6 + 3\cdot\frac{1}{4x+5}\cdot 4$$

$$= \frac{3}{6x-1} + \frac{12}{4x+5} = \frac{84x+3}{(6x-1)(4x+5)}$$

2) $f(x) = \ln(x^2+1)^5$

$$f'(x) = \frac{d}{dx}\left[5\ \ln\left(x^2+1\right)\right] = 5 \cdot \frac{1}{x^2+1} \cdot 2x = \frac{10x}{x^2+1}$$

3) $f(x) = \ln\sqrt{x+1}$

$$f'(x) = \frac{d}{dx}\left[\frac{1}{2}\ln(x+1)\right] = \frac{1}{2} \cdot \frac{1}{x+1} \cdot 1 = \frac{1}{2(x+1)}$$

4) $f(x) = \ln\dfrac{x+2}{3x-5}$

$$f'(x) = \frac{d}{dx}[\ln(x+2) - \ln(3x-5)]$$

$$= \frac{1}{x+2} - \frac{3}{3x-5} = \frac{-11}{(x+1)(3x-5)}$$

함수가 곱이나 나누기, 지수 등의 형태로 복잡하게 표현되어 있는 경우에는 함수의 자연로그를 취하여 미분하면 도함수를 쉽게 구할 수 있는 경우가 있다. 어떤 함수의 자연로그를 취하여 도함수를 구하는 방법을 로그미분법(logarithmic differentiation)이라 부른다.

### 예 6

다음 함수의 도함수를 구하라.

1) $y = \dfrac{(x^2+1)(x+1)^{\frac{1}{2}}}{x-1}$ (단, $x > 1$)

$$\ln y = \ln\left(x^2+1\right) + \frac{1}{2}\ln(x+1) - \ln(x-1)$$

$$\frac{1}{y}\frac{dy}{dx} = \frac{1}{x^2+1}2x + \frac{1}{2(x+1)} - \frac{1}{x-1}$$

$$\therefore \frac{dy}{dx} = \frac{(x^2+1)(x+1)^{\frac{1}{2}}}{x-1}\left(\frac{2x}{x^2+1} + \frac{1}{2(x+1)} - \frac{1}{x-1}\right)$$

2) $y = \dfrac{(5x-4)^3}{\sqrt{2x+1}}$

$\ln y = 3\ln(5x-4) - \dfrac{1}{2}\ln(2x+1)$이므로

$$\frac{1}{y}\frac{dy}{dx} = \frac{3}{5x - 4} \cdot 5 - \frac{1}{2(2x + 1)} \cdot 2 = \frac{25x + 19}{(5x - 4)(2x + 1)}$$

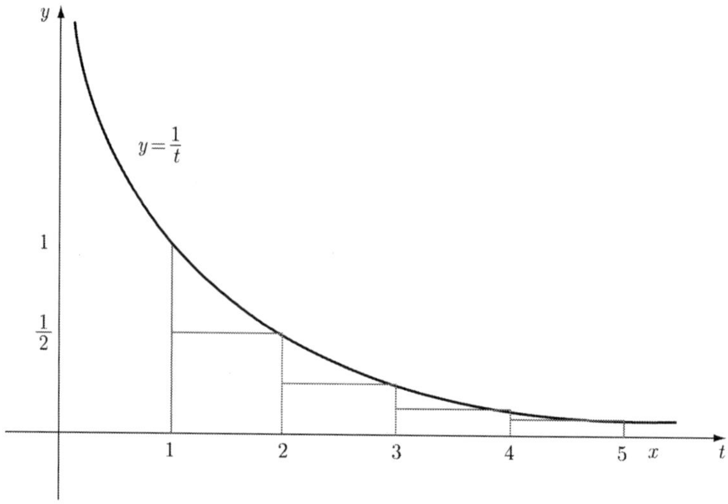


**| 그림 8-5 |**

$$\therefore \frac{dy}{dx} = \frac{(5x-4)^3}{\sqrt{2x+1}} \cdot \frac{25x+19}{(5x-4)(2x+1)} = \frac{(25x+19)(5x-4)^2}{(2x+1)^{3/2}}$$

그림 8-4에서 함수 $y = \ln x$ 의 그래프가 $x \to \infty$ 또는 $x \to 0^+$ 인 경우에 어떤 모양이 될지를 분명히 언급하지 않고 지나쳤다. 이제 $x$가 무한히 커지는 경우의 함수의 그래프를 생각해 보자. $n$이 $x$보다 작은 정수 중 가장 큰 정수라 하면, 그림 8-5에서 보듯이

$$\ln x = \int_1^x \frac{1}{t}dt > \frac{1}{2} + \frac{1}{3} + \cdots\cdots\cdots + \frac{1}{n}$$

이 된다.

따라서 $x \to \infty$ 이면,

$$\lim_{x \to \infty} \ln x > \left(\frac{1}{2} + \frac{1}{3} + \frac{1}{4} + \cdots\cdots\right)$$

가 되며, $\frac{1}{2} + \frac{1}{3} + \frac{1}{4} + \cdots\cdots = \infty$ 이므로[5] $\ln x \to \infty$ 이다.

$x \to 0^+$ 인 경우에는 $\frac{1}{x} \to \infty$ 이며,

$$\ln \frac{1}{x} = \ln 1 - \ln x = 0 - \ln x = -\ln x \text{이므로}$$

$$\lim_{x \to 0^+} \ln x = \lim_{x \to 0^+} \left(-\ln \frac{1}{x}\right) = -\infty \text{가 된다.}$$

따라서 $\ln x$의 정의역은 양의 실수의 집합이고, 치역은 모든 실수의 집합이다.

## 8.3 자연지수함수

지수함수는 단순히 로그함수의 역함수로 정의된다.

**정의 3**

자연로그함수 ln의 역함수를 자연지수함수(natural exponential function)라 하며 exp로 표시한다.

자연지수함수는 자연로그함수의 역함수이므로 정의역은 모든 실수의 집합이고 치역은 $(0, \infty)$이다. 역함수의 정의에 의하여 $y > 0$이면,

$$y = \exp x \quad \Leftrightarrow \quad x = \ln y$$

가 되며

$$\ln(\exp x) = x \text{이고 } \exp(\ln y) = y$$

이다. $y = \exp x$의 그래프는 $y = x$에 대하여 $y = \ln x$와 대칭이며, 따라서

$$\lim_{x \to \infty} \exp x = \infty, \quad \lim_{x \to -\infty} \exp x = 0$$

---

5) $\frac{1}{2} + \frac{1}{3} + \frac{1}{4} + \cdots\cdots = \frac{1}{2} + \left(\frac{1}{3} + \frac{1}{4}\right) + \left(\frac{1}{5} + \frac{1}{6} + \frac{1}{7} + \frac{1}{8}\right) + \left(\frac{1}{9} + \cdots\cdots + \frac{1}{16}\right) + \cdots\cdots\cdots$
$> \frac{1}{2} + 2 \cdot \frac{1}{4} + 4 \cdot \frac{1}{8} + 8 \cdot \frac{1}{16} + 16 \cdot \frac{1}{32} + \cdots\cdots = \frac{1}{2} + \frac{1}{2} + \frac{1}{2} + \frac{1}{2} + \frac{1}{2} + \cdots\cdots$

이 된다.

자연로그함수는 연속이고 증가함수이며 치역이 모든 실수의 집합이므로, 임의의 실수 $x$에 대하여 $\ln y = x$가 되는 양의 실수 $y$가 유일하게 존재한다. 특히 자연로그 함수 값이 1이 되는 양의 실수가 존재한다.

**정의 4**

자연로그함수값이 1이 되는 양의 실수를 $e$라 한다. 즉,

$$\ln e = 1$$

이제 모든 실수 $x$에 대하여 $e^x$을 자연스럽게 정의할 수 있다.

$e^x = y$라 하면, $\ln y = \ln e^x = x \ln e = x$가 되므로, $e^x$는 $\ln y = x$가 되는 실수 $y$로 정의하면 되는 것이다.

**정의 5**

임의의 실수 $x$에 대하여

$$e^x = y \quad \Leftrightarrow \quad \ln y = x$$

이것은 바로 역함수의 정의와 동일하다. ln의 역함수를 exp로 나타냈으므로 **정의 5**에 의하면 $e^x = \exp x$인 것을 알 수 있다. 함수 exp를 지수함수로 부르는 이유가 바로 여기에 있다. 지수함수와 로그함수는 서로 역 함수이므로

**정의 6**

모든 실수 $x$에 대하여 $\ln e^x = x$,

양수 $x$에 대하여 $e^{\ln x} = x$

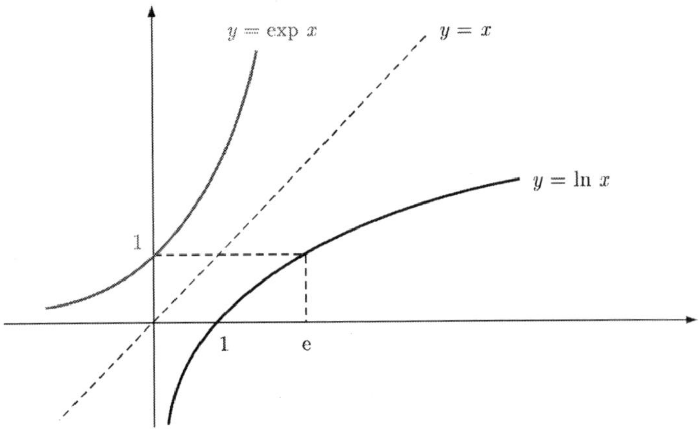


| 그림 8-6 |

**예 7**

1) $\ln e^3 = 3$
2) $\ln e^{\sqrt{x-1}} = \sqrt{x-1}$
3) $e^{\ln 4} = 4$
4) $e^{\ln \sqrt{x+1}} = \sqrt{x+1}$
5) $e^{5 \ln x} = \left(e^{ln x}\right)^5 = x^5$

자연지수함수도 초급과정의 수학에서 익숙한 지수함수의 모든 성질을 만족하는 것을 쉽게 보일 수 있다.

**정리 7**

임의의 실수 $p, q$에 대하여

1) $e^p e^q = e^{p+q}$
2) $\dfrac{e^p}{e^q} = e^{p-q}$
3) $\left(e^p\right)^q = e^{pq}$

**증명** 1) $\ln e^p e^q = \ln e^p + \ln e^q = p + q = \ln e^{p+q}$
자연로그함수는 일대일 함수이므로 $e^p e^q = e^{p+q}$이다.
2)와 3)도 같은 방법으로 증명된다.

미분가능한 함수의 역함수도 미분가능하므로 $e^x$의 도함수가 존재한다.

**정리 8**

$$\frac{d}{dx}e^x = e^x$$

$$\frac{d}{dx}e^u = e^u\frac{du}{dx} \qquad \text{(단, } u = g(x)\text{는 미분가능 함수)}$$

**증명** $\ln e^x = x$이므로 $\frac{d}{dx}(\ln e^x) = \frac{d}{dx}x = 1$. 따라서 $\frac{1}{e^x}\frac{d}{dx}e^x = 1$ 즉 $\frac{d}{dx}e^x = e^x$.

이제 $y = e^u$, $u = g(x)$라 하면 연쇄법칙에 의하여

$$\frac{d}{dx}e^u = \frac{dy}{du}\frac{du}{dx} = e^u \cdot \frac{du}{dx}$$

**예 8**

다음 함수의 도함수를 구하라.

1) $f(x) = x^3e^x$

$$f'(x) = x^3\frac{d}{dx}e^x + e^x\frac{d}{dx}x^3 = x^3e^x + 3x^2e^x = x^2e^x(x+3)$$

2) $y = e^{\sqrt{x^2+1}}$

$$\frac{dy}{dx} = e^{\sqrt{x^2+1}}\frac{d}{dx}\sqrt{x^2+1} = e^{\sqrt{x^2+1}} \cdot \frac{1}{2} \cdot (x^2+1)^{-\frac{1}{2}} \cdot 2x = \frac{xe^{\sqrt{x^2+1}}}{\sqrt{x^2+1}}$$

이제 자연로그함수와 자연지수함수를 이용한 적분에 대하여 알아보기로 하자. **정리 5**에 의하여

$$\frac{d}{dx}\ln|g(x)| = \frac{1}{g(x)}g'(x)\text{이므로}$$

$$\int\frac{1}{g(x)}g'(x)dx = \ln|g(x)| + C$$

이다. $u = g(x)$ 라 하고 $g(x)$가 미분가능하다면

**정리 9**

$$\int\frac{1}{u}du = \ln|u| + C$$

정리 9에서 $u>0$이면 절대값 기호는 물론 필요하지 않다.

**예 9**

1) $\int \frac{x}{3x^2-5}dx = \frac{1}{6}\int \frac{1}{3x^2-5}6x\ dx = \frac{1}{6}\int \frac{1}{u}du$

$= \frac{1}{6}\ln|u| + C = \frac{1}{6}\ln|3x^2-5| + C$

(단, $u = 3x^2 - 5$, $du = 6xdx$)

2) $\int_2^4 \frac{1}{9-2x}dx = -\frac{1}{2}\int_2^4 \frac{1}{9-2x}(-2)dx = -\frac{1}{2}\int_5^1 \frac{1}{u}du$

$= \left[-\frac{1}{2}\ln|u|\right]_5^1 = \left[-\frac{1}{2}\ln|9-2x|\right]_2^4 = -\frac{1}{2}(\ln 1 - \ln 5) = \frac{1}{2}\ln 5$

(단, $u = 9-2x$, $du = -2\ dx$)

3) $\int \frac{\sqrt{\ln x}}{x}dx = \int \sqrt{\ln x} \cdot \frac{1}{x}dx = \int u^{\frac{1}{2}}du = \frac{2}{3}u^{\frac{3}{2}} + C = \frac{2}{3}(\ln x)^{\frac{3}{2}} + C$

(단, $u = \ln x$, $du = \frac{1}{x}dx$)

자연지수함수의 미분(**정리 8**)에 의하면 $\frac{d}{dx}e^{g(x)} = e^{g(x)}g'(x)$이므로

$$\int e^{g(x)}g'(x)dx = e^{g(x)} + C$$

이다. $u = g(x)$ 라 하고 $g(x)$가 미분가능하다면

**정리 10**

$$\int e^u du = e^u + C$$

**예 10**

1) $\int \frac{e^{\frac{3}{x}}}{x^2}dx = \int e^{\frac{3}{x}}\frac{1}{x^2}dx = -\frac{1}{3}\int e^{\frac{3}{x}}\left(-\frac{3}{x^2}\right)dx$

$$= -\frac{1}{3}\int e^{u}du = -\frac{1}{3}e^{u} + C = -\frac{1}{3}e^{\frac{3}{x}} + C$$

(단, $u = \frac{3}{x}$, $du = -\frac{3}{x^2}dx$)

2) $\int_1^2 \frac{e^{\frac{3}{x}}}{x^2}dx = -\frac{1}{3}\left[e^{\frac{3}{x}}\right]_1^2 = -\frac{1}{3}\left(e^{\frac{3}{2}} - e^3\right)$

3) $\int e^{ax}dx = \frac{1}{a}e^{ax} + C$

4) $\int e^{-5x}dx = -\frac{1}{5}e^{-5x} + C$ )))

예 11

$x = 0$ 일 때 $y = 4$ 가 되는 미분방정식 $\frac{dy}{dx} = 3e^{2x} + 6e^{-3x}$ 의 해를 구하라.

$$y = \int (3e^{2x} + 6e^{-3x})dx = 3\int e^{2x}dx + 6\int e^{-3x}dx$$

$$= 3 \cdot \frac{1}{2} \cdot e^{2x} + 6 \cdot \left(-\frac{1}{3}\right)e^{-3x} + C = \frac{3}{2}e^{2x} - 2e^{-3x} + C$$

$x = 0$ 이면 $y = 4$ 가 되므로 $4 = \frac{3}{2}e^0 - 2e^0 + C = \frac{3}{2} - 2 + C$

따라서 $C = \frac{9}{2}$, 해는 $y = \frac{3}{2}e^{2x} - 2e^{-3x} + \frac{9}{2}$ 이다. )))

## 8.4 일반적인 지수함수와 로그함수

$a$가 양의 실수라고 하자. **정의 6**을 이용하면 임의의 실수 $x$에 대하여 $a^x$을 정의할 수 있다.

**정의 7**

$a^x = e^{\ln a^x} = e^{x\ln a}$ $(a > 0)$

함수 $y=a^x$를 밑수(base)가 $a$인 지수함수(exponential function with base $a$)라고 한다. 자연지수함수는 밑수가 $e$인 지수함수이다.

예 12

$$2^{\pi}=e^{\pi\ln 2}\approx e^{2.18}\approx 8.8$$[6)]

$$\left(\frac{1}{2}\right)^{\sqrt{3}}=e^{\sqrt{3}\ln(1/2)}\approx e^{-1.20}\approx 0.3$$

자연지수함수가 만족하는 모든 성질을 밑수가 $a$인 지수함수도 만족한다는 것을 **정리 11**에 의하여 알 수 있다.

**정리 11**

$a>0,\ b>0$이고 $p$와 $q$가 임의의 실수라 하자.

$$a^pa^q=a^{p+q},\quad (a^p)^q=a^{pq},\quad (ab)^p=a^pb^p$$

$$\frac{a^p}{a^q}=a^{p-q},\quad \left(\frac{a}{b}\right)^p=\frac{a^p}{b^p}$$

증명 $a^pa^q=e^{p\ln a}e^{q\ln a}=e^{p\ln a+q\ln a}=e^{(p+q)\ln a}=a^{p+q}$

$(a^p)^q=(e^{p\ln a})^q=e^{pq\ln a}=a^{pq}$

나머지 성질도 같은 방법으로 증명된다.

$a^x$에 관한 정의를 이용하면

$$\frac{d}{dx}a^x=\frac{d}{dx}e^{x\ln a}=e^{x\ln a}\frac{d}{dx}(x\ln a)=e^{x\ln a}(\ln a)=a^x\ln a$$

가 된다.

**정리 12**

$$\frac{d}{dx}a^x=a^x\ln a$$

$$\frac{d}{dx}a^u=(a^u\ln a)\frac{du}{dx}$$

6) **정리 16**을 이용한 $e$의 근사값(p.182)은 $e\fallingdotseq 2.71828$이다.

**예 13**

$$\frac{d}{dx}3^x = 3^x \ln 3$$

$$\frac{d}{dx}3^{\sqrt{x}} = 3^{\sqrt{x}} \cdot \ln 3 \cdot \frac{d}{dx}\sqrt{x} = 3^{\sqrt{x}} \cdot \ln 3 \cdot \frac{1}{2\sqrt{x}} = \frac{3^{\sqrt{x}} \cdot \ln 3}{2\sqrt{x}}$$

$$\frac{d}{dx}\left[(x^2+1)^5 + 10^{x^2+1}\right] = 5(x^2+1)^4(2x) + 10^{x^2+1} \cdot (\ln 10) \cdot (2x)$$

$$= 10x\left[(x^2+1)^4 + 2 \cdot 10^{x^2}\ln 10\right]$$

지수함수 $y = a^x$의 그래프는 $a$의 크기에 따라 달라진다.

$a > 1$이면 $\frac{d}{dx}a^x = a^x \ln a > 0$이므로 모든 $x$에 대하여 증가함수이며, $0 < a < 1$이면 $\ln a < 0$이고 $\frac{d}{dx}a^x = a^x \ln a < 0$이 되므로 모든 $x$에 대하여 감소함수이다.[7)]

**정리 12**에 의하여 다음 정리가 성립한다.

**정리 13**

$$\int a^x dx = \frac{1}{\ln a}a^x + C$$

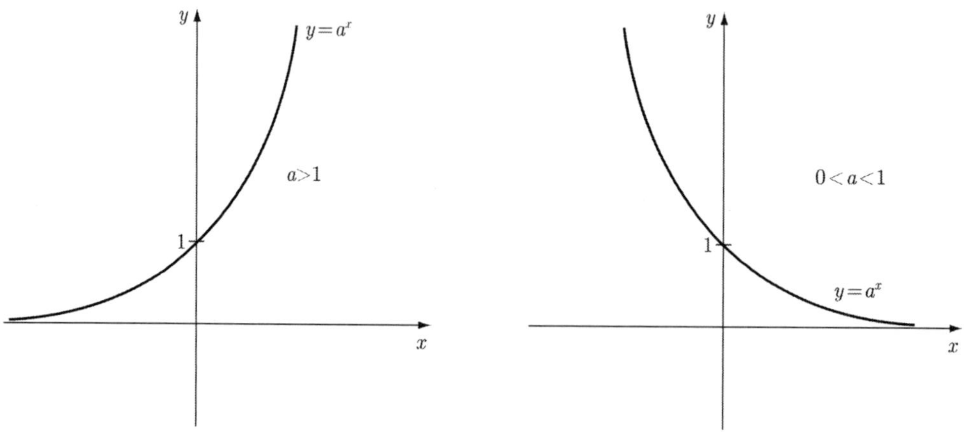


**| 그림 8-7 |**

7) 주 4) 참조.

예 14

1) $\int 3^x dx = \frac{1}{\ln 3} 3^x + C$

2) $\int x\ 3^{x^2} dx = \frac{1}{2}\int 3^{x^2}(2x)dx = \frac{1}{2}\int 3^u du = \frac{1}{2} \cdot \frac{1}{\ln 3} \cdot 3^u + C = \frac{3^{x^2}}{2\ln 3} + C$

(단, $u = x^2$, $du = 2xdx$)

밑수가 $a$인 지수함수 $y = a^x$는 일대일 함수이므로 역함수가 존재한다. $y = a^x$의 역함수를 $\log_a x$로 표시하며 밑수가 $a$인 로그함수라고 부른다.

**정의 8**

$y = \log_a x \quad \Leftrightarrow \quad x = a^y$

**정의 8**에 의하면 자연로그함수는 바로 밑수가 $e$인 로그함수라는 것을 알 수 있다. 즉

$$\ln x = \log_e x$$

밑수가 10인 로그함수는 특히 상용로그(common logarithms)라고 하며 $\log x$라 쓴다. 즉

$$\log x = \log_{10} x$$

자연로그함수와 밑수가 $a$인 로그함수 사이의 관계를 알아보기로 하자.

$y = \log_a x$이면 $x = a^y$이므로, 양변에 자연로그함수를 적용하면

$$\ln x = y \cdot \ln a \qquad \text{즉, } y = \frac{\ln x}{\ln a}$$

가 된다.[8)]

따라서

**정리 14**

$\log_a x = \frac{\ln x}{\ln a}$

---

8) 같은 방법으로, 임의의 $c > 0$에 대하여 $\log_a x = \frac{\log_c x}{\log_c a}$가 되고 특히 $\log_a b = \frac{\log_a b}{\log_b a} = \frac{1}{\log_b a}$가 되는 것을 알 수 있다.

이제 **정리 14**의 양변을 미분하면 다음 **정리 15**의 1)이 얻어진다. 2)는 연쇄법칙을 적용한 것이다.

**정리 15**

1) $\dfrac{d}{dx}\log_a x = \dfrac{d}{dx}\left(\dfrac{\ln x}{\ln a}\right) = \dfrac{1}{\ln a}\cdot\dfrac{1}{x}$

2) $\dfrac{d}{dx}\log_a|u| = \dfrac{d}{dx}\left(\dfrac{\ln|u|}{\ln a}\right) = \dfrac{1}{\ln a}\cdot\dfrac{1}{u}\dfrac{du}{dx}$

**예 15**

1) $\dfrac{d}{dx}\log_3 x = \dfrac{d}{dx}\left(\dfrac{\ln x}{\ln 3}\right) = \dfrac{1}{\ln 3}\cdot\dfrac{1}{x} = \dfrac{1}{x\ln 3}$

2) $\dfrac{d}{dx}\log_3|x^2-5| = \dfrac{d}{dx}\left(\dfrac{\ln|x^2-5|}{\ln 3}\right) = \dfrac{1}{\ln 3}\cdot\dfrac{1}{x^2-5}\cdot 2x$

$$= \frac{2x}{(\ln 3)(x^2-5)}$$

3) $\dfrac{d}{dx}\left[\log\sqrt[3]{(2x+5)^2}\right] = \dfrac{d}{dx}\log[2x+5]^{\frac{2}{3}} = \dfrac{d}{dx}\left[\dfrac{2}{3}\log|2x+5|\right]$

$$= \frac{d}{dx}\frac{2\ \ln|2x+5|}{3\ \ln 10} = \frac{2}{3}\cdot\frac{1}{\ln 10}\cdot\frac{1}{2x+5}\cdot 2 = \frac{4}{3(2x+5)\ln 10}$$

(윗 식에서 절대값 기호를 사용한 것은 로그함수의 정의역이 양의 실수이기 때문이다.)

4) $\dfrac{d}{dx}(1+e^{2x})^{\pi} = \pi(1+e^{2x})^{\pi-1}\dfrac{d}{dx}(1+e^{2x})$

$$= \pi(1+e^{2x})^{\pi-1}(2e^{2x}) = 2\pi e^{2x}(1+e^{2x})^{\pi-1}$$

5) $\dfrac{d}{dx}(x^x) = \dfrac{d}{dx}(e^{x\ln x}) = e^{x\ln x}\dfrac{d}{dx}(x\ln x)$

$$= e^{x\ln x}\left[x\cdot\frac{1}{x}+1\cdot\ln x\right] = x^x(1+\ln x)$$

(로그미분법을 $y=x^x$에 적용하여도 쉽게 도함수를 구할 수 있다. 여기서 $x>0$이라야 한다.)

이제 실수 $e$에 대하여 좀 더 알아보자. 실수 $e$는 **정리 16**에서 보듯이 극한으로 표현할 수 있다. 책에 따라서는 실수 $e$를 자연로그함수값이 1이 되는 실수로 정의하지 않고 정리에 나타난 극한값으로 정의하기도 한다.

**정리 16**

$$\lim_{h\to 0}(1+h)^{\frac{1}{h}} = \lim_{n\to\infty}\left(1+\frac{1}{n}\right)^n = e$$

**증명** $f(x) = \ln x$라 하면 $f'(x) = \dfrac{1}{x}$이고 또한 도함수의 정의에 의하여

$$f'(x) = \lim_{h\to 0}\frac{\ln(x+h)-\ln x}{h} = \lim_{h\to 0}\left(\frac{1}{h}\right)\ln\left(\frac{x+h}{x}\right)$$

$$= \lim_{h\to 0}\frac{1}{h}\ln\left(1+\frac{h}{x}\right) = \lim_{h\to 0}\ln\left(1+\frac{h}{x}\right)^{\frac{1}{h}} = \frac{1}{x}$$

$x = 1$이라 하면, $\lim_{h\to 0}\ln(1+h)^{\frac{1}{h}} = 1$

한편 $(1+h)^{\frac{1}{h}} = e^{\frac{1}{h}\ln(1+h)}$이므로,

$$\lim_{h\to 0}(1+h)^{1/h} = \lim_{h\to 0}\left[e^{\frac{1}{h}\ln(1+h)}\right] = e^{\left[\lim_{h\to 0}\ln(1+h)^{\frac{1}{h}}\right]} = e^1 = e$$

작은 $h$값을 **정리 16**에 대입하여 계산하면 $e$의 근삿값을 구할 수 있다.

$$e \approx 2.71828$$

**정리 16**에서처럼 $e$를 극한으로 표현하는 것이 실생활의 예에서도 유용한 경우가 많다.

예를 들면, 연 이자율이 $r$(즉 $r\times 100\%$) 인 예금구좌에 $A$원을 예금하는 경우이자가 1년에 $k$번 복리(compounded interest)로 가산된다면 $t$년 후의 원금과 이자의 합계 $A_t$는

$$A_t = A\left(1+\frac{r}{k}\right)^{kt}$$

가 된다. 이제 이자가 연속적으로 가산된다면

$$A_t = \lim_{k\to\infty}A\left(1+\frac{r}{k}\right)^{kt} = A\lim_{k\to\infty}\left[\left(1+\frac{r}{k}\right)^k\right]^t$$

$$= A\lim_{k\to\infty}\left[\left(1+\frac{1}{\frac{k}{r}}\right)^{\frac{k}{r}\cdot r}\right]^t = A\lim_{\frac{k}{r}\to\infty}\left[\left(1+\frac{1}{\frac{k}{r}}\right)^{\frac{k}{r}}\right]^{rt} = Ae^{rt}$$

가 되어 복리에 의한 원리금 계산을 자연지수함수로 표현할 수가 있다.

예 16

2,000원을 연리 6%에 투자하였다. 이자가 (1) 분기마다 복리계산 된다면, (2) 매달 복리계산 된다면, 1년 후의 원리금 합계는 각각 얼마나 될까? (3) 이자가 연속적으로 복리계산 된다면 원리금 합계가 투자액의 두 배가 되기 위하여 필요한 기간은 얼마인가?

1) $2,000\left(1+\frac{0.06}{4}\right)^4 = 2,000(1.015)^4 = 2,000(1.06136355) \doteq 2,122.72$ 원

2) $2,000\left(1+\frac{0.06}{12}\right)^{12} = 22000(1.005)^{12} = 2,000(1.06167781) \doteq 2,123.35$ 원

3) 필요한 기간을 $t$년이라 하면

$4,000 = 2,000e^{.06t}$

$\therefore\ \ln 2 = 0.06t$

$t = \frac{\ln 2}{0.06} \fallingdotseq 11.55$ 년

## 8.5 적분하는 방법

7.3절에서 적분을 쉽게 하는 기법으로 대치법을 소개하였다.

이제 로그함수와 지수함수에 익숙해졌으므로 적분하는 방법을 몇 가지 더 소개하고자 한다.

### (1) 가분수를 약분하는 법

분자와 분모가 모두 다항식일 때 분자의 차수(次數)가 분모의 차수보다 높은 유리함수의 경우에는 분자를 분모로 나누어서 진분수의 형태로 표현하면 적분을 쉽게 할 수 있다.

예 17

$$\int \frac{3x^2 - 4x + 2}{3x + 2} dx = \int \left(x - 2 + \frac{6}{3x + 2}\right) dx$$

$$= \frac{x^2}{2} - 2x + 2\ \ln|3x + 2| + C$$

(2) 부분적분(integration by parts)

피적분함수를 상대적으로 미분하기 쉬운 부분과 적분하기 쉬운 부분의 곱으로 볼 수 있는 경우 부분적분법을 이용할 수가 있다.

**정리 17**

$u = f(x),\ v = g(x)$ 이고 $f'$과 $g'$이 연속이라고 하자.

$$\int u\ dv = uv - \int v\ du$$

또는 $\int f(x)g'(x)dx = f(x)g(x) - \int f'(x)g(x)dx$

증명 $\frac{d}{dx}[f(x)g(x)] = f(x)g'(x) + g(x)f'(x)$

이므로 $f(x)g'(x) = \frac{d}{dx}[f(x)g(x)] - g(x)f'(x)$

따라서

$$\int f(x)g'(x)dx = \int \frac{d}{dx}[f(x)g(x)]\,dx - \int g(x)f'(x)dx$$
$$= f(x)g(x) - \int g(x)f'(x)dx$$

$dv = g'(x)dx,\ du = f'(x)dx$를 대입하면

$$\int u\ dv = uv - \int v\ du$$

정적분의 경우에는

$$\int_a^b f(x)g'(x)dx = [f(x)g(x)]_a^b - \int_a^b f'(x)g(x)dx$$

가 된다.

예 18

$$\int xe^x dx = xe^x - \int e^x dx = xe^x - e^x + C = (x-1)e^x + C$$

$(u = x,\ dv = e^x dx$ , 따라서 $du = dx,\ v = e^x$ )

예 19

$$\int x^2 e^x dx = x^2 e^x - 2\int xe^x dx = x^2 e^x - 2(xe^x - e^x) + C$$
$$= (x^2 - 2x + 2)e^x + C$$

$(u = x^2,\ dv = e^x dx$ , 따라서 $du = 2xdx,\ v = e^x)$

예 20

$$\int \ln x\, dx = x \ln x - \int x \cdot \frac{1}{x} dx = x \ln x - \int dx = x \ln x - x + C$$

$(u = \ln x,\ dv = dx,$ 따라서 $du = \frac{1}{x}dx,\ v = x)$

### (3) 부분분수(partial fraction)를 이용하는 법

모든 유리함수는 아무리 복잡한 형태의 것이라도 간단한 유리함수의 합으로 표현된다.

예를 들면

$$\frac{5x-3}{x^2-2x-3} = \frac{A}{x+1} + \frac{B}{x-3}$$

로 표현할 수 있는데 $A$와 $B$의 값을 결정하기 위하여 우변을 통분하면

$$5x - 3 = A(x-3) + B(x+1) = (A+B)x - 3A + B$$

가 모든 $x$에 대하여 성립하여야 하므로

$$A + B = 5 \text{ 이고 } -3A + B = -3$$

이 되어야 한다. 따라서 $A = 2$이고 $B = 3$ 이다. 따라서

$$\int \frac{5x-3}{x^2-2x-3}dx = \int \frac{2}{x+1} + \int \frac{3}{x-3}dx$$
$$= 2\ \ln|x+1| + 3\ \ln|x-3| + C$$

로 쉽게 적분할 수가 있다.

부분분수로 표현하는 경우의 예를 들어보면

**예 21**

$$\frac{6x+7}{(x+2)^2} = \frac{2x+1}{x^2+1} + \frac{-2}{x-1} + \frac{1}{(x-1)^2}$$

**예 22**

$$\frac{6x+7}{(x+2)^2} = \frac{6}{x+2} - \frac{5}{(x+2)^2}$$

일반적으로 분모가 인수분해 가능한 유리함수는 다음과 같이 부분분수로 표현할 수 있다.

$$\frac{*}{(x+p)(x+p)} = \frac{A}{x+p} + \frac{B}{x+q}$$
$$\frac{*}{(x+p)^n} = \frac{A_1}{x+p} + \frac{A_2}{(x+p)^2} + \cdots\cdots + \frac{A_n}{(x+p)^n}$$
$$\frac{*}{(x^2+p)(x+q)^2} = \frac{Ax+B}{x^2+p} + \frac{C}{x+q} + \frac{D}{(x+q)^2}$$
$$\frac{*}{(x^2+px+q)^n} = \frac{A_1x+B_1}{x^2+px+q} + \frac{A_2x+B_2}{(x^2+px+q)^2} + \cdots\cdots + \frac{A_nx+B_n}{(x^2+px+q)^n}$$

## 08 연습문제

**01** 다음 함수가 역함수를 갖는가를 증명하고, 역함수가 존재하는 경우, 역함수와 역함수의 정의역을 구하고 역함수의 도함수를 구하라.

(1) $f(x) = \sqrt{2x+3}$

(2) $f(x) = \sqrt[3]{5x+2}$

(3) $f(x) = 4 - x^2,\ x \ge 0$

(4) $f(x) = x^2 - 4x + 5,\ x \ge 2$

(5) $f(x) = \dfrac{1}{x+3}$

(6) $f(x) = \sqrt{9-x^2},\ \ 0 \le x \le 3$

**02** 도함수 $y'$를 구하라.

(1) $y = \ln(9x+4)$

(2) $y = \ln(4x^3 - x^2 + 2)$

(3) $y = \ln|3-2x|$

(4) $y = \ln|2-3x|^5$

(5) $y = \ln\sqrt{7-2x^3}$

(6) $y = \ln\sqrt[3]{6x+7}$

(7) $y = x\ln x$

(8) $y = \ln(\ln x)$

(9) $y = \ln\sqrt{x} + \sqrt{\ln x}$

(10) $y = \ln x^3 + (\ln x)^3$

(11) $y = \dfrac{1}{\ln x} + \ln\dfrac{1}{x}$

(12) $y = \dfrac{x^2}{\ln x}$

(13) $y = \ln\left[(5x-7)^4(2x+3)^3\right]$

(14) $y = \ln\dfrac{\sqrt{x^2+1}}{(9x-4)^2}$

(15) $y = \ln\dfrac{x^2(2x-1)^3}{(x+5)^2}$

(16) $y = \ln\sqrt{\dfrac{x^2-1}{x^2+1}}$

(17) $y = \ln\sqrt{\dfrac{4+x^2}{4-x^2}}$

(18) $y = \ln\left(x + \sqrt{x^2-1}\right)$

(19) $y = \ln\left(x + \sqrt{x^2+1}\right)$

(20) $3y - x^2 + \ln xy = 2$

(21) $y^2 + \ln\left(\dfrac{x}{y}\right) - 4x = -3$

(22) $x\ \ln y - y\ \ln x = 1$

(23) $y^3 + x^2\ln y = 5x + 3$

(24) $y = (5x+2)^3(6x+1)^2$

(25) $y = (x+1)^2(x+2)^2(x+4)^4$

(26) $y = \sqrt{4x+7}\,(x-5)^3$

(27) $y = \sqrt{(3x^2 + 2)\sqrt{(6x - 7)}}$

(28) $y = \dfrac{(x^2 + 3)^5}{\sqrt{x + 1}}$

(29) $y = \dfrac{(x^2 + 3)^{\frac{2}{3}}(3x - 4)^4}{\sqrt{x}}$

**03** 도함수를 구하라.

(1) $e^{-5x}$

(2) $e^{3x}$

(3) $e^{1-x^3}$

(4) $\sqrt{1+e^{2x}}$

(5) $\dfrac{1}{e^x + 1}$

(6) $xe^{-x}$

(7) $\sqrt{e^{2x} + 2x}$

(8) $\dfrac{e^x}{x^2 + 1}$

(9) $\dfrac{1}{e^{(x^2)}}$

(10) $(e^{4x} - 5)^3$

(11) $(e^{3x} - e^{-3x})^4$

(12) $e^{\frac{1}{x}} + \left(\dfrac{1}{e^x}\right)$

(13) $e^{\sqrt{x}} + \sqrt{e^x}$

(14) $\dfrac{e^x - e^{-x}}{e^x + e^{-x}}$

(15) $x^x$

(16) $x^{-2x} \ln x$

(17) $\ln e^x$

(18) $x^2 e^{-2x}$

(19) $e^{xy} - x^3 + 3y^2 = 11$

(20) $xe^y + 2x - \ln(y + 1) = 3$

**04** 다음의 함수 $f(x)$의 도함수 $f'(x)$를 구하라.

(1) $7^x$

(2) $8^{x^2+1}$

(3) $g^{\sqrt{x}}$

(4) $5^{3x-4}$

(5) $\log(x^4 + 3x^2 + 1)$

(6) $\log_3|6x + 5|$

(7) $(x^2 + 1)\, 10^{\frac{1}{x}}$

(8) $(10^x + 10^{-x})^{10}$

(9) $\log_5\left|\dfrac{6x + 4}{2x - 3}\right|$

(10) $\log \ln x$

(11) $\ln \log x$

(12) $x^e + e^x$

(13) $(x+1)^x$

(14) $x^{4+x^2}$

(15) $x^{(x^3)}$

(16) $x^{2x}$

(17) $x^{\ln x}$

## 05 다음적분을 구하라.

(1) $\int \frac{1}{2x+7}\,dx$

(2) $\int_{-2}^{1} \frac{1}{2x+7}\,dx$

(3) $\int \frac{4x}{x^2-9}\,dx$

(4) $\int_{1}^{2} \frac{4x}{x^2-9}\,dx$

(5) $\int \frac{3x}{x^2+4}\,dx$

(6) $\int_{1}^{2} \frac{3x}{x^2+4}\,dx$

(7) $\int e^{-4x}dx$

(8) $\int_{1}^{3} e^{-4x}dx$

(9) $\int x^2 e^{3x^3}dx$

(10) $\int \frac{x-2}{x^2-4x+9}\,dx$

(11) $\int \frac{(x+2)^2}{x}\,dx$

(12) $\int \frac{(2+\ln x)^{10}}{x}\,dx$

(13) $\int \frac{\ln x}{x}\,dx$

(14) $\int \frac{1}{x(\ln x)^2}\,dx$

(15) $\int (x+e^{5x})dx$

(16) $\int \frac{e^{\sqrt{x}}}{\sqrt{x}}\,dx$

(17) $\int \frac{(e^x+1)^2}{e^x}\,dx$

(18) $\int \frac{e^x}{(e^x+1)^2}\,dx$

(19) $\int \frac{e^x-e^{-x}}{e^x+e^{-x}}\,dx$

(20) $\int \frac{e^x}{e^x+1}\,dx$

(21) $\int 7^x dx$

(22) $\int_{-2}^{1} 7^x dx$

(23) $\int 2^{3x-1}dx$

(24) $\int_{-1}^{1} 2^{3x-1}dx$

(25) $\int 10^{3x}dx$

(26) $\int 5^{-5x}dx$

(27) $\int x(3^{-x^2})dx$

(28) $\int \frac{(2^x+1)^2}{2^x}\,dx$

(29) $\int \frac{2^x}{2^x + 1} dx$

(30) $\int \frac{3^x}{\sqrt{3^x + 4}} dx$

(31) $\int \frac{1}{x \log x} dx$

(32) $\int \frac{10^{\sqrt{x}}}{\sqrt{x}} dx$

(33) $\int e^x dx$

(34) $\int x^5 dx$

(35) $\int x^{\sqrt{5}} dx$

(36) $\int (\sqrt{5})^x dx$

(37) $\int \frac{x + 34}{(x - 6)(x + 2)} dx$

(38) $\int \frac{x + 16}{x^2 + 2x - 8} dx$

(39) $\int \frac{4x^2 - 5x - 15}{x^3 - 4x^2 - 5x} dx$

(40) $\int \frac{5x^2 + 30x + 43}{(x - 3)^2} dx$

(41) $\int \frac{x^3 + 6x^2 + 4x + 24}{x^3 + 4x} dx$

(42) $\int \frac{x^5}{(x^2 + 4)^2} dx$

**06** (1) 이자율 12%로 이자가 연속적으로 복리계산되는 계좌에서 2년 후에 5,000원을 찾기 위하여 지금 얼마를 투자하여야 하나? 지금 투자하여야 하는 금액을 $P$원이라 하면, $P$를 5,000원의 현재가치(present value)라고 부르고, 5,000원을 $P$의 미래가치(future value)라고 부른다. 미래가치 5,000원에서 현재가치 $P$를 구하는 것을 할인(discount)한다고 하며, 이자율 12%를 할인율이라고 한다.

(2) 1,000원을 4년간 투자한다면 ① 연리 8%로 매 6개월마다 복리계산하는 계좌와 ② 연리 $7\frac{3}{4}$%로 연속적으로 복리계산하는 계좌 중 어느 계좌에 투자하는 것이 좋은가?

(3) 주식을 150,000원에 사서 10년 후에 400,000원에 팔았다. 이자가 연속적으로 복리계산 되었다고 생각하면 연리 몇 %의 이자를 번 셈인가?

(4) 5,000원을 연리 5.10%의 상품에 투자하였다. 4개월마다 복리계산 된다면 2년 후의 원리금 합계는 얼마인가? 다음 값을 이용하라.

$(1.051)^4 = 1.22 \quad (1.051)^6 = 1.34 \quad (1.051)^8 = 1.48$

$(1.017)^4 = 1.06 \quad (1.017)^6 = 1.10 \quad (1.017)^8 = 1.14$

$(1.01275)^4 = 1.05 \quad (1.01275)^6 = 1.07 \quad (1.01275)^8 = 1.10$

(5) 위 (4)에서 이자가 연속적으로 복리계산 된다면 원리금의 합계가 투자액의 2배가 되는 기간은 언제인가? (단, $\ln 2 = 0.693$. $\ln 3 = 1.098$ 로 계산하라)

**07** (1) 어느 나라의 $t$년도 국민총생산(Gross National Product)은 다음과 같이 표현된다고 하자. $t = 0$와 $t = 1$에서의 % 성장률을 구하라.

$f(t) = 3.4 + 0.04t + 0.13e^{-1}$

(2) 어떤 함수 $f(t)$의 상대적 변화율이 $k$로 일정하다고 하면 $f(t) = Ce^{kt}$($C$ : 상수)인 것을 보이라.

**08** (1) 수요함수가 $x = 100 - 2p$인 제품의 가격이 30원일 때의 수요탄력성을 계산하라.

(2) 수요탄력성의 의미를 설명하라.

(3) 수요함수가 $x(p) = e^{-0.2p+3}$일 때 $p = 10$에서 가격이 1% 증가한다면 수요에는 어떤 변화가 일어나는가?

**09** 어떤 학생이 강의시간에 이 책의 8장의 내용을 배웠다고 하자. 8장의 내용 중에서 $t$주 후에 이 학생이 기억하는 내용의 %를 $f(t)$라고 하자. 심리학자인 Ebbinghaus는 $f(t)$가 일반적으로

$f(t) = (100 - a)e^{-\lambda t} + a$ (단, $\lambda$, $a$는 양의 상수이고 $0 < a < 100$ )

로 표현할 수 있음을 밝혔다.

(1) $f(t) = 85e^{-5t} + 15$의 그래프를 대략적으로 그려라.

(2) $f(t)$의 상대적 변화율을 $t = 1$에서 구하고 의미를 설명하라.

**10** 부분적분법을 이용하여 다음 적분을 구하라.

(1) $\int xe^{2x}dx$ (2) $\int x^2e^{2x}dx$

(3) $\int xe^{-x}dx$ (4) $\int x^2e^{3x}dx$

(5) $\int \sqrt{x}\ln x\,dx$ (6) $\int x^2\ln x\,dx$

(7) $\int (\ln x)^2 dx$

(8) $\int x2^x dx$

(9) $\int (x+1)^{10}(x+2)dx$

(10) $\int \frac{x^3}{\sqrt{x^2+1}} dx$

(11) $\int \frac{x^5}{\sqrt{1-x^3}} dx$

**11** 적분 $\int \frac{1}{x}dx$에서 $dv = dx$, $u = \frac{1}{x}$ 라 하고 부분적분법을 적용하면, $v = x$, $du = -\frac{1}{x^2}dx$이므로

$$\int \frac{1}{x}dx = \frac{1}{x} \cdot x - \int x\left(-\frac{1}{x^2}\right)dx = 1 + \int \frac{1}{x}dx$$

가 되어 $0 = 1$ 이 된다. 무엇이 잘못되었는가?

Chapter

# 09 도함수의 응용

Mathematics for Economics & Management

우리는 이미 제6장에서 함수의 값이나 방정식의 해를 근사적으로 구할 때 도함수 또는 접선이 어떻게 응용될 수 있는가에 대하여 공부하였다. 제9장에서는 함수의 형태에 관한 자세한 정보를 어떻게 도함수를 이용하여 알아낼 수 있는가에 관하여 소개한다. 함수의 형태와 도함수의 관계를 이용하여 함수값이 증가하는지 또는 감소하는지, 함수값의 극대와 극소가 있는지 등을 판별하는 방법에 대하여 공부할 것이다. 이러한 도함수와 함수의 형태 사이의 관계에 관한 지식을 이용하면 함수의 그래프를 쉽게 그릴 수가 있다. 도함수와 함수의 극대 또는 극소와의 관계를 알기 위해서는, 미적분학에서 가장 중요한 정리 중 하나라고 할 수 있는 평균값정리를 이용하여야 한다. 제9장의 뒷부분에서는 도함수를 이용하여 극한을 쉽게 구할 수 있는 방법인 로피탈의 법칙과 제6장에서 소개한 1차선형근사의 일반형인 테일러급수에 대하여 소개할 것이다.

## 9.1 극대와 극소

함수 $f(x)$가 실수의 집합 $S$에서 정의되었다고 하자. $c \in S$에서의 함수값 $f(c)$가 $f$의 정의역 전체에서 가장 큰 함수값이면 $f(c)$를 $f$의 최댓값(maximum value 또는 absolue maximum)이라 하고 가장 작은 함수값인 경우에는 최솟값(minimum value 또는 absolute minimum)이라 한다. 최댓값과 최솟값을 극값(extreme value 또는 extremum)이라 한다. 닫힌 구간에서 정의된 모든 연속함수는 반드시 최댓값과 최솟값을 갖는다는 것을 제5장의 **정리 10**과 **정리 11**에서 보았다. 닫힌 구간뿐만이 아니라 임의의 실수의 집합에서 정의된 함수의 최대, 최솟값을 어떻게 찾는가에 대하여 살펴보기로 하자.

**정의**

$S$에 속한 모든 $x$에 대하여 $f(c) \geq f(x)$ 이면 $f(c)$를 함수 $f$의 최댓값이라 하고 $f(c) \leq f(x)$ 이면 $f(c)$를 함수 $f$의 최솟값이라 한다.

$x = c$ 의 충분히 작은 근방에서 $f(c)$가 가장 큰 함수값이거나 가장 작은 함수값인 경우 $f(c)$를 국소극값(local extemum)이라 부른다. 보다 정확히 표현하면

**정의 2**

$x = c$ 를 포함하는 열린구간 $(a, b)$에 속한 모든 $x$에 대하여 $f(c) \geq f(x)$ 이면 $f$가 $c$에서 극대(local 또는 relative maximum)를 갖는다하고, $f(c) \leq f(x)$ 이면 극소(local 또는 relative minimum)를 갖는다고 한다.

그림 9-1의 함수는 $c_1$에서 최솟값, $c_5$에서 최댓값을 갖고, $c_3$와 $c_5$에서 극댓값, $c_4$와 $c_6$에서 극소값을 갖는다. $c_6$와 $c_7$ 사이의 모든 점에서의 함수값은 극소값인 동시에 극댓값이다.

**예 1**

$f(x) = \dfrac{1}{x^2}$ 의 정의역이 a) $[-1,\ 2]$, b) $[-1,\ 2)$ 인 각각의 경우에 극대, 극소 및 최대, 최솟값을 구하라.

a)의 경우, 극대, 극소 및 최댓값은 없다. 최솟값은 $f(2) = \dfrac{1}{4}$ 이다.

b)의 경우 극대, 극소 및 최대, 최솟값은 존재하지 않는다.

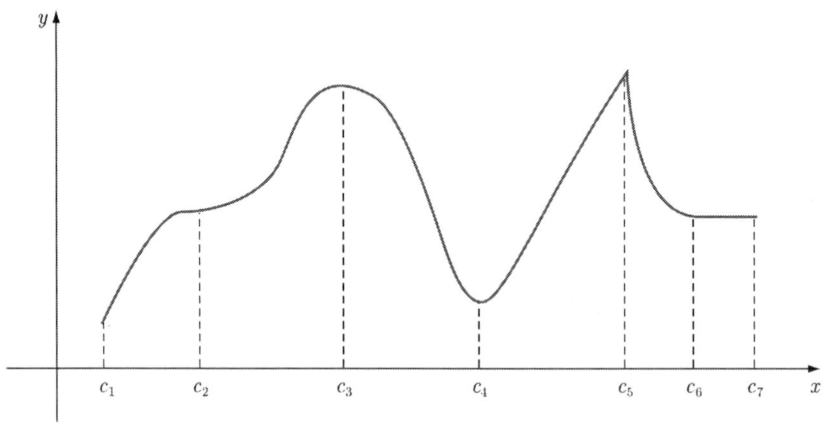


**| 그림 9-1 |**

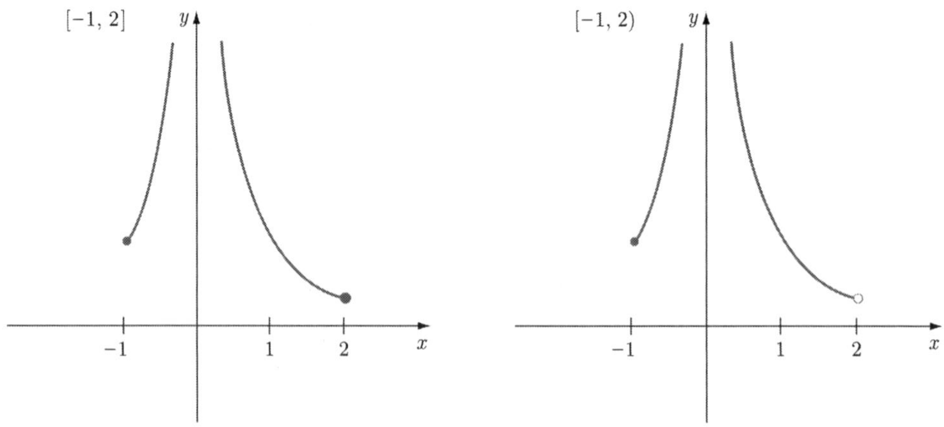


**| 그림 9-2 |**

예 2

$f(x) = 4 - x^2$ 의 정의역이 a) $[-2,\ 1]$, b) $(-2,\ 1)$, c) $(1,\ 2]$, d) $(1,\ 2)$인 경우, 극대, 극소 및 최대, 최솟값을 구하라.

a)에서 $f(0) = 4$ 는 최댓값이며 동시에 극댓값이고, $f(-2) = 0$ 은 최솟값이다.

b)에서 $f(0) = 4$ 는 최댓값이며 동시에 극댓값이고, 극소값과 최솟값은 없다.

c)에서 $f(2) = 0$ 는 최솟값이며 극소, 극대 및 최댓값은 없다.

d)에서 극대, 극소, 최대, 최솟값은 존재하지 않는다.

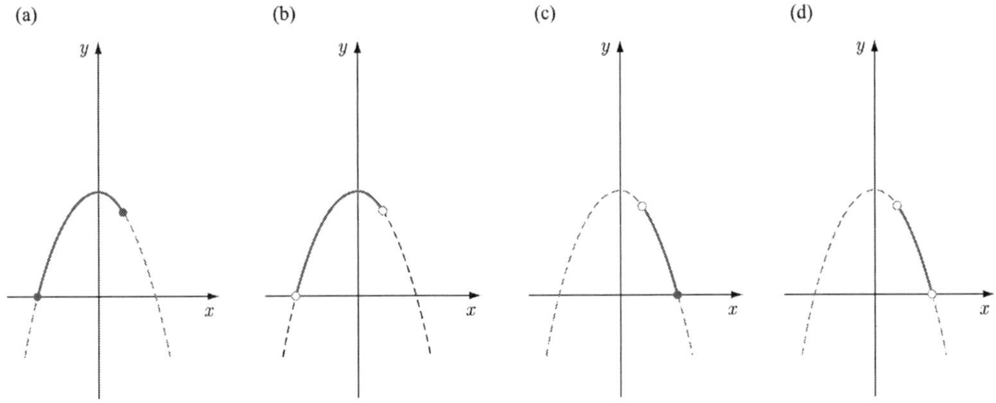


**| 그림 9-3 |**

[예 1]과 [예 2]에서 볼 수 있듯이 극값의 존재 여부는 독립변수의 구간과 함수의 연속에 의하여 좌우된다. 또한 **정의 2**에서 보듯이 $x = c$에서 극대 또는 극소가 되기 위해서는, $f(c) \geq f(x)$는 $f(c) \leq f(x)$가 만족되는 $c$를 포함하는 열린구간이 있어야 한다. 따라서 어떤 집합 $S$에서 극대, 극소를 찾는다면, 극대, 극소는 $S$의 경계점(境界點, boundary point)에서는 불가능하기 때문에 내점(來店, interior point)에서 찾아야 한다.[1)]

최대, 최소는 정의역이 내점만이 아니라 경계점에서도 가능하기 때문에, 최대, 최가 반드시 극대, 극소가 되는 것은 아니라는 것을 알 수 있다. 따라서 최대, 최솟값을 구하려면, 내점에서의 모든 극대, 극소값을 구한 다음 경계점에서의 함수값과 비교하여 최대와 최소를 결정하여야 한다.

이제 우선 극대와 극소를 구하는 방법을 알아보자. 그림 9-1을 다시 보면 극대 또는 극소가 되는 $c_3$, $c_4$, $c_5$, $c_6$ 중에서 $c_3$, $c_4$에서는 접선이 수평이 되므로 도함수가 0이 되고, $c_5$와 $c_6$에서는 도함수가 존재하지 않는다. 극대와 극소를 찾기 위해서는 이러한 점들, 즉 도함수가 존재하지 않거나 도함수가 0이 되는 점들만 조사하면 충분하다는 것을 다음 정리에서 보여준다.

---

1) 실수구간 $(a, b)$ 또는 $[a, b]$의 경계점은 $a$와 $b$이고, 구간에 속한 경계점을 제외한 모든 점은 내점이다. 임의의 집합에서의 내점과 경계점에 대한 명확한 정의는 10장의 **정의 2**에서 제공된다. 일반적으로 $x = c$는 $c \in (a, b) \subseteq S$가 되는 열린구간 $(a, b)$가 있으면 실수의 집합 $S$의 내점이고, $c$를 포함하는 모든 열린 구간 $(a, b)$가 $S$와 $S'$의 원소를 포함하고 있으면 경계점이라고 정의된다.

**정리 1**

함수 $f$가 $x=c$에서 극대 또는 극소이면, $f'(c)=0$ 이든지 또는 $f'(c)$가 존재하지 않는다.[2)]

**증명** $f$가 $x=c$에서 극대이고, $f'(c)$가 존재한다고 하자.

$f'(c)=\lim_{x\to c}\frac{f(x)-f(c)}{x-c}=L>0$이라고 하자. $\epsilon=\frac{1}{2}L$이라 하면, 극한에 관한 정의에 의하여 $c-\delta<x<c<+\delta,\ \ x\neq c$이면 $L-\epsilon<\frac{f(x)-f(c)}{x-c}<L+\epsilon$이 되는 $\delta$가 존재한다. $L-\epsilon>0$ 이므로 $\frac{f(x)-f(c)}{x-c}>0$ 이다.

따라서 $c-\delta<x<c+\delta,\ x\neq c$인 $x$에 대하여

$x>c$ 이면 $f(x)>f(c)$이고, $x<c$ 이면 $f(x)<f(c)$

가 되므로 $f(c)$는 극대도 극소도 아니다. $f'(c)<0$인 경우도 같은 방법으로 모순에 도달하므로 $f'(c)=0$ 이다.

극대 또는 극소는 도함수가 존재하지 않거나 도함수의 값이 0이 되는 점에서 찾아야 하지만, 그림 9-1의 $c_2$에서처럼 $f'(c)=0$ 이라고 해서 반드시 극대 또는 극소가 되는 것은 아니다. 극대 또는 극소가 존재할 수 있는 점을 임계점 또는 극점이라고 한다.

**정의 3**

$f'(c)=0$ 이거나 $f'(c)$가 존재하지 않으면, 내점 $c$를 극점(極點, critical point) 또는 임계점이라고 부른다.

**예 3**

다음 함수의 극점과 최대, 최솟값을 구하라.

1) $f(x)=x^3-12x$, 정의역: $[-3,\ 5]$

$f'(x)=3x^2-12=3(x+2)(x-2)$ 이므로 함수 $f$는 모든 점에서 미분가능하며, 극점은 $-2$와 $2$이다.

$f(-2)=16,\ f(2)=-16,\ f(-3)=9,\ f(5)=65$이므로 최댓값은 65이고, 최솟

2) 도함수가 존재하는 경우와 존재하지 않는 경우가 모두 포함되어 있으므로 증명은 도함수가 존재하면 0이 된다는 것만 보이면 된다.

값은 $-16$이다.

2) $f(x) = (x-1)^{\frac{2}{3}} + 2$, 정의역 : $[0, 9]$

$f'(x) = \frac{2}{3}(x-1)^{-\frac{1}{3}}$ 이므로 $f$는 $x = 1$을 제외한 점에서 미분가능하며, $f'(x) = 0$이 되는 점은 존재하지 않는다.

극점은 1이며, $f(1) = 2$, $f(0) = 3$, $f(9) = 6$이므로 최댓값은 6 최솟값은 2이다.

3) $f(x) = x^3$ 이 극대 또는 극소를 갖지 않음을 보이라.

함수가 미분가능하며, 극점은 $x = 0$ 뿐이다. 그러나 $x > 0$이면 $f(x) > 0$이고 $x < 0$이면 $f(x) < 0$이므로 $f(0)$은 극대도 극소도 아니다. ))))

## 9.2 평균값 정리

함수의 극점을 찾는 것은 쉬운 일이 아니다. 더욱이 모든 함수가 극점을 갖고 있는 것도 아니다. 불란서의 수학자 Michell Rolle(1652~1719)에 의한 다음 정리는 극점이 존재하기 위한 충분조건을 제공한다.

**정리 2**

**(롤의 정리) 함수 $f$가 $[a, b]$에서 연속이고 $(a, b)$에서 미분가능하다고 하자. $f(a) = f(b)\ (= 0)$ 이면 $f'(c) = 0$ 인 $c \in (a, b)$가 존재한다.**

증명 $(a, b)$에 속한 모든 $x$에 대하여 $f(x) = f(a)$ 이면 $f'(x) = 0$ 이므로 자명하다. 따라서 $f(x) > f(a)$ 인 $x \in (a, b)$가 있다고 하자. $f$가 $[a, b]$에서 연속이므로 최댓값 $f(c)$가 존재하며(5장 정리 10). $f(c) > f(a) = f(b)$ 이므로 $c \in (a, b)$이다. $f$가 $(a, b)$에서 미분가능하므로 정리 1에 의하여 $f'(c) = 0$ 이다.

**정리 3**

**$f$가 $[a, b]$에서 연속이고 $f(a) = f(b)$ 이면, $f$는 $(a, b)$에서 극점을 갖는다.**

증명 $f$가 어떤 점 $c \in (a, b)$에서 미분가능하지 않으면 $c$가 극점이다. $f$가 $(a, b)$에서 미분가능하다면, 롤의 정리에 의하여 극점이 존재한다.

롤의 정리는 자체로도 흥미로운 정리지만, 미적분학에서 가장 중요한 기본정리인 평균값정리를 증명하는 데 사용될 수 있기 때문에 더욱 중요하다.

**정리 4**

(평균값 정리) 함수 $f$가 $[a,\ b]$에서 연속이고 $(a,\ b)$에서 미분가능하면,

$$f'(c) = \frac{f(b)-f(a)}{b-a}$$

가 되는 $c \in (a,\ b)$가 존재한다.

**증명** 점 $P(a,\ f(a))$와 $Q(b,\ f(b))$를 지나는 할선을 $l_{PQ}$라 하자.

임의의 $x \in [a,\ b]$에 대하여 $g(x)$를 $x$에서의 함수값 $f(x)$와 할선 $l_{PQ}$ 사이의 $y$축 방향 거리라고 하자.

$$g(x) = f(x) - \left[f(a) + \frac{f(b)-f(a)}{b-a}(x-a)\right]$$

$f$가 $[a,\ b]$에서 연속이고 $(a,\ b)$에서 미분가능하므로 $g$도 $[a,\ b]$에서 연속이고 $(a,\ b)$에서 미분가능하다. 따라서

$$g'(x) = f'(x) - \left(\frac{f(b)-f(a)}{b-a}\right)$$

이고 $g(a) = g(b) = 0$이다. 롤의 정리에 의하여 $g'(c) = 0$ 인 $c \in (a,\ b)$가 존재한다.

즉 $f'(c) = \dfrac{f(b)-f(a)}{b-a}$ 인 $c \in (a,\ b)$가 존재한다.

평균값정리의 우변은 구간 $[a,\ b]$에서의 함수값의 평균증가율이다. 따라서 평균값정리는 평균증가율과 같은 순간증가율을 갖는 점이 구간 $(a,\ b)$에 반드시 존재한다는 것을 의미한다.

**예 4**

평균값정리를 만족시키는 $c$를 구하라.

1) $f(x) = \dfrac{1}{4}x^2 + 1$, 정의역 : $[-1,\ 4]$

$f$는 $[-1,\ 4]$에서 연속이고 $(-1,\ 4)$에서 미분가능하므로 $f'(c) = \dfrac{f(4)-f(-1)}{4-(-1)}$ 인 $c \in (-1,\ 4)$가 존재한다.

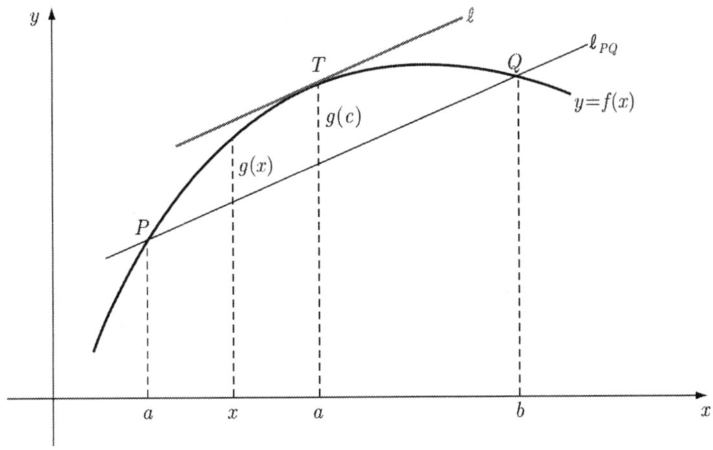


**| 그림 9-4 |**

$f'(x) = \frac{1}{2}x$ 이므로 $f'(c) = \frac{1}{2}c = \frac{5-\frac{5}{4}}{4-(-1)}$. 따라서 $c = \frac{3}{2}$

2) $f(x) = x^3 - 8x - 5$, 정의역 : $[1,\ 4]$

$f'(x) = 3x^2 - 8$ 이므로

$$f'(c) = 3c^2 - 8 = \frac{f(4)-f(1)}{4-1} = \frac{27-(-12)}{3} = 13$$

따라서 $c^2 = 7$ 또는 $c = \pm\sqrt{7}$. 이 중 $c = -\sqrt{7}$ 은 $(1,\ 4)$에 속하지 않으므로 $c = \sqrt{7}$ 이다.

## 9.3 극대·극소의 판별과 함수의 모양

도함수를 이용하면 함수의 특성, 특히 함수의 그래프의 모양을 쉽게 파악할 수 있다. 일차도함수와 함수의 모양 사이의 관계를 평균값 정리를 이용하여 알아보자.

**정리 5**

함수 $f$가 $[a,\ b]$에서 연속이고, $(a,\ b)$에서 미분가능하다고 하자. $(a,\ b)$에 속한 모든 $x$에 대하여 $f'(x) > 0$이면 $f$는 $[a,\ b]$에서 증가함수이고 $f'(x) < 0$이면 $f$는 $[a,\ b]$에서 감소함수이다.

**증명** $(a,\ b)$에 속한 모든 $x$에 대하여 $f'(x)>0$이라 하자. $(a,\ b)$에 속한 임의의 $x_1,\ x_2$ $(x_1<x_2)$에 대하여, $f(x_2)-f(x_1)=f'(c)(x_2-x_1)>0$인 $c$가 존재한다(평균값정리). 따라서 $f$는 증가함수이다.
$f'(x)<0$인 경우도 같은 방법으로 증명된다.

**정리 5**에 의하면, 어떤 구간에서 함수 $f$가 증가함수인가 또는 감소함수인가는 $f$의 일차도함수 값의 부호에 의하여 판단될 수 있다. 일차도함수의 값이 양인 $x$의 구간에서는 $f$가 증가함수이고, 음인 구간에서는 $f$가 감소함수이다.

**예 5**

$f(x)=x^3+x^2-5x-5$가 증가하는 $x$의 구간과 감소하는 $x$의 구간을 보이라.

$f'(x)=3x^2+2x-5=(3x+5)(x-1)$이므로

$$1<x \text{ 또는 } x<-\frac{5}{3} \Rightarrow f'(x)>0 \Rightarrow \text{증가함수}$$

$$-\frac{5}{3}<x<1 \Rightarrow f'(x)<0 \Rightarrow \text{감소함수}$$

이제 함수가 극대 또는 극소를 갖게 되는 경우를 살펴보자. 미분가능한 함수 $f$가 어떤 값 $c_1$ 보다 작은 $x$에서는 증가함수이고 $c_1$보다 보다 큰 $x$에서는 감소함수이면 그림 9-5의 (a)에서 보듯이 함수 $f$는 $c_1$에서 극댓값을 갖는다. 마찬가지로 (b)에서처럼 $x<c_2$에서 감소함수이고 $x<c_2$에서 감소함수이고 $x>c_2$에서 증가함수이면, $c_2$

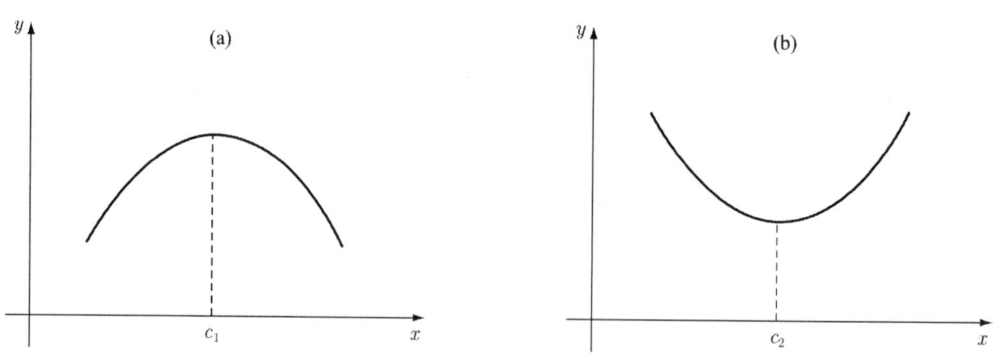


**| 그림 9-5 |**

에서 $f$는 극솟값을 갖는다.

**정리 6**

$c$가 $f$의 극점이고, $f$가 $c$를 포함하는 열린 구간($c$는 제외 가능)에서 연속이고 미분가능하다고 하자.

1) $x < c$에서 $f'(x) > 0$ 이고, $x > c$에서 $f'(x) < 0$ 이면 $f(c)$는 극대이며,
2) $x < c$에서 $f'(x) < 0$ 이고, $x > c$에서 $f'(x) > 0$ 이면 $f(c)$는 극소이며,
3) $c$의 근방에 속한 모든 $x$에 대하여 $f'(x) > 0$ 이든지 또는 $f'(x) < 0$ 이면 $f(c)$는 극대도 극소도 아니다.

**정리 6**을 이용하여 극대, 극소를 판별하는 방법을 1차 도함수에 의한 판별법(first derivative test)이라고 한다.

**예 6**

다음 함수의 극대, 극소를 구하라.

1) $f(x) = x^3 + x^2 - 5x - 5$

[예 5]에서 이미 살펴본 것처럼,

$f\left(-\dfrac{5}{3}\right) = \dfrac{40}{27}$ 이 극대이고, $f(1) = -9$이 극소이다.

2) $f(x) = x^{\frac{2}{3}}(x^2 - 8)$

$f'(x) = x^{\frac{2}{3}}(2x) + (x^2 - 8)\dfrac{2}{3}x^{-\frac{1}{3}} = \dfrac{8(x^2 - 2)}{3x^{\frac{1}{3}}}$ 이므로

극점은 $c = -\sqrt{2}$, $0$, $\sqrt{2}$ 이다. 극점의 양쪽에서의 $f'(x)$의 부호는

| | $x < -\sqrt{2}$ | $-\sqrt{2} < x < 0$ | $0 < x < \sqrt{x}$ | $\sqrt{2} < x$ |
|---|---|---|---|---|
| $f'(x)$ | $-$ | $+$ | $-$ | $+$ |

이므로 $f(0) = 0$ 은 극대이고, $f(-\sqrt{2}) = f(\sqrt{2}) = -6\sqrt[3]{2}$는 극소이다($f'(0)$는 존재하지 않음에 유의하라).

2차도함수를 이용하여 함수의 그래프의 모양을 알아보기로 하자. 그림 9-5의 (a)

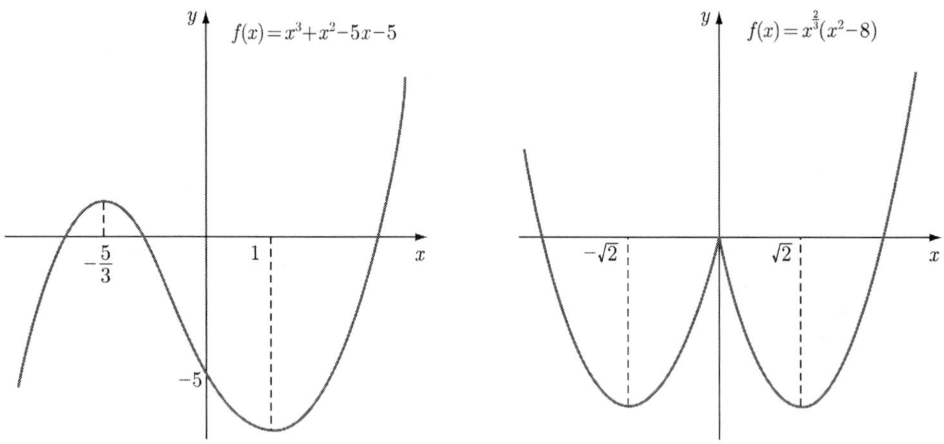


**| 그림 9-6 |**

에 나타난 함수에서는 도함수, 즉 접선의 기울기가 계속 감소하고, (b)에서는 계속 증가한다.

이차도함수는 일차도함수의 순간변화율이므로, (a)에서는 $f''(x) \le 0$ 이고 (b)에서는 $f''(x) \ge 0$ 이다. 도함수가 (a)에서처럼 계속 감소하면, 즉 $f''(x) \le 0$ 이면 그래프는 아래쪽을 향해 계속 굽어져서 아래로 오목하게 되고, 반대로 (b)에서처럼 도함수가 계속 증가하면, 즉 $f''(x) \ge 0$ 이면 그래프는 위쪽을 향해 계속 굽어져서 위로 오목한 모양이 된다.

**정의 4**

$f$가 열린구간 I에서 미분가능하다고 하자.

1) 구간 I에서 $f'$가 비증가함수이면(즉, $f'' \le 0$), $f$의 그래프는 구간 I에서 오목(concave) 또는 아래로 오목(concave downward)하다고 하고,
2) 구간 I에서 $f'$ 가 비감소함수이면(즉, $f'' \ge 0$), $f$의 그래프는 구간 I에서 볼록(convex) 또는 아래로 볼록(convex downward) 하다고 한다.

그래프가 오목한 함수를 오목함수(concave function)라 하고 그래프가 볼록한 함수를 볼록함수(convex function)라 한다. 오목함수의 그래프는 항상 접선 아래에 있고 볼록함수의 그래프는 접선보다 위쪽에 있게 된다. 구간 I에서 $f'' < 0$ 이면 $f$는 I에서 순오목함수(strictly concave function)라 하고 $f'' > 0$ 이면 $f$는 I에서 순볼록함수

(strictly convex function)라 한다. $f$의 그래프 상에 있는 점 $(c,\ f(c))$를 중심으로 함수의 형태가 오목에서 볼록으로 바뀌든지 볼록에서 오목으로 바뀌면 $(c,\ f(c))$를 변곡점이라 한다.

**정의 5**

$f$가 $c$에서 연속이고, $c$를 포함하는 열린구간 $(a,\ b)$에서 $x<c$일 때 $f''<0$이고 $x>c$일 때 $f''>0$이든지, 또는 $x<c$일 때 $f''>0$이고 $x>c$일 때 $f''<0$이면 $f$의 그래프 상의 점 $(c,\ f(c))$를 $f$의 변곡점(inflection point)이라고 한다.

**예 7**

어떤 사람의 제품 $x$에 대한 선호관계가 효용함수(utility function) $U(x)$로 표현된다고 하자. 일반적으로 제품이 많아질수록, 즉 $x$가 증가할수록 만족도 증가하므로, $U(x)$는 증가함수(즉 $U'(x)>0$)라 할 수 있다.
한계효용체감의 법칙은 $x$가 증가할수록 한계효용 $U'(x)$가 점차 감소한다는 것을 말하므로, $U'(x)$가 감소함수라는 것을 의미한다. 따라서 $U''(x)<0$, 즉 효용함수가 오목함수라는 의미이다.
이 사람이 $p$의 확률로 $x_1$을 받거나 $(1-p)$의 확률로 $x_2$를 받게 되는 기회가 주어졌다고 하자. 이 경우 이 사람의 기대효용(expected utility)은 $pU(x_1)+(1-p)U(x_2)$이다. 그러나 이 사람이 기대값(평균값) $\bar{x}=px_1+(1-p)x_2$을 받는다면, 효용함수가 오목함

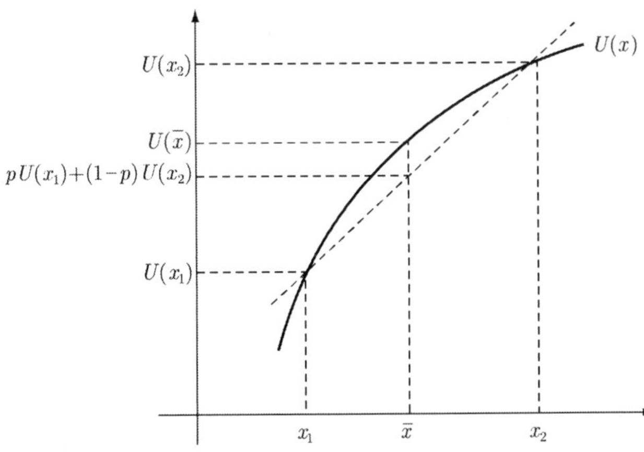


**| 그림 9-7 |**

수인 경우 그림에서 보듯이

$$U(px_1 + (1-p)x_2) > pU(x_1) + (1-p)U(x_2)$$

이므로, 불확실한, 즉 위험이 있는 보상의 경우보다 효용이 증가하게 된다.

이와 같은 효용의 차이가 클수록 불확실한 보상, 즉 위험을 싫어하는 정도가 크다고 할 수 있다. 즉 효용함수의 오목한 정도가 클수록 위험을 더 회피하고 싶어한다는 것이다. 그렇다고 해서 그 사람의 위험회피 성향의 강도를 $|U''(x)|$의 크기에 의하여 나타낼 수는 없다. 왜냐하면, 각 사람의 선호를 나타내는 효용함수는 단 한 가지가 있는 것이 아니기 때문이다. 달리 표현하면, 만족의 정도는 절대적 수치로 표현할 수가 없기 때문이다. 일반적으로 $U(x)$가 효용함수이면, $a + bU(x)$도 그 사람의 효용함수가 된다. 이것은 효용함수의 값이 2배가 된다고 해서 만족도도 2배가 된다는 것이 아니라는 것이며, 그렇게 때문에 각 사람의 효용함수 값을 비교해서 누구의 만족이 더 큰가를 판단할 수도 없다는 것이다.[3)]

그렇다면 위험회피 성향의 강도를 어떻게 측정할 수 있을까? 효용함수가 $U(x)$ 또는 $V(x) = a + bU(x)$로 표현되더라도 변하지 않는 성질이 있다. 그것은 바로 위험을 싫어하는 정도를 나타낸다고 볼 수 있는 한계효용체감의 정도, 즉 한계효용이 얼마나 급격히 체감하는가를 나타내는 한계효용의 상대적 변화율은 효용함수의 표현에 상관없이 일정하다는 것이다.

$$\frac{d}{dx}\ln U'(x) = \frac{U''(x)}{U'(x)} = \frac{b\ U''(x)}{b\ U'(x)} = \frac{d}{dx}\ln V'(x)$$

이러한 한계효용의 상대적 변화율은 일반적으로 음의 값을 가지므로, 이를 양의 값으로 나타낸 수치, 즉

$$r(x) = -\frac{U''(x)}{U'(x)}$$

를 그 사람이 위험을 싫어하는(risk averseness) 정도를 나타내는 수치로 사용할 수 있다. 따라서 위험을 싫어하는 사람이면 $r(x) > 0$, 위험에 무관심한 사람이면 $r(x) = 0$, 위험을 좋아하는 사람이면 $r(x) < 0$이 된다.

3) 효용함수로 표현되는 척도(scale)는 함수값에 의하여 만족의 정도를 절대적인 크기로 나타내는 척도(cardinal scale)가 아니고 함수값의 크기에 따라 만족의 순서가 결정되는 척도(ordinal scale)이다. 온도를 섭씨로 나타낼 수도 있고 화씨로 나타낼 수 있는 것과 같다. 섭씨 온도가 2배가 되었다고 해서 뜨거운 정도도 2배가 되었다는 것이 아닌 것과 같다. 따라서 효용함수 값이 0이 되었다고 해서 전혀 만족이 없는 상태가 아니라는 것이다. 단지 효용함수값이 더 크면 더 만족한다는 것만을 나타낸다.

이제 2차도함수를 이용하여 극대, 극소를 판별하는 방법을 소개하면

**정리 7**

$c$를 포함하는 열린구간에서 $f$가 미분가능하고 $f'(c)=0$ 인 경우,
$f''(c)<0$ 이면 $f$는 $c$에서 극대가 되고,
$f''(c)>0$ 이면 $f$는 $c$에서 극소가 된다.

**증명** $f'(c)=0$ 이므로 점 $(x,\ f(c))$ 에서의 접선은 수평이다.
$f''(c)<0$ 이면 $f$ 의 그래프는 $c$에서 오목하므로 $f$ 의 그래프가 접선의 아래에 위치하게 되는 열린구간 $(a,\ b)$가 존재한다. 따라서 $f(c)$는 극대이다. 극소의 경우도 같은 방법으로 증명된다.

**정리 7**을 이용하여 극대와 극소를 판별하는 방법을 2차 도함수에 의한 판별법(second derivative test)이라고 한다. 2차 도함수에 의한 판별법은 $f''=0$ 인 경우에는 이용이 불가능하므로 이 경우에는 1차 도함수에 의한 판별법을 사용하여야 한다.

**예 8**

다음 함수의 극대, 극소와 변곡점을 구하라.

1) $f(x) = 12 + 2x^2 - x^4$

$f'(x) = 4x - 4x^3 = 4x(1-x^2)$이므로 극점은 $-1,\ 0,\ 1$이다.

$f''(x) = 4 - 12x^2 = 4(1-3x^2)$이므로 $f''(-1) = -8 < 0,\ f''(0) = 4 > 0,$ $f''(1) = -8 < 0$이다.

따라서 $f(-1) = f(1) = 13$은 극대이고, $f(0) = 12$ 는 극소이다.

$f''(x) = 4(1-3x^2) = 0$이 $x = \pm\dfrac{\sqrt{3}}{3}$에서 만족되므로 변곡점은 $\left(\dfrac{\sqrt{3}}{3},\ \dfrac{113}{9}\right)$과 $\left(-\dfrac{\sqrt{3}}{3},\ \dfrac{113}{9}\right)$이다.[4)]

4) 1차도함수 판별법을 이용하여 두 점에서 극대, 극소가 아니라는 것을 보일 수 있고, $0<x<\dfrac{\sqrt{3}}{3}$이면 $f''(x)>0$, $\dfrac{\sqrt{3}}{3}<x<1$이면 $f''(x)<0$ 이므로 $x=\dfrac{\sqrt{3}}{3}$에서 변곡점이라는 것을 알 수 있다. 여기서는 간단히 $x=-1$에서 극대(즉 $f''(-1)<0$, $x=0$ 에서 극소(즉 $f''(0)>0$ 이므로 $-1$과 $0$사이에 그래프가 오목에서 볼록으로 바뀌는 변곡점이 있으며 이 때 $f'(x)=0$이 된다는 것을 이용하여 변곡점으로 판별하였다.

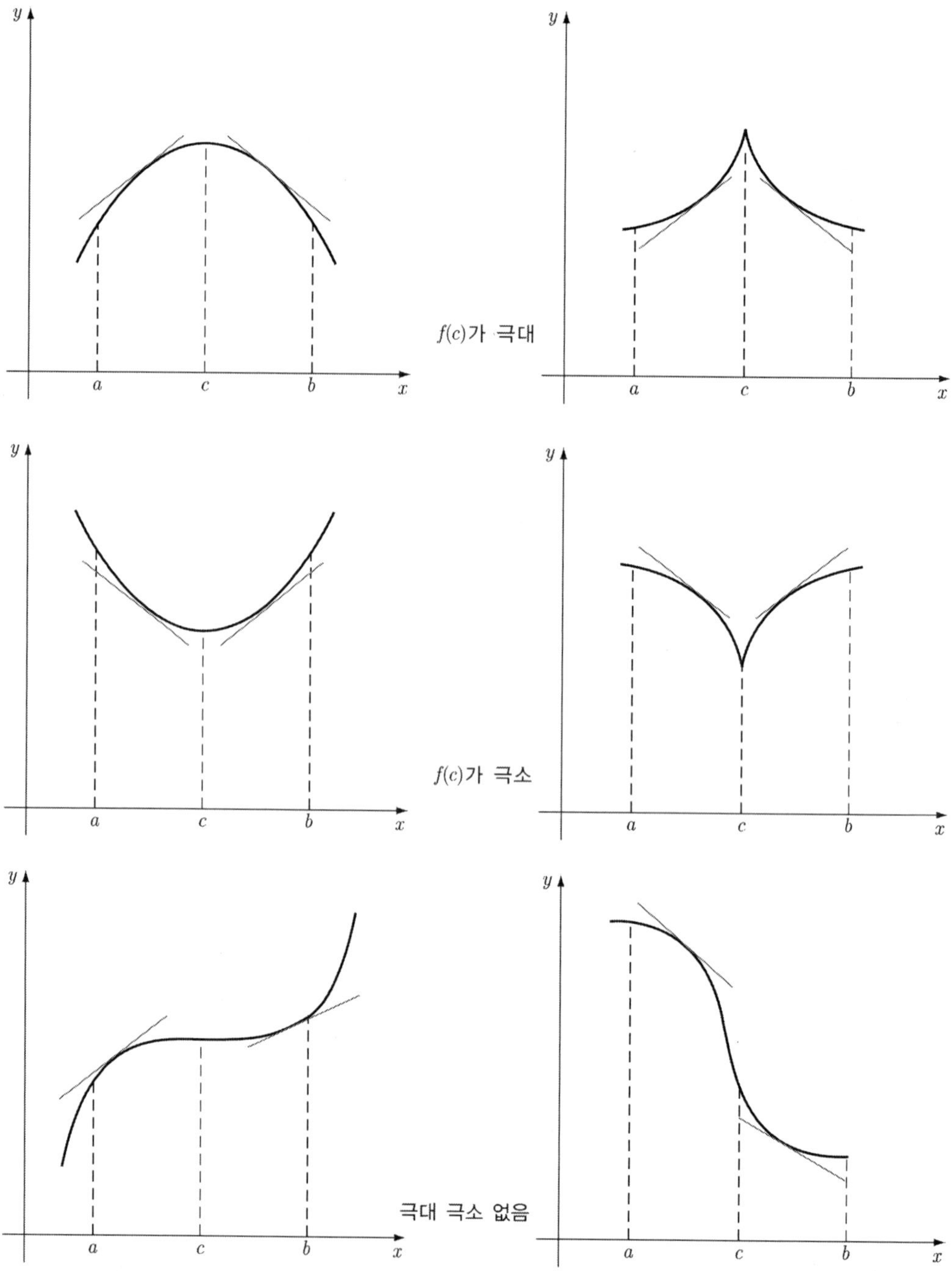


**| 그림 9-8 |**

2) $f(x) = x^5 - 5x^3$

$f'(x) = 5x^4 - 15x^2 = 5x^2(x^2-3)$이므로 극점은 $-\sqrt{3}$, 0, $\sqrt{3}$이다.

$f''(x) = 20x^3 - 30x = 10x(2x^2-3)$이므로

$f''(-\sqrt{3}) = -30\sqrt{3} < 0$, $f''(0)=0$, $f''(\sqrt{3}) = 30\sqrt{3}$이 되고,

따라서 $f(-\sqrt{3}) = 6\sqrt{3}$은 극대이고 $f(\sqrt{3}) = -6\sqrt{3}$은 극소이다.

$f''(0)=0$이므로 1차 도함수에 의한 판별법을 이용하면,

$-\sqrt{3} < x < 0$에서 $f'(x) < 0$이 되고

$0 < x < \sqrt{3}$에서도 $f'(x) < 0$이 되므로

$f(0)$은 극대도 극소도 아니다.

$x=0$과 $\pm\frac{\sqrt{6}}{2}$에서 $f''(0) = 0$ 이 되므로

변곡점은 $(0, 0)$, $\left(-\frac{\sqrt{6}}{2}, \frac{21\sqrt{6}}{8}\right)$, $\left(\frac{\sqrt{6}}{2}, -\frac{21\sqrt{6}}{8}\right)$이다.

## 9.4 로피탈의 법칙[5)]

도함수는 함수의 극한을 구하는 데도 응용될 수가 있다. 함수의 극한을 구할 때 분자와 분모가 모두 0으로 접근한다든지 또는 $\infty$로 접근하는 경우의 극한값을 구하는 것은 쉽지 않다. 분수가 $\frac{0}{0}$이나 $\frac{\infty}{\infty}$의 형태가 되는 경우를 부정형(Indeterminate form)이라고 한다. $\lim_{x \to 3} \frac{x^2-9}{x-3}$는 부정형의 극한이지만 분자와 분모가 공통의 인수 $(x-3)$을 갖고 있으므로 쉽게 부정형이 아닌 형태로 변환하여 극한을 구할 수 있다. 그러나 부정형의 변환이 쉽지 않은 경우에는 어떻게 극한을 구할 것인가? 이에 대한 대답은 다음의 정리가 제공한다.

5) 17세기 말에 John Bernoulli(1667~1748)가 처음으로 분자와 분모가 모두 0에 접근하는 경우의 극한을 계산하는 방법을 발견하였다. 이 방법은 오늘날 Bernoulli의 제자였고 프랑스의 귀족이었던 Guillaunce Francois Autoine de L' Hospital(1661~1704)의 이름을 따라 로피탈의 법칙으로 알려져 있는데, 그 이유는 로피탈이 쓴 최초의 미분책(1696)에 이 방법이 처음으로 소개되었기 때문이다.

**정리 8**

(로피탈의 법칙)[6] $f(a)=g(a)=0$ 이고 $f'(a)$와 $g'(a)$가 존재하며 $g'(a)\neq 0$이라고 하면

$$\lim_{x\to a}\frac{f(x)}{g(x)}=\frac{f'(a)}{g'(a)}$$

(더 일반적인 형태로 표현하면, $\lim_{x\to a}\frac{f(x)}{g(x)}=\lim_{x\to a}\frac{f'(x)}{g'(x)}$ )

증명

$$\frac{f'(a)}{g'(a)}=\frac{\lim_{x\to a}\frac{f(x)-f(a)}{x-a}}{\lim_{x\to a}\frac{g(x)-g(a)}{x-a}}=\lim_{x\to a}\frac{f(x)-f(a)}{g(x)-g(a)}$$

$$=\lim_{x\to a}\frac{f(x)-0}{g(x)-0}=\lim_{x\to 0}\frac{f(x)}{g(x)}$$

**예 9**

1) $$\lim_{x\to 0}\frac{\sqrt{1+x}-1}{x}=\left.\frac{\frac{1}{2\sqrt{1+x}}}{1}\right|_{x=0}=\frac{1}{2}$$

2) $$\lim_{x\to 1}\frac{x^5-1}{x^3-1}=\lim_{x\to 1}\frac{5x^4}{3x^2}=\lim_{x\to 1}\frac{5}{3}x^2=\frac{5}{3}$$

**예 10**

$\lim_{x\to 0^+}(1+x)^{\frac{1}{x}}=e$ 가 되는 것을 보여라.

증명 $x=0^+$를 $f(x)=(1+x)^{\frac{1}{x}}$ 에 대입하면 부정형 $1^\infty$가 되지만

$\ln f(x)=\ln(1+x)^{\frac{1}{x}}=\frac{1}{x}\ln(1+x)$ 는 부정형 $\frac{0}{0}$이 되므로, 로피탈의 법칙을 적용

6) 이 책에서는 증명하지 않았지만 부정형 $\frac{\infty}{\infty}$, $-\frac{\infty}{\infty}$의 경우에도 로피탈의 법칙이 적용된다. 이에 대한 증명은 이 책의 정도를 지나치므로 생략한다. $0\cdot\infty$, $\infty^0$, $0^0$, $1^\infty$, $\infty-\infty$ 등의 부정형도 [예 10], [예 11]에서 보듯이 $\frac{0}{0}$, 또는 $\frac{\infty}{\infty}$ 등의 부정형으로 변환할 수 있는 경우에는 로피탈의 법칙을 적용할 수 있다.

하여

$$\lim_{x\to 0}(1+x)^{\frac{1}{x}} = \lim_{x\to 0^+} e^{\left(\frac{1}{x}\right)\ln(1+x)} = e^{\lim\limits_{x\to 0^+}\frac{\frac{1}{(1+x)}}{1}} = e$$

**예 11**

$\lim\limits_{x\to\infty} x^{\frac{1}{x}}$ 을 구하라.

$x^{\frac{1}{x}}$ 에 $x=\infty$ 를 대입하면 부정형 $\infty^0$이 되지만

$$\lim_{x\to\infty} x^{\frac{1}{x}} = \lim_{x\to\infty} e^{\left(\frac{1}{x}\right)\ln x} = e^{\lim\limits_{x\to\infty}\left(\frac{1}{x}\right)\ln x} = e^{\lim\limits_{x\to\infty}\frac{1}{x}} = e^0 = 1$$

**예 12**

$$\lim_{x\to\infty}\frac{\ln x}{x^2} = \lim_{x\to\infty}\frac{(\ln x)'}{(x^2)'} = \lim_{x\to\infty}\frac{1}{2x^2} = 0$$

## 9.5 테일러급수와 매클로린급수

제6장에서 미분가능 함수 $f$의 $a$에서의 선형근사는

$$f(x)\approx f(a)+f'(a)(x-a)$$

와 같이 $x$의 1차식으로 표현된다고 소개하였다. 이와 같은 표현을 더욱 개선하여 1차식이 아닌 고차다항식으로 함수를 표현함으로써 근사값의 오차를 얼마든지 작게 개선할 수 있지 않을까 하는 것은 자연스러운 의문이다. 이와 같은 목적을 위하여 우선 우리가 관심을 갖게 되는 것은,

1) 만약 함수 $f(x)$를 $f(x) = \sum\limits_{n=1}^{\infty} c_n x^n$ 또는 $f(x) = \sum\limits_{n=1}^{\infty} c_n(x-a)^n$의 형태로 표현할 수 있다면 다항식의 계수 $c_n$은 어떤 모습을 가질 것인가 하는 것과,

2) 함수 $f(x)$가 1)에서와 같은 거듭제곱 급수(power series)[7]로 표현되기 위하여는 어떤 조건이 만족되어야 하는가 하는 것이다.

우선 1)에 대한 대답을 하기 위하여 함수 $f(x)$가 거듭제곱 급수로 표현되었다고 가정하자. 그렇다면 거듭제곱 급수의 값이 $x = a$에서 $f(a)$와 같고, 거듭제곱 급수의 도함수가 함수 $f$의 도함수 $f'(a)$, $f''(a)$, $\cdots$ 등과 일치하는 값을 가져야 한다. 따라서

$$\sum_{n=0}^{\infty} c_n(x-a)^n = c_0 + c_1(x-a) + c_2(x-a)^2 + \cdots + c_n(x-a)^n + \cdots \text{에서}$$

$$f(a) = \sum_{n=0}^{\infty} c_n(a-a)^n = c_0,$$

$$\begin{aligned}
f'(a) &= \left[\sum_{n=0}^{\infty} c_n(x-a)^n\right]'_{x=a} \\
&= \left[c_1 + 2c_2(x-a) + 3c_3(x-a)^2 + \cdots + nc_n(x-a)^{n-1} + \cdots\right]_{x=a} = c_1 \\
f''(a) &= \left[\sum_{n=0}^{\infty} c_n(x-a)^n\right]''_{x=a} \\
&= \left[2c_2 + 3 \cdot 2c_3(x-a) + \cdots + n(n-1)c_n(x-a)^{n-2} + \cdots\right]_{x=a} = (2!)c_2 \\
f'''(a) &= \left[\sum_{n=0}^{\infty} c_n(x-a)^n\right]'''_{x=a} \\
&= \left[3 \cdot 2_{c_3} + \cdots + n(n-1)(n-2)c_n(x-a)^{n-3} + \cdots\right]_{x=a} = (3!)c_3 \\
&\vdots \\
f^{(n)}(a) &= \left[\sum_{n=0}^{\infty} c_n(x-a)^m\right]^{(n)}_{x=a} \\
&= \left[(n!)c_n + (n+1)n(n-1)\cdots(x-a) + \cdots\right]_{x=a} = (n!)c_n \\
&\vdots
\end{aligned}$$

가 만족되어야 한다.

7) 멱급수라고도 부른다.

**정리 9**

함수 $f$가 $x-a$의 거듭제곱급수로 표현 가능하면

$$f(x) = f(a) + f'(a)(x-a) + \frac{f''(a)}{2!}(x-a)^2 + \cdots + \frac{f^{(n)}(a)}{n!}(x-a)^n + \cdots$$
$$= \sum_{n=0}^{\infty} \frac{f^{(n)}(a)}{n!}(x-a)^n$$

이다.[8] 이러한 거듭제곱급수를 $a$에서의 테일러급수(Taylor series)라고 한다.[9] 특히 $a=0$인 경우, 즉 함수 $f$가 $x$의 거듭제곱급수로 표현가능하면

$$f(x) = f(0) = f'(0)x + \frac{f''(0)}{2!}x^2 + \cdots + \frac{f^{(n)}(0)}{n!} + \cdots = \sum_{n=0}^{\infty} \frac{f^{(n)}(0)}{n!}x^n$$

이며, 이러한 거듭제곱급수를 매클로린급수(Maclaurin series)라고 한다.

**예 13**

$f(x) = e^x$의 매클로린급수를 구하라.

$n = 0,\ 1,\ 2 \cdots$에 대하여 $f^{(n)}(0) = e^0 = 1$ 이므로

$$e^x = \sum_{n=0}^{\infty} \frac{f^{(n)}(0)}{n!}x^n = \sum_{n=0}^{\infty} \frac{1}{n!}x^n = 1 + x + \frac{1}{2!}x^2 + \cdots + \frac{1}{n!}x^n + \cdots$$ )))

함수가 거듭제곱급수로 표현될 수 있다면, 거듭제곱급수는 반드시 테일러급수 또는 매클로린급수이어야 한다는 것을 **정리 9**는 말하여 준다. 그러나 우리가 제기한 두

8) 여기서 $f^{(n)}(a) = f(a)$ 이다.

9) 역사적 사실 : 누가 테일러급수를 발견하였나?
테일러급수는 영국의 Brook Taylo(1685~1731)에 의하여 만들어진 것이 아니고 매클로린급수도 스코틀랜드의 Colin Maclaurin(1698~1746)이 처음 발견한 것이 아니다. 테일러가 아주 작은 어린아이였을 때 James Gregory가 이미 테일러급수에 대한 연구를 하고 있었고, 매클로린이 태어나기 10년 전에 $\tan x$, $\sec x$, $\tan^4 x$, $\sec^4 x$ 등의 함수에 대한 매클로린급수를 발표하였다. 비슷한 시기에 Nicolaus Mercator도 $ln(1+x)$의 매클로린급수를 발표하였다. 테일러급수에 대한 설명이 포함되어 있는 책 "Methodus Incrementorum Directa et Inversa"을 테일러가 1715년에 발간할 때 그는 그래고리가 한 연구업적에 대하여 전혀 모르고 있었으며, 매클로린이 1742년 그의 미적분학 책에서 테일러의 업적에 관하여 언급함으로써 오늘날 테일러의 이름으로 널리 알려지게 되었던 것이었다. 매클로린 자신도 매클로린급수가 자신이 발견할 것이라는 주장을 한 적이 전혀 없었지만 그의 책에 의하여 함수를 급수로 표현하는 것이 대단한 관심을 끌게 됨에 따라 $a=0$에서의 테일러급수가 매클로린급수로 알려지게 되었던 것이다. 그러나 역사는 때로 공정해서, 연립방정식의 해법인 크래머의 법칙을 발견한 사람이 바로 매클로린이었지만 오늘날 다른 사람의 이름으로 불리고 있는 것이다.

번째 의문, 즉 함수가 어떤 조건을 만족한다면 거듭제곱급수로 표현 가능한가에 대한 의문은 아직도 남아 있다. 이러한 조건에 대한 설명을 하기 위해서는 다음의 정의가 필요하다.

**정의 6**

$a$를 포함하고 있는 구간에서 함수 $f$가 $n$번 미분가능하고, $f'$, $f''$, $\cdots$, $f^{(n)}$이 $[a,\ b]$에서 연속이고, $f^{(n)}$이 $(a,\ b)$에서 미분가능하면, $x=a$에서의 $n$차 테일러다항식은

$$\begin{aligned} P_n(x) &= f(a) + f'(a)(x-a) + \frac{f''(a)}{2!}(x-a)^2 + \cdots + \frac{f^{(n)}(a)}{n!}(x-a)^n \\ &= \sum_{k=0}^{n} \frac{f^{(k)}(a)}{k!}(x-a)^k \end{aligned}$$

이다. $a=0$인 경우의 테일러다항식을 $n$차 매클로린다항식(Maclaurin polynomial)이라 한다.

**예 14**

$a=0$ 에서 $y=e^x$ 의 $n$차 테일러다항식을 구하라.

$$P_n(x) = 1 + x + \frac{x^2}{2!} + \frac{x^3}{3!} + \cdots + \frac{x^n}{n!}$$

**정리 10**

(테일러 정리) 함수 $f$와 $f'$, $f''$, $\cdots$, $f^{(n)}$ 이 $[a,\ b]$에서 연속이고 $f^{(n)}$이 $(a,\ b)$에서 미분가능하면, 다음의 조건을 만족하는 $c \in (a,\ b)$가 존재한다.

$$f(b) = f(a) + f'(a)(b-a) + \frac{f''(a)}{2!}(b-a)^2 + \cdots + \frac{f^{(n)}(a)}{n!}(b-a)^n + \frac{f^{(n+1)}(c)}{(n+1)!}(b-a)^{n+1}$$

**증명** 테일러다항식

$$P_n(x) = f(a) + f'(a)(x-a) + \frac{f''(a)}{2!} + \cdots + \frac{f^{(n)}(a)}{n!}(x-a)^n$$

의 $x=a$에서의 함수값과 $n$차 도함수까지 각각의 도함수값은 함수 $f$의 함수값이나 각각의 도함수 값과 일치한다. 테일러다항식에 또 하나의 항 $K(x-a)^{n+1}$ 을 추가하자(추가된 항은 $x=a$에서 0이고, $n$차 도함수까지의 모든 도함수 값이 또한 0이다.

이제 $\Phi_n(x)=P_n(x)+K(x-a)^{n+1}$ 이 $x=b$에서 함수 $y=f(x)$와 일치하도록 $K$를 결정하자.

$F(x)=f(x)-\Phi(x)$ 라 놓으면, $F(a)=F(b)=0$ 이고 $F$와 $F'$가 모두 $[a,\ b]$에서 연속이므로 롤의 정리를 이용하면

$F'(c_1)=0$ 가 되는 $c_1 \in (a,\ b)$가 존재한다.

또한 $F'(a)=F'(c_1)$ 이고 $F'$ 과 $F''$이 $[a,\ c_1]$에서 연속이므로

$F''(c_2)=0$ 가 되는 $c_2 \in (a_1,\ c_1)$가 존재한다.

이와 같이 $F''$, $F'''$, $\cdots$, $F^{(-1)}$ 에 롤의 정리를 계속 적용하면,

$i=3,\ 4,\ \cdots,\ n+1$ 에 대하여

$F^{(i)}(c_i)=0$ 이 되는 $c_i$가 $(a,\ c_{i-1})$에 존재한다.

$F(x)=f(x)-P_n(x)-K(x-a)^{n+1}$ 을 $n+1$번 미분하면,

$F^{(n+1)}(x)=f^{(n+1)}(x)-0-(n+1)!K$

따라서 $K=\dfrac{f^{(n+1)}(c)}{(n+1)!}$ 이 되는 $c=c_{n+1}$ 이 $(a,\ b)$에 존재한다.

그러므로 $f(b)=P_n(b)+\dfrac{f^{(n+1)}(c)}{(n+1)!}(b-a)^{n+1}$ 이다.

테일러 정리를 이용할 때는 $a$는 고정시키고 $b$를 독립변수로 취급하는 것이 편리하기 때문에 $b$를 $x$로 바꾸어서 다음과 같이 표현하는 것이 편리하다.

$$f(x)=f(a)+f'(a)(x-a)+\frac{f''(a)}{2!}(x-a)^2+\cdots+\frac{f^{(n)}(a)}{n!}(x-a)^n+R_n(x)$$

$$\text{단, } R_n(x)=\frac{f^{(n+1)}(c)}{(n+1)!}(x-a)^{n+1},\quad c\in(a,\ x)$$

위 식에서 $R_n(x)$를 나머지항(remainder term) 또는 오차항(error term)이라고 한다. $f(x)=P_n(x)+R_n(x)$이므로, 테일러 정리에 의하여 함수 $f$를 $n$차 테일러다항식에 의한 근사값과 오차항의 합으로 표현할 수가 있다.

**정리 11**

함수 $f$가 무한번 미분가능하고, $a$를 포함하는 구간 $I$의 모든 $x$에 대하여

$n\to\infty$ 일 때 $R_n(x)\to 0$이면,

$f(x)=\displaystyle\sum_{k=0}^{\infty}\frac{f^{(k)}(a)}{k!}(x-a)^k$ 이다.

이 때 테일러급수(Taylor series)는 $f$에 수렴한다고 말한다.

즉 $n \to \infty$ 일 때 오차항 $R_{n(x)} \to \infty$ 이면, 테일러급수는 함수 $f$와 $x=a$ 뿐만 아니라 모든 $x$에서 동일한 함수값과 도함수값을 갖게 된다.

함수 $f$의 테일러급수가 $f$에 수렴하면 $n$이 증가할수록 $n$차 테일러다항식의 오차항이 0에 가까운 값이 되므로, $n$을 충분히 크게 함으로써 $n$차 테일러다항식에 의하여 $f(x)$의 값을 근사적으로 얼마든지 정확하게 계산할 수 있다.

**예 15**

$x=0$에서의 함수 $f(x)=e^x$의 테일러급수가 모든 $x$에 대하여 $f(x)$에 수렴하는 것을 보이라.

테일러 전개에서의 나머지항은 $R_n(x) = \dfrac{e^c}{(n+1)!}x^{n+1}$이다. $e^x$의 $x$은 증가함수이므로 $e^c$은 $e^0=1$과 $e^x$ 사이에 있다. $x=0$이면 $e^x=1$이고 $R_n(x) \to 0$이 되며, $x<0$이면 $c<0$이고 $e^c<1$이므로, $x \le 0$이면 $|R_n(x)| \le \dfrac{|x|^{n+1}}{(n+1)!}$이 된다. 또한 $x>0$이면 $|R_n(x)| \le e^x\dfrac{x^{n+1}}{(n+1)!} = e^x\dfrac{|x|^{n+1}}{(n+1)!}$이 된다.

따라서 모든 $x$에 대하여 $\lim\limits_{n\to\infty}\dfrac{|x|^{n+1}}{(n+1)!}=0$이 성립하면 $\lim\limits_{n\to\infty}R_n(x)=0$이 되는 것을 알 수 있다.

이제 $\lim\limits_{n\to\infty}\dfrac{|x|^n}{n!}=0$이 되는 것을 보이자. $M>|x|$인 정수 $M$을 취하면,

$$\frac{|x|}{n!} = \frac{|x|^n}{1\cdot 2\cdots M\cdot(M+1)(M+2)\cdots n}$$

$$\le \frac{|x|^n}{M!M^{n-M}} = \frac{|x|^n M^M}{M!M^n} = \frac{M^M}{M!}\left(\frac{|x|}{M}\right)^n$$

이고 $\dfrac{|x|}{M}<1$이므로 $\left(\dfrac{|x|}{M}\right)^n \to 0$이다.

$0 \le \dfrac{|x|^n}{n!} \le \dfrac{M^M}{M!}\left(\dfrac{|x|}{M}\right)^n$이므로 샌드위치 정리에 의하여 $\lim\limits_{n\to\infty}\dfrac{|x|}{n!^n}=0$이 된다.

**예 16**

$f(x)=\ln x$에서

1) $P_3(x)$와 $R_3(x)$를 $a=1$에서 구하라.

$$P_3(x) = f(1) + f'(1)(x-1) + \frac{f''(1)}{2!}(x-1)^2 + \frac{f'''(1)}{3!}(x-1)^3$$
$$= \ln(1) + \frac{1}{1}(x-1) - \frac{1}{1^2}\frac{1}{2!}(x-1)^2 + \frac{2}{1^3}\frac{1}{3!}(x-1)^3$$
$$= 0 + (x-1) - \frac{1}{2!}(x-1)^2 + \frac{2}{3!}(x-1)^3$$
$$R_3(x) = \frac{f^{(4)}(c)}{4!}(x-1)^4 = \frac{-6c^{-4}}{4!}(x-1)^4 = -\frac{1}{4c^4}(x-1)^4 \text{ (단 } 1<c<x)$$

2) $P_3(1.1)$을 이용하여 $\ln(1.1)$을 소수점 아래 네 자리까지 정확하기 구하고, $R_3(1.1)$을 이용하여 오차를 계산하라.

$$\ln(1.1) \approx P_3(1.1) = 0.1 - \frac{1}{2}(0.1)^2 + \frac{1}{3}(0.1)^2 + \frac{1}{3}(0.1)^3 \approx 0.0953.$$

$1<c<1.1$인 $c$에 대하여

$$|R_3(1.1)| = \left|-\frac{0.1^4}{4c^4}\right| < \left|-\frac{0.0001}{4}\right| = 0.000025 < 0.00005$$

이므로 $\ln(1.1) \approx 0.0953$은 소수점 아래 네 자리까지 정확하다.

예 17

$e$의 값을 $10^{-6}$이내의 오차로 계산하라.

$e^x = 1 + x + \frac{x^2}{2!} + \frac{x^3}{3!} + \cdots + \frac{x^n}{n!} + R_n(x)$에서

$x=1$이라 놓으면, $e = 1+1+\frac{1}{2!}+\frac{1}{3!}+\cdots+\frac{1}{n!}+R_n(1)$로 전개되고, 나머지항은 0과 1 사이의 어떤 실수 $c$에 대하여 $R_n(1) = e^c\frac{1}{(n+1)!}$이 된다. $e<3$이라는 것을 이미 알고 있다고 가정하면, $0<c<1$이므로 $1<e^c<3$이 되고 따라서

$$\frac{1}{(n+1)!} < R_n(1) < \frac{3}{(n+1)!} \text{ 이 된다.}$$

여러 가지 숫자를 대입하여 계산하여 보면, $\frac{1}{9!} > 10^{-6}$ 이고 $\frac{3}{10!} < 10^{-6}$인 것을 알 수 있다. 따라서 $n+1$이 최소한 10이 되도록, 즉 9차 매클로린 다항식에 의하여 값을 구하면 된다. $10^{-1}$이내의 오차로,

$$e = 1+1+\frac{1}{2!}+\frac{1}{3!}+\cdots+\frac{1}{9!} \approx 2.718282$$

예 18

어떤 사람이 받게 되는 보상 $x$에 대한 효용함수가 $u(x)$이고, 보상 $x$는 얼마가 될지가 불확실한 보상, 즉 평균보상이 $\overline{x}$이고 분산(variance)이 $Var(x)$인 확률분포를 갖는다고 하자.

이러한 불확실한 보상이 가져다 주는 기대효용(expected utility)과 동일한 효용을 가져다 주도록 확실한 보상을 한다면, 즉 이러한 불확실한 보상을 확실한 보상으로 대체한다면, 확실한 보상(certainty equivalent)은 얼마나 될까?

$u(x)$를 $x=\overline{x}$에서 2차 테일러다항식으로 전개할 때 나머지 항이 무시할 수 있을 정도로 작다고 하면,

$$u(x) \approx u(\overline{x}) + (x-\overline{x})u'(\overline{x}) + \frac{1}{2}(x-\overline{x})^2 u''(\overline{u})$$

기대효용(expected utility), 즉 효용의 평균값을 계산하면,

$$\begin{aligned} Eu(x) &\approx u(\overline{x}) + E[x-\overline{x}] \cdot u'(\overline{x}) + \frac{1}{2}E[(x-\overline{x})^2] \cdot u''(\overline{x}) \\ &= u(\overline{x}) + \frac{1}{2}E[(x-\overline{x})^2] \cdot u''(\overline{x}) \\ &\quad (\because E[x-\overline{x}] = E[x] - \overline{x} = \overline{x} - \overline{x} = 0) \end{aligned}$$

불확실한 보상에 대응되는 확실한 보상 $(\hat{x})$은 평균값 $\overline{x}$에 아주 가까운 값이 될 것이므로 이에 대한 효용을 1차 테일러다항식으로 전개하여 근사값을 구하면

$$u(\hat{x}) \approx u(\overline{x}) + (\hat{x}-\overline{x})u'(\overline{x})$$

확실한 보상 $(\hat{x})$은 불확실한 보상과 효용이 같도록, 즉 $u(\hat{x}) = Eu(x)$ 이 되도록 지급되는 보상이므로,

$$u(\overline{x}) + (\hat{x}-\overline{x})u'(x) = u(\overline{x}) + \frac{1}{2}E[(x-\overline{x})^2] \cdot u''(\overline{x})$$

$$\therefore (\hat{x}-\overline{x})u'(x) = \frac{1}{2}E[(x-\overline{x})^2] \cdot u''(\overline{x})$$

$$\therefore \hat{x} - \overline{x} = \frac{1}{2} \cdot \frac{u''(x)}{u'(x)} E[(x-\overline{x})^2] = \frac{1}{2} \cdot r(x) \cdot Var(x)$$

따라서 $\hat{x} = \overline{x} = \frac{1}{2} \cdot r(x) \cdot Var(x)$이 지급되면 된다. 이것을 불확실한 보상의 certainty equivalent라고 한다. 이 때 불확실한 보상을 회피하기 위하여 그 사람이 지불할 용의가

있는 금액 $\frac{1}{2} \cdot r(x) \cdot Var(x)$을 risk premium이라고 부른다.
(그림 9-7에서 certainty equivalent와 risk premium을 찾아서 표시해 보는 것도 이해에 도움이 된다)

# 09 연습문제

**01** 다음 함수의 극점과 극대, 극소, 최대, 최소를 구하라.

(1) $f(x) = 4x^2 - 3x + 2$

(2) $f(w) = w^4 - 32w$

(3) $h(x) = (2x-5)\sqrt{x^2-4}$

(4) $g(t) = t^2\sqrt[3]{2t-5}$

(5) $g(x) = (x-3)\sqrt{9-x^2}$

(6) $f(x) = 1 - x^{\frac{2}{3}}$

(7) $f(x) = xe^{-x}$

**02** 다음 함수의 극대, 극소를 구하고, 함수가 증가하는 구간과 감소하는 구간을 보이라.

(1) $f(x) = 4x^3 - 3x^4$

(2) $f(x) = 10x^3(x-1)^2$

(3) $f(x) = x^{\frac{2}{3}}(x-7)^2 + 2$

(4) $f(x) = x(x-5)^{\frac{1}{3}}$

(5) $f(x) = x\sqrt{x^2-4}$

(6) $f(x) = x\sqrt{4-x^2}$

**03** 각각의 주어진 구간에서 평균값정리를 만족하는 값 $x=c$를 구하라.

(1) $f(x) = 5x^2 - 3x + 1$; $[1,\ 3]$

(2) $f(x) = 3x^2 + x - 4$; $[1,\ 5]$

(3) $f(x) = \dfrac{1}{(x-2)^2}$; $[0,\ 1]$

(4) $f(x) = \dfrac{x+3}{(x-2)}$; $[-2,\ 1]$

(5) $f(x) = 3x^5 + 5x^3 + 15x$; $[-1,\ 1]$

(6) $f(x) = 1 - 3x^{\frac{1}{3}}$; $[-8,\ -1]$

(7) $f(x) = x^3 + 1$; $[-2,\ 4]$

(8) $f(x) = x^3 + 4x$; $[-3,\ 6]$

**04** $w$는 어떤 사람의 몸무게이고 $t$는 달(月)수로 표현된 시간이다. $\frac{dw}{dt}$는 몸무게의 변화율 $\left(\frac{lb}{mo}\right)$이다. 최근의 가장 획기적인 체중감량은 8개월 동안에 487파운드에서 130파운드로 줄어든 것이다. 이 경우 체중이 44파운드 이상 감량된 달이 있었음을 평균값정리를 이용하여 보이라.

**05** $f(x) = \sqrt{1+x}$ 와 평균값정리를 이용하여, $h>0$이면 $\sqrt{1+h} < 1+\frac{1}{2}h$ 인 것을 증명하라.

**06** 다음 함수에 대하여 2차 도함수에 의한 판별법을 이용하여 극대, 극소, 오목한 구간, 볼록한 구간, 변곡점을 구하라

(1) $f(x) = x^3 + 10x^2 + 25x - 50$

(2) $f(x) = 3x^5 - 5x^3$

(3) $f(x) = (x^2-1)^2$

(4) $f(x) = x^4 - 4x^3 + 10$

(5) $f(x) = \sqrt[5]{x} - 1$

(6) $f(x) = 2 - \sqrt[3]{x^2}$

(7) $f(x) = 8x^{\frac{1}{3}} + x^{\frac{4}{3}}$

(8) $f(x) = 6x^{\frac{1}{2}} + x^{\frac{3}{2}}$

(9) $f(x) = 3x^4 - 8x^3 + 6x^2 - 1$

(10) $f(x) = (x-0.1)\sqrt[2]{1.08-0.9x^2}$

**07** 다음 함수를 매클로린급수로 표현하라.

(1) $f(x) = e^{3x}$

(2) $f(x) = e^{-2x}$

(3) $f(x) = \frac{1}{1+3x}$

(4) $f(x) = \frac{1}{1-2x}$

(5) $f(x) = e^{-x}$

(6) $f(x) = 10^x$

(7) $f(x) = \ln(3+x)$

(8) $f(x) = \frac{1}{x+1}$

**08** $a=-1$ 에서 $f(x) = xe^x$ 의 테일러급수의 처음 세 항을 구하라.

**09** 테일러급수의 0이 아닌 처음 두 항을 이용하여 근사값을 계산하고 오차를 추정하라.

(1) $\frac{1}{\sqrt{e}}$

(1) $\frac{1}{e}$

(1) $\ln 1.5$

**10** 다음 각각의 함수를 $a$에서의 $n$차 테일러다항식으로 표현하라.

(1) $f(x) = \sqrt{x}$; $a = 4,\ n = 3$

(2) $f(x) = e^{-x}$; $a = 1,\ n = 3$

(3) $f(x) = \sqrt[3]{x}$; $a = -8,\ n = 3$

(4) $f(x) = xe^{x}$; $a = -1,\ n = 4$

(5) $f(x) = \ln(x+1)$; $a = 1,\ n = 4$

(6) $f(x) = e^{2x}$; $a = 1,\ n = 3$

(7) $f(x) = \left(x^3 + \dfrac{1}{x}\right)\ln(1+x)$; $a = 0,\ n = 5$

**11** 다음의 극한을 구하라.

(1) $\displaystyle\lim_{x\to\infty} \frac{\ln x}{\sqrt{x}}$

(2) $\displaystyle\lim_{x\to\infty} \frac{e^{2x}-1}{x}$

(3) $\displaystyle\lim_{x\to\infty} x^2 e^{-x}$

(4) $\displaystyle\lim_{x\to 0^+} \frac{x^2}{\ln x}$

(5) $\displaystyle\lim_{x\to 0} \frac{e^{x}-e^{-x}}{x^2}$

(6) $\displaystyle\lim_{x\to\infty} \frac{e^{3x}}{x^2}$

(7) $\displaystyle\lim_{x\to\infty} \frac{3x^2 - x + 5}{5x^2 + 6x - 3}$

**12** 어떤 제품에 대한 수요곡선이 $p = 200 - 1.5x$ ($p$는 가격, $x$는 제품의 수량)이고, 한 주에 제품 $x$개를 생산하는 데 소요되는 원가는 $500 + 65x$원이다. 최대생산능력이 주 ① 60개일 때, ② 40개일 때의 각각의 경우에 최대이익을 얻으려면 매주 몇 개를 생산하여야 하나?

**13** $f(x) = ax^2 + \beta x + \tau$ 일 때 임의의 구간 $[a,\ b]$에 대하여 평균값 정리가 성립하는 점 $c$는 구간의 중간점임을 증명하라.

Chapter

# 10 편미분

Mathematics for Economics & Management

지금까지 우리는 하나의 독립변수에 의하여 함수값이 결정되는 1변수함수(function of one variable)만을 고려하였다. 그러나 자연과학이나 인문사회과하학의 많은 이론에서 취급되는 함수는 대체로 여러 개의 독립변수에 의하여 함수값이 결정되는 다변수함수(function of several variables)이다. 두 개의 변수에 의하여 함수값이 결정되는 2변수함수에 대하여 정의되는 극한, 연속, 도함수, 역도함수 등의 개념은 다변수함수에도 같은 방법으로 적용될 수 있기 때문에 10장에서는 2변수함수를 중심으로 논의가 전개될 것이다.

두 개의 변수 $x$와 $y$에 의하여 정의되는 2변수함수 $f$는 $f$의 정의역에 속한 각각의 순서쌍 $(x, y)$에 하나의 함수값 $f(x, y)$를 대응시키는 관계이다. 마찬가지로 $n$개의 변수 $x_1, x_2, \cdots, x_n$에 의한 $n$변수함수 $f$는 각각의 $n$짝 $(x_1, x_2, \cdots, x_n)$에 하나의 함수값 $f(x_1, x_2, \cdots, x_n)$을 대응시킨다.

1변수함수의 그래프를 $xy$ 평면의 곡선으로 나타내듯이 2변수함수의 그래프는 3차원 공간의 곡면으로 나타나며, 정의역은 평면이 된다.

## 10.1 함수의 극한

2변수함수의 극한을 정의하기 위하여 우선 평면상에 있는 점의 근방(neighbor-hood)이라는 용어를 명확히 정의할 필요가 있다.

**정의 1**

점 $(x_0,\ y_0)$의 $\delta$-근방은 $(x_0,\ y_0)$으로부터의 거리가 $\delta$이내인 모든 점들의 집합 $[(x,\ y) \mid (x-x_0)^2+(y-y_0)^2<\delta^2]$ 이다.[1] $\delta$-근방에서 점 $(x_0,\ y_0)$을 제외한 나머지 점들의 집합

$$\{(x,\ y) \mid (x-x_0)^2+(y-y_0)^2<\delta^2\}-\{(x_0,\ y_0)\}$$

은 빠진 근방(deleted neighborhood)이라고 부른다.

어떤 점 $(x_0,\ y_0)$의 모든 빠진 $\delta$-근방이 집합 $S$의 원소를 반드시 포함하고 있으면 이 점 $(x_0,\ y_0)$을 집합 $S$의 집적점(cluster point)이라고 부른다.[2]

평면에서의 $\delta$-근방의 정의는 지금까지 이 책에서 사용한 실수의 집합(수직선)에서의 근방의 개념과 일치한다. 평면 $(R^2=R\times R)$이 아니고 $n$차원 공간($R^n$)에서의 근방도 같은 방법으로 정의할 수 있다.

$P\in R^2$은 임의의 점이고 $S\subseteq R^2$ 이라 하자.

**정의 2**

$S$의 원소만을 포함하는 $P$의 $\delta$-근방이 존재하면 $P$는 $S$의 내점(interior point)이라 하고, $S$에 속하지 않는 원소만을 포함하는 $P$의 $\delta$-근방이 존재하면 $P$를 $S$의 외점(exterior point)이라 하며, $P$의 모든 $\delta$-근방이 $S$의 원소와 $S$에 속하지 않는 원소를 같이 포함하면 $P$를 $S$의 경계점(boundary point)이라고 부른다.

**정의 3**

집합에 속한 모든 원소가 내점인 집합을 열린 집합 또는 개집합(open set)이라 하고, 집합의 모든 경계점을 원소로 포함하고 있는 집합은 닫힌 집합 또는 폐집합(closed set)이라 부른다.

---

1) 이와 같이 정의된 근방을 특히 원형 $\delta$-근방(circular $\delta$ neighborhood)이라고 부른다. 사각형 $\delta$-근방(rectangular $\delta$ neighborhood)은

$$\{(x,\ y) \mid (x-x_0)<\delta,\ (y-y_0)<\delta\}$$

로 정의된다. 제10장에서의 정의와 정리는 원형 $\delta$-근방이나 사각형 $\delta$-근방 중의 어느 개념을 사용하여도 차이가 없다.

2) 집적점은 달리 극한점(limit point) 또는 쌓인점(accumulation point)이라고도 부른다. 아무리 작은 $\delta$에 대하여도 $\delta$-근방이 $S$에 속한 점들을 포함하고 있으므로, 집적점 근처에 $S$의 원소가 밀착되어 집적되어 있다는 느낌에서 이러한 이름이 붙여졌다.

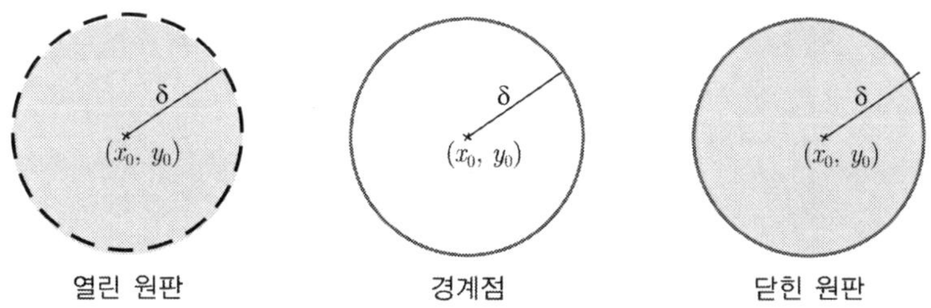


**| 그림 10-1 |**

앞에서 정의한 $\delta$-근방은 열린 집합의 예이며 특히 열린 원판(open disk)이라고 부른다. 점 $(x_0, y_0)$로부터의 거리가 $\delta$인 모든 점$(x, y)$는 $\delta$-근방의 경계점이다. 따라서 $[(x, y) \mid (x-x_0)^2+(y-y_0)^2] \leq \delta^2$ 는 닫힌 집합이며 특히 닫힌 원판(closed disk)이라고 부른다.

점 $P$의 빠진 $\delta$-근방에 속한 모든 점들은 빠진 $\delta$-근방의 내점이므로 빠진 $\delta$-근방도 열린 집합이다. 점 $P$는 $P$의 빠진 $\delta$-근방의 내점이지만, $P$는 빠진 $\delta$-근방에 속하지 않는다. 따라서 열린 집합은 그 집합의 모든 내점을 원소로 포함하여야 되는 것이 아니다. 그러나 집합에 속한 모든 원소가 내점이면 그 집합은 열린 집합이 된다.

이제 2변수함수의 극한에 대하여 알아보자.

**정의 4**

점 $(a, b)$를 중심으로 하는 열린 원판에서 (단, 점 $(a, b)$는 제외), $f(x, y)$가 정의되었다고 하자. 임의의 $\epsilon > 0$에 대하여, $(x, y)$가 $(a, b)$의 빠진 $\delta$-근방에 속하면 $|f(x, y) - L| < \epsilon$ 이 되는 $\delta$-근방이 존재하면

$$\lim_{(x, y) \to (a, b)} f(x, y) = L$$

2변수함수의 극한이 존재하면 극한은 유일하며, 1변수함수에 대한 극한의 성질이 2변수함수에서도 그대로 만족된다.

1변수함수의 경우, 한쪽 극한 $\lim_{x \to a^+} f(x)$와 $\lim_{x \to a^-} f(x)$가 서로 같지 않으면 $x = a$에서 극한이 존재하지 않는다는 것을 의미한다. 1변수함수에서는 $x$가 $a$에 접근할 수 있는 경로가 왼쪽과 오른쪽 두 가지 밖에 없으므로 이와 같이 간단히 극한의 존재를 테스트할 수 있지만, 2변수함수의 경우에는 상황이 훨씬 더 복잡하다.

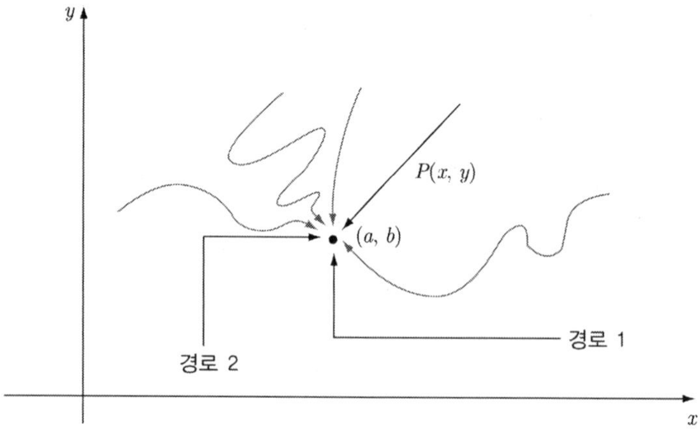


**| 그림 10-2 |**

평면에서 $(x,\ y)$가 $(a,\ b)$에 접근할 수 있는 경로는 모든 방향에서 무수히 많으며 **정의 4**가 요구하는 것은, 함수 $f(x,\ y)$가 $(a,\ b)$에서 극한을 가지려면 $(x,\ y)$가 어떠한 경로를 따라 $(a,\ b)$에 접근하든지 $f(x,\ y)$는 동일한 값 $L$에 접근하여야 한다는 것이다.

**정리 1**

$(x,\ y)$가 $(a,\ b)$에 접근하는 임의의 두 경로에 따라서 $f(x,\ y)$가 서로 다른 값으로 접근하면 $\lim_{(x,\ y)\to(a,\ b)} f(x,\ y)$는 존재하지 않는다.

**정리 1**은 주로 2변수함수 $f(x,\ y)$가 $(a,\ b)$에서 극한을 갖지 않는다는 것을 증명하는 데 사용된다. 특히 $x$축 방향과 $y$축 방향의 경로를 차례대로 따라서 접근하는 경우의 극한

$$\lim_{x\to a}\left(\lim_{y\to b} f(x,\ y)\right) \text{와 } \lim_{y\to b}\left(\lim_{x\to a} f(x,\ y)\right)$$

가 같지 않다는 것을 보일 수 있으면 극한이 존재하지 않는다는 것을 쉽게 증명할 수 있다. 첫 번째 반복극한(iterated limit)[3]은 그림 10-2에서 경로 2와 같은 유형의 경

3) 극한을 반복하여 연속적으로 적용한 것을 반복극한이라고 부른다.

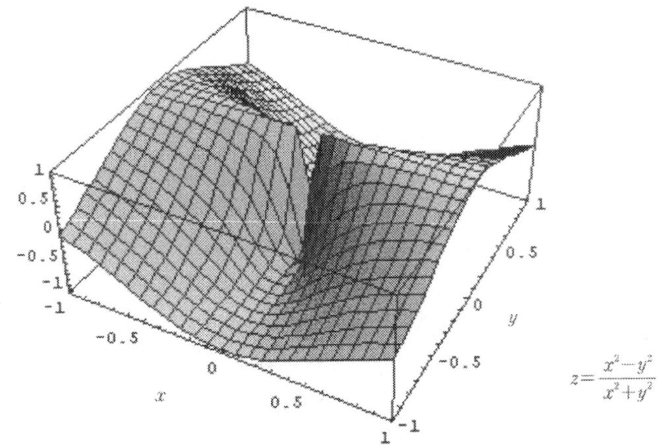


| 그림 10-3 |

로를 따라 접근할 때의 극한이고 두 번째 반복극한은 경로 1과 같은 유형의 경로를 따라 접근할 때의 극한이다. 극한이 존재하면 이 두 가지 반복극한의 값이 같지만, 두 반복극한 이외에도 무수히 많은 다른 접근 경로가 있기 때문에 두 반복극한의 값이 같다고 해서 반드시 극한이 존재하는 것은 아니다.

**예 1**

$\lim_{x\to 0}\left(\lim_{y\to 0}\frac{x-y}{x+y}\right) = \lim_{x\to 0}\left(\frac{x}{x}\right) = \lim_{x\to 0}(1) = 1$이고

$\lim_{y\to 0}\left(\lim_{x\to 0}\frac{x-y}{x+y}\right) = \lim_{y\to 0}(-1) = -1$이므로

따라서 $\lim_{(x,y)\to(a,b)}\frac{x-y}{x+y}$는 존재하지 않는다.

**예 2**

$\lim_{x\to 0}\left(\lim_{y\to 0}\frac{x^2-y^2}{x^2+y^2}\right) = \lim_{x\to 0}(1) = 1$이고

$\lim_{y\to 0}\left(\lim_{x\to 0}\frac{x^2-y^2}{x^2+y^2}\right) = \lim_{y\to 0}(-1) = -1$이므로

$\lim_{(x,y)\to(0,0)} \frac{x^2 - y^2}{x^2 + y^2}$는 존재하지 않는다.

$x$축이나 $y$축이 아닌 다른 임의의 경로를 따라 접근할 때의 극한값을 구하여서 극한이 존재하지 않음을 보여도 된다. 직선 $y = mx$를 따라서 $(0,\ 0)$에 접근하면

$$\lim_{(x,y)\to(0,0)} \frac{x^2 - y^2}{x^2 + y^2} = \lim_{(x,y)\to(0,0)} \frac{x^2 - m^2x^2}{x^2 + m^2x^2} = \lim_{(x,y)\to(0,0)} \frac{1 - m^2}{1 + m^2} = \frac{1 - m^2}{1 + m^2}$$

이 되므로 극한값은 $m$의 함수가 된다. $m$이 다르면, 즉 접근경로가 다르면 극한값도 달라지므로 극한은 존재하지 않는다.

함수의 연속에 관한 정의는 기본적으로 1변수함수의 경우와 동일하다.

**정의 5**

**다음 조건이 만족되면 함수 $f(x,\ y)$는 점 $(a,\ b)$에서 연속이다.**

$$\lim_{(x,y)\to(a,b)} f(x,\ y) = f(a,\ b)$$

함수의 정의역에 속한 모든 점에서 연속이면 그 함수는 정의역에서 연속이라 한다. 1변수함수의 경우에서처럼 연속함수의 합, 곱, 몫 등은 분모가 0이 되지 않는 경우 연속이며, 모든 다항식이나 유리함수, 합성함수도 연속이라는 것을 쉽게 보일 수 있다.

## 10.2 편도함수

2변수함수 $f(x,\ y)$의 어느 한 변수 $x$에 대한 도함수는 나머지 변수인 $y$를 마치 상수처럼 취급함으로써 1변수함수에서처럼 정의할 수 있다. 이렇게 정의된 도함수를 $x$에 대한 편도함수(partial derivative)라고 하며, $f_x$, $\frac{\partial f}{\partial x}$, $D_x f$ 등의 기호로 표시한다.

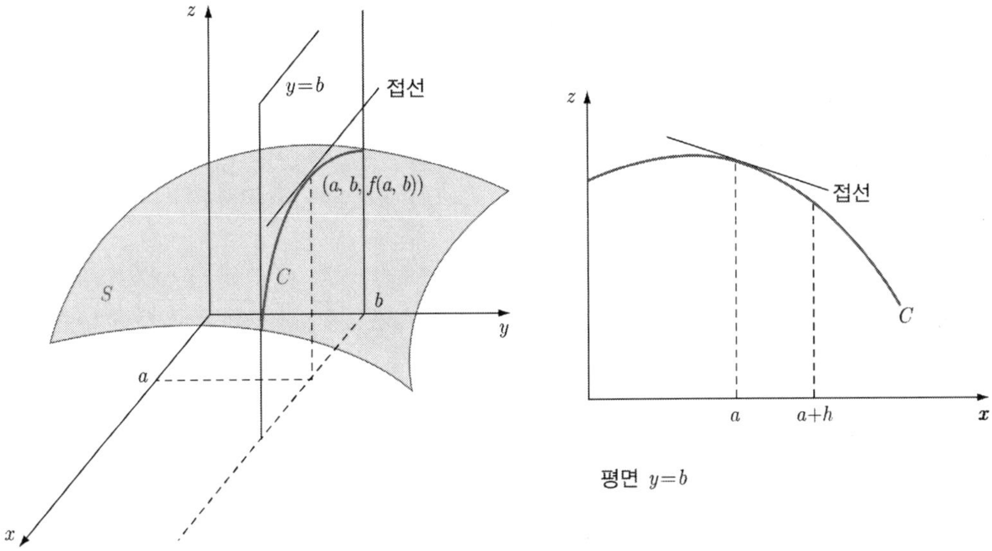


**| 그림 10-4 |**

**정의 6**

함수 $f(x,\ y)$의 $x$와 $y$에 대한 편도함수는 각각 다음과 같이 정의된다.[4)]

$$\frac{\partial f}{\partial x} = \lim_{h \to 0} \frac{f(x+h,\ y) - f(x,\ y)}{h}$$

$$\frac{\partial f}{\partial y} = \lim_{k \to 0} \frac{f(x,\ y+k) - f(x,\ y)}{k}$$

점 $(a,\ b)$에서의 $x$에 대한 편도함수의 값은 $\left.\frac{\partial f}{\partial x}\right|_{(a,\ b)}$ 또는 $f_x(a,\ b)$로 표시한다.

함수 $z=f(x,\ y)$의 편도함수의 의미를 $f$의 그래프를 통하여 알아보자. $f$의 그래프는 3차원 공간에서의 곡면으로 나타내지므로, 임의의 점 $(a,\ b)$에서의 편도함수는

$$f_x(a,\ b) = \lim_{h \to 0} \frac{f(a+h,\ b) - f(a,\ b)}{h}$$

로써, $y$값은 $y=b$로 고정하고 $x$의 값을 $a+h$에서 $a$로 점점 접근시킬 때 함수값의 변화율이 접근하게 되는 극한이다. 그림 10-4에서 보듯이 $y=b$는 $xz$ 평면에 평행인 평면이며, 이 평면이 $f$의 그래프인 곡면 $S$와 만나는 점들은 곡선 $C$를 이룬다. $y$값

4) $\partial$는 데(de)라고 읽는다.

을 $b$로 고정하고 $x$값을 $a+h$로부터 $a$로 접근시키면 함수값은 곡선 $C$를 따라 변하게 되므로, 함수값의 변화율의 극한은 점 $(a,\ b,\ f(a,\ b))$에서 곡선 $C$에 접하는 접선의 기울기가 된다. 마찬가지로 점 $(a,\ b)$에서의 $y$에 대한 편도함수는 평면 $x=a$와 곡면 $S$가 만나는 점들로 이루어진 곡선의 접선의 기울기를 점 $(a,\ b,\ f(a,\ b))$에서 구한 값이다.

### 예 3

$f(x,\ y)=2x^3+3xy^2$ 이라면

$f_x=6x^2+3y^2,\ f_y=6xy$ 이고

$f_x(1,\ 2)=6(1)^2+3(2)=18,\ f_y(1,\ 2)=6(1)(2)=12$ 이다.

### 예 4

제품생산에 투입되는 투입물(input)을 노동 $(L)$과 자본$(K)$이라 하고 산출물(output)을 $P$라 하면 생산함수(production function)는 $P=f(L,\ K)$로 표시된다. 이때 노동에 대한 편도함수 $\frac{\partial P}{\partial L}$를 노동의 한계생산성(marginal productivity of labor)이라 하고, 자본에 대한 편도함수 $\frac{\partial P}{\partial K}$를 자본의 한계생산성이라 부른다.

특히 생산함수 $P(L,\ K)=cL^aK^b\ (a+b=1)$를 콥-더그라스(Cobb-Douglas) 생산함수라고 한다. 이 생산함수는

$$L\frac{\partial P}{\partial L}+K\frac{\partial P}{\partial K}=P$$

를 만족한다. 일반적으로

$$L\frac{\partial P}{\partial L}+K\frac{\partial P}{\partial K}=nP$$

가 되는 생산함수를 $n$차의 동차함수(homogeneous function of degree $n$)라고 부른다. 콥-더그라스 생산함수는 1차의 동차함수이다.[5)]

5) 흔히 $f(tx_1,\ tx_2,\ \cdots,\ tx_n)=t^nf(x_1,\ x_2,\ \cdots,\ x_n)$이 되는 함수 $n$차의 동차함수로 정의하는데, 콥-더그라스 함수는 $P(tL,\ tK)=c(tL)^a(tK)^b=tcL^aK^b=tP(L,\ K)$가 되므로 1차 동차함수이다. 이렇게 정의된 $n$차의 동차함수는, 이 책에서의 정의와 같이 $x_1\frac{\partial f}{\partial x_1}+x_2\frac{\partial f}{\partial x_2}+\cdots+x_n\frac{\partial f}{\partial x_n}=nf(x_1,\ x_2,\ \cdots,\ x_n)$이 만족된다는 것을 쉽게 보일 수 있다. 이것을 특히 오일러(Euler)정리라고 한다.

**예 5**

어떤 제품에 대한 수요는 그 제품의 값에 의해서만 결정되는 것이 아니고, 때로는 다른 제품의 값에 의하여도 영향을 받는다.
제품 $A$의 수요량이 제품 $A$와 제품 $B$의 값에 의하여 결정된다면, 제품 $A$의 수요함수는 $x_A = f(P_A,\ P_B)$로 나타낼 수 있다. 이 때 일차편도함수 $\frac{\partial x_A}{\partial P_A}$와 $\frac{\partial x_A}{\partial P_B}$를 각각 $P_A$와 $P_B$에 대한 $A$의 한계수요(marginal demand with respect to $P_A$ or $P_B$ )라고 부른다. 대체로 그 제품의 값이 오르면 수요는 감소하므로 $\frac{\partial x_A}{\partial P_A} < 0$ 이 되는 것을 알 수 있다. $\frac{\partial x_A}{\partial P_B} > 0$ 이면 두 제품은 서로 경쟁적인 제품, 즉 대체상품이고, $\frac{\partial x_A}{\partial P_B} < 0$ 이면, 두 제품은 서로 보완적(complementary)인 제품이라 한다.

**예 6**

가격과 수량의 상대적 증가율의 비를 수요탄력성(elasticity of demand)이라고 한다.
즉 제품 $A$의 가격이 1% 증가할 때 수요의 변화가 몇 %인가를 나타내는

$$\eta_{P_A} = \frac{\partial x_A / \partial P_A}{x_A / P_A} = \frac{P_A}{x_A}\frac{\partial x_A}{\partial P_A}$$

를 제품 $A$의 가격에 대한 수요탄력성이라 하고

$$\eta_{P_B} = \frac{\partial x_A / \partial P_B}{x_A / P_B} = \frac{P_B}{x_A}\frac{\partial x_A}{\partial P_B}$$

를 제품 $B$의 가격에 대한 수요탄력성이라 한다.

함수 $f(x,\ y)$의 편도함수 $f_x$와 $f_y$도 $x$와 $y$의 함수이므로 **정의 6**을 편도함수에 적용하면 2계편도함수가 얻어진다.

**정의 7**

$f(x,\ y)$의 2계편도함수(second partial derivative)는 다음과 같이 표시한다.

$$\frac{\partial}{\partial x}\left(\frac{\partial f}{\partial x}\right) = \frac{\partial^2 f}{\partial x^2} = f_{xx} \qquad \frac{\partial}{\partial y}\left(\frac{\partial f}{\partial y}\right) = \frac{\partial^2 f}{\partial y^2} = f_{yy}$$

$$\frac{\partial}{\partial x}\left(\frac{\partial f}{\partial y}\right) = \frac{\partial^2 f}{\partial x \partial y} = f_{yx} \qquad \frac{\partial}{\partial y}\left(\frac{\partial f}{\partial x}\right) = \frac{\partial^2 f}{\partial y \partial x} = f_{xy}$$

마찬가지 방법으로 고계편도함수도 정의된다.

예 7

$f(x,\ y)=2x^3+3xy^3$ 에서[6)]

$$f_{xx}=12x,\ f_{yy}=18xy,\ f_{xy}=9y^2=f_{yx}$$

함수 $f(x,\ y)$가 점 $(a,\ b)$에서 연속이 되기 위해서는 1변함수에서처럼 $(x,\ y)$가 $(a,\ b)$에 접근할 때의 $f(x,\ y)$의 극한값이 $f(a,\ b)$와 같아야 된다.

1변수함수의 경우, 함수가 미분가능하면 연속함수가 되는 것을 보았다. 즉 1계도함수가 존재하면 함수는 연속이다. 그러나 2변수함수 또는 다변수함수에서는 [예 8]에서 보듯이 일계편도함수가 존재한다고 해서 연속함수가 되지는 않는다. 2변수함수가 연속함수가 되기 위해서는 **정리 4**에서 보듯이, 일계편도함수의 존재보다 좀더 강한 조건, 즉 일계편도함수가 연속함수라는 조건이 필요하다.

예 8

$$f(x,\ y)=\begin{cases}\dfrac{xy}{x^2+y^2}, & (x,\ y)\neq(0,\ 0)\\ 0, & (x,\ y)=(0,\ 0)\end{cases}$$

에서 $f_x(0,\ 0)=\lim\limits_{h\to 0}\dfrac{f(h,\ 0)-f(0,\ 0)}{h}=\lim\limits_{h\to 0}\dfrac{0}{h}=0$이고

$$f_y(0,\ 0)=\lim_{h\to 0}\frac{f(0,\ h)-(0,\ 0)}{h}=\lim_{h\to 0}\frac{0}{h}=0\text{이다.}$$

그러나 $xy$-평면 상의 직선 $y=mx$ 를 따라 $(x,\ y)$를 $(0,\ 0)$에 접근시키면,

$$\lim_{(x,y)\to(0,0)} f(x,\ y)=\lim_{x\to 0}\frac{mx^2}{x^2+m^2x^2}=\frac{m}{1+m^2}$$

이 되고, 극한값은 접근하는 경로에 따라 달라지므로 극한값이 존재하지 않으며, 따라서 $f(x,\ y)$는 점 $(0,\ 0)$에서 연속이 아니다.

6) 일반적으로 $f_{xy}$와 $f_{yx}$가 반드시 같지는 않다. $f_{xy}=f_{yx}$가 되기 위한 조건은 정리 6에서 볼 수 있다.

1변수함수에서는 함수가 미분가능하다는 것은 도함수가 존재한다는 것을 의미하였지만, [예 8]에서 보듯이 다변수함수의 경우에는 편도함수의 존재만으로는 함수의 연속성을 보장할 수 없기 때문에 미분가능 함수가 1변수함수에서와는 달리 정의된다. 이러한 정의는 얼핏 보기에는 복잡하고 이상하게 느껴지겠지만, 미분가능한 함수가 연속함수가 되기 위한 조건, 즉 편도함수가 연속이라는 조건과 밀접한 관계를 갖고 있음을 다음 절에서 보게 될 것이다.

## 10.3 미분가능함수

$\Delta x = dx$ 와 $\Delta y = dy$ 를 각각 $x$와 $y$의 증분(increment)이라 하면 $W = f(x,\ y)$의 증분은 $\Delta W = f(x+\Delta x,\ y+\Delta y) - f(x,\ y)$이다. 다음 정리에서 알 수 있듯이 $\Delta W$는 편도함수를 이용하여 표현될 수 있다.[7)]

**정리 2**

함수 $W = f(x,\ y)$ 의 일계편도함수 $f_x$, $f_y$가 존재하고 점 $(a,\ b)$에서 연속이면

$$\Delta W = f_x(a,\ b)\Delta x + f_y(a,\ b)\Delta y + \epsilon_1 \Delta x + \epsilon_2 \Delta y$$

로 표시된다. 여기서 $\epsilon_1$과 $\epsilon_2$는 $\Delta x$와 $\Delta y$의 함수이며 $(\Delta x,\ \Delta y) \to (0,\ 0)$일 때의 극한값이 0이다.

**증명** 
$$\begin{aligned}\Delta W &= f(a+\Delta x,\ b+\Delta y) - f(a,\ b)\\ &= [f(a+\Delta x,\ b+\Delta y) - f(a,\ b+\Delta y)] + [f(a,\ b+\Delta y) - f(a,\ b)] \quad (1)\end{aligned}$$

로 쓸 수 있다. $g(x) = f(x,\ b+\Delta y)$ 라 하면 $g'(x) = f_x(x,\ b+\Delta y)$ , 평균값정리에 의하여

$$g(a+\Delta x) - g(a) = g'(u)\Delta x$$

가 성립하는 $u \in (a,\ a+\Delta x)$ 가 존재한다. 따라서

$$f(a+\Delta x,\ b+\Delta y) - f(a,\ b+\Delta y) = f_x(u,\ b+\Delta y)\Delta x \qquad (2)$$

7) p.122의 일변수함수의 경우와 비교하여 볼 것.

같은 방법으로 $h(y)=f(a,\ y)$라 하면 $h'(y)=f_y(a,\ y)$가 되고 평균값정리에 의하여

$$h(b+\Delta y)-h(b)=h'(v)\Delta y$$

가 되는 $v\in(b,\ b+\Delta y)$가 존재한다. 따라서

$$f(a,\ b+\Delta y)-f(a,\ b)=f_y(a,\ v)\Delta y \tag{3}$$

(2)와 (3)을 (1)에 대입하면

$$\begin{aligned}\Delta W &= f_x(u,\ b+\Delta y)\Delta x+f_y(a,\ v)\Delta y\\ &=[f_x(a,\ b)+f_x(u,\ b+\Delta y)-f_x(a,\ b)]\Delta x+[f_y(a,\ b)+f_y(a,\ v)-f_y(a,\ b)]\Delta y\\ &=f_x(a,\ b)\Delta x+f_y(a,\ b)\Delta y+[f_x(u,\ b+\Delta y)-f_x(a,\ b)]\Delta x\\ &\quad+[f_y(a,\ v)-f_y(a,\ b)]\Delta y\\ &=f_x(a,\ b)\Delta x+f_y(a,\ b)\Delta y+\epsilon_1\Delta x+\epsilon_2\Delta y \qquad (4)\end{aligned}$$

여기서 $\epsilon_1$, $\epsilon_2$는 $\Delta x$와 $\Delta y$의 함수이고, 또한 $f_x$와 $f_y$가 연속이므로, $(\Delta x,\ \Delta y)$가 $(0,\ 0)$에 접근하면 $u\to a$이고 $v\to b$가 되어, $\epsilon_1\to 0$과 $\epsilon_2\to 0$이 된다.

**예 9**

$W=3x^2-xy$ 라 하자.

$$\begin{aligned}\Delta W&=[3(x+\Delta x)^2-(x+\Delta x)(y+\Delta y)]-(3x^2-xy)\\ &=6x\Delta x+3(\Delta x)^2-x\Delta y-y\Delta x-\Delta x\Delta y\\ &=(6x-y)\Delta x+(-x)\Delta y+(3\Delta x)\Delta x+(-\Delta x)\Delta y\end{aligned}$$

가 되고

$f_x(x,\ y)=6x-y,\ f_y(x,\ y)=-x$이므로 $\epsilon_1=3\Delta x,\ \epsilon_2=-\Delta x$

또한 $\Delta W=(6x-y)(-x)\Delta y+(3\Delta x-\Delta y)\,\Delta x+(0)\Delta y$

로 쓸 수도 있으므로 $\epsilon_1=3\Delta x-\Delta y,\ \epsilon_2=0$이 될 수도 있다. 어떤 경우든 $(\Delta x,\ \Delta y)\to(0,\ 0)$일 때 $\epsilon_1\to 0$이고 $\epsilon_2\to 0$이다.

**정리 2**를 이용하면 1변수함수에 대하여 미분(differential)을 정의한 것처럼 2변수함수에 대한 미분을 정의할 수 있다.

**정의 8**

$w=f(x,\ y)$ 라 하고 $\Delta x$와 $\Delta y$를 각각 $x$와 $y$의 증분이라고 하자. 독립변수 $x$와 $y$의 미분은 $dx=\Delta x,\ dy=\Delta y$ 이며 종속변수 $w$의 미분 $dw$는

$$dw = f_x(x,\ y)dx + f_y(x,\ y)dy = \frac{\partial w}{\partial x}dx + \frac{\partial w}{\partial y}dy$$

이다.

**정리 2**의 $\Delta w$에 관한 표현에서 $(\Delta x,\ \Delta y)$가 $(0,\ 0)$에 접근할 때 $\epsilon_1$과 $\epsilon_2$도 0에 접근하므로, $\Delta w = dw + \epsilon_1 \Delta x + \epsilon_2 \Delta y$에서 $\Delta x$와 $\Delta y$가 충분히 0에 가까운 값이면 $dw \approx \Delta w$가 되는 것을 알 수 있다. 따라서 $x$와 $y$값이 조금 변할 때의 함수값의 변화 $\Delta w$는 $dw$를 이용하여 근사적으로 구할 수 있다.

**예 10**

$w = 3x^2 - xy$라 하자. $(x,\ y)$가 $(1,\ 2)$에서 $(1.01,\ 1.98)$로 변할 때 $\Delta w$를 근사적으로 구하라.

$$dw = \frac{\partial w}{\partial x}dx + \frac{\partial w}{\partial y}du = (6x - y)dx + (-x)dy$$

이므로

$$dw = (6 \cdot 1 - 2)(0.01) + (-1)(-0.02) = 0.06$$

따라서 $\Delta w \approx 0.06$이다.

이제 **정리 2**를 이용하여 미분가능함수를 정의할 수 있다.

**정의 9**

$w = f(x,\ y)$ 라 하자. $w$의 증분 $\Delta w$가 **정리 2**에서처럼 표현될 수 있으면 $f$는 $(a,\ b)$에서 미분가능하다고 한다.

따라서 $\Delta w$가 **정리 2**에서처럼 표현되기 위한 조건은 $f$가 일계편도함수를 갖고, 일계편도함수가 $(a,\ b)$에서 연속이라는 것이었으므로

**정리 3**

$w = f(x,\ y)$ 의 일계편도함수 $f_x$와 $f_y$가 연속이면 $f$는 미분가능하다.

미분가능한 2변수함수를 **정의 9**와 같이 정의하면, 1변수함수에서처럼 다음 정리가 성립한다.

**정리 4**

$f$가 $(a,\ b)$에서 미분가능하면 $f$는 $(a,\ b)$에서 연속이다.

**증명** $\Delta w = f(x,\ y) - f(a,\ b) = [f_x(a,\ b) + \epsilon_1]\Delta x + [f_y(a,\ b) + \epsilon_2]\Delta y$

$= [f_x(a,\ b) + \epsilon_1](x-a) + [f_y(a,\ b) + \epsilon_2](y-b)$

이므로

$$\lim_{(x,\ y)\to(a,b)} [f(x,\ y) - f(a,\ b)] = 0$$

따라서 $\displaystyle\lim_{(x,\ y)\to(a,\ b)} f(x,\ y) = f(a,\ b)$

이제 2변수함수의 편도함수에 관한 성질을 조사해 보자. 합성함수에 대한 편미분은 다음과 같이 할 수 있다.

**정리 5**

(연쇄법칙) $w = f(u,\ v)$ 이고 $u = g(x,\ y)$, $v = h(x,\ y)$이며 $f,\ g,\ h$가 모두 미분가능하면,

$$\frac{\partial w}{\partial x} = \frac{\partial w}{\partial u}\frac{\partial u}{\partial x} + \frac{\partial w}{\partial v}\frac{\partial v}{\partial x}\ (\text{즉 } f_x = f_u u_x + f_v v_x)$$

$$\frac{\partial w}{\partial y} = \frac{\partial w}{\partial u}\frac{\partial u}{\partial y} + \frac{\partial w}{\partial v}\frac{\partial v}{\partial y}\ (\text{즉 } f_y = f_u u_y + f_v v_y)$$

**증명** $y$를 상수로 생각하면 (즉 $\Delta y = 0$ ),

$$\Delta u = g(x+\Delta x,\ y) - g(x,\ y), \quad \Delta v = h(x+\Delta x,\ y) - h(x,\ y) \tag{5}$$

(5)에 의하여 $\Delta w$를 $\Delta w = f(u+\Delta u,\ v+\Delta v) - f(u,\ v)$로 표현할 수 있다. $f$가 미분가능하므로,

$$\Delta w = \frac{\partial w}{\partial u}\Delta u + \frac{\partial w}{\partial v}\Delta v + \epsilon_1 \Delta u + \epsilon_2 \Delta v$$

(6)에서 $\epsilon_1,\ \epsilon_2$는 $\Delta u,\ \Delta v$의 함수이고, $(\Delta u,\ \Delta v)\to(0,\ 0)$일 때 극한값 0을 갖는다. (6)의 양변을 $\Delta x$로 나누어 주면,

$$\frac{\Delta w}{\Delta x} = \frac{\partial w}{\partial u}\frac{\Delta u}{\Delta x} + \frac{\partial w}{\partial v}\frac{\Delta u}{\Delta x} + \epsilon_1\frac{\Delta u}{\Delta x} + \epsilon_2\frac{\Delta v}{\Delta x} \tag{7}$$

$w$를 $x$의 함수로 생각하면, $\lim_{\Delta x \to 0} \frac{\Delta w}{\Delta x} = \frac{\partial w}{\partial x}$ 이고, (5)에서

$$\lim_{\Delta x \to 0} \frac{\Delta u}{\Delta x} = \frac{\partial u}{\partial x}, \quad \lim_{\Delta x \to 0} \frac{\Delta v}{\Delta x} = \frac{\partial v}{\partial x} \text{ 이며,}$$

$\Delta x$가 0에 접근하면, $\Delta u$와 $\Delta v$도 0에 접근하고 따라서 $\epsilon_1$과 $\epsilon_2$도 0에 접근하므로, $\Delta x$가 0에 접근할 때의 (7)의 극한은

$$\frac{\partial w}{\partial x} = \frac{\partial w}{\partial u}\frac{\partial u}{\partial x} + \frac{\partial w}{\partial v}\frac{\partial v}{\partial x}$$

$\frac{\partial w}{\partial y}$ 에 대하여도 마찬가지 방법으로 증명된다.

**예 11**

$w = 3r^2 + s^3$, $r = xy$, $s = x^2 y$이면

$$\frac{\partial w}{\partial x} = \frac{\partial w}{\partial r}\frac{\partial r}{\partial x} + \frac{\partial w}{\partial s}\frac{\partial s}{\partial x} = (6r)y + (3s^2)2xy = (6xy)y + 3(x^2y)^2 2xy$$
$$= 6xy^2 + 6x^5y^3 = 6xy^2(1 + x^4y)$$

2변수함수의 이차편도함수 $f_{xy}$와 $f_{yx}$에 관하여 다음과 같은 유용한 정리가 성립한다.

**정리 6**

$f(x, y)$의 이차편도함수 $f_{xy}$와 $f_{yx}$가 존재하고 $f$의 정의역에서 연속이면, $f_{xy} = f_{yx}$이다.

**증명** $f_{yx}$가 연속이라고 하자. 정리는 $f$의 정의역에 속한 모든 점에서 성립하지만, 표현을 간단히 하기 위하여 점 (0, 0)에서 정리가 성립하는 것을 보이기로 하자. 이차편도함수에 관한 정의에 의하여

$$f_{xy}(0, 0) = \left.\frac{\partial f_x}{\partial y}\right|_{(0,\ 0)} = \lim_{k \to 0} \frac{f_x(0, k) - f_x(0, 0)}{k}$$
$$= \lim_{k \to 0} \frac{1}{k}\left\{\lim_{h \to 0} \frac{f(h, k) - f(0, k)}{h} - \lim_{h \to 0} \frac{f(h, 0) - f(0, 0)}{h}\right\}$$
$$= \lim_{k \to 0}\left\{\lim_{h \to 0} \frac{[f(h, k) - f(0, k)] - [f(h, 0) - f(0, 0)]}{h \cdot k}\right\}$$

$u(y) = f(h, y) - f(0, y)$라고 하면 위 식의 분자는 $u(k) - u(0)$으로 표현할 수 있다. 평균값정리에 의하여

$$u(k) - u(0) = u'(K) \cdot k$$

가 되는 $K$가 0과 $k$ 사이에 존재한다.
$u'(K) = f_y(h, K) - f_y(0, K)$이므로, $K$를 고정하고 평균값정리를 함수 $f_y(x, K)$에 적용하면,

$$u'(K) = f_{yx}(H, K) \cdot h$$

가 되는 $H$가 0과 $h$ 사이에 존재한다. 따라서

$$f_{xy}(0, 0) = \lim_{k \to 0} \left[ \lim_{h \to 0} f_{yx}(H, K) \right]$$

$h$와 $k$가 0에 접근하면 $H$와 $K$도 0에 접근하고, 또한 $f_{yx}$는 연속이므로 $f_{yx}(H, K) \to f_{yx}(0, 0)$.
따라서 $f_{xy}(0, 0) = f_{yx}(0, 0)$

## 10.4 음함수와 야코비안

편도함수를 이용하면 음함수의 도함수를 쉽게 구할 수 있다. 우선 1변수함수 경우를 살펴보기로 하자. 방정식 $F(x, y) = 0$에 의하여 미분가능한 함수 $y = f(x)$가 정의된다고 하자. 이와 같이 음함수로 정의된 함수 $f$의 구체적 형태를 모르는 경우에도 $f$의 도함수를 편도함수를 이용하여 구할 수 있다.

$F(x, f(x)) = 0$ 이므로 $\dfrac{dF}{dx} = 0$ 이며, 연쇄법칙에 의하여[8)]

$$\frac{dF}{dx} = \frac{\partial F}{\partial x}\frac{dx}{dx} + \frac{\partial F}{\partial y}\frac{dy}{dx} = \frac{\partial F}{\partial x} + \frac{\partial F}{\partial y}\frac{dy}{dx} = 0$$

따라서

$$\frac{dy}{dx} = -\frac{F_x(x, y)}{F_y(x, y)}$$

8) 5장에서 음함수의 미분은 방정식의 각 항을 $x$에 관하여 미분하면 된다고 하였는데, 이것이 바로 여기에서처럼 연쇄법칙을 적용하기 때문이라는 것을 알 수 있다.

**정리 7**

미분가능한 함수 $y=f(x)$가 방정식 $F(x, y)=0$ 에 의하여 정의되면,

$$\frac{dy}{dx}=-\frac{F_x(x, y)}{F_y(x, y)}$$

**예 12**

$y=f(x)$ 가 $y^4+3y-4x^3-5x-1=0$ 에 의하여 정의된다면,

$$\frac{dy}{dx}=-\frac{-12x^2-5}{4y^3+3}=\frac{12x^2+5}{4y^3+3}$$

1변수함수에서와 마찬가지로 다변수함수인 경우에도 음함수의 편도함수를 **정리 7**에서와 같은 방법으로 구할 수 있다. 방정식 $F(x, y\ z)=0$가 미분가능한 2변수함수 $z=f(x, y)$를 정의한다고 하자.

$F$를 $x$의 함수로 생각하여 연쇄법칙을 적용하면,

$$\frac{\partial F}{\partial x}=F_x\frac{dx}{dx}+F_y\frac{dy}{dx}+F_z\frac{\partial z}{\partial x}=F_x+F_z\frac{\partial z}{\partial x}=0 \tag{8}$$

마찬가지로,

$$F_y+F_z\frac{\partial z}{\partial y}=0 \tag{9}$$

이 되어

$$\frac{\partial z}{\partial x}=-\frac{F_x(x, y, z)}{F_z(x, y, z)},\quad \frac{\partial z}{\partial y}=-\frac{F_y(x, y, z)}{F_z(x, y, z)}$$

가 되는 것을 보일 수 있다. )))

**예 13**

$z=f(x, y)$가 $x^2z^2+xy^2-z^3+4yz-5=0$에 의하여 정의된다면,

$$\frac{\partial z}{\partial x}=-\frac{2xz^2+y^2}{2x^2z-3z^2+4y},\quad \frac{\partial x}{\partial y}=-\frac{2xy+4z}{2x^2z-3z^2+4y}$$ )))

**예 14**

$z^3 - xz - y = 0$ 에서 $\dfrac{\partial^2 z}{\partial x \partial y}$ 를 구하라.

$x$에 대하여 ($y$를 고정하고) 미분하면,

$$3z^2 \frac{\partial z}{\partial x} - x\frac{\partial z}{\partial x} - z = 0 \qquad \therefore \frac{\partial z}{\partial x} = \frac{z}{3z^2 - x} \tag{10}$$

$y$에 대하여 ($x$를 고정하고) 미분하면,

$$3z^2 \frac{\partial z}{\partial x} - x\frac{\partial z}{\partial y} - 1 = 0 \qquad \therefore \frac{\partial z}{\partial y} = \frac{1}{3z^2 - x} \tag{11}$$

(11)을 $x$에 대하여 미분하고 (10)을 이용하면

$$\frac{\partial^2 z}{\partial x \partial y} = \frac{-1}{(3z^2 - x)^2}\left(6z\frac{\partial z}{\partial x} - 1\right) = \frac{1 - 6z\left(\dfrac{z}{3z^2 - x}\right)}{(3z^2 - x)^2} = -\frac{3z^2 + x}{(3z^2 - x)^3}$$

$\dfrac{\partial z}{\partial x}$와 $\dfrac{\partial z}{\partial y}$는 [예 12]에서처럼 구할 수도 있다.

즉 $F(x, y, z) = z^3 - xz - y$ 라 하면,

$$\frac{\partial z}{\partial x} = -\frac{F_x}{F_z} = -\frac{-z}{3z^2 - x}$$

$$\frac{\partial z}{\partial y} = -\frac{F_y}{F_z} = -\frac{-1}{3z^2 - x}$$

)))

음함수의 편도함수를 구하는 방법 중에는 야코비안(Jacobian) 또는 야코비안행렬식(Jacobian determinant)을 이용하면 편리한 경우가 있다.

**정의 10**

$F(u, v)$와 $G(u, v)$가 미분가능하다고 하자. $F$와 $G$의 $u$와 $v$에 대한 야코비안(또는 야코비안 행렬식)은 다음과 같이 정의된다.

$$|J| = \frac{\partial(F, G)}{\partial(u, v)} = \begin{vmatrix} \dfrac{\partial F}{\partial u} & \dfrac{\partial F}{\partial v} \\ \dfrac{\partial G}{\partial u} & \dfrac{\partial G}{\partial v} \end{vmatrix} = \begin{vmatrix} F_u & F_v \\ G_u & G_v \end{vmatrix}$$

일반적 $F(x_1,\ x_2,\ \cdots,\ x_n)$, $i=1,\ 2,\ \cdots,\ n$의 야코비안은

$$\frac{\partial(F^1,\ F^2,\ \cdots,\ F^n)}{\partial(x_1,\ x_2,\ \cdots,\ x_n)} = \begin{vmatrix} F_1^1 & F_2^1 & \cdots & F_n^1 \\ F_1^2 & F_2^2 & \cdots & F_n^2 \\ \vdots & \vdots & \cdots & \vdots \\ F_1^n & F_2^n & \cdots & F_n^n \end{vmatrix}$$

으로 정의된다.
(여기서 $F_j^i$는 $i$번째 식 $F^i$의 $j$번째 변수 $x_j$에 대한 편도함수이다.)

야코비안은 음함수의 편도함수를 구하는 데 편리하게 이용될 수 있다. 연립방정식

$$\begin{cases} F(x,\ y,\ u,\ v)=0 \\ G(x,\ y,\ u,\ v)=0 \end{cases}$$

에 의하여 $u$와 $v$가 $x$와 $y$의 함수로 정의되었다면,[9] 다음 정리가 성립한다.

**정리 8**

$$\frac{\partial u}{\partial x} = -\frac{\dfrac{\partial(F,\ G)}{\partial(x,\ v)}}{\dfrac{\partial(F,\ G)}{\partial(u,\ v)}} \qquad \frac{\partial u}{\partial y} = -\frac{\dfrac{\partial(F,\ G)}{\partial(y,\ v)}}{\dfrac{\partial(F,\ G)}{\partial(u,\ v)}}$$

$$\frac{\partial v}{\partial x} = -\frac{\dfrac{\partial(F,\ G)}{\partial(u,\ x)}}{\dfrac{\partial(F,\ G)}{\partial(u,\ v)}} \qquad \frac{\partial v}{\partial y} = -\frac{\dfrac{\partial(F,\ G)}{\partial(u,\ y)}}{\dfrac{\partial(F,\ G)}{\partial(u,\ v)}}$$

**증명** 

$$dF = F_x dx + F_y dy + F_u du + F_v dv = 0$$
$$dG = G_x dx + G_y dy + G_u du + G_v dv = 0 \qquad (12)$$

이며, 또한 $u$와 $v$가 $x$와 $y$의 함수이므로

$$du = u_x dx + u_y dy,\quad dv = v_x dx + v_y dy \qquad (13)$$

가 된다. (13)을 (12)에 대입하면

9) 연립방정식의 풀이에서 야코비안은 특별한 의미를 갖는다. 예를 들면, 연립방정식

$$\begin{cases} F(u,\ v,\ x,\ t,\ z)=0 \\ G(y,\ v,\ x,\ y,\ z)=0 \end{cases}$$

이 임의의 두 변수 $u$와 $v$에 대하여 풀리기 위한 필요충분조건은 $u$와 $v$에 대한 야코비안 $\frac{\partial(F,\ G)}{\partial(u,\ v)}$이 항등적으로 0이 아니라는 것이다(이에 대한 증명은 이 책의 정도를 넘으므로 생략함.

$$dF = (F_x + F_u u_x + F_v v_x)dx + (F_y + F_u u_y + F_v v_y)dy = 0$$
$$dG = (G_x + G_u u_x + G_v v_x)dx + (G_y + G_u u_y + G_v v_y)dy = 0 \tag{14}$$

$x$와 $y$는 서로 독립적이므로 모든 $dx$와 $dy$에 대하여 (14)가 성립하기 위해서는 $dx$와 $dy$의 계수가 모두 0이 되어야 한다. 따라서

$$\begin{cases} F_u u_x + F_v v_x = -F_x \\ G_u u_x + G_v v_x = -G_x \end{cases} \quad \begin{cases} F_u u_y + F_v v_y = -F_y \\ G_u u_y + G_v v_y = -G_y \end{cases}$$

이 연립방정식을 풀면

$$u_x = \frac{\partial u}{\partial x} = \frac{\begin{vmatrix} -F_x & F_v \\ -G_x & G_v \end{vmatrix}}{\begin{vmatrix} F_u & F_v \\ G_u & G_v \end{vmatrix}}, \quad v_x = \frac{\partial v}{\partial x} = \frac{\begin{vmatrix} F_u & -F_x \\ G_u & -G_x \end{vmatrix}}{\begin{vmatrix} F_u & F_v \\ G_u & G_v \end{vmatrix}}$$

$$u_y = \frac{\partial u}{\partial y} = \frac{\begin{vmatrix} -F_y & F_v \\ -G_y & G_v \end{vmatrix}}{\begin{vmatrix} F_u & F_v \\ G_u & G_v \end{vmatrix}}, \quad v_y = \frac{\partial v}{\partial y} = \frac{\begin{vmatrix} F_u & -F_y \\ G_u & -G_y \end{vmatrix}}{\begin{vmatrix} F_u & F_v \\ G_u & G_v \end{vmatrix}}$$

이러한 방법은 쉽게 일반화될 수 있다. 예를 들면, 다섯 개의 변수로 이루어진 세 개의 방정식이 있다고 하면, 이론적으로는 이중 세 개의 변수를 나머지 두 개의 변수로 표현할 수가 있다. 가령 연립방정식

$$F(u,\ v,\ w,\ x,\ y) = 0, \qquad G(u,\ v,\ w,\ x,\ y) = 0. \quad H(u,\ v,\ w,\ x,\ y) = 0$$

가 주어졌을 때 $u$, $v$, $w$를 $x$, $y$의 함수라고 생각한다면

$$\frac{\partial u}{\partial x} = -\frac{\dfrac{\partial(F,\ G,\ H)}{\partial(x,\ v,\ w)}}{\dfrac{\partial(F.\ G.\ H)}{\partial(u,\ v,\ w)}}, \quad \frac{\partial w}{\partial y} = -\frac{\dfrac{\partial(F,\ G,\ H)}{\partial(u,\ v,\ y)}}{\dfrac{\partial(F,\ G,\ H)}{\partial(u,\ v,\ w)}}$$

등과 같이 야코비안을 이용하여 음함수의 편도함수를 구할 수 있는 것이다. 이와 같이 야코비안을 이용하여 편도함수를 구할 때는 나머지 변수 중에서 어느 것이 종속변수이고 어느 것이 독립변수인가를 분명히 아는 것이 중요한다.

**예 15**

다음 연립방정식에 의하여 $z$, $w$가 $x$, $y$의 함수로 정의되었다고 하자.

$$\begin{cases} 3x^2 - 2xy + yzw - w = 0 \\ x + 2yz - z + w = 0 \end{cases}$$

$\dfrac{\partial z}{\partial x}$와 $\dfrac{\partial z}{\partial y}$를 구하라.

$$F(x,\ y,\ z,\ w) = 3x^2 - 2xy + yzw - w$$
$$G(x,\ y,\ z,\ w) = x + 2yz - z + w$$

라 하면

$$\frac{\partial z}{\partial x} = -\frac{\dfrac{\partial(F,\ G)}{\partial(x,\ w)}}{\dfrac{\partial(F,\ G)}{\partial(z,\ w)}} = -\frac{\begin{vmatrix} F_x & F_w \\ G_x & G_w \end{vmatrix}}{\begin{vmatrix} F_z & F_w \\ G_z & G_w \end{vmatrix}} = -\frac{\begin{vmatrix} 6x-2y & yz-1 \\ 1 & 1 \end{vmatrix}}{\begin{vmatrix} yw & yz-1 \\ 2y-1 & 1 \end{vmatrix}}$$

$$= -\frac{(6x-2y)-(yz-1)}{yw-(yz-1)(2y-1)} = \frac{yz-1-6x+2y}{yw-(yz-1)(2y-1)}$$

$$\frac{\partial z}{\partial y} = -\frac{\dfrac{\partial(F,\ G)}{\partial(y,\ w)}}{\dfrac{\partial(F,\ G)}{\partial(z,\ w)}} = -\frac{\begin{vmatrix} F_y & F_w \\ G_y & G_w \end{vmatrix}}{\begin{vmatrix} F_z & F_w \\ G_z & G_w \end{vmatrix}} = -\frac{\begin{vmatrix} -2x+zw & yz-1 \\ 2z & 1 \end{vmatrix}}{\begin{vmatrix} yw & yz-1 \\ 2y-1 & 1 \end{vmatrix}}$$

$$= -\frac{(2w-2x)-2z(yz-1)}{yw-(yz-1)(2y-1)}$$

)))

## 10.5 평균값정리와 테일러전개

이미 1변수함수에 대한 평균값정리와 테일러전개를 제9장에서 자세히 다루었다. 이제 같은 정리를 2변수함수에 대하여 소개하기로 한다.

**정리 9**

(평균값정리) $f(x,\ y)$가 연속이고 일계편도함수가 존재하면 다음 식을 만족하고 $0<\theta<1$인 $\theta$가 존재한다.[10)]

$$f(x_0+h,\ y_0+k)-f(x_0,\ y_0)=hf_x(x_0+\theta h,\ y_0+\theta k)+kf_y(x_0+\theta h,\ y_0+\theta k)$$

10) $(x_0+\theta h,\ y_0+\theta k)$는 $(x_0,\ y_0)$와 $(x_0+h,\ y_0+k)$를 연결하는 선 위에 있는 점이다.

**증명** $F(t) = f(x_0 + ht,\ y_0 + kt)$ 라 하자. 1변수함수에 대한 평균값정리에 의하여

$$F(1) - F(0) = F'(\theta),\ 0 < \theta < 1 \tag{15}$$

가 되는 $\theta$를 찾을 수 있다.[11)]
$x = x_0 + ht,\ y = y_0 + kt$ 라고 하면 $F(t) = f(x,\ y)$ 이므로,

$$F'(t) = f_x \frac{dx}{dt} + f_y \frac{dy}{dt} = h\ f_x + k\ f_y$$

가 되며, 따라서

$$F'(\theta) = hf_x(x_0 + \theta h,\ y_0 + \theta k) + hf_y(x_0 + \theta h,\ y_0 + \theta k) \tag{16}$$

(15)에 대입하면 구하는 관계식을 얻는다.

**정리 10**

**(테일러정리) $f(x,\ y)$의 $n$계편도함수까지가 모두 연속이고 $(n+1)$계편도함수가 존재하면 다음 식이 만족된다.[12)]**

$$\begin{aligned} f(x_0 + h,\ y_0 + k) &= f(x_0,\ y_0) + \left(h\frac{\partial}{\partial x} + k\frac{\partial}{\partial y}\right) f(x_0,\ y_0) \\ &= \frac{1}{2!}\left(h\frac{\partial}{\partial x} + k\frac{\partial}{\partial y}\right)^2 f(x_0,\ y_0) + \cdots\cdots \\ &\quad + \frac{1}{n!}\left(h\frac{\partial}{\partial x} + k\frac{\partial}{\partial y}\right)^n f(x_0,\ y_0) + R_n \end{aligned}$$

여기서 $R_n = \dfrac{1}{(n+1)!}\left(h\dfrac{\partial}{\partial x} + k\dfrac{\partial}{\partial y}\right)^{n+1} f(x_0 + \theta h,\ y_0 + \theta k),\quad (0 < \theta < 1)$

**증명** $F(t) = f(x_0 + ht,\ y_0 + kt)$ 로 정의하자. 1변함수에 대한 테일러정리에 의하여

$$F(t) = F(0) + F'(0)t + \frac{F''(0)}{2!}t^2 + \cdots\cdots + \frac{F^{(n)}(0)}{n!}t^n + \frac{F^{(n+1)}(\theta)}{n!}t^{n+1} \tag{17}$$

---

11) 1변수함수의 평균값정리에서, $b = a + h$로 즉 $[a,\ b] = [a,\ a+h]$로 표현하면, 평균값 정리를 $f(a+h) - f(a) = f'(a + \theta h) \cdot h$ 가 되는 $0 < \theta < 1$가 존재한다로 표현할 수 있다.

12) 이 정의에서는 연산자(operator)에 의한 표시법을 사용하였다.

$$\left(k\frac{\partial}{\partial x} + k\frac{\partial}{\partial y}\right) f(x_0,\ y_0) \equiv hf_x(x_0,\ y_0) + kf_y(x_0,\ y_0)$$

$$\begin{aligned} \left(k\frac{\partial}{\partial x} + k\frac{\partial}{\partial y^2}\right) f(x_0,\ y_0) &\equiv \left(h^2\frac{\partial^2}{\partial x^2} + 2hk\frac{\partial^2}{\partial x \partial y} + k^2\frac{\partial^2}{\partial y^2}\right) f(x_0,\ y_0) \\ &\equiv h^2 f_{xx}(x_0,\ y_0) + 2hkf_{xy}(x_0,\ y_0) + k^2 f_{yy}(x_0,\ y_0) \end{aligned}$$

과 같이 $\left(h\frac{\partial}{\partial x} + k\frac{\partial}{\partial y}\right)^n$ 은 이항정리에 의하여 전개된 후 각 항이 $f(x_0,\ y_0)$에 작용하는 연산자가 된다.

$$0 < \theta < t$$

$t = 1$이면

$$F(1) = F(0) + F'(0) + \frac{F'(0)}{2!} + \cdots\cdots + \frac{F^{(n)}(0)}{n!} + \frac{F^{(n+1)}(\theta)}{(n+1)!} \qquad (18)$$

$$0 < \theta < 1$$

평균값정리의 증명에 있는 식 (16)에 의하여

$$F'(0) = h\,f_x(x_0,\ y_0) + kf_y(x_0,\ y_0) = \left(h\frac{\partial}{\partial x} + k\frac{\partial}{\partial y}\right)f(x_0,\ y_0)$$

마찬가지 방법으로,

$$\begin{aligned} F''(t) &= \frac{d}{dt}F'(t) = \frac{d}{dt}(hf_x + kf_y) \\ &= h\left(\frac{\partial f_x}{\partial x}\frac{dx}{dt} + \frac{\partial f_x}{\partial y}\frac{dy}{dt}\right) + k\left(\frac{\partial f_x}{\partial x}\frac{dx}{dt} + \frac{\partial f_y}{\partial y}\frac{dy}{dt}\right) \\ &= h^2 f_{xx} + hkf_{xy} + k^2 f_{yy} + hkf_{yx} \end{aligned}$$

이고 $f$의 2계편도함수가 연속이므로

$$\begin{aligned} F''(0) &= h^2 f_{xx}(x_0,\ y_0) + 2hkf_{xy}(x_0,\ t_0) + k^2 f_{yy}(x_0,\ y_0) \\ &= \left(h\frac{\partial}{\partial x} + k\frac{\partial}{\partial y}\right)^2 f(x_0,\ y_0) \end{aligned}$$

따라서 수학적 귀납법(mathematical induction)에 의하여 같은 방법으로 모든 양의 정수 $n$에 대하여

$$F^{(n)}(0) = \left(h\frac{\partial}{\partial x} + k\frac{\partial}{\partial y}\right)^n f(x_0,\ y_0)$$

$$F^{(n+1)}(\theta) = \left(h\frac{\partial}{\partial x} + k\frac{\partial}{\partial y}\right)^{(n+1)} f(x_0 + \theta h,\ y_0 + \theta k),\ 0 < \theta < 1$$

이상의 결과를 (18)에 대입하면 구하는 결과가 얻어진다.

**예 16**

$x^2y + 3y - 2$ 를 $(x-1)$과 $(y+2)$에 의하여 전개하라.

$f(x,\ y) = x^2y + 3y - 2$ 에서

$$f_x = 2xy,\ f_y = x^2 + 3,\ f_{xx} = 2y,\ f_{xy} = 2x,\ f_{yx} = 2x,$$

$$f_{yy} = 0,\ f_{xxx} = 0 f_{xxy} = 2,\ f_{xyy} = 0,\ f_{yyy} = 0$$이고

4차 이상의 모든 고계편도함수는 0이다. 따라서

$f(1,\ -2) = -10$　　$f_x(1,\ -2) = -4$　　$f_y(1,\ -2) = 4$

$f_{xx}(1,\ -2) = -4$　　$f_{xy}(1,\ -2) = 2$　　$f_{yx}(1,\ -2) = 2$

$f_{yy}(1,\ -2) = 0$　　$f_{xxx}(1,\ -2) = 0$　　$f_{xxy}(1,\ -2) = 2$

$f_{xyy}(1,\ -2) = 0$　　$f_{yyy}(1,\ -2) = 0$

$x_0 = 1,\ y_0 = -2,\ h = x - 1,\ k = y - (-2)$라 놓고 테일러정리를 이용하면

$$\begin{aligned} f(x,\ y) &= f(1,\ -2) + hf_x(1,\ -2) + kf_y(1,\ -2) \\ &\quad + \frac{1}{2!}\left[h^2 f_{xx}(1,\ -2) + 2hkf_{xy}(1,\ -2) + k^2 f_{yy}(1,\ -2)\right] \\ &\quad + \frac{1}{3!}\left[h^3 f_{xxx}(1,\ -2) + 3h^2 k f_{xxy}(1,\ -2) + 3hk^2 f_{xyy}(1,\ -2) + k^3 f_{yyy}(1,\ -2)\right] + R_3 \end{aligned}$$

여기서 $R_3$는 0이므로, 위의 결과를 테일러전개에 대입하면

$$\begin{aligned} x + xy - 2 &= -10 - 4(x-1) + 4(y+2) - 2(x-1)^2 + 2(x-1)(y+2) \\ &\quad + (x-1)^2(y+2) \end{aligned}$$

)))

# 10 연습문제

**01** 극한값을 구하라.

(1) $\lim_{(x,y)\to(0,0)} \frac{x^2-2}{3+xy}$

(2) $\lim_{(x,y)\to(2,1)} \frac{4+x}{2-y}$

(3) $\lim_{(x,y)\to(-1,3)} \frac{y^2+x}{(x-1)(y+2)}$

(4) $\lim_{(x,y)\to(0,0)} \frac{x^4-y^4}{x^2+y^2}$

(5) $\lim_{(x,y)\to(1,2)} \frac{xy-y}{x^2-x+2xy-2y}$

(6) $\lim_{(x,y)\to(0,0)} \frac{3x^3-2x^2y+3y^2x-2y^3}{x^2+y^2}$

(7) $\lim_{(x,y)\to(0,0)} \frac{x^3-x^2y+xy^2-y^3}{x^2+y^2}$

(8) $\lim_{(x,y,z)\to(2,3,1)} \frac{y^2-4y+3}{x^2z(y-3)}$

(9) $\lim_{(x,y,z)\to(2,1,2)} \frac{x^2-z^2}{x^3-z^3}$

**02** 극한값이 존재하지 않음을 보여라.

(1) $\lim_{(x,y)\to(0,0)} \frac{2x^2-y^2}{x^2+2y^2}$

(2) $\lim_{(x,y)\to(0,0)} \frac{x^2-2x+5y^2}{3x^2+4y^2}$

(3) $\lim_{(x,y)\to(1,2)} \frac{xy-2x-y+2}{x^2+y^2-2x-4y+5}$

(4) $\lim_{(x,y)\to(2,1)} \frac{x^2-4x+4}{xy-2y-x+2}$

(5) $\lim_{(x,y)\to(0,0)} \frac{3x^2y^3}{2y^5-2x^5}$

(6) $\lim_{(x,y)\to(0,0)} \frac{3xy}{5x^4+2y^4}$

**03** (1) 2변수함수 $f(x,\ y)=\frac{xy^2}{x^4+y^4}$, $(x,y)\neq(0,0)$에 대하여 $f(0,0)=0$ 으로 정의하면 $f$가 $(0,\ 0)$에서 연속인가?

(2) 함수 $f(x,\ y)$가 다음과 같이 주어질 때 $(0,0)$에서 연속인지를 판별하고 $f_{xy}(0,0)$과 $f_{yx}(0,0)$이 존재하는 경우 그 값을 구하라.

$$f(x,\ y) = \begin{cases} xy\,\dfrac{x^2 - y^2}{x^2 + y^2}, & (x,\ y) \neq (0,\ 0) \\ 0, & (x,\ y) = (0,\ 0) \end{cases}$$

**04** $\dfrac{\partial f}{\partial x}$과 $\dfrac{\partial f}{\partial y}$를 계산하라.

(1) $f(x,\ y) = 2x$
(2) $f(x,\ y) = -3y$
(3) $f(x,\ y) = -4$
(4) $f(x,\ y) = 2x - 3y - 4$
(5) $f(x,\ y) = x(y-1)$
(6) $f(x,\ y) = x^2 + y^2$
(7) $f(x,\ y) = x^2 - xy + y^2$
(8) $f(x,\ y) = (x+2)(y+3)$
(9) $f(x,\ y) = x^2(5y-1)^3$
(10) $f(x,\ y) = 1/(x+y)$
(11) $f(x,\ y) = \sqrt{x^2 + y^2}$
(12) $f(x,\ y) = x/(x^2 + y^2)$
(13) $f(x,\ y) = (x+y)/(xy-1)$
(14) $f(x,\ y) = (y-x)e^x$
(15) $f(x,\ y) = e^x \ln y$

**05** $f_x,\ f_y,\ f_z$ 를 구하라.

(1) $f(x,\ y,\ z) = xy + yz + zx$
(2) $f(x,\ y,\ z) = 1 + y^2 + 2z^2$
(3) $f(x,\ y,\ z) = (x^2 + y^2 + z^2)^{-1/2}$
(4) $f(x,\ y,\ z) = x - \sqrt{y^2 + z^2}$

**06** 연쇄법칙을 이용하여 $\dfrac{dw}{dt}$를 구하라.

(1) $w = x^3 - y^3,\ x = \dfrac{1}{t+1},\ y = \dfrac{t}{t+1}$
(2) $w = \ln(u+v),\ u = 3^{-2t},\ v = t^3 - t^2$
(3) $w = x^2 y^3 z^4,\ x = 2t+1,\ y = 3t-2,\ z = 5t+4$
(4) $w = x^2 + yz,\ x = 3t^2 + 1,\ y = 2t - 4,\ z = t^3$

**07** 연쇄법칙을 이용하여 $\dfrac{\partial z}{\partial x}$와 $\dfrac{\partial z}{\partial y}$를 구하라.

(1) $z = r^2 + s + v^2,\ r = xe^y,\ s = ye^x,\ v = x^2 y$
(2) $z = pq + qw,\ p = 2x - y,\ q = x - 2y,\ w = -2x + 2y$
(3) $z = r^2 + sv + u^3,\ r = x^2 + y^2 + m^2,\ s = xym,\ u = ym^2,\ v = xe^m$

**08** 연쇄법칙을 이용하여 $\frac{\partial u}{\partial x}$, $\frac{\partial u}{\partial y}$, $\frac{\partial u}{\partial z}$를 구하라.

(1) $u = \frac{p-q}{q-r}$, $p = x+y+z$, $q = x-y+z$, $r = x+y-z$

(2) $u = tr + se^v$, $t = xy^2z$, $r = x^2yz$, $s = xyz^2$, $v = xyz$

**09** $z = x^3y$ 일 때 $\frac{dz}{dt}$를 구하라. (단 여기서 $x^5 + y = t$, $x^3 + y^3 = t$ )

**10** (1) $u^2 - v = 3x + y$, $u - 2v^2 = x - 2y$ 일 때 $\frac{\partial u}{\partial x}$, $\frac{\partial v}{\partial x}$, $\frac{\partial u}{\partial y}$, $\frac{\partial v}{\partial y}$를 구하라.

(2) $x$, $y$, $z$가 $u$, $v$의 함수일 때 $\frac{\partial y}{\partial v}$를 구하라.

$u - x^2 - y = 0$, $y + z^3 = v$, $x^2 - 2 = -z$

**11** $xu^2 + v = y^3$, $2yu - xv^3 = 4x$ 일 때 $\frac{\partial u}{\partial x}$, $\frac{\partial v}{\partial x}$를 구하라.

**12** (1) $x^2 + y^3 = u$, $y + z^3 = v$, $z + x^2 = w$ 에 의하여 $x$, $y$, $z$가 $u$, $v$, $w$의 함수로 정의된다고 할 때

$\frac{\partial x}{\partial u}$, $\frac{\partial^2 x}{du^2}$, $\frac{\partial^2 x}{\partial u \partial v}$를 구하라.

(2) $z^2 - xy + yz + xz = 0$에 의하여 정의된 $z = f(x, y)$에 대하여 $\frac{\partial^2 z}{\partial x \partial y}$를 구하라.

(3) $2x^3 - 3yz^2 + 4z = 0$에 의하여 함수 $z = f(x, y)$가 정의될 때 $\frac{\partial^2 z}{\partial x \partial y}$를 구하고 그 값을 $(x, y, z) = (1, 2, 1)$ 에서 계산하라.

**13** $z^3 - xz - y = 0$ 일 때 $\frac{\partial^2 z}{\partial x \partial y} = -\frac{3z^2 + x}{(3z^2 - x)^3}$ 인 것을 보이라.

**14** $x = u - v + w$, $y = u^2 - v^2 - w^2$, $z = u^3 + v$ 일 때 야코비안 $\frac{\partial(x, y, z)}{\partial(u, v, w)}$를 구하라.

**15** $F = x + 3y^2 - z^3,\ G = 2x^2yz,\ H = 2z^2 - xy$일 때 $(1,\ -1,\ 0)$에서 $\dfrac{\partial(F,\ G,\ H)}{\partial(x,\ y,\ z)}$를 구하라.

**16** (1) $f(x,\ y) = \dfrac{y^2}{x^3}$을 $(x-1)$과 $(y+1)$에 대하여 2차다항식으로 전개하고 나머지 항을 보여라.

(2) 함수 $z(x,\ y) = \ln(xy) + x^2$ 에 대해 $(0.98,\ 10.1)$에서의 근사값을 미분을 이용하여 구하라.

**17** 함수 $z = f(x,\ y)$가 다음 방정식에 의하여 정의될 경우 $\dfrac{\partial z}{\partial x}$와 $\dfrac{\partial z}{\partial y}$를 구하라.

(1) $2xz^3 - 3yz^2 + x^2y^2 + 4z = 0$

(2) $xz^2 + 2x^2y - 4y^2z + 3y - 2 = 0$

**18** 다음의 생산함수가 동차함수인 것을 보이고 차수를 밝혀라.

$P(L,\ K) = 5LK + L^2 - 3K^2 + a(L+K)^2$

**19** (1) 두 제품 $A$와 $B$의 수요곡선이 다음과 같을 때 한계수요를 구하라.

$x_A = 300 + 5P_B - 7P_A^2,\quad x_B = 250 - 9P_B + 2P_A$

(2) 두 가지 상품 $x,\ y$의 값 $P_x,\ P_y$에 의하여 각 제품의 수요가 결정된다고 하자. 두 제품의 수요함수 $C_x,\ C_y$가 다음과 같이 주어질 때 $P_x$와 $P_y$에 대한 제품 $y$의 한계수요를 구하고, 두 제품이 서로 경쟁적인 제품(대체제품)인가 보완적인 제품인가를 판별하라.

$C_x = -3P_x^2 - 4P_y^2 + 200,\quad C_y = 2P_x^3 - 10P_y + 230$

**20** 제품 $A$의 수요함수가 $x_A = 250 + 0.9P_B - 5P_A^2$ 이다. $P_A = 6,\ P_B = 50$ 일 때 수요탄력성을 구하고 의미를 설명하라.

# Part 03 최적화

우리가 알고 있는 미분학의 여러 가지 지식을 이용하여 함수의 극값 특히 최대, 최솟값을 구하는 문제를 최적화문제(Optimization problem)라고 한다. 인간이 시간과 공간적으로 제약을 받고, 제한된 재화의 범주 안에서 활동할 수 밖에 없는 유한한 존재이기 때문에 최적화문제의 해결은 우리의 사고와 생활속에서 항상 중요한 문제로 부각된다.

어떻게 하면 최대의 만족을 얻을 것이며, 최대의 이익을 얻고, 원가를 최소화할 것인가 등등, 우리의 일상생활에서 부딪치게 되는 최적화문제는 다양하게 많이 있다. 최대 또는 최소화 하고자 하는 값을 함수로 표현하면 이 함수를 목적함수(object function)라고 부른다. 어떤 목적함수 $f$를 최대화하는 문제는 간단히

Maximize $f$ 또는 줄여서 Max $f$

로 표현한다. 마찬가지로 목적함수 $f$를 최소화 하는 문제는

Minimize $f$ 또는 Min $f$

로 쓸 수 있다.

9장에서 이미 가장 간단한 함수, 즉 1변수함수의 **최적화문제**인 Max $f(x)$ 또는 Min $f(x)$를 자세히 살펴보았다. 제11장에서는 다변수함수의 최적화문제, 즉 Max $f(x_1, \cdots, x_n)$ 또는 Min $f(x_1, \cdots, x_n)$을 소개하고, 이어서 이런 목적함수를 등식으로 표현된 **제약조건** $g(x_1, \cdots, x_n)=0$ 하에서 최적화 하는 문제, 즉

Max (or Min) $\quad f(x_1, \cdots, x_n)$

s.t. $g(x_1, \cdots, x_n) = 0$

을 해결하는 방법을 소개할 것이다.[1)]

제 12장에서는 제약조건이 등식이 아니고 부등식으로 표현된 경우의 최적화문제를 소개하고, 이러한 최적화문제의 특별한 경우로서 목적함수와 제약조건이 모두 1차함수인 경우의 문제를 제13장에서 다룰 것이다.

---

1) s.t.는 영어로 subject to의 약자이다. s.t. 다음에 오는 식이 최적화문제의 제약조건이라는 것을 나타낸다. 우리말로 모두 바꾸는 것보다는 이러한 표시방법이 더 간편하기 때문에 그대로 사용하기로 한다.

Chapter

# 11 다변수함수의 극대, 극소

Mathematics for Economics & Management

제9장에서 소개한 1변수함수의 극대 극소 또는 최대, 최소의 개념은 다변수함수의 경우에도 쉽게 적용될 수 있다. 함수가 극대 또는 극소값을 갖기 위한 조건을 소개하기 전에, 다변수함수의 그래프에 관한 용어를 몇 가지 소개하기로 하자.

함수 $z=f(x, y)$의 그래프 $\{(x, y, f(x, y)) \mid (x, y) \in D(f)\}$는 $xyz$-공간에서의 곡면이다. 예를 들면, $f(x, y)=100-x^2-y^2$의 그래프는 그림 11-1에서 알 수 있듯이 $xyz$-공간에서의 원추의 표면이다. 이 때 같은 함수값을 갖는 $xy$-평면상의 점들의 집합 $\{(x, y) \mid f(x, y)=c\}$를 등고선(level curve) 또는 등위선이라고 한다. 함수 $f(x, y)=100-x^2-y^2$의 등고선은 $100-x^2-y^2=c$가 되는 원이다. 따라서 임의의 값 $c$에 의하여 결정되는 등고선 상에 있는 점들에서는 함수값은 모두 $c$가 될 것이다. 함수의 그래프에서 함수값이 $c$인 점들의 집합, 즉 평면 $z=c$가 함수 $f$의 그래프를 자를 때 생기는 궤적을 경로선(contour line)이라고 한다. 경로선은 집합 $\{(x, y, f(x,y)) \mid f(x, y)=c\}$ 이다.

## 11.1 2변수함수의 극대, 극소

2변수함수 $f(x, y)$의 극대와 극소도 1변수함수에 대한 극대와 극소처럼 동일한 방법으로 정의된다. 점 $(a, b)$를 포함하는 어떤 영역 $R$에서 함수 $z=f(x, y)$ 가 정의되었다고 하자. 그러면

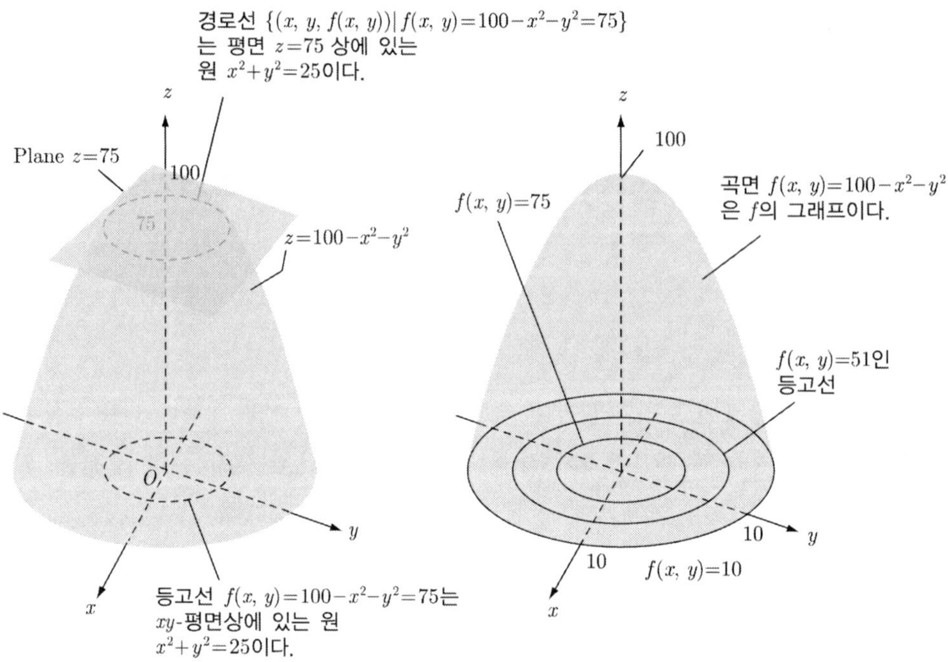


**| 그림 11-1 |**

**정의 1**

$(a,\ b)$의 열린 근방에 속한 모든 $(x,\ y)$에 대하여 $f(a,\ b) \geq f(x,\ y)$ 가 성립하면 $f(a,\ b)$를 함수 $f$의 극대(값), $f(a,\ b) \leq f(x,\ y)$ 가 성립하면 $f(a,\ b)$를 함수 $f$의 극소(값)라고 부른다.

$f$가 $(a,\ b)$에서 극대 또는 극소가 되면, 점 $(a,\ b,\ f(a,\ b))$를 지나고 $f$의 그래프에 접하는 평면은 $xy$-평면과 나란한 평면, 즉 $z = f(a,\ b)$ 가 된다. $f$의 그래프를 $x$축 또는 $y$축 방향으로 절단 할 때 생기는 곡선 즉 $y$값이나 $x$값을 일정하게 놓고 다른 변수값을 변화시킬 때 생기는 곡선의 접선도 바로 이 접평면 $z = f(a,\ b)$ 상에 있게 되므로 **정리** 1이 성립하는 것을 쉽게 알 수 있다.

**정리 1**

$f(x,\ y)$가 영역 $R$의 내점 $(a,\ b)$에서 극대 또는 극소값을 갖고, 일계편도함수가 연속이면

$$f_x(a,\ b) = 0, \quad f_y(a,\ b) = 0$$

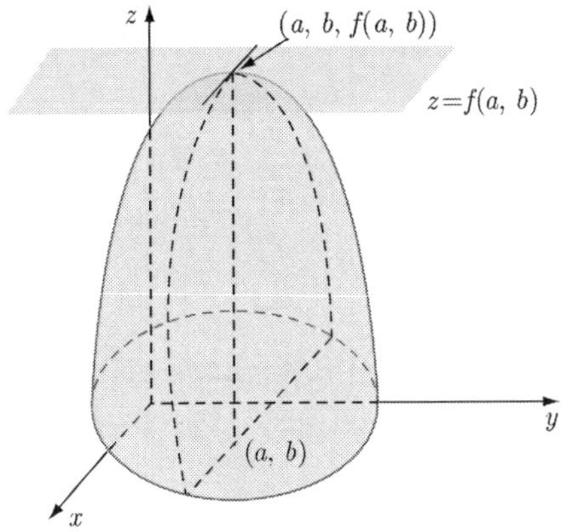


| 그림 11-2 |

증명 $f(a,\ b)$가 $f(x,\ y)$의 극값이면, $f(a,\ b)$는 또한 $f(x,\ b)$와 $f(a,\ y)$의 극값이 된다. $x=a$와 $y=b$에서 극값을 갖기 위한 필요조건은 각각 $f_x(a,\ b)=0$, $f_y(a,\ b)=0$이다.

1변수함수에서 본 것처럼 극값은 $f_x(x,\ y)$나 $f_y(x,\ y)$가 존재하지 않는 점에서도 발생할 수 있다. 따라서 일계편미분이 0이 되거나 존재하지 않는 점들은 극값을 찾는 데 중요한 대상이 되는 점으로서 임계점(critical point)이라고 부른다.

**정의 2**

$f_x$와 $f_y$가 0이 되거나, $f_x$ 또는 $f_y$가 존재하지 않는 내점 $(a,\ b)$를 함수 $f$의 임계점이라 한다.

이상의 내용을 종합하면, $f$가 최대 또는 최솟값을 가질 수 있는 곳은 다음 세 가지 경우로 요약할 수 있다.

1) $f_x=f_y=0$ 이 되는 $f$의 정의역의 내점
2) $f_x$ 또는 $f_y$가 존재하지 않는 $f$의 정의역의 내점
3) $f$의 정의역의 경계점

그러나 $f_x$와 $f_y$가 모두 0이 된다고 해서 반드시 극값을 갖게 되는 것은 아니다. $f$의 임계점에서 $f_x=f_y=0$ 이 되어도 그래프의 형태가 말 안장과 같은 형태가 되면 극값은 존재하지 않는다. 예를 들면, 함수 $f(x,\ y)=y^2-x^2$ 는 $(0,\ 0)$에서 $f_x(0,\ 0)=$

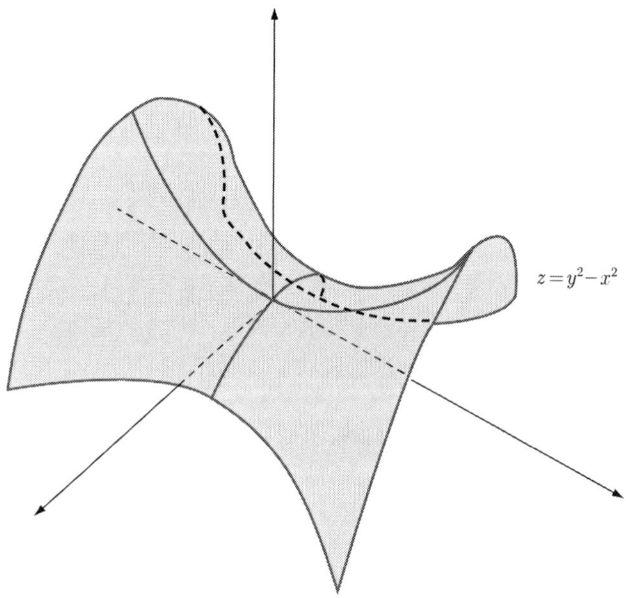


**| 그림 11-3 |**

$f_y(0,\ 0) =\ 0$이 되지만 그림 11-3에서 알 수 있듯이

$y \neq 0$이면 $f(0,\ y) = y^2 > 0$ 이 되고

$x \neq 0$이면 $f(x,\ 0) = -x^2 < 0$ 이 된다.

따라서 $(0,\ 0)$의 모든 근방이 $f(0,\ 0)$보다 큰 함수값을 갖는 점과 $f(0,\ 0)$보다 작은 함수값을 갖는 점을 함께 포함하게 되므로 $(0,\ 0)$에서 $f$는 극값을 가질 수 없다.

**정의 3**

$f$의 임계점 $(a,\ b)$의 모든 열린 근방이 $f(x,\ y) > f(a,\ b)$ 가 되는 점과 $f(x,\ y) < f(a,\ b)$ 가 되는 점을 모두 포함하면 $(a,\ b)$는 $f$ 의 안장점(saddle point)이라 부른다.

이제 함수 $f(x,\ y)$가 임계점에서 극값을 갖기 위한 조건을 알아보자. 함수가 극값을 가질 것인가 또 어떠한 극값을 가질 것인가는 극값의 판별식(discriminant), 즉 헤시안(Hessian) 또는 헤시안 행렬식(Hessian Determinant)이라고 불리는 행렬식

$$D = f_{xx}f_{yy} - f_{xy}^2 = \begin{vmatrix} f_{xx} & f_{xy} \\ f_{yx} & f_{yy} \end{vmatrix}$$

의 값에 의하여 결정된다.

**정리 2**

$f_x = f_y = 0$인 점 $(a,\ b)$와 $(a,\ b)$의 근방에서 함수 $f(x,\ y)$와 $f$의 일계편도함수가 모두 연속이라고 하자.[1)]

1) $D > 0$ 이면 $f$는 $(a,\ b)$에서 극값을 갖고
 a) $f_{xx} < 0$이면 $f(a,\ b)$는 극대[2)]
 b) $f_{xx} > 0$이면 $f(a,\ b)$는 극소이다.
2) $D < 0$이면 $(a,\ b)$는 $f$의 안장점이다.
3) $D = 0$ 이면 극값의 존재여부를 결정할 수 없다.

**증명** 각각의 경우에 대한 증명이 비슷하므로 극대의 경우에 대하여만 증명을 제공한다. $f_x(a,\ b) = f_y(a,\ b) = 0$이므로, 테일러 정리에 의하여 1차테일러 다항식으로 전개하면

$$f(a+h,\ b+k) - f(a,\ b) = \frac{1}{2}\left(h^2 f_{xx} + 2hk f_{xy} + k^2 f_{yy}\right) \tag{1}$$

식 (1)에서 우변의 2계편도함수는 $(a+\theta h,\ b+\theta k)$ 에서 (단, $0 < \theta < 1$)의 취한 값이다. 식 (1)의 우변을 완전제곱의 꼴로 변형하면,

$$f(a+h,\ b+k) - f(a,\ b) = \frac{1}{2} f_{xx}\left[\left(h + \frac{f_{xy}}{f_{xx}}k\right)^2 + k^2 \frac{f_{xx}f_{yy} - f_{xy}^2}{f_{xx}^2}\right] \tag{2}$$

---

1) 정리 2는 $n$개의 변수를 갖고 있는 다변수함수에도 어렵지 않게 일반화할 수 있다. 증명없이 $n$ 변수함수가 극값을 가질 조건을 소개하면 다음과 같다.
 ① 모든 일계편도함수 $f_i = 0 (i = 1,\ 2,\ \cdots,\ n)$
 ② 헤시안 행렬식

$$D = \begin{vmatrix} f_{11} & f_{12} & \cdots & f_{1n} \\ f_{21} & f_{22} & \cdots & f_{2n} \\ \vdots & \vdots & \vdots & \vdots \\ f_{n1} & f_{n2} & \cdots & f_{nn} \end{vmatrix} \text{에서}$$

$$D_1 = f_{11},\ D_2 = \begin{vmatrix} f_{11} & f_{12} \\ f_{21} & f_{22} \end{vmatrix},\quad D = \begin{vmatrix} f_{11} & f_{12} & \cdots & f_{1i} \\ f_{21} & f_{22} & \cdots & f_{2i} \\ \vdots & \vdots & \vdots & \vdots \\ f_{21} & f_{22} & \cdots & f_{ii} \end{vmatrix} \text{로 정의하면,}$$

 $D_1 < 0,\ D_2 > 0,\ D_3 < 0,\ \cdots\cdots$ 이면 극대가 되고
 $D_1 > 0,\ D_2 > 0,\ D_3 > 0,\ \cdots\cdots$이면 극소가 된다.

2) $D(a,\ b) > 0$ 이면

 $f_{xx}(a,\ b)\ f_{yy}(a,\ b) > [f_{xy}(a,\ b)]^2$

 이므로 $f_{xx}(a,\ b) f_{yy}(a,\ b) > 0$이 된다. 따라서 $f_{xx}(a,\ b)$와 $f_{yy}(a,\ b)$는 같은 부호를 가지므로 $f_{xx} < 0$대신 $f_{yy} < 0$으로 표현하여도 동일한 조건이 된다.

가정에 의하여 $f_{xx} < 0$이고 $f_{xx}f_{yy} - f_{xy}^2 > 0$인 $(a,\ b)$의 근방이 존재하므로 우변의 괄호안은 0보다 크다. 따라서

$$f(a+h,\ b+k)\ \le\ f(a,\ b)$$

### 예 1

$f(x,\ y) = x^2 - 4xy + y^3 + 4y$ 의 극대, 극소 안장점을 구하라.

$$\begin{cases} f_x(x,\ y) = 2x - 4y = 0 \\ f_y(x,\ y) = -4x + 3y^2 + 4 = 0 \end{cases}$$

이 되어야 하므로 $x,\ y$에 대하여 풀면 임계점은 $(4,\ 2)$와 $\left(\frac{4}{3},\ \frac{2}{3}\right)$이다.
$f_{xx}(x,\ y) = 2,\ f_{xy}(x,\ y) = -4,\ f_{yy}(x,\ y) = 6y$ 이므로

$$D(x,\ y) = 2 \cdot 6y - (-4)^2 = 12y - 16$$

$(4,\ 2)$에서 $D(4,\ 2) = 8 > 0$이고 $f_{xx}(4,\ 2) = 2 > 0$이므로 극소가 되고, $\left(\frac{4}{3},\ \frac{2}{3}\right)$에서 $D\left(\frac{4}{3},\ \frac{2}{3}\right) = -8 < 0$이므로 $\left(\frac{4}{3},\ \frac{2}{3},\ f\left(\frac{4}{3},\ \frac{2}{3}\right)\right)$는 안장점이다. )))

### 예 2

함수 $f(x,\ y) = xy(12 - 2x - 2y)$의 임계점, 최대, 최솟값을 $x$축, $y$축, 직선 $x + y = 6$에 의하여 둘러싸여진 삼각형의 영역에서 구하라.3)

$$\begin{cases} f_x(x,\ y) = 12y - 4xy - 2y^2 = 0 \\ f_y(x,\ y) = 12x - 2x^2 - 4xy = 0 \end{cases}$$

를 간단히 하면

$$\begin{cases} 2y(6 - 2x - y) = 0 \\ 2x(6 - x - 2y) = 0 \end{cases}$$

이 된다. $x = 0$과 $y = 0$은 경계점이므로 임계점이 아니다. 따라서

---

3) 유계영역(bounded region)에서의 극값이 예에서처럼 어떤 함수의 극값을 닫힌(closed) 유계영역에서 구하는 경우, 즉 함수의 정의역이 닫힌 유계영역으로 제한되어 있는 경우에는, 함수가 연속함수이면 반드시 최대, 최솟값을 갖는다는 정리가 고급미적분학에서 증명된다.
어떤 집합이 유계집합(bounded set)이고 동시에 닫힌 집합(closed set)이면 이러한 집합을 컴팩트집합(compact set)이라고 부른다.

$$\begin{cases} 6 - 2x - y = 0 \\ 6 - x - 2y = 0 \end{cases}$$

에 의하여 (2, 2)이 임계점인 것을 알 수 있다.
$D(2,\ 2) > 0$이고 $f_{xx}(2,\ 2) < 0$이므로 $f(2,\ 2) = 16$는 극댓값이다. 최댓값인가를 확인하기 위하여 경계선에서의 함수값을 구해보면,

$$x = 0 \ \Rightarrow \ f(x,\ y) = 0$$
$$x = 0 \ \Rightarrow \ f(x,\ y) = 0$$
$$x + y = 6 \ \Rightarrow \ f(x,\ y) = xy(12 - 2(x + y)) = 0$$

이 되므로 함수 $f$는 (2, 2)에서 최댓값 16를 갖는다. 점 (2, 2) 이외의 다른 임계점이 없으므로 최솟값은 삼각형 영역의 경계선에서 찾으면 되며, 따라서 최솟값은 0이다.)))

**예 3**

위가 열려 있는 직육면체의 상자로서 부피가 $32\text{m}^3$인 상자를 만들 때 표면적이 가장 작은 상자의 가로, 세로, 높이는 얼마인가?
상자의 세 변의 길이를 각각 $x$, $y$, $z$라 하면 그림 11-4와 같다.
상자의 부피는 $V = xyz = 32$이고, 상자의 표면적은

$$S = xy + 2yz + 2xz = xy + \frac{64}{x} + \frac{64}{y}$$

따라서

$$S_x = y - \frac{64}{x^2} = 0 \quad 즉 \ x^2y = 64$$
$$S_y = x - \frac{64}{y^2} = 0 \quad 즉 \ xy^2 = 64$$

(3)을 (4)로 나누어 주면 $x = y$, 따라서 $x^3 = 64$ 즉 $x = y = 4$이고 $z = 2$가 된다.
$x = y = 4$이면 $D = S_{xx}S_{yy} - S_{xy}^2 = \frac{128}{x^3} \cdot \frac{128}{y^3} - 1 > 0$이고 $S_{xx} = \frac{128}{x^3} > 0$이므로 4m×4m×2m인 상자의 표면적이 최소이다. )))

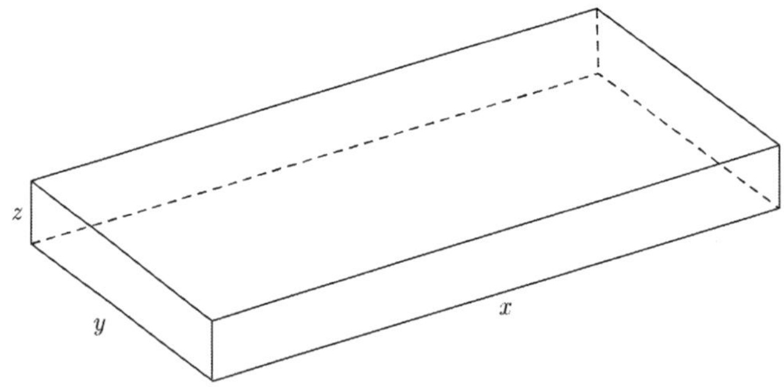


| 그림 11-4 |

## 11.2 제약조건하에서의 극대, 극소

때로는 다변수함수의 변수가 일정한 조건을 만족시켜야 한다는 제약조건하에 함수의 극값을 구해야 되는 경우가 있다. 예를 들면, 변수 $x$, $y$, $z$가 $2x+y-z-5=0$ 을 만족시킨다는 조건하에 $f(x,\ y,\ z) = xyz$의 극값을 구한다고 하자. 이와 같은 경우에는 조건식을 한 변수에 관하여 정리하면, 예로 $z$에 관하여 정리하면,

$$z = 2x + y - 5$$

가 되므로 함수 $f(x,\ y,\ z)$에 대입하여

$$f(x,\ y,\ z) = xy(2x + y - 5)$$

의 극값을 구하면 된다. 조건식이 간단하게 표현되어 있으므로 이 조건식을 극값을 구해야 되는 함수에 대입하여 조건식이 없는 함수의 극값을 구하는 문제로 바꿀 수가 있는 것이다.

이러한 경우의 풀이를 이미 [예 3]에서 보았다.

**예 4**

평면 $2x + y - z - 5 = 0$ 상에 있는 점 중에서 원점과의 거리가 가장 가까운 점 $P(x,\ y,\ z)$를 구하라.

점 $P(x,\ y,\ z)$와 원점 $(0,\ 0,\ 0)$과의 거리는

$$\sqrt{(x-0)^2+(y-0)^2+(z-0)^2}=\sqrt{x^2+y^2+z^2}$$

이므로 문제는 $2x+y-z-5=0$을 만족시키면서 $f(x, y, z)=\sqrt{x^2+y^2+z^2}$ 을 최소로 하는 $x$, $y$, $z$ 값을 구하는 것이다. $z=2x+y-5$ 이므로,

$$f(x, y, z)=\sqrt{x^2+y^2+(2x+y-5)^2}$$

즉 $h(x, y)=x^2+y^2+(2x+y-5)^2$을 최소로 하는 점 $(x, y)$를 구하는 문제이다.

$$h_x=2x+2(2x+y-5)(2)=0 \quad , \; h_y=2y+2(2x+y-5)=0$$

은 간략히 다음과 같이 표현되므로

$$10x+4y=20, \quad 4x+4y=10$$

해는 $x=\frac{5}{3}$, $y=\frac{5}{6}$이다. 따라서 $z=2\left(\frac{5}{3}+\frac{5}{6}\right)-5=-\frac{5}{6}$. 점 $P\left(\frac{5}{3}, \frac{5}{6}, -\frac{5}{6}\right)$에서 $f(x, y, z)$가 극소가 되는가를 **정리 2**를 이용하여 확인할 수 있다. )))

그러나 위의 예에서처럼 제약조건이 단순한 형태가 아니라서 어느 변수에 대하여도 쉽게 풀어 정리할 수 없다면, 예에서처럼 제약조건이 없는 함수의 극값을 구하는 문제로 변화시킬 수가 없다. 이러한 경우, 즉 변수의 치환에 의하여 제약조건을 없애는 것이 불가능한 일반적인 경우에 어떻게 함수의 극값을 구할 것인가를 생각해보자.

**정리 3**

함수 $f(x, y, z)$가 제약조건 $g(x, y, z)=0$ 하에서 극값을 갖는다면

$$f_x\, g_y - f_y\, g_x = 0$$

**증명** $g(x, y, z)=0$ 가 만족되므로 $z$를 $x$와 $y$의 함수로 생각할 수 있다. $z=h(x, y)$라고 하자. $f(x, y, h(x, y))$가 극값을 갖는 필요조건을 $x$, $y$에 대한 일계편미분이 0이 되는 것이다.

따라서

(5) $f_x+f_z\cdot z_x=0$ (6) $f_y+f_z\cdot z_y=0$

한편 $g(x, y, z)=0$이므로

(7) $g_x+g_x\cdot z_x=0$ (8) $g_y+g_z\cdot z_y=0$

(5)와 (7)에서 $f_xg_z-f_zg_x=0$ (9)

(6)과 (8)에서 $f_y g_z - f_z g_y = 0$ (10)

따라서 (9)와 (10)에서 $f_x g_y - f_y g_x = 0$ (단, $f_z \neq 0$, $g_z \neq 0$)

위 정리에서의 조건과 증명의 식 (9), (10)에서 알 수 있듯이 함수 $f(x, y, z)$가 제약조건 $g(x, y, z) = 0$ 하에서 극값을 갖는다면

$$\frac{g_x}{f_x} = \frac{g_y}{f_y} \left( = \frac{g_z}{f_z} \right) \tag{11}$$

가 성립한다. 식 (11)이 등식의 제약조건 하에서 목적함수가 극값을 갖기 위한 필요조건이다. 이제 이 필요조건을 손쉽게 얻을 수 있는 방법을 생각해 보자.

어떤 상수 $\lambda$에 대하여, 목적함수와 제약조건 식을 함께 포함하는 함수 $L(x, y, z) = f(x, y, z) + \lambda g(x, y, z)$를 정의하면, **정리 3**에서의 극값을 갖기 위한 필요조건은 바로 함수 $L$이 극값을 갖기 위한 필요조건과 동일하다는 것을 보일 수가 있다.

**정리 4**

$L = f + \lambda g$라면

$$f_x g_y - f_y g_x = 0 \quad \Leftrightarrow \quad L_x = 0, \ L_y = 0$$

**증명** $L_x = L_y = 0$이라 하면, $f_x + \lambda g_x = 0$이고 $f_y + \lambda g_y = 0$이 된다. 따라서 $f_x g_y - f_y g_x = 0$, 이제 $f_x g_y - f_y g_x = 0$이라 하자. 그러면 $\frac{f_x}{g_x} = \frac{f_y}{g_y}$가 되며 이 값을 $-\lambda$라 하면 $\frac{f_x}{g_x} = \frac{f_x}{g_y} = -\lambda$, 따라서 $L_x = L_y = 0$

함수 $L$을 정의할 때 사용된 $\lambda$를 라그랑즈 승수(Lagrange multiplier)라고 부른다. **정리 4**에서의 함수 $L$은 $L = \lambda f + g$로 구성하여도 같은 결과를 얻는다. 이 정리가 의미하는 것은, 제약조건 하에서 함수의 극값을 구하는 문제는 라그랑즈 승수를 이용하여 정의한 라그랑즈 함수(Lagrangian function) $L = f + \lambda g$ 또는 $L = \lambda f + g$ 의 극값을 구하는 문제와 동일하다는 것이다. 제약조건이 하나가 아니고 여러 개가 있는 경우에도 각각의 제약조건에 하나씩 라그랑즈 승수를 곱하여 만들어지는 라그랑즈 함수의 극값을 구하는 문제로 변화시켜 풀면 된다.

예 5

원점에서 쌍곡선(hyperbola) $x^2 + 8xy + 7y^2 = 225$ 까지의 최소거리를 구하라.
문제는 제약조건 $x^2 + 8xy + 7y^2 = 225$ 하에서 $f(x, y) = x^2 + y^2$의 최솟값을 구하는 것이다.
$L = x^2 + 8xy + 7y^2 - 225 + \lambda(x^2 + y^2)$이라 하면,[4)]

$$L_x = 2x + 8y + 2\lambda x = 0 \ , \quad 즉 \quad (\lambda+1)x + 4y = 0$$
$$L_y = 8x + 14y + 2\lambda y = 0, \quad 즉 \quad 4x + (\lambda+7)y = 0$$

$(0, 0)$은 제약조건을 만족하지 않으므로 $(x, y) \neq (0, 0)$ 이고, 따라서 연립방정식의 계수행렬의 행렬식은 0이 된다(제3장의 **정리 5**).

$$\begin{vmatrix} \lambda+1 & 4 \\ 4 & \lambda+7 \end{vmatrix} = 0, \text{ 즉 } \lambda^2 + 8\lambda - 9 = 0$$

따라서 $\lambda = 1$ 또는 $-9$이다.
$\lambda = 1$ 이면 $x = -2y$가 되므로, 계약조건에 대입하면

$$(-2y)^2 + 8(-2y)y + 7y^2 = 225, \qquad 즉 \ -5y^2 = 225$$

가 되어 제약조건이 만족되지 않으므로 해가 존재하지 않는다.
$\lambda = -9$이면 $y = 2x$ 가 되므로

$$x^2 + 8x(2x) + 7(2x)^2 = 225. \ 즉 \ 45x^2 = 225$$

$x^2 = 5$ 이고 $y^2 = 4x^2 = 20$이 되므로, $x^2 + y^2 = 25$ 가 해이다.

예 6

제약조건 $y^2 - x^2 = 1$과 $z - y = 1$에서 $x^2 + y^2 + z^2$ 의 극값을 구하라.[5)]
$L = x^2 + y^2 + z^2 + \lambda_1(1 + x^2 - y^2) + \lambda_2(1 + y - z)$라 하면,

$$L_x = 2x + 2\lambda_1 x = 0$$
$$L_y = 2y - 2\lambda_1 y + \lambda_2 = 0$$

---

4) $L = x^2 + y^2 + \lambda(225 - x^2 - 8xy - 7y^2)$라 놓고도 풀어볼 것.
5) $x^2 + y^2 + z^2$은 원점에서 점 $(x, y, z)$ 까지의 거리의 제곱과 같다. 따라서 이 문제는 쌍곡주면 $y^2 - x^2 = 1$와 평면 $z - y = 1$가 만나서 이루어지는 곡선과 원점 사이의 거리의 최대, 최소를 구하는 문제와 같은 문제이다.

$$L_z = 2z - \lambda_2 = 0, \quad y^2 - x^2 = 1, \quad z - y = 1$$

위의 세 방정식으로부터

$$2(1+\lambda_1)x = 0,\ \ y = \frac{\lambda_2}{2(\lambda_1 - 1)},\ \ z = \frac{\lambda_2}{2} \tag{12}$$

이다.

$\lambda_1 = -1$이면 (12)에서 $y = -\frac{1}{4}\lambda_2$, $z = \frac{\lambda_2}{2}$를 $z - y = 1$에 대입하면 $\lambda_2 = \frac{4}{3}$, $y = -\frac{1}{4}\lambda_2 = -\frac{1}{3}$, 그러나 제약조건 $y^2 - x^2 = 1$로부터 $x^2 = -\frac{8}{9} < 0$이므로 성립하지 않는다. (12)에서 $\lambda_2 = 0$이면 $y = z = 0$이 되고 $z - y \neq 1$이 되므로 $\lambda_2 \neq 0$이다. $x = 0$이면 제약조건 $y^2 - x^2 = 1$과 $z - y = 1$에 대입하면 $y = \pm 1$, $z = 2, 0$ 이다. 따라서 $x^2 + y^2 + z^2$는 $(0, 1, 2)$에서 최댓값 5를 갖고 $(0, -1, 0)$에서 최솟값 1을 갖는다. )))

### 예 7

타원 $\frac{x^2}{8} + \frac{y^2}{2} = 1$ 상에서 $f(x, y) = xy$의 최대, 최소를 구하라.

$L = xy + \lambda\left(\frac{x^2}{8} + \frac{y^2}{2} - 1\right)$이라 놓으면,

$$L_x = y + \frac{\lambda}{4}x = 0$$

$L_y = x + \lambda y = 0$에서

$y = -\frac{\lambda}{4}x$ 이므로 $x = \frac{\lambda^2}{4}x$. $x = 0$이 될 수 없으므로, $\lambda = \pm 2$ .[6]

$\lambda = 2$이면 $x = -2y$가 되고, 제약조건에 대입하면

$$\frac{(-2y)^2}{8} + \frac{y^2}{2} = 1 \qquad \therefore\ y = \pm 1.\ x = \mp 2$$

임계점은 $(2, -1)$과 $(-2, 1)$이 되고 함수값은 $xy = -2$ 이다.

---

6) [예 5]에서처럼 제3장의 정리 5를 이용하여
$\begin{vmatrix} \frac{\lambda}{4} & 1 \\ 1 & \frac{\lambda}{4} \end{vmatrix} = \frac{\lambda^2}{16} - 1 = 0$에서 $\lambda = \pm 4$를 구하여도 된다.

$\lambda-2$이면 $x = 2y$가 되고, 같은 방법으로 $y = \pm 1$, $x = \pm 2$. 따라서 임계점은 (2, 1)과 (−2, −1)이 되고 함수값은 2이다. 최댓값은 (2, 1)과 (−2, −1)에서 2가 되고, 최솟값은 (2, −1)과 (−2, 1)에서 −2가 된다.

예 8

원 $x^2 + y^2 = 1$에서 $f(x, y) = 3x + 4y$의 극값을 구하라.

$L = 3x + 4y + \lambda(x^2 + y^2 - 1)$이라 놓으면

$$L_x = 3 + 2\lambda x = 0 \quad \text{따라서 } x = \frac{-3}{2\lambda}$$

$$L_y = 4 + 2\lambda y = 0 \quad \text{따라서 } y = \frac{-2}{\lambda}$$

제약조건에 대입하면

$$\left(\frac{-3}{2\lambda}\right)^2 + \left(\frac{-2}{\lambda}\right) = 1 \qquad \therefore \frac{9}{4\lambda^2} + \frac{4}{\lambda^2} = 1 \qquad \therefore \lambda = \pm\frac{5}{2}$$

$\lambda = \frac{5}{2}$이면 $x = -\frac{3}{5}$, $y = -\frac{4}{5}$이고 $3x + 4y = -5$가 된다.

$\lambda = -\frac{5}{2}$ 이면 $x = \frac{3}{5}$, $y = \frac{4}{5}$이고 $3x + 4y = 5$가 된다.

예 9

평면 $x + y + z = 1$과 원통 $x^2 + y^2 = 1$이 교차하는 곡선에서 원점까지의 최단거리와 최장거리를 구하라.

$$L = x^2 + y^2 + z^2 + \lambda_1(1 - x - y - z) + \lambda_2(1 - x^2 - y^2)$$

이라 놓으면

$$\begin{cases} L_x = 2x - \lambda_1 - 2\lambda_2 x = 0 \\ L_y = 2y - \lambda_1 - 2\lambda_2 y = 0 \\ L_z = 2z - \lambda_1 = 0 \end{cases}$$

$\lambda_1 = 2z$를 처음 두 식에 대입하면

$$\begin{cases} 2x - 2z - 2\lambda_2 x = 0 \\ 2y - 2z - 2\lambda_2 y = 0 \end{cases} \qquad \therefore \begin{cases} (1-\lambda_2)x = z \\ (1-\lambda_2)y = z \end{cases}$$

$\lambda_2 = 1$이면 $\lambda_1 = 0$이 되고, 따라서 $z = 0$이 되므로 첫 번째 제약조건에 대입하면, $y = 1 - x$를 얻는다. 두 번째 제약조건에 의하여

$$(1-x)^2 + x^2 = 1 \qquad \therefore x(x-1) = 0 \qquad \therefore x = 0 \quad \text{또는 } 1$$

따라서 (0, 1, 0)과 (1, 0, 0)이 임계점이며 이 때 원점까지의 거리는 $x^2 + y^2 + z^2 = 0^2 + 1^2 + 0^2 = 1$ 로써 최단거리이다.

$\lambda_2 \neq 1$이면 $x = y = \dfrac{z}{1-\lambda_2}$가 되므로 두 번째 제약조건에 대입하면

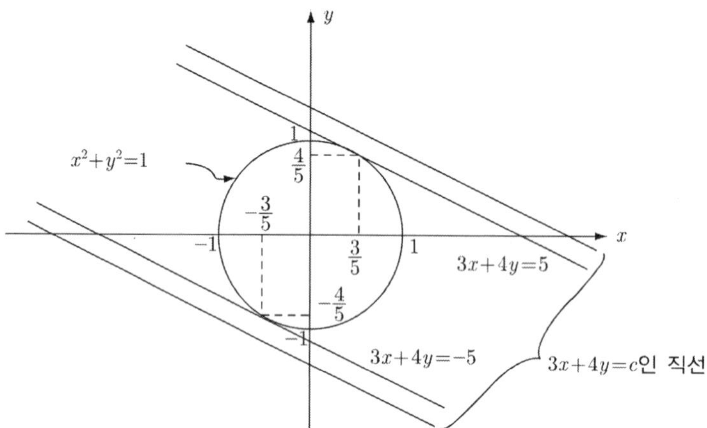


| 그림 11-5 |

$$2x^2 = 1 \qquad \therefore x = \pm\frac{1}{\sqrt{2}} = y$$

첫 번째 제약조건에 대입하면

$$\left(\pm\frac{1}{\sqrt{2}}\right) + \left(\pm\frac{1}{\sqrt{2}}\right) + z = 1 \qquad \therefore z = 1 \mp \sqrt{2}$$

따라서 $\left(\frac{1}{\sqrt{2}}, \frac{1}{\sqrt{2}}, 1-\sqrt{2}\right)$와 $\left(-\frac{1}{\sqrt{2}}, -\frac{1}{\sqrt{2}}, 1+\sqrt{2}\right)$가 임계점이며 이 때 원점까지의 거리는 각각

$$x^2+y^2+z^2=\frac{1}{2}+\frac{1}{2}+(1-\sqrt{2})^2=4-2\sqrt{2}$$ 와

$$x^2+y^2+z^2=\frac{1}{2}+\frac{1}{2}+(1+\sqrt{2})^2=4+2\sqrt{2}$$ 이다.

따라서 원점까지의 최장거리는 $\sqrt{4+2\sqrt{2}}$ 이다.

지금까지의 예에서는 어떤 함수가 제약조건 하에서 극값을 갖기 위한 필요조건을 이용하여 극값을 구하였다. 그러나 임계점에서의 함수값이 극대, 극소 또는 안장점인가에 대한 판단은 그래프의 모양에 대한 우리의 지식을 이용하여 한 것인지, 어떤 일반적인 기준을 이용하여 결정한 것이 아니다. 이제 임계점에서의 함수값이 극대 또는 극소인가를 판단하는 데 사용될 수 있는 기준, 즉 극대 또는 극소가 되기 위한 충분조건에 대하여 알아보기로 한다.

## 11.3 유계헤시안 행렬식과 라그랑즈 승수의 의미

함수 $f(x, y)$의 형태를 $xy$-평면 상의 어떤 미분가능한 곡선 $S(t)=(x(t), y(t))$를 따라 가면서 살펴보기로 한다면, $f$를 $t$의 함수 $z(t)=f(x(t), y(t))$로 제한하여 함수의 행태를 살펴보는 것과 같다. 이 경우 우리가 고려할 수 있는 모든 곡선 $S(t)$에 대하여, $f'(t)=0$ 이고 $f''(t)<0$ 가 되는 어떤 점이 있으면 $f(x, y)$는 그 점에서 극대가 된다.

우리가 관심을 갖는 것은 제약조건 $g(x, y)=0$ 하에서의 극값이므로 $xy$-평면 상의 모든 곡선을 고려할 필요는 없고, $g(x(t), y(t))=0$이 되는 곡선 $S(t)$만을 고려하면 된다. 즉 곡선상의 모든 점에서 $g(x, y)=0$이 되는 모든 곡선 $S(t)$를 따라 함수 $f(x, y)$의 형태를 살펴보는 것이다.

$f'(t)=0$ 이라 하면

$$f_x\frac{dx}{dt}+f_y\frac{dy}{dt}=0 \tag{13}$$

제약조건이 없는 경우에는 (13)이 모든 $\frac{dx}{dt}$와 $\frac{dy}{dt}$에 대하여(즉 모든 곡선 $S(t)$를

따라 움직이는 경우에) 0이 되어야 하므로 $f_x = f_y = 0$이 극값의 필요조건이었지만, 제약조건 $g(x,\ y)= 0$이 있는 경우에는 $\dfrac{dx}{dt}$와 $\dfrac{dy}{dt}$는 이 제약조건을 만족시키는 값으로 제한되므로, $g(x,\ y) = 0$ 을 $t$에 대하여 미분하면,

$$g_x \frac{dx}{dt} + g_y \frac{dy}{dt} = 0 \tag{14}$$

따라서 (13)과 (14)가 동시에 성립하여야 한다.[7] 이것은 바로 라그랑즈 함수를 $L = f + \lambda g$라고 할 때 $L_x = L_y = 0$라는 조건과 같은 조건이다.

식 (13)과 (14)가 만족되는 점에서 극댓값이 되기 위해서는 (14)를 만족하는 모든 $\dfrac{dx}{dt}$와 $\dfrac{dy}{dt}$에 대하여 $f''(t) < 0$이 되는 것이고, $f''(t) > 0$이 되면 극소가 된다.

(13)을 $t$에 관하여 미분하면, 극대가 되기 위한 충분조건은

$$f''(t) = f_x \frac{d^2x}{dt^2} + f_y \frac{d^2y}{dt^2} + f_{xx}\left(\frac{dx}{dt}\right)^2 + 2f_{xy}\frac{dx}{dt}\frac{dy}{dt} + f_{yy}\left(\frac{dy}{dt}\right)^2 < 0 \tag{15}$$

$$\text{단, } g_x \frac{dx}{dt} + g_y \frac{dy}{dt} = 0 \tag{16}$$

(14)는 항등식이므로 $t$에 관하여 미분하면,

$$g_x \frac{d^2x}{dt^2} + g_y \frac{d^2y}{dt^2} + g_{xx}\left(\frac{dx}{dt}\right)^2 + 2g_{xy}\frac{dx}{dt}\frac{dy}{dt} + g_{yy}\left(\frac{dy}{dt}\right)^2 = 0 \tag{17}$$

(17)에 라그랑즈 승수 $\lambda$를 곱하여 (15)에 더하면, 충분조건은

$$\begin{aligned} f''(t) &= (f_x + \lambda g_x)\frac{d^2x}{dt^2} + (f_y + \lambda g_y)\frac{d^2y}{dt^2} + (f_{xx} + \lambda g_{xx})\left(\frac{dx}{dt}\right)^2 \\ &\quad + 2(f_{xy} + \lambda g_{xy})\frac{dx}{dt}\frac{dy}{dt} + (f_{yy} + \lambda g_{yy})\left(\frac{dy}{dt}\right)^2 \\ &= L_{xx}\left(\frac{dx}{dt}\right)^2 + 2L_{xy}\left(\frac{dx}{dt}\right)\left(\frac{dy}{dt}\right) + L_{yy}\left(\frac{dy}{dt}\right)^2 < 0 \end{aligned} \tag{18}$$

$$\text{단, } g_x \frac{dx}{dt} + g_y \frac{dy}{dt} = 0$$

로 표현할 수 있다.

7) 따라서 계수행렬의 행렬식 $\begin{vmatrix} f_x & f_y \\ g_x & g_y \end{vmatrix} = 0$이 된다.

식 (16)에서 $\dfrac{dy}{dt} = -\dfrac{g_x}{g_y}\dfrac{dx}{dt}$이므로, 식 (18)에 대입하면 충분조건은

$$L_{xx}\left(\frac{dx}{dt}\right)^2 + 2L_{xy}\left(\frac{dx}{dt}\right)\left(-\frac{g_x}{g_y}\frac{dx}{dt}\right) + L_{yy}\left(-\frac{g_x}{g_y}\frac{dx}{dt}\right)^2 < 0$$

$$\therefore\ (L_{xx}g_y^2 - 2L_{xy}g_xg_y + L_{yy}g_x^2)\left(\frac{dx}{dt}\right)^2 < 0 \tag{19}$$

즉 첫 번째 괄호안의 값이 0보다 작아야 한다는 것이다. 이 값은 바로 행렬식

$$H = \begin{vmatrix} 0 & g_x & g_y \\ g_x & L_{xx} & L_{xy} \\ g_y & L_{yx} & L_{yy} \end{vmatrix}$$

의 값에 음의 부호를 붙인 값이다. 이 행렬식을 유계헤시안(bordered Hessian) 또는 유계헤시안 행렬식(bordered Hessian determinant)이라 한다.

이상을 종합하면, 제약조건 $g(x, y) = 0$ 하에서 $f(x, y)$가 극댓값을 가질 충분조건은 $L_x = L_y = 0$가 만족되고 $H > 0$이 된다는 것이며, $H < 0$이면 극소값이 되고 $H = 0$이면 $f''(t) = 0$인 경우와 같으므로 극대, 극소를 판별할 수가 없다.

한편 $L_{\lambda\lambda} = 0,\ L_{\lambda x} = L_{x\lambda} = g_x,\ L_{\lambda y} = L_{y\lambda} = g_y$이므로 $H$는 간단히

$$H = \begin{vmatrix} L_{\lambda\lambda} & L_{\lambda x} & L_{\lambda y} \\ L_{x\lambda} & L_{xx} & L_{xy} \\ L_{y\lambda} & L_{yx} & L_{yy} \end{vmatrix}$$

로 표현하여 쉽게 기억할 수 있다.

변수가 $n$개인 경우, 즉 제약조건 $g(x_1, x_2, x_3, \cdots, x_n) = 0$ 하에서 함수 $f(x_1, x_2, \cdots, x_n)$의 극값을 구하는 경우에 구하는 경우에 대응되는 유계헤시안 $H$는, $L_{x_ix_j} = L_{ij}$로 간단히 표시하면 다음과 같다.

$$H = \begin{vmatrix} L_{\lambda\lambda} & L_{\lambda 1} & L_{\lambda 2} & \cdots & L_{\lambda n} \\ L_{1\lambda} & L_{11} & L_{12} & \cdots & L_{1n} \\ \vdots & \vdots & \vdots & \ddots & \vdots \\ L_{n\lambda} & L_{n1} & L_{n2} & \cdots & L_{nn} \end{vmatrix} = \begin{vmatrix} 0 & g_1 & g_2 & \cdots & g_n \\ g_1 & L_{11} & L_{12} & \cdots & L_{1n} \\ g_2 & L_{21} & L_{22} & \cdots & L_{2n} \\ \vdots & \vdots & \vdots & \ddots & \vdots \\ g_n & L_{n1} & L_{n2} & \cdots & L_{nn} \end{vmatrix}$$

일반적으로 제약조건이 하나가 아니고 $m$개가 있고 변수가 $n$개 있는 경우의 유계

헤시안은 제약조건을 $g^i(x_1,\ x_2,\ \cdots,\ x_n)=0,\ i=1,\ \cdots,\ m$ 이라고 하면

$$H=\begin{vmatrix} L_{\lambda_1\lambda_1} & L_{\lambda_1\lambda_2} & \cdots & L_{\lambda_1\lambda_m} & L_{\lambda_1 1} & L_{\lambda_1 2} & \cdots & L_{\lambda_1 n} \\ L_{\lambda_2\lambda_1} & L_{\lambda_2\lambda_2} & \cdots & L_{\lambda_2\lambda_m} & L_{\lambda_2 1} & L_{\lambda_2 2} & \vdots & L_{\lambda_2 n} \\ \vdots & \vdots & \vdots & \vdots & \vdots & \vdots & \vdots & \vdots \\ L_{\lambda_m\lambda_1} & L_{\lambda_m\lambda_2} & \cdots & L_{\lambda_m\lambda_m} & L_{\lambda_m 1} & L_{\lambda_m 2} & \cdots & L_{\lambda_m n} \\ L_{1\lambda_1} & L_{1\lambda_2} & \cdots & L_{1\lambda_m} & L_{11} & L_{12} & \cdots & L_{1n} \\ L_{2\lambda_1} & L_{2\lambda_2} & \cdots & L_{2\lambda_m} & L_{11} & L_{12} & \cdots & L_{2n} \\ \vdots & \vdots & \vdots & \vdots & \vdots & & \ddots & \vdots \\ L_{n\lambda_1} & L_{n\lambda_2} & \cdots & L_{n\lambda_m} & L_{n1} & L_{n2} & \cdots & L_{nn} \end{vmatrix}$$

$$=\begin{vmatrix} 0 & 0 & \cdots & 0 & g_1^1 & g_2^1 & \cdots & g_n^1 \\ 0 & 0 & \cdots & 0 & g_1^2 & g_2^2 & \cdots & g_n^2 \\ \vdots & \vdots & \vdots & \vdots & \vdots & \vdots & \vdots & \vdots \\ 0 & 0 & \cdots & 0 & g_1^m & g_2^m & \cdots & g_n^m \\ g_1^1 & g_1^2 & \cdots & g_1^m & L_{11} & L_{12} & \cdots & L_{1n} \\ g_2^1 & g_2^2 & \cdots & g_2^m & L_{21} & L_{22} & \cdots & L_{2n} \\ \vdots & \vdots & \vdots & \vdots & \vdots & \vdots & \ddots & \vdots \\ g_n^1 & g_n^2 & \cdots & g_n^m & L_{n1} & L_{n2} & \cdots & L_{nn} \end{vmatrix}$$

로 표현된다. 유계헤시안 행렬식에서 주 대각선 부분행렬 $H_i$를 좌측 상단에서 시작하여 $L_{ii}$까지 포함되는 행렬로 정의하면 즉

$$H_i=\begin{vmatrix} 0 & \cdots & 0 & g_1^1 & g_2^1 & \cdots & g_i^1 \\ \vdots & \vdots & \vdots & \vdots & \vdots & \vdots & \vdots \\ 0 & \cdots & 0 & g_1^m & g_2^m & \cdots & g_i^m \\ g_1^1 & \cdots & g_1^m & L_{11} & L_{12} & \cdots & L_{1i} \\ \vdots & \vdots & \vdots & \vdots & \vdots & \ddots & \vdots \\ g_i^1 & \cdots & g_i^m & L_{i1} & L_{i2} & \cdots & L_{ii} \end{vmatrix}$$

일반적으로 $m$개의 제약조건 하에서 $n$개의 변수를 갖고 있는 함수가 극값을 갖는 충분조건을 유계헤시안 $H_i$에 의하여 표현할 수 있다.

**정리**

$L = f + \lambda_1 g^1 + \lambda_2 g^2 + \cdots + \lambda_m g^m$에서 모든 $i = 1, \cdots, m$ 에 대하여 $L_i = 0$이고 $L_{\lambda_i} = g^i = 0$ 이라 하자.

모든 $k = 2, \cdots, n$ 에 대하여

$\mathrm{sign}(H_k) = (-1)^k$ 이면 극대가 되고,

$\mathrm{sign}(H_k) = (-1)^m$ 이면 극소가 된다.

2변수함수 $f(x, y)$가 제약조건을 하나 갖고 있는 경우 이 정리를 적용하면, 앞에서 설명한 것처럼 $m = 1$, $n = 2$이므로

$\mathrm{sign}(H_2) = \mathrm{sign}(H) = (-1)^2 = 1$ 즉 $H > 0$이면 극대가 되고

$\mathrm{sign}(H_2) = \mathrm{sign}(H) = (-1)^1 = -1$ 즉 $H < 0$이면 극소가 된다.

**정리 5**를 [예 5]에서 [예 9]까지 각각의 임계점에 적용하면 최대 최솟값에 대한 판단을 할 수 있다.

**예 10**

앞의 [예 7]의 경우 $m = 1$, $n = 2$이므로

$\mathrm{sign}(H) = \mathrm{sign}(H_2) = (-1)^2 > 0$이면 극대가 되고

$\mathrm{sign}(H) = \mathrm{sign}(H_2) = (-1)^1 < 0$이면 극소가 된다.

$$H = \begin{vmatrix} 0 & \frac{x}{4} & y \\ \frac{x}{4} & \frac{\lambda}{4} & 1 \\ y & 1 & \lambda \end{vmatrix} \text{이므로}$$

$(x, y, \lambda) = (2, 1, -2)$ 또는 $(-2, -1, -2)$인 경우에 각각

$$H = \begin{vmatrix} 0 & \frac{2}{4} & 1 \\ \frac{2}{4} & -\frac{2}{4} & 1 \\ 1 & 1 & -2 \end{vmatrix} = 2 > 0, \quad H = \begin{vmatrix} 0 & -\frac{2}{4} & -1 \\ -\frac{2}{4} & -\frac{2}{4} & 1 \\ -1 & 1 & -2 \end{vmatrix} = 2 > 0$$

가 되어 극댓값을 갖는다. 또한 $(x,\ y,\ \lambda) = (2,\ -1,\ 2)$ 또는 $(-2,\ 1,\ 2)$인 경우에는 각각

$$H = \begin{vmatrix} 0 & \frac{2}{4} & -1 \\ \frac{2}{4} & \frac{2}{4} & 1 \\ -1 & 1 & 2 \end{vmatrix} = -2 < 0, \quad H = \begin{vmatrix} 0 & -\frac{2}{4} & 1 \\ -\frac{2}{4} & \frac{2}{4} & 1 \\ 1 & 1 & -2 \end{vmatrix} = -2 < 0$$

이므로 극소값을 갖는다. )))

이제 라그랑즈 승수의 의미를 알아보기로 하자.

제약조건 $g(x,\ y) = c$ 하에서 $f(x,\ y)$가 $\lambda^*,\ x^*,\ y^*$ 일 때 극값을 갖는다고 하자. 그러면

$$c - g(x^*,\ y^*) = 0$$
$$f_x(x^*,\ y^*) - \lambda^* g_x(x^*,\ y^*) = 0$$
$$f_y(x^*,\ y^*) - \lambda^* g_y(x^*,\ y^*) = 0$$

이 만족되어야 하며 $\lambda^*,\ x^*,\ y^*$는 $c$의 음함수로 생각할 수 있다. 따라서 $(x^*,\ y^*)$에서의 $f$의 극값 $L^* = f(x^*,\ y^*) + \lambda^*[c - g(x^*,\ y^*)]$ 도 $c$의 함수로 생각할 수 있다. $L^*$를 $c$에 대하여 미분하면,

$$\begin{aligned} \frac{dL^*}{dc} &= f_x \frac{dx^*}{dc} + f_y \frac{dy^*}{dc} + [c - g(x^*,\ y^*)]\frac{d\lambda^*}{dc} + \lambda^*\left(1 - g_x \frac{dx^*}{dc} - g_y \frac{dy^*}{dc}\right) \\ &= (f_x - \lambda^* g_x)\frac{dx^*}{dc} + (f_y - \lambda^* g_y)\frac{dy^*}{dc} + [c - g(x^*,\ y^*)]\frac{d\lambda^*}{dc} + \lambda^* \end{aligned}$$

처음 세 항은 0이므로

$$\frac{dL^*}{dc} = \lambda^*$$

가 된다. 따라서 $f(x,\ y)$의 극값에서의 라그랑즈 승수는 바로 제약조건이 $f$의 극값

에 미치는 영향으로 생각할 수 있다. 즉 $\lambda$는 제약조건의 상수값에 대한 극값의 변화율을 나타낸다. 한 가지 조심할 것은 라그랑즈 승수가 이와 같이 해석되는 것은 라그랑즈 함수가 $L = f + \lambda(c - g)$로 구성되는 경우에만 가능하다. $L = \lambda f + c - g$로 하면 라그랑즈 승수의 의미를 해석할 수가 없다.

# 11 연습문제

**01** 다음 함수의 극대, 극소 안장점을 구하라.

(1) $f(x, y) = x^2 - 2x - y^2 - 2y + 3$

(2) $f(x, y) = 6x - 8y - x^2 - y^2$

(3) $f(x, y) = 2x - x^2 + 2y^2 - y^4$

(4) $f(x, y) = 3x^4 + 4x^3 + 6y^4 - 16y^3 + 12y^2 + 7$

(5) $f(x, y) = 2x^2 + 8xy + y^4$

(6) $f(x, y) = x^3 + y^3 - 3xy + 1$

(7) $f(x, y) = x^3 + 3xy^2 - 6x^2 - 6y^2$

(8) $f(x, y) = (1 + x^2)\exp(-x^2 - y^2)$

(9) $f(x, y) = xy - x^2 - 2x - y^2 - 2y + 4$

(10) $f(x, y) = \ln(1 + x^2 + y^2)$

**02** 주어진 영역 $R$에서 함수 $f(x, y)$의 최대, 최소, 극대 및 극소값을 구하라.

(1) $f(x, y) = x + 2y$; $R$은 꼭짓점이 $(\pm 1, \pm 1)$에 있는 정사각형

(2) $f(x, y) = x^2 + y^2 - x$; $R$은 (1)과 동일

(3) $f(x, y) = x^2 + y^2 - 2x$; $R$은 꼭짓점이 $(0, 0)$, $(2, 0)$, $(0, 2)$인 삼각형

(4) $f(x, y) = x^2 + y^2 - x - y$; $R$은 (3)과 동일

(5) $f(x, y) = 2xy$; $R$은 $x^2 + y^2 \le 1$인 원판

(6) $f(x, y) = xy^2$; $R$은 $x^2 + y^2 \le 3$인 원판

**03** 주어진 제약조건하에서 함수 $f(x, y)$의 극대 및 극소값을 구하라.

(1) $f(x, y) = x^2 - y^2$; $x^2 + y^2 = 4$

(2) $f(x, y) = x^2 + y^2$; $2x + 3y = 6$

(3) $f(x, y) = xy$; $4x^2 + 9y^2 = 36$
(4) $f(x, y) = 4x^2 + 9y^2$; $x^2 + y^2 = 1$
(5) $f(x, y, z) = x^2 + y^2 + z^2$; $3x + 2y + z = 6$
(6) $f(x, y, z) = 3x + 2y + z$; $x^2 + y^2 + z^2 = 1$
(7) $f(x, y, z) = x + y + z$; $x^2 + 4y^2 + 9z^2 = 36$
(8) $f(x, y, z) = xyz$; $x^2 + y^2 + z^2 = 1$
(9) $f(x, y, z) = x^2 + y^2 + z^2$; $x + y + z = 1$과 $x + 2y + 3z = 6$
(10) $f(x, y, z) = z$; $x^2 + y^2 = 1$과 $2x + 2y + z = 5$

## 04 (단일제약조건) 라그랑지 승수문제

(1) $x^2 + y^2 = 4$ 로 표현되는 원위의 점들을 제약조건으로 하여 $xy$를 극대화하라.
(2) $2x + 3y - 6 = 0$ 의 제약하에서 $x^2 + y^2$의 극소값을 구하라.
(3) 쌍곡선 $xy = 1$ (단, 1상한)의 제약하에서 $2x + 3y$ 의 극소값을 구하라.
(4) 타원 $x^2 + y^2 = 8$ 의 제약하에서 $x + 2y$ 의 극댓값을 구하라.
(5) 둘레가 12cm인 직사각형 중 가장 큰 면적의 크기를 구하라.
(6) 한 직육면체의 체적은 $1\text{m}^3$이어야 한다고 하자. 이 중 가장 작은 표면면적의 크기를 구하라.
(7) $x + 2y + 3z = 6$ 의 점 중에서 원점과 가장 가까운 값을 구하라.
(8) $x^2 + y^2 + z^2 = 9$ 의 제약하에서 $x + y + 2z$ 의 극댓값을 구하라.
(9) $2x + y + z = 5$ 선상의 점$(x, y, z)$와 점 $(1, 2, 3)$과의 거리를 극소화하라.
(10) 표면면적이 6제곱인치인 직육면체 중 가장 큰 체적의 값을 구하라.
(11) $x^2 + y^2 + z^2 = 1$ 의 제약하에서 $x^2y^2z^2$의 극댓값을 구하라.
(12) 원점에서 가장 가까운 $xyz = 1$의 표면상의 점을 구하라.
(13) 원 $x^2 + y^2 = 16$이라는 제약조건하에서 $3x^2 + 2y^2 - 4y + 1$의 극값을 구하라.

## 05 (복수제약조건) 라그랑지 승수문제

(1) $x + 2y + 3z = 0$ 및 $2x + 3y + z = 4$ 의 두 평면이 공유하는 선 위의 점을 제약조건으로 하여 $x^2 + y^2 + z^2$의 극소값을 구하라.
(2) 평면 $2y + 4z - 5 = 0$ 은 원추 $z^2 = 4(x^2 + y^2)$ 을 한 곡선에서 만난다. 원점에서 가장 가까운 곡선 위의 점을 구하라.

(3) $x+2y+3z=6,\ x+3y+9z=9$ 의 제약하에서 $x^2+y^2+z^2$ 의 극소값을 구하라.

(4) $x^2+y^2+z^2=4$ 와 $(x-3)^2+y^2+z^2=4$ 의 교차점들을 제약조건으로 하여 $x^3+y^3+z^3$의 극댓값을 구하라.

(5) 제약조건 $x^2+z^2=2$ 와 $yz=2$ 를 만족시키는 $f(x,\ y)=xz+y$ 의 극대, 극소를 찾아라.

**06** (1) 두 가지 제품의 값을 각각 $P_1,\ P_2$라 하고 수요를 $x_1,\ x_2$라 할 때 수요곡선이 $x_1=3(P_2-P_1),\ x_2=320+3P_1-5P_2$ 라 하자. $x_1$과 $x_2$ 한 개를 생산하는 데 드는 원가(즉 변동원가) 가 각각 60원, 90원이라 하자. 이익을 극대화하는 가격 $P_1, P_2$ 를 구하라.

(2) 가격이 150원인 제품을 생산하는 데 소요되는 재료는 $X$와 $Y$ 두 가지이다. $X$의 단위당 가격은 51원이고 $Y$의 단위당 가격은 18원이다. $X$와 $Y$가 각각 $x$단위, $y$단위 투입될 때의 제품 생산량 $P$는

$$P=0.52x+0.48y+0.12xy-0.07x^2-0.06y^2$$

이다. 이익을 극대화하는 원재료 투입량 $x$와 $y$, 또 이때의 생산량 $P$를 구하라.

(3) 세 가지 투입량 $x,\ y,\ z$가 있고, 이들의 단위가격이 각각 $a,\ b,\ c$일 때 Cobb Douglas 생산함수는 다음과 같다.

$$P=kx^{\alpha}y^{\beta}z^{\gamma}$$

여기서 $\alpha+\beta+\gamma=1,\ \alpha>0,\ \alpha>0,\ \gamma>0$이며, 가격제한 조건 $ax+by+ca=0$ 이 지켜져야 한다. 최대생산이 되는 때의 투입량은 각각 얼마인가?

**07** (1) 타원 $\dfrac{x^2}{3^2}+\dfrac{y^2}{4^2}=1$상에서 $f(x,\ y)=4xy\ (x>0,\ y>0)$의 최댓값을 구하라.

(2) $xy$평면 위에 놓여 있는 직육면체의 한 모서리는 원점에 위치하고 이 모서리와 대각위치에 있는 모서리가 평면 $6x+4y+3z=24$ 위에 있을 때 이 직육면체의 최대부피를 구하라.

Chapter

# 12 비선형계획법

Mathematics for Economics & Management

제 11장에서는 제약조건이 등식 $g^i(x_0, \cdots, x_n) = 0$, $i = 1, \cdots, m$인 경우의 함수 $f(x_1, \cdots, x_n)$의 최적화 문제, 즉

$$\text{Max(또는 Min)} \quad f(x_1, \cdots, x_n)$$
$$\text{s.t.} \quad g^i(x_1, \cdots, x_n) = 0, \ i = 1, \cdots, m$$

를 라그랑즈함수를 이용하여 푸는 방법을 소개하였다. 조건식이 모두 등식이 아니고, 부등식도 포함되어 있는 경우의 최적화 문제를 다루는 것이 본 장의 목적이다.

제약조건이 부등식인 최적화 문제를 푸는 것을 **비선형계획법**[1)](nonlinear programming)이라 한다. 임의의 목적함수와 제약조건에 대하여 이러한 최적화 문제의 해가 존재한다는 것을 보이거나, 이러한 해를 찾는 방법을 고안하는 것은 쉽지 않은 일이다. 부등식을 제약조건으로 갖는 최적화 문제가 해를 갖기 위한 조건은 목적함수와 제약조건의 형태에 따라 다르기 때문에 우선 이러한 형태를 구분해 볼 수 있는 여러 가지 개념을 검토해 보기로 하자.

1) 일반적으로, 제약조건인 부등식과 목적함수가 반드시 일차식일 필요가 없기 때문에 이러한 이름이 붙여졌다. 제약조건과 목적함수가 모두 일차식으로 제한되어 있는 특수한 최적화 문제를 선형계획법(linear programming)이라고 하며 제13장에서 자세히 다룰 것이다.

## 12.1 함수의 오목성과 준오목성

우리는 제9장의 **정의 4**에서 1변수함수의 오목(concavity)과 볼록을 함수의 2차도함수에 의하여 정의하였다. 다변수함수의 경우에도 적용될 수 있도록 다시 정의하면,

**정의 1**

함수 $f(x)$의 정의역에 속한 모든 $x_0$, $x_1$과 임의의 $\theta \in (0,\ 1)$에 대하여

$$f[\theta x_0 + (1-\theta)x_1] > \theta f(x_0) + (1-\theta)f(x_1)$$

이면 함수 $f$는 순오목(strictly concave)[2]하다고 하고

$$f[\theta x_0 + (1-\theta)x_1] < \theta f(x_0) + (1-\theta)f(x_1)$$

이면 순볼록(strictly conves)하다고 한다.[3]

여기서 $\theta x_0 + (1-\theta)x_1$은 $x_0$와 $x_1$을 잇는 선분이며 $\theta f(x_0) + (1-\theta)f(x_1)$은 함수값 $(x_0,\ f(x_0))$과 $(x_1,\ f(x_i))$을 잇는 선분, 즉 그래프의 할선이다. 즉 $x_0$와 $x_1$의 연결선 상에 있는 모든 점에서의 함수값, 즉 함수의 그래프가 그래프의 할선보다 위에 있으면 함수는 순오목하고 아래에 있으면 함수는 순볼록하다.

함수가 순오목함수이면, $x_0$와 $x_1$ 사이에서의 $f$의 그래프가 두 점 $(x_0,\ f(x_0))$와

---

2) 순오목을 강오목, 순볼록을 강볼록이라고도 부른다. 정리에서의 부등호가 $\geq$ 또는 $\leq$ 인 경우 함수를 각각 오목 또는 볼록하다고 한다.

3) 함수 $f$가 미분가능하면 오목함수는 1계도함수를 이용하여 정의할 수 있다. 함수의 그래프상의 임의의 두 점을 지나는 할선보다 함수의 그래프가 항상 위에 위치하므로, 함수의 그래프 상의 임의의 점에서의 접선은 그래프보다 위에 있게 된다. 따라서 임의의 두 점 $x_0$, $x_1$에 대하여

$$f(x_1) \leq f(x_0) + f'(x_0)(x_1 - x_0) \Leftrightarrow f\text{는 오목함수이다.}$$
$$f(x_1) \geq f(x_0) + f'(x_0)(x_1 - x_0) \Leftrightarrow f\text{는 볼록함수이다.}$$

다변수함수의 경우도 마찬가지로 오목함수이기 위한 필요충분조건은 정의역 내의 임의의 두 점 $\boldsymbol{u} = (u_1,\ u_2,\ \cdots,\ u_n)$과 $\boldsymbol{v} = (v_1,\ v_2,\ \cdots,\ v_n)$에 대하여

$$f(\boldsymbol{v}) \leq f(\boldsymbol{u}) + \sum_{i=1}^{n} f_i(\boldsymbol{u}) \cdot (\boldsymbol{v} - \boldsymbol{u})$$

와 같이 정의할 수 있다.

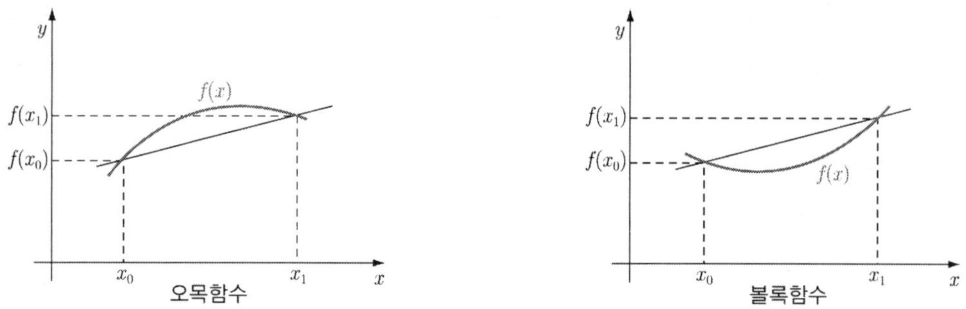


**| 그림 12-1 |**

$(x_1,\ f(x_1))$을 잇는 직선보다 위에 있게 되며, 따라서 모든 점에서 그래프는 접선 아래에 위치하게 된다.

1변수함수의 경우, **정의 1**이 제9장의 **정의 4**와 일치하는지 알아보자.

$f$를 미분가능 함수라고 하자. $f$가 순오목함수이면, $f(x)$는 항상 할선보다 위에 있게 되므로, 모든 $x$에 대하여

$$f'(x) > \frac{f(x+h)-f(x)}{h}$$

$$\therefore\ f(x+h)-f(x)-f'(x)h < 0 \tag{1}$$

테일러정리에 의하여 다음을 만족하는 $c$를 $x$와 $x+h$ 사이에서 구할 수 있다.

$$f(x+h) = f(x) + f'(x)h + \frac{1}{2}f''(c)h^2 \tag{2}$$

따라서 (1)과 (2)에 의하여 $f''(c) < 0$. $h$를 0에 접근시키면 $f''(x) < 0$.

한편 모든 점에서 $f''(x) < 0$ 이면, (2)에 의하여 (1)이 성립하므로 함수는 순오목함수이다.

2변수함수인 경우에도 오목함수와 볼록함수는 **정의 1**과 같은 방법으로 정의된다.

**정의 2**

임의의 $\boldsymbol{u} = (x_0,\ y_0)$, $\boldsymbol{v} = (x_1,\ y_1)$와 $0<\theta<1$에 대하여

$$f[\theta\boldsymbol{u} + (1-\theta)\boldsymbol{v}] \geq \theta f(\boldsymbol{u}) + (1-\theta)f(\boldsymbol{v})$$

가 성립하면 $f(x,\ y)$는 오목함수이다.

함수의 오목과 볼록은 함수가 극값을 갖기 위한 조건과 밀접한 관계를 갖고 있다. 임계점에서 함수가 오목하면 극대가 되고 볼록하면 극소가 된다는 사실을 살펴보기로 하자.

1변수함수에서와 마찬가지로 함수가 미분가능한 경우, 오목함수의 그래프는 함수의 접평면보다 위에 있을 수가 없다. 따라서 $f_{xx} < 0$, $f_{yy} < 0$이 된다.

$z(t) = f(x_0 + ht,\ y_0 + kt)$라 하자. $f$가 순오목함수라면, 모든 $h$, $k$에 대하여

$$z(t) - z(0) - z'(0) < 0$$

따라서 $t = 1$, $x_1 = x_0 + h$, $y_1 = y_0 + k$이면, 모든 $h$, $k$에 대하여

$$\begin{aligned} & f(x_1,\ y_1) - f(x_0,\ y_0) - f_x(x_0,\ y_0)h - f_y(x_0,\ y_0)k \\ & = \frac{1}{2}[h^2 f_{xx}(x^*,\ y^*) + 2hkf_{xy}(x^*,\ y^*) + k^2 f_{yy}(x^*,\ y^*)] < 0 \end{aligned} \tag{3}$$

이 되는 $x_0 \le x^* \le x_1$, $y_0 \le y^* \le y_1$가 존재한다.

$h$, $k \to 0$이면 $f_{ij}(x^*,\ y^*) \to f_{ij}(x_0,\ y_0)$가 되므로 식 (3)의 괄호안은

$$f_{xx}\left[\left(h + \frac{f_{xy}}{f_{xx}}k\right)^2 + \frac{f_{xx}f_{yy} - f_{xy}^2}{f_{xx}^2}k^2\right] < 0$$

로 쓸 수가 있다. 따라서, $f_{xx} < 0$이고 위 부등식이 항상 만족되어야 하므로

$$f_{xx}f_{yy} - f_{xy}^2 > 0 \tag{4}$$

이 된다.

또한, 식 (4)가 만족되고 $f_{xx} < 0$이면, (3)이 성립하며 접평면이 그래프 위에 있게 되므로 함수가 순오목함수가 되는 것을 1변수함수의 경우처럼 쉽게 알 수 있다. 따라서 1변수함수처럼 순오목함수의 개념은 함수가 극값을 갖게 되는 충분조건과 동일한 것임을 알 수 있다.

다음 정리는 정의에 의하여 자명하다.

**정리 1**

오목(또는 볼록) 함수의 합은 오목(또는 볼록)함수이다.

**예 1**

함수 $f(x) = -x^4$의 오목성을 따져라.

$f''(x) = -12x^2 \le 0$이므로 오목하다.

**예 2**

$f(x,\ y) = x^2 + y^2$의 오목성을 따져라.

$f_{xx} = 2 > 0$ 이고 $f_{xx}f_{yy} - f_{xy}^2 = 2 \cdot 2 - 9 = 4 > 0$이므로 순볼록하다.

또는 **정의 1**을 이용하여, $0 < \theta < 1$인 $\theta$에 대하여

$$
\begin{aligned}
& f\left[\theta(x_0,\ y_0) + (1-\theta)(x_1,\ y_1)\right] - \left[\theta f(x_0,\ y_0) + (1-\theta) f(x_1,\ y_1)\right] \\
&= f\left[\theta x_0 + (1-\theta)x_1, \theta\, y_0 + (1-\theta)y_1\right] - \left[\theta f(x_0,\ y_0) + (1-\theta)f(x_1,\ y_1)\right] \\
&= \left[\theta x_0 + (1-\theta)x_1\right]^2 + \left[\theta y_0 + (1-\theta)y_1\right]^2 - \theta\left(x_0^2 + y_0^2\right) - (1-\theta)\left(x_1^2 + y_1^2\right) \\
&= \theta^2 x_0^2 + 2\theta(1-\theta)x_0x_1 + (1-\theta)^2x_1^2 + \theta^2y_0^2 + 2\theta(1-\theta)y_0y_1 + (1-\theta)^2y_1^2 \\
&\quad - \theta x_0^2 - \theta y_0^2 - (1-\theta)x_1^2 - (1-\theta)y_1^2 \\
&= \theta(\theta-1)x_0^2 - 2\theta(\theta-1)x_0x_1 + \theta(\theta-1)x_1^2 + \theta(\theta-1)y_0^2 - 2\theta(\theta-1)y_0y_1 \\
&\quad + \theta(\theta-1)y_1^2 \\
&= \theta(\theta-1)\left[(x_0 - x_1)^2 + (y_0 - y_1)^2\right] < 0
\end{aligned}
$$

따라서 $f$는 순볼록하다.

제약조건이 부등식인 최적화 문제, 즉 비선형계획법에서는 목적함수의 정의역 중에서 제약조건에 의하여 고려 대상으로 제한되는 부분, 즉 정의역의 부분집합이 어떠한 종류의 것인가가 대단히 중요하다. 이 부분집합이 아래에 정의된 것처럼 볼록집합(convex set)이면 일반적으로 해를 구할 수가 있다.

**정의 3**

$0 < \theta < 1$ 이라고 하자. 집합 $S$에 속한 모든 원소 $\boldsymbol{u}, \boldsymbol{v}$에 대하여 $\theta\boldsymbol{u} + (1-\theta)\boldsymbol{v} \in S$이면 $S$는 볼록집합이다.

어떤 집합이 볼록하다는 것은 그 집합에 속한 임의의 두 원소를 연결하는 선분 위의 모든 점들이 그 집합의 원소로 포함된다는 것이다.

어떤 집합이 볼록하다는 것과 함수가 볼록하다는 것은 이름은 같지만 전혀 다른 개념이기 때문에 혼동해서는 안 된다.

어떤 함수 $f(x)$에 의해 정의되는 영역 $S = \{x \mid f(x) \geq k\}$ 또는 $S' = \{x \mid f(x) \leq k\}$가 볼록집합인가를 아는 것이 비선형계획법에서는 중요하다. 함수 $f$가 오목하면 $S$가 볼록집합이 되지만 역으로 $S$가 볼록집합이라고 해서 $f$가 오목함수가 되는 것은 아니다. 함수의 오목성은 이런 점에서 비선형계획법에서는 불충분한 개념이다. 이제 $S$의 볼록과 대등한 함수의 개념은 어떤 것인가를 알아보기로 하자.

**정의 4**

$0 < \theta < 1$이라 하자. 함수 $f$의 정의역에 속한 임의의 $\boldsymbol{u}$, $\boldsymbol{v}$에 대하여

$$f(\boldsymbol{v}) \geq f(\boldsymbol{u}) \text{이면 } f[\theta \boldsymbol{u} + (1-\theta)\boldsymbol{v}] \geq f(\boldsymbol{u})$$

가 되면 $f$는 준오목(quasiconcave)하다고 하고,

$$f[\theta \boldsymbol{u} + (1-\theta)\boldsymbol{v}] \leq f(\boldsymbol{v})$$

가 되면 $f$는 준볼록(quasiconvex)하다고 한다.

위 정의에서 부등호가 $\geq$나 $\leq$ 대신 $>$와 $<$으로 각각 대체되면 함수 $f$는 순준오목(strictly quasiconcave) 또는 순준볼록(strictly quasiconvex)하다고 부른다.

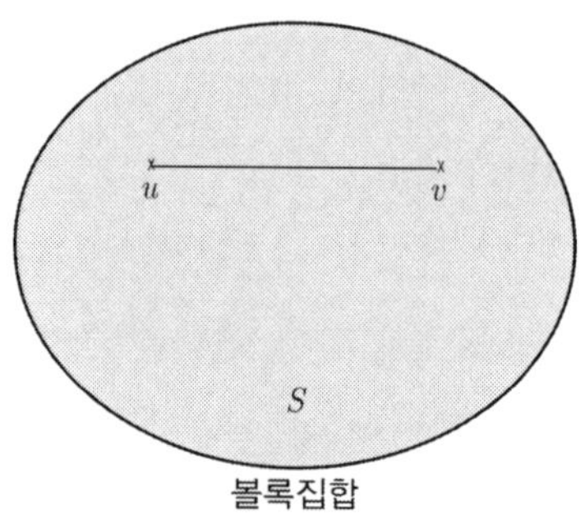


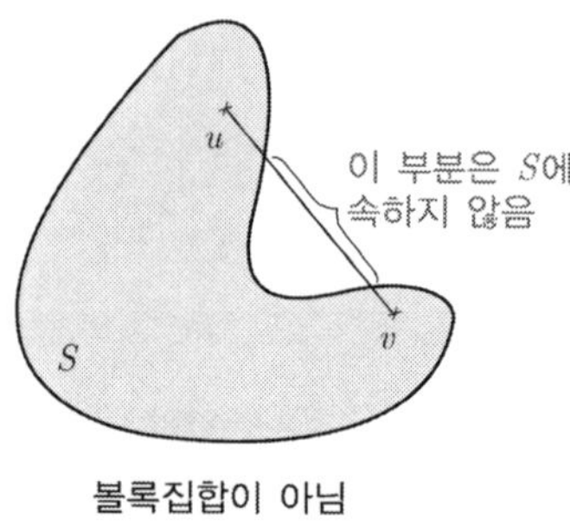


**| 그림 12-2 |**

**정리 2**

오목함수는 준오목함수이고, 볼록함수는 준볼록함수이다.

**증명** $f$가 오목함수이고 $f(v) \geq f(u)$라면

$$\begin{aligned} f[\theta u + (1-\theta)v] &\geq \theta f(u) + (1-\theta)f(v) \\ &\geq \theta f(u) + (1-\theta)f(u) = f(u) \end{aligned}$$

따라서 $f$는 준오목함수이다. 볼록함수의 경우도 마찬가지로 증명된다.

마찬가지로, 순오목함수는 순준오목함수가 되고, 순볼록함수는 순준볼록함수가 된다. 그러나 **정리 2**의 역은 성립하지 않는다. 또한 준오목이면서 동시에 준볼록인 함수도 있을 수 있다.

**정리 3**

$f$가 일차함수이면 $f$는 준오목함수인 동시에 준볼록함수이다.

**증명** $f[\theta u + (1-\theta)v] = \theta f(u) + (1-\theta)f(v)$이므로 **정의 3**의 두 부등식을 동시에 만족시킨다.

여기서 한 가지 주의할 것은 오목함수나 볼록함수에 대한 **정리 1**이 준오목함수나 준볼록함수에 대해서는 성립하지 않는다는 것이다. 다시 말하면 준오목함수의 합이 반드시 준오목함수가 되지는 않는다.

어떤 함수가 준오목함수 또는 준볼록함수인가를 보이는 방법은 **정의 3**을 직접 이용해도 되지만 다음 정리를 이용하면 용이한 경우도 있다. **정리 4** 때문에 비선형계획에서 오목함수 대신 준오목함수가 관심의 대상이 된다.

**정리 4**

함수 $f(x)$가 준오목함수가 되기 위한 필요충분조건은 모든 실수 $k$에 대하여 집합

$$S = \{x \mid f(x) \geq k\}$$

가 볼록집합이라는 것이다.

함수 $f(x)$가 준볼록함수가 되기 위한 필요충분조건은 모든 실수 $k$에 대하여 집합

$$S = \{x \mid f(x) \leq k\}$$

가 볼록집합이라는 것이다.

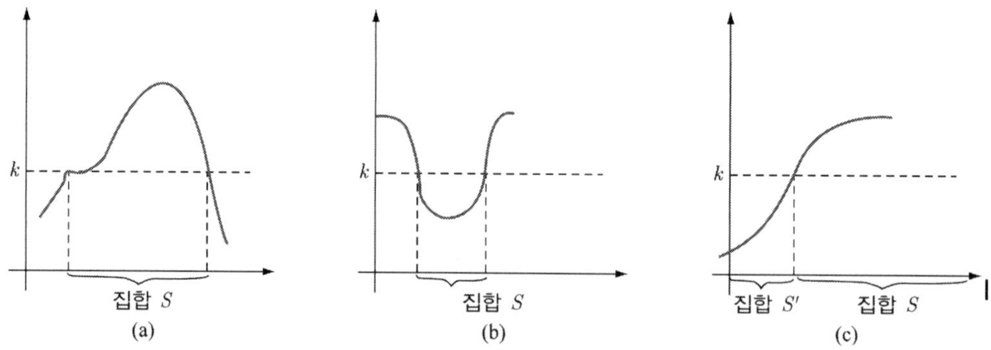


|그림 12-3|

증명 $0<\theta<1$이고 $f(x)$가 준오목함수라고 하자. $u$, $v$가 $S$에 속한 임의의 원소라면 $f(u) \geq k, f(v) \geq k$ 이다. $f(v) \geq f(u)$ 라 하면

$$f[\theta u + (1-\theta)v] \geq f(u) \geq k$$

따라서 $\theta u + (1-\theta)v \in S$ 가 되므로 $S$는 볼록집합이다.

이제 임의의 실수 $k$에 대하여 $S = \{x \mid f(x) \geq k\}$가 볼록집합이고 $f(v) \geq f(u)$라 하자. $k = f(u)$인 경우, $S = \{x \mid f(x) \geq f(u)\}$는 볼록집합이므로, $\theta u + (1-\theta)v \in S$, 즉

$$f[\theta u + (1-\theta)v] \geq f(u)$$

따라서 $f$는 준오목함수이다.

준볼록함수의 경우도 같은 방법으로 증명된다.

그림 12-3에서, (a)는 준오목함수이고, (b)는 준볼록함수이며, (c)는 준오목함수이면서 동시에 준볼록함수이다.

### 예 3

다음 함수가 오목, 볼록, 준오목, 준볼록함수인가를 보여라.

1) $f(x) = x^2 \quad (x \geq 0)$:

$f''(x) = 2 > 0$이므로 볼록함수이고, 집합 $S_1 = \{x \mid x^2 \geq k\}$과 집합 $S_2 = \{x \mid x^2 \leq k\}$이 모두 볼록집합이므로[4] $f(x)$는 준오목함수이며 동시에 준볼록함수이다.

---

4) $0<\theta<1$, $u>v>0$, $u^2 \geq k$, $v^2 \geq k$라 하면

$[\theta u + (1-\theta)v]^2 = \theta^2 u^2 + (1-\theta)^2 v^2 + 2\theta(1-\theta)uv \geq \theta^2 v^2 + (1-\theta)^2 v^2 + 2\theta(1-\theta)v^2 = v^2 \geq k$

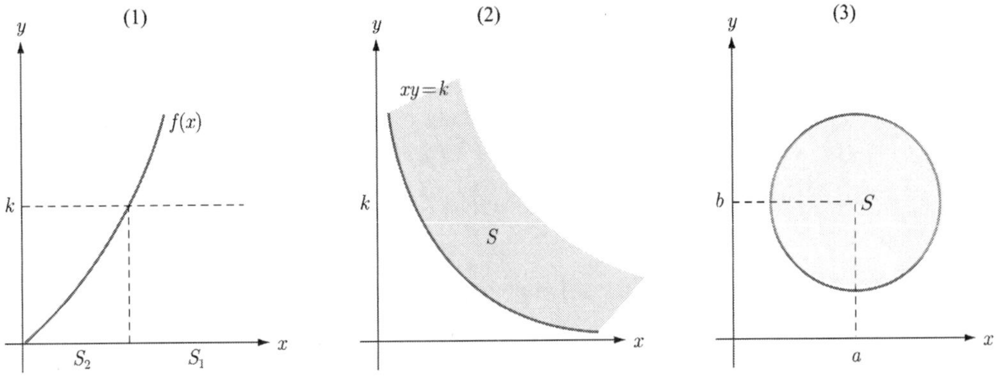


| 그림 12-4 |

2) $f(x, y) = xy \ (x, y \geq 0)$: 집합 $S = \{(x,\ y) |\ xy \geq k\}$이 볼록집합이므로[5] $f$는 준오목함수이다.

3) $f(x,\ y) = (x-a)^2 + (y-b)^2$: 집합 $S = \{(x,\ y) \mid (x-a)^2 + (y-b)^2 \leq k\}$이 볼록집합이므로 $f$는 준볼록함수이다.

## 12.2 음이 아닌 변수의 조건과 경계선에서의 해

비선형계획법은 제약조건이 부등식으로 주어져 있고 제약조건과 목적함수가 일차식이 아닌 경우의 최적화 문제를 접근하는 방법이다. 이러한 최적화 문제 중 가장 간단한 경우는, 제약조건이 단지 모든 변수가 음이 아니라는 경우로서 다음과 같이 표현되는 문제이다.

5) $0 < \theta < 1,\ \boldsymbol{u} = (x_0,\ y_0) \in S,\ \boldsymbol{v} = (x_1,\ y_1) \in S$라 하자.

$x_0 y_0 \geq k$ 이고 $x_1 y_1 \geq k$이므로 $y_0 \geq \dfrac{k}{x_0},\ y_1 \geq \dfrac{k}{x_1}$

$$f[\theta \boldsymbol{u} + (1-\theta)\boldsymbol{v}] = [\theta x_0 + (1-\theta)x_1][\theta y_0 + (1-\theta)y_1] = \theta^2 x_0 y_0 + (1-\theta)^2 x_1 y_1 + \theta(1-\theta)(x_0 y_1 + x_1 y_0)$$

$$\geq \theta^2 k + (1-\theta)^2 k + \theta(1-\theta)(x_0 y_1 + x_1 y_0)$$

$$= (1 - 2\theta + 2\theta^2)k + \theta(1-\theta)(x_1 y_0 + x_0 y_1) \geq k - 2\theta(1-\theta)k + \theta(1-\theta)\left(\frac{x_1}{x_0} + \frac{x_0}{x_1}\right)k$$

$$= k - 2\theta(1-\theta)k + \theta(1-\theta)\left(\frac{x_0^2 + x_1^2}{x_0 x_1}\right)k \geq k - 2\theta(1-0)k + 2\theta(1-\theta)k = k$$

$(\because (x_0 - x_1)^2 \geq 0$에서 $x_0^2 + x_1^2 \geq 2x_0 x_1)$

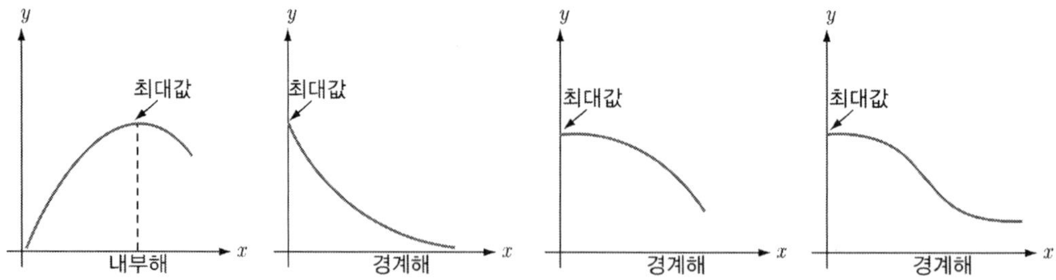


| 그림 12-5 |

문제 I : Max $f(x)$

s.t. $x \geq 0$

이 경우 그림 12-5에서 볼 수 있듯이, 0보다 큰 $x$에서 최댓값이 존재하면 이러한 해를 내부해(interior solution)라고 하며 이 경우 $f'(x)=0$이 된다. $x=0$, 즉 $f$의 정의역 중에서 제약조건을 만족시키는 부분집합의 경계점에서 최댓값이 존재하면 이러한 해를 경계해(boundary solution)라고 하며 $f'(x) \leq 0$이 된다.

따라서 문제 I이 해를 갖기 위한 필요조건은

$f'(x) \leq 0$이고, $xf'(x)=0$ (5)

또는 $f'(x) \leq 0$이고, $f'(x) < 0$이면 $x=0$ (6)

으로 표현할 수가 있다. 마찬가지 방법으로 문제 I이 최대화(maximization) 문제가 아니고 최소화(minimization) 문제라면, 해를 갖기 위한 필요조건은

$f'(x) \geq 0$이고, $xf'(x)=0$ (7)

또는 $f'(x) \geq 0$이고, $f'(x) > 0$이면 $x=0$ (8)

으로 표현된다.

지금까지 문제 I이 해를 갖기 위한 필요조건을 2차평면에서의 함수의 그래프에 대한 이해를 바탕으로 하여 설명하였다. 이제 이러한 필요조건을 그래프를 이용하지 않고 정식으로 도출해 보기로 하자.

등식의 제약조건인 경우의 최적화 문제를 이미 11장에서 공부하였으므로, 부등식의 제약조건을 등식으로 만들어서 해의 조건을 구해보자. 부등식으로 표현된 제약조건 $x \geq 0$ 은 여유변수(slack variable) $s$를 이용하여 등식 $x-s^2=0$으로 바꿀 수가 있다. 이제 문제 I은 우리가 제 11장에서 살펴본 제약조건이 등식인 최대화문제

로 표현할 수 있다.

문제 I' : Max $f(x)$

s.t. $g(x,\ s) = x - s^2 = 0$

문제 I'의 해에서 $s \neq 0$이면 내부해이고, $s = 0$이면 경계해가 될 것이다. 문제 I'의 라그랑즈함수는 $L = f(x) + \lambda(x - s^2)$ 이므로 해를 갖기 위한 필요조건은

$$L_x = f'(x) + \lambda = 0 \tag{9}$$

$$L_s = -2\lambda s = 0 \tag{10}$$

$$L_\lambda = x - s^2 = 0 \tag{11}$$

식 (10)에서, $s \neq 0$(즉 내부해인 경우)이면 $\lambda = 0$이 되므로 식 (9)에 의하여 $f'(x) = 0$이 된다. 한편 극대가 되기 위해서는 유계헤시안이

$$H = \begin{vmatrix} 0 & g_x & g_s \\ g_x & L_{xx} & L_{xs} \\ g_s & L_{sx} & L_{ss} \end{vmatrix} = \begin{vmatrix} 0 & 1 & -2s \\ 1 & f''(x) & 0 \\ -2s & 0 & -2\lambda \end{vmatrix}$$

$$= -4s^2 f''(x) + 2\lambda > 0 \tag{12}$$

이 되어야 하므로, 식 (12)에서 $s = 0$(즉 경계해인 경우)이면 $2\lambda > 0$가 된다. 따라서 식 (9)에 의하여 $f'(x) < 0$이 되어야 한다.

일반적으로 이러한 결과는 $n$개의 변수를 갖고 있는 다변수함수에도 같은 방법으로 일반화시킬 수 있다.

**정리 5**

$x_i\ (i = 1,\ \cdots,\ n)$ 중에서 일부 또는 모두가 $x_i \geq 0$ 로 제한된 극대화문제 $\text{Max}(x_1,\ \cdots,\ x_n)$ 가 해를 갖기 위한 필요조건은

음이 아닌 값으로 제한된 변수에 대하여;

$$f_i \leq 0,\ \ x_i \geq 0,\ x_i f_i = 0 \ \text{ 이며,}$$

나머지 변수에 대하여 $f_i = 0$이다.

**정리 5**에서와 같은 해를 갖기 위한 1차조건(즉 필요조건)은 최댓값을 갖기 위한 일

반화된 조건을 제공하기는 하지만, 실제로 해가 무엇인가를 찾아내는 데는 별로 유용하게 사용될 수 있는 조건은 못된다. 특히 **정리 5**에서의 조건은 최댓값에서 어떤 변수가 0이고 어떤 변수가 0이 아닌지를 구별해 주지 못한다.

일반적으로 부등식을 제약조건으로 갖고 있는 최적화 문제의 해를 구하기 위해서는 시행착오(trial and error)의 과정을 거쳐서 해를 찾아가는 연산법(algorithm)을 고안하지 않으면 안 된다. 이러한 연산법의 각 단계를 거치면서 어떤 변수가 0인가를 확인하여 최적 값에 접근하여 가는 것이다.

## 12.3 제약조건이 부등식인 최적화 문제

앞에서 설명한 문제 I에서 한 걸음 더 나아가 보다 더 일반적인 문제, 즉 변수가 음이 아니라는 제약조건 이외의 부등식으로 표현된 제약조건이 추가되어 있는 최적화 문제를 살펴보기로 하자.

$$\text{문제 II}\quad \text{Max}\quad f(x,\ y) \qquad \text{s.t.}\quad g(x,\ y) \le r,\quad x \ge 0,\ y \ge 0 \tag{13}$$

문제 I에서처럼 여유변수를 이용하여 부등식을 등식으로 바꾸어서 문제를 표현하면

$$\text{문제 II'}\quad \text{Max}\quad f(x,\ y) \qquad \text{s.t.}\quad g(x,\ y) + s = r,\quad x \ge 0,\ y \ge 0,\ s \ge 0 \tag{14}$$

문제 II'에서 변수가 음이 아니라는 조건을 무시하면, 준제 II'은 등식의 제약조건을 갖고 있는 이미 우리에게 익숙한 문제가 되고, 라그랑즈함수 $L = f(x,\ y) + \lambda[r - s - g(x,\ y)]$ 에 의하여 해를 갖기 위한 1차조건은

$$\frac{\partial L}{\partial x} = \frac{\partial L}{\partial y} = \frac{\partial L}{\partial s} = \frac{\partial L}{\partial \lambda} = 0 \tag{15}$$

이 된다. 그러나 변수 $x$, $y$와 $s$가 음이 아니라는 조건이 있으므로 식 (15)는 **정리 5**

에서처럼 수정되어야 한다. 따라서 문제 II가 최댓값을 갖기 위한 필요조건은

$$\frac{\partial L}{\partial x} \le 0,\ x \ge 0\text{이고}\quad x\frac{\partial L}{\partial x} = 0 \tag{16}$$

$$\frac{\partial L}{\partial y} \le 0,\ \ y \ge 0\text{이고}\quad y\frac{\partial L}{\partial y} = 0 \tag{17}$$

$$\frac{\partial L}{\partial s} \le 0,\ \ s \ge 0\text{이고}\quad s\frac{\partial L}{\partial s} = 0 \tag{18}$$

$$\frac{\partial L}{\partial \lambda} = 0 \tag{19}$$

이다.

이제 이 조건을 임의로 추가한 여유변수 $s$를 사용하지 않고 표현해 보기로 하자. $\frac{\partial L}{\partial s} = -\lambda$ 이므로 (18)은

$$\lambda \ge 0,\quad s \ge 0\text{이고}\ s\lambda = 0 \tag{20}$$

으로 쓸 수가 있다. 한편 (19)에 의하여 $s = r - g(x,\ y)$이므로 이것을 (20)에 대입하면

$$r - g(x,\ y) \ge 0,\ \ \lambda \ge 0,\ \ \lambda[r - g(x,\ y)] = 0 \tag{21}$$

가 된다. 따라서 식 (16), (17), (21)이 문제 II가 해를 갖기 위한 필요조건이며, 이를 쿤-턱커조건(Kuhn-Tucker conditions)이라고 부른다.[6)]

쿤-턱커조건은 마치 부등식인 제약조건을 등식의 제약조건인 것처럼 취급하여 다음 과정을 기계적으로 밟으면 얻어진다.

1) 라그랑즈함수 $L = f(x,\ y) + \lambda[r - g(x,\ y)]$를 만들어서 편도함수의 부호를 다음과 같이 설정한다.

$$\frac{\partial L}{\partial x} \le 0,\ \ \frac{\partial L}{\partial y} \le 0,\ \ \frac{\partial L}{\partial \lambda} = r - g(x,\ y) \ge 0$$

6) 제약조건이 부등식인 최적화 문제는 1939년 W. Karush의 시카고 대학 석사학위 논문 "Minima of Functions of Several Variables with Inequalities as Side Conditions"에서 이미 만족할 만한 정도로 다루어졌으나 별로 주목을 받지 못하였다. Karush의 연구도 Valentine이 Calculus of Variations에서 한 비슷한 연구결과의 영향을 받아서 이루어졌다.

2) 변수가 음이 아니라는 조건을 추가한다.

$x \geq 0, y \geq 0, \ \lambda \geq 0$

3) 변수와 그 변수에 대한 편도함수 중 어느 하나는 반드시 0이 되어야 한다는 조건(complementary slackness)을 설정한다.

$$x\frac{\partial L}{\partial x} = 0, \ \ y\frac{\partial L}{\partial y} = 0, \ \ \lambda\frac{\partial L}{\partial \lambda} = 0$$

이제 쿤-투턱조건과 최댓값 사이의 관계를 알아보자. 앞에서 쿤-턱커조건은 문제 II가 해를 갖게 되는 필요조건이라고 하였는데 이것은 엄밀하게 말해서 내부해에만 적용되는 말이다. 경계해인 경우에는 해가 존재한다고 해서 반드시 쿤-턱조건이 만족되어야 하는 것은 아니다. 예를 들면

**예 4**

Max $2x + y$

s.t $y - (1-x)^3 \leq 0$

$x \geq 0, y \geq 0$

이 예의 해는 그림 12-6에서 알 수 있듯이 (1, 0)이다.

그러나 라그랑즈함수 $L = 2x + y + \lambda[-y + (1-x)^3]$ 에 대한 쿤-턱커조건 중에서

$$L_x = 2 - 3\lambda(1-x)^2 \leq 0, \ \ x \geq 0, \ \ x[2 - 3\lambda(1-x)^2] = 0$$

을 고려하면 $x \neq 0$이므로 $L_x = 0$이 되어야 하지만 (1, 0)에서 $L_x \neq 0$이다. 따라서 해 (1, 0)에서 쿤-턱커조건이 만족되지 않는다.

최적해는 제약조건에 의하여 정의되는 영역에서 찾아야 되는데 이 영역, 즉 실행가능영역(feasible area)이 이 경우에는 볼록집합이 아니고 더구나 최적해는 실행가능영역의 첨점에서 발견된다. 일반적으로 첨점이 최적해인 경우 쿤-턱커조건이 항상 만족되지 않는 것도 아니며, 실행가능영역이 볼록집합이면 항상 쿤-턱커조건이 만족되는 것도 아니다.

쿤-턱커조건이 만족되기 위해서는 목적함수와 제약조건을 특수한 형태의 것으로 제한하여야 하는데, 이렇게 여러 가지로 제한하는 방법 중 스레이터의 조건제한(Slater's

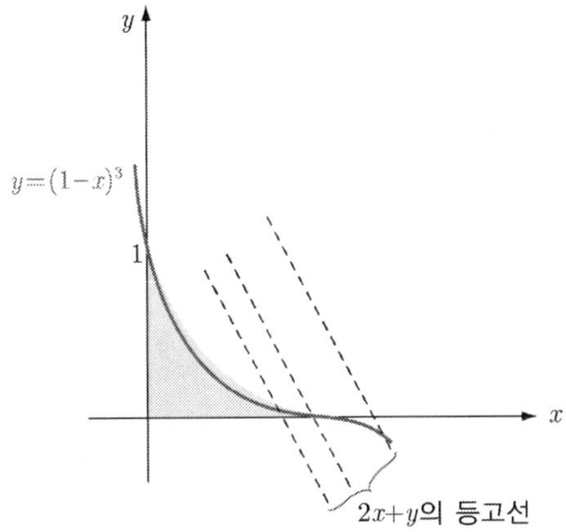


**| 그림 12-6 |**

constraint qualification)이라는 한 가지 방법을 소개하면

1) 목적함수는 오목함수이고, 제약조건의 함수는 볼록함수이며
2) $g(x_0,\ y_0) < r$이 되는 $(x_0,\ y_0)$이 존재한다. (즉 실행가능영역이 공집합이 아니다.)

이 이외에도 여러 가지로 목적함수와 제약조건을 제한하여 쿤-턱커조건이 문제 II의 필요조건이 되도록 할 수가 있다.

쿤-턱커조건이 만족된다고 해서 반드시 최댓값 또는 극댓값을 갖게 되는 것은 아니다. 그러나 스레이터의 조건제한에서처럼 목적함수가 오목함수이고 제약조건이 볼록집합을 이루면,[7] 쿤-턱커조건이 만족되는 점에서 반드시 최댓값이 존재한다.

이러한 조건 하에서 쿤-턱커조건이 최적해의 충분조건이 되는가를 2변수함수를 이용하여 살펴보기로 하자.

$$\begin{aligned} \text{Max} \quad & f(x,\ y) \\ \text{s.t.} \quad & g(x,\ y) \le r \\ & x \ge 0,\ y \ge 0 \end{aligned}$$

에서 라그랑즈함수는 $L = f(x,\ y) + \lambda[r - g(x,\ y)]$가 된다. $f$는 오목함수이고 $g$는

7) 목적함수가 오목함수이면 준오목함수가 되므로 목적함수의 임의의 등고선에서보다 큰 함수값을 갖는 정의역의 부분집합이 볼록집합이 되고, 마찬가지로 제약조건의 함수가 볼록함수이면 준볼록함수가 되므로, 제약조건을 만족하는 정의역의 부분집합이 볼록집합이 된다.

볼록함수라고 가정하자. $-g$는 오목함수가 되므로 오목함수의 합인 $L$도 오목함수이다. 따라서, 쿤-턱커조건이 $(x^*,\ y^*)$에서 만족된다면, 제약조건을 만족하는 임의의 $(x,\ y)$에 대하여

$$L(x,\ y) \le L(x^*,\ y^*) + L_x \cdot (x - x^*) + L_y \cdot (y - y^*)$$

가 성립한다(주 3을 참조). $L_x$와 $L_y$는 각각 $(x^*,\ y^*)$에서 계산된 편도함수이다.

쿤-턱커조건에 의하여 $L_x \cdot x^* = 0$, $L_y \cdot y^* = 0$이고, $L_x \le 0$, $L_y \le 0$, $x_y \le 0$, $x \ge 0$, $y \ge 0$이므로 $L_x \cdot x \le 0$, $L_y \cdot y \le 0$이 된다. 따라서

$$L(x,\ y) \le L(x^*,\ y^*)$$

즉

$$f(x,\ y) + \lambda[r - g(x,\ y)] \le f(x^*,\ y^*) + \lambda[r - g(x^*,\ y^*)]$$

$(x,\ y)$가 제약조건을 만족하므로 $r - g(x,\ y) \ge 0$ 이고, 쿤-턱커조건에 의하여 $\lambda \ge 0$이므로, $\lambda[r - g(x,\ y)] \ge 0$ 가 되어

$$f(x,\ y) \le f(x^*,\ y^*) + \lambda[r - g(x^*,\ y^*)]$$

가 성립하고, 쿤-턱커조건에 의하여 $\lambda[r - g(x^*,\ y^*)] = 0$ 이므로

$$f(x,\ y) \le f(x^*,\ y^*)$$

가 되어 $(x^*,\ y^*)$는 최댓값이다. 이것이 극댓값이 아니고 최댓값인 이유는 제약조건에 의하여 정의되는 실현가능영역이 닫힌 볼록집합이기 때문이다. 닫힌 볼록집합에서 정의된 목적함수가 오목함수이면, 극댓값은 최댓값이 되며, 순오목함수이면 최댓값은 유일하다.

**예 5**

$$\begin{aligned} &\text{Max} \quad xy \\ &\text{s.t.} \quad x + 8y - 4 \ge 0 \\ &\qquad\ \ x^2 + y^2 - 1 = 0 \\ &\qquad\ \ x \ge 0 \end{aligned}$$

$L = xy + \lambda_1(x + 8y - 4) + \lambda_2(x^2 + y^2 - 1)$이라 하면, 쿤-턱커조건은

$$L_x = y + \lambda_1 + 2\lambda_2 x \le 0,\ \ x \ge 0,\ x(y + \lambda_1 + 2\lambda_2 x) = 0 \tag{22}$$

$$L_y = x + 8\lambda_1 + 2\lambda_2 y = 0 \tag{23}$$

$$x^2 + y^2 - 1 = 0 \tag{24}$$

$$x + 8y - 4 \ge 0,\quad \lambda_1 \ge 0,\quad \lambda_1(x + 8y - 4) = 0 \tag{25}$$

1) $\lambda_1 = 0,\ x \ne 0$ 이면, (22)에 의하여 $y + 2\lambda_2 x = 0$, 즉 $y = -2\lambda_2 x$ 가 되고, (23)에 의하여 $x + 2\lambda_2 y = 0$ 이 되므로, (24)에 대입하면

$$x^2 + (-2\lambda_2 x)^2 - 1 = 0,\ \ (-2\lambda_2 y)^2 + y^2 - 1 = 0$$

즉 $x^2 + 4\lambda_2^2 x^2 = 1,\ \ y^2 + 4\lambda_2^2 y^2 = 1$ 두식을 합하면

$$1 + 4{\lambda_2}^2 = 2 \qquad \therefore\ \lambda_2^2 = \frac{1}{4} \qquad \therefore\ \lambda_2 = \pm\frac{1}{2}$$

① $\lambda_2 = \dfrac{1}{2}$ 이면 $y = -x \qquad \therefore\ 2x^2 = 1$

$x \ge 0$ 이므로 $x = \dfrac{1}{\sqrt{2}},\ y = -\dfrac{1}{\sqrt{2}}$

그러나 $\dfrac{1}{\sqrt{2}} - \dfrac{8}{\sqrt{2}} - 4 = -\dfrac{7}{\sqrt{2}} - 4 < 0$이 되므로 제약조건이 만족되지 않는다.

② $\lambda_2 = -\dfrac{1}{2}$ 이면 $y = x \qquad \therefore\ x = y = \dfrac{1}{\sqrt{2}}$

$\dfrac{1}{\sqrt{2}} + 8\dfrac{1}{\sqrt{2}} - 4 > 0$ 이고 $\left(\dfrac{1}{\sqrt{2}}\right)^2 + \left(\dfrac{1}{\sqrt{2}}\right)^2 - 1 = 0$이므로 모든 제약조건이 만족되며, $xy = \dfrac{1}{\sqrt{2}} \cdot \dfrac{1}{\sqrt{2}} = \dfrac{1}{2}$

2) $\lambda_1 = 0.\ x = 0$이면 (24)에 의하여 $y = \pm 1$. 그러나 (22)에 의하여 $y \le 0$이므로 $y = -1$. $0 + 8(-1) - 4 < 0$이 되므로 제약조건이 만족되지 않는다.

3) $\lambda_1 \ne 0,\ x \ne 0$ 이면, (25)에 의하여 $x + 8y - 4 = 0$, 즉 $x = 4 - 8y$ . (24)에 대입하면, $(4 - 8y)^2 + y^2 - 1 = 0 \qquad \therefore\ 65y^2 - 64y + 15 = 0$

$(5y - 3)(13y - 5) = 0, \qquad \therefore\ y = \dfrac{3}{5}$ 또는 $y = \dfrac{5}{13}$

$y = \dfrac{3}{5}$ 이면 $x = 4 - 8 \cdot \dfrac{3}{5} = -\dfrac{4}{5} < 0$ 이므로 해가 아니다.

$y = \frac{5}{13}$ 이면 $x = 4 - 8 \cdot \frac{5}{13} = \frac{12}{13}$ . 그러나
(22), (23)에 대입하면 $\lambda_1 < 0$이어서 조건을 만족하지 않는다.

4) $\lambda_1 \neq 0,\ x = 0$이면 (25)에 의하여 $8y - 4 = 0$, 즉 $y = \frac{1}{2}x^2 + y^2 - 1 = 0^2 - \left(\frac{1}{2}\right)^2 - 1 \neq 0$이 되므로 제약조건이 만족되지 않는다.

따라서 최댓값은 1)의 ②의 경우, 즉 $x - y = \frac{1}{\sqrt{2}}$ 일 때 $xy = \frac{1}{2}$ 이다.

**예 6**

$$\begin{aligned} \text{Max} \quad & U(x,\ y) \\ \text{s.t.} \quad & px + qy \leq M \\ & x,\ y \geq 0 \end{aligned}$$

이 문제는 두 가지 상품의 값이 각각 $p$, $q$이고, 상품구입에 사용할 수 있는 소득이 $M$이며, 각각의 상품이 $x$개, $y$개 있을 때 얻을 수 있는 만족(또는 효용 : utility)이 $U(x,\ y)$인 경우, 상품구입에 사용할 수 있는 소득의 범위 안에서 만족을 최대화하는 문제라고 볼 수 있다.
라그랑즈함수는 $L = U(x,\ y) + \lambda(M - px - qy)$이고, 쿤-턱커조건은

$$L_x = U_x - \lambda p \leq 0,\ \ x \geq 0,\ \ x(U_x - \lambda p) = 0 \tag{26}$$
$$L_y = U_y - \lambda p \leq 0,\ \ y \geq 0,\ \ y(U_y - \lambda p) = 0 \tag{27}$$
$$L_\lambda = M - px - qy \geq 0,\ \lambda \geq 0,\ \lambda(M - px - qy) = 0 \tag{28}$$

여기서 라그랑즈 승수 $\lambda$의 의미는 제11장에서 소개한 것처럼, 소비자의 소득 $M$이 증가할 때 만족에 미치는 영향, 즉 소득의 한계효용(marginal utility of income)이다.

**경우 1** $x > 0,\ y > 0$이라 하자. 그러면 (26), (27)에 의하여

$$U_x = \lambda p,\ \ U_y = \lambda q \ \text{ 즉 } \lambda = \frac{U_x}{p} = \frac{U_y}{q}$$

이것은 만족이 최대가 되는 점에서는 각각 제품 구입에 사용된 화폐 단위로부터 얻어지는 한계효용은 소득의 한계효용과 같아야 된다는 것을 의미한다.

**경우 2** $\lambda = 0$라면, 소득의 증가가 만족의 증가를 가져오지 못하는 경우로서 $px + qy = M$이 아닌 경우, 즉 이 제약조건에 구애받지 않는(not binding) 경우가 되므로, 소득의 한계효용은 0이다. 다시 말하면 소비자는 두 가지 제품을 더 이상 원

하지 않는 경우가 된다. 이것은 (26)과 (27)에서 확인할 수 있다. $\lambda = 0$ 이면 $U_x = U_y = 0$, 즉 두 제품의 한계효용이 0이 되므로 두 제품이 무료로 제공되어도 소비자는 이 두 제품을 더 이상 소비하지 않을 것이다.

**경우 3** $\lambda > 0,\ x = 0, y > 0$라 하자. (26)과 (27)에서

$$U_x - \lambda p \le 0,\quad U_y - \lambda q = 0 \text{이므로,}$$

$$\lambda = \frac{U_y}{q} > \frac{U_x}{p}\ ,\ \text{즉}\ \frac{U_x}{U_y} < \frac{p}{q}$$

$\dfrac{U_x}{U_y}$는 $x$의 가치를 $y$의 가치로서 표현한 소비자의 주관적 판단으로서 $x$ 한 단위를 더 소비하기 위하여 소비자가 포기할 수 있는 $y$의 크기를 나타낸다(이것은 $U(x,\ y)$의 등고선의[8] 기울기에 음의 부호를 붙인 값이다). $\dfrac{p}{q}$는 제품 $x$에 대한 시장에서의 가치판단으로서 시장에서는 $x$하나를 위하여 교환되는 $y$가 $\dfrac{p}{q}$개가 된다. 따라서 시장에서 판단된 $x$의 가치보다 적은 가치를 이 소비자는 제품 $x$에 부여하고 있는 것이다.

**예 7**

$$\begin{aligned} \text{Max}\quad & xy \\ \text{s.t.}\quad & x^2 + y^2 \le 5 \\ & x^2 + y < 6 \\ & x \ge 0,\ x \ge 0 \end{aligned}$$

$x^2 + y^2 \le 5$ 가 만족되면 $x^2 \le 5 - y^2$ 이 되고

$$6 - (x^2 + y) \ge 6 - (5 - y^2 + y) = y^2 - y + 1 = \left(y - \frac{1}{2}\right)^2 + \frac{3}{4} > 0$$

---

8) 효용함수의 등고선 $U(x,\ y) = C$ 를 무차별곡선(indifference curve)이라고 부른다.

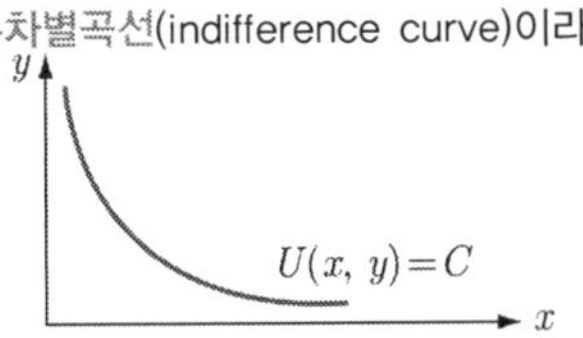


$U(x,\ y) = C$에 의하여 $y$를 $x$의 음함수로 보면 $U_x + U_y\dfrac{dy}{dx} = 0$. 따라서 무차별곡선의 기울기는 $\dfrac{dy}{dx} = -\dfrac{U_x}{U_y}$

이 되므로 제약조건 $x^2 + y < 6$ 은 자동적으로 만족되는 불필요한 제약조건이다. 따라서 라그랑즈함수는 $L = xy + \lambda(5 - x^2 - y^2)$이 되고, 쿤-턱커조건은

$$L_x = y - 2x\lambda \le 0, \quad x \ge 0, \quad x(y - 2x\lambda) = 0 \tag{29}$$

$$L_y = x - 2y\lambda \le 0, \quad y \ge 0, \quad y(x - 2y\lambda) = 0 \tag{30}$$

$$L_\lambda = 5 - x^2 - y^2 \ge 0, \quad \lambda \ge 0, \quad \lambda(5 - x^2 - y^2) = 0 \tag{31}$$

1) $\lambda = 0$이라면, (29)와 (30)에서 $x = y = 0$. 따라서 $xy = 0$

2) $\lambda \ne 0$라면, (31)에서 $5 - x^2 - y^2 = 0$. (29)와 (30)에서

$$xy - 2x^2\lambda = xy - 2y^2\lambda \quad \text{즉 } x^2 = y^2$$

이 되므로 $5 - x^2 - x^2 = 0$. 따라서 $x = y = \sqrt{\frac{5}{2}}$ 이고 $xy = \frac{5}{2}$.

최댓값은 $x = y = \sqrt{\frac{5}{2}}$ 일 때 $xy = \frac{5}{2}$ 이다.

**예 8**

$$\begin{aligned} \text{Max} \quad & xy \\ \text{s.t.} \quad & x^2 + y^2 \le 5 \\ & x^2 + y \le 4 \\ & x \ge 0, \ y \ge 0 \end{aligned}$$

라그랑즈함수는 $L = xy + \lambda(5 - x^2 - y^2) + \mu(4 - x^2 - y)$이고 쿤-턱커조건은

$$L_x = y - 2\lambda x - 2x\mu \le 0, \quad x \ge 0, \quad x(y - 2\lambda x - 2x\mu) = 0 \tag{32}$$

$$L_y = x - 2\lambda y - \mu \le 0, \quad y \ge 0, \quad y(x - 2\lambda y - \mu) = 0 \tag{33}$$

$$5 - x^2 - y^2 \ge 0, \quad \lambda \ge 0, \quad \lambda(5 - x^2 - y^2) = 0 \tag{34}$$

$$4 - x^2 - y \ge 0, \quad \mu \ge 0, \quad \mu(4 - x^2 - y) = 0 \tag{35}$$

1) $\lambda \ne 0$, $\mu \ne 0$ 이라면, (34)와 (35)에서

$$x^2 = 5 - y^2, \quad x^2 = 4 - y$$

따라서 $5 - y^2 = 4 - y$, 즉 $y^2 - y - 1 = 0$ . $y \ge 0$ 이므로 $y = \frac{1 + \sqrt{5}}{2}$

$$x^2 = 4 - \frac{1+\sqrt{5}}{2} = \frac{7-\sqrt{5}}{2} \qquad \therefore x = \sqrt{\frac{7-\sqrt{5}}{2}}$$

$$xy = \frac{1+\sqrt{5}}{2}\sqrt{\frac{7-\sqrt{5}}{2}}$$

2) $\lambda = 0,\ \mu \neq 0$이라면, (32), (33), (35)에서

$$x(y - 2x\mu) = 0,\ y(x - \mu) = 0,\ \ y = 4 - x^2$$

① $y = 0$ 이라면 $x^2 = 4$ 즉 $x = 2$, 한편 $x(y - 2x\mu) = 2(0 - 2 \cdot 2 \cdot \mu) = 0$ 이므로 $\mu = 0$. $\mu \neq 0$ 이므로 모순이다.

② $y \neq 0$ 이라면 $x = \mu$. 따라서

$$x(y - 2x\mu) = x(4 - x^2 - 2xx) = x(4 - 3x^2) = 0.$$

$$\therefore x = 0 \text{ 또는 } \sqrt{\frac{4}{3}}$$

$x = 0$ 이면 $y = 4$ 이고, $x^2 + y^2 = 0^2 + 4^2 > 5$가 되어 제약조건이 만족되지 않는다.

$x = \sqrt{\frac{4}{3}}$ 이면 $y = \frac{8}{3}$이고, $x^2 + y^2 = \frac{4}{3} + \left(\frac{8}{3}\right)^2 = \frac{76}{9} > 5$가 되어 제약조건이 만족되지 않는다.

3) $\lambda \neq 0,\ \mu = 0$이라면, $5 - x^2 - y^2 = 0,\ x(y - 2\lambda x) = 0,\ y(x - 2\lambda y) = 0$

$xy = 2\lambda x^2$이고 $xy = 2\lambda y^2$이므로 $x^2 = y^2$. 따라서 $5 - x^2 - y^2 = 5 - 2x^2 = 0$

$\therefore x^2 = \frac{5}{2} = y^2 \quad \therefore x = y = \sqrt{\frac{5}{2}}$. 그러나 $4 - x^2 - y = 4 - \frac{5}{2} - \sqrt{\frac{5}{2}} = \frac{3}{2} - \sqrt{\frac{5}{2}} < 0$이 되어 제약조건을 만족시키지 않는다.

4) $\lambda = 0,\ \mu = 0$이라면, (32)와 (33)에서 $x = y = 0,\ \ xy = 0$

따라서 최댓값은 1)의 경우 $xy = \frac{1+\sqrt{5}}{2}\sqrt{\frac{7-\sqrt{5}}{2}}$ 이다.

이 책에서 보인 예보다 더 복잡한 비선형 문제인 경우, 쿤-턱커조건을 이용하여 직접 해를 구하는 것은 대단히 어렵거나 불가능한 경우가 많다. 그러나 이러한 경우에도 쿤-턱커조건은 최적해를 찾아가는 과정에서 최적해에 대한 유용한 단서를 제공하거나, 얻어진 해가 최적해인가를 검증하는 데 유용하게 사용될 수 있다.

# 12 연습문제

**01** 다음 문제의 해를 구하라.

(1) Max $xy$
s.t. $x + y \leq 10$
$x + 2y \leq 18$
$x \geq 0,\ y \geq 0$

(2) Max $xy$
s.t. $x + y \leq 10$
$y \leq k$
$x \geq 0,\ y \geq 0$

(3) Max $x + 2y$
s.t. $xy \geq 8$
$x \geq 5$
$x \geq 0,\ y \geq 0$

(4) Max $x + y$
s.t. $x^2 + y^2 \leq 9$
$x + 2y \leq 10$
$x \geq 0, y \geq 0$

(5) Max $x^2 + y^2$
s.t. $2x + y \leq 9$
$x \geq 0, y \geq 0$

(6) Max $\ln(4x + y)$
s.t. $x + y \leq 30$
$x \geq 0, y \geq 0$

(7) Max $\ln xy$
s.t. $x + y \leq 1$
$x \geq 0,\ y \geq 0$

**02** 자동차를 생산하는 기업의 경영자는 1주간의 비용과 수요를 다음과 같이 측정하였다.

$$c(x) = 100 + 20x,\ \ p = q_0 - x$$

($c$: 비용, $x$: 생산 및 판매량, $p$: 대당 시장가격)

(1) 최대수익을 구하라.

(2) 최대이익을 구하라.

(3) 최대이익을 위한 가격은?

**03** 자동차를 생산하는 기업의 1주간 이익은 다음과 같다.

$$\pi(x) = -0.02x^3 + 600x - 2{,}000$$

이 회사의 최대생산능력은 주당 200대이며 기존 계약자를 위한 최소생산량은 50대이다. 이 회사의 최대이익은 얼마인가?

**04** 운수회사의 기사 1인이 일반도로를 시속 $x$ km로 운행할 때 1 km당 연료 소모는 다음과

같다.

$$G(x) = \frac{1}{150}\left(\frac{600 + x^2}{x}\right) \quad \text{(단위: 리터)}$$

(1) 연료비가 1리터당 1,800원이며 100 km를 운행했을 때 총비용이 최소가 되는 시속을 구하라.

(2) 최소 총비용은?

**05** 쿤-턱커조건을 이용하여 다음 문제의 최적해를 구하라.

(1) Max $2x + x^3 + y$
s.t. $x + y \leq 1$
$x \geq 0, \ y \geq 0$

(2) Max $x^2 + y^2$
s.t. $2x + y \leq 2$
$x \geq 0, y \geq 0$

(3) Max $\ln(x + y)$
s.t. $x + 2y \leq 5$
$x \geq 0, y \geq 0$

**06** 2변수함수 $f(x, \ y) = x^2 - 2x + y^2 + 4y + 5$ 가 준오목, 준볼록함수인가를 보여라.

Chapter

# 13 선형계획법

Mathematics for Economics & Management

부등식을 제약조건으로 갖고 있는 최적화문제가 해를 갖기 위한 필요충분조건을 알고 있어도 제12장의 예에서 본 것처럼 실제로 해를 구하는 것은 쉬운 일이 아니다. 단계적인 연산을 통하여 시행착오를 거쳐 계속 수정하여 감으로써 해를 구하는 여러 가지 연산법이 고안되었고, 특히 컴퓨터를 이용한 개선된 방법들이 계속 연구 발표되고 있으나, 아직도 광범위한 일반적인 문제에 두루 적용될 수 있는 연산법은 발견되지 않고 있다.

그러나 목적함수와 제약조건의 함수가 모두 일차식으로 제한된 특수한 최적화문제의 경우에는 효과적으로 해를 구하는 연산법이 발견되어 있고, 특히 경제·경영의 많은 문제들이 이러한 일차식으로 표현된 최적화 문제로 구성될 수 있기 때문에 그 동안 많은 연구와 응용이 이루어져 왔다.

일차식으로만 구성된 최적화 문제의 해를 구하는 것을 선형계획법(linear programming)이라고 한다.[1)]

## 13.1 기본문제와 해의 개념

선형계획법의 간단한 예를 먼저 살펴보기로 하자.

$$\text{Max} \quad 4x + 5y$$

1) 선형계획 문제는 러시아의 수학자 Kantorovich에 의하여 처음 정식으로 구성되었으나 주로 미국에서 G. Danzig 등에 의하여 연구 · 발전되었다.

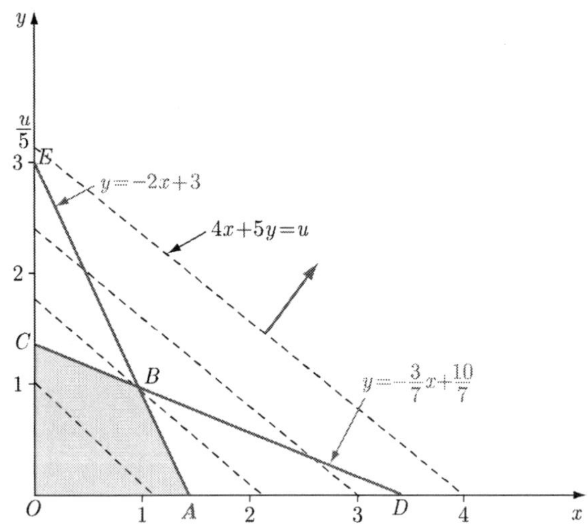


**| 그림 13-1 |**

$$\text{s.t.}\quad \begin{aligned} &3x + 7y \le 10 \\ &2x + y \le 3 \\ &x \ge 0,\ y \ge 0 \end{aligned} \tag{1}$$

이 문제는 선형함수로 이루어진 제약조건을 만족하는 범위, 즉 실현가능영역 안에서 목적함수 $4x+5y$의 최댓값을 구하는 것이다.

그림 13-1에서 알 수 있듯이 제약조건을 만족하는 영역, 즉 실현가능영역은 사각형 $OABC$의 내부와 경계선이다. 최댓값은 이 실현가능영역에서 찾도록 제한되어 있다. 목적함수 $f(x,\ y) = 4x + 5y$ 의 값이 동일한 점들의 집합, 즉 $\{(x,\ y) \mid 4x + 5y = u\}$ 를 여러 가지 $u$값에 대하여 점선으로 표시하였다. 각각의 점선 위에 있는 모든 점에서 $4x + 5y$ 의 값은 동일하며, 점선이 실현가능영역으로부터 양의 방향으로 멀어질수록 함수 값이 증가한다는 것을 화살표로 나타내었다.

최댓값을 구하기 위해 나란한 점선들 중에서 실현가능영역을 지나고 화살표 방향으로 가장 바깥에 위치하는 점선, 즉 목적함수의 등고선을 선택하면 된다.

따라서 꼭짓점 $B$에서 최댓값이 되며, $B$는 두 제약조건식을 등식으로 표현한 것의 교차점이므로

$$\begin{cases} 3x + 7y = 10 \\ 2x + y = 3 \end{cases} \tag{2}$$

을 풀면 $(x,\ y) = (1,\ 1)$ 이 된다. 따라서 최댓값은 $(1,\ 1)$에서 9가 된다.

이와 같은 방법으로 그래프에 의해 문제를 푸는 것은 변수가 3개 이상인 경우 거의 불가능한 일이다. 이 예와 같은 간단한 문제를 그래프를 이용해서 풀이해 봄으로써 다음과 같은 사실을 알 수 있다.

1. 최적해는 항상 실현가능영역의 꼭짓점(vertex 또는 corner point)에서 얻어진다.

목적함수의 등고선의 기울기가 $\overline{AB}$의 기울기보다 작으면 해는 꼭짓점 $A$가 되고, $\overline{AB}$의 기울기보다는 크지만 $\overline{BC}$의 기울기보다 작으면 꼭짓점 $B$가 해가 되고, $\overline{BC}$의 기울기보다 크면 꼭짓점 $C$가 해가 된다. $\overline{AB}$나 $\overline{BC}$의 기울기와 같으면 $\overline{AB}$ 또는 $\overline{BC}$상에 있는 무수히 많은 점이 해가 된다. 목적함수의 값이 증가하는 방향이 반대가 되면 원점 $O$가 해가 된다.

최적해는 반드시 꼭짓점이 된다는 것은 대단히 유용한 성질이다. 최적해를 찾기 위해 꼭짓점만을 조사하면 된다. 제약조건을 만족하는 꼭짓점 중에서 실현가능영역의 꼭짓점만이 관심의 대상이 된다.

2. 실현가능영역의 꼭짓점 개수는 유한개이다.

앞의 예에서 실현가능영역의 꼭짓점은 4개이다. $n$개의 변수와 $m$개의 제약조건을 갖는 선형계획법문제가 가질 수 있는 총 꼭짓점의 개수는

$$\frac{(m+n)!}{m!n!}$$

이며[2)] 실현가능영역의 꼭짓점은 이보다 작은 개수이다. 앞의 예에서 모든 꼭짓점 개수는 $O, A, B, C, D, E$, 즉 $\frac{4!}{2!2!}=6$ 개이나 실현가능영역의 꼭짓점은 $O, A, B, C$ 4개이다.

꼭짓점의 개수가 유한개이므로 모든 꼭짓점, 즉 실현가능영역에 속한 꼭짓점에서만 목적함수 값을 계산하여 비교하면 쉽게 최댓값을 구할 수 있을 것 같지만, 실제 문제에서는 이러한 방법을 사용할 수가 없다. 예를 들어, $m=50, n=50$ 이라면 $(100!)/(50!)^2 \approx 10^{29}$개의 연립방정식을 풀어서 꼭짓점을 찾는다는 것은 불가능한 작

2) 변수가 음이 아니라는 조건까지 포함하여 $m+n$개의 제약조건은 각각 실현가능영역의 한계를 제시하는 평면이 되며, 각각의 꼭짓점은 이 중 $n$개의 평면이 만나는 점이 된다. 따라서 꼭짓점의 수효는 ${}_{m+n}C_n=\frac{(m+n)!}{n!m!}$이다.

업이다. 그러나 선형계획법을 위하여 고안된 연산법인 심플렉스 방법(simplex method)을 이용하면 이 경우 100개 내외의 꼭짓점만 조사하면 된다.

두 꼭짓점을 연결하는 직선이 실현가능영역의 경계선을 이루면 이 두 꼭짓점을 이웃꼭짓점(adjacent vertices)이라고 부른다. 앞의 예에서 $B$와 $A$, $B$와 $C$, $O$와 $C$, $O$와 $A$는 이웃꼭짓점이다.

3. 한 꼭짓점에서의 목적함수값이 그 꼭짓점의 모든 이웃꼭짓점에서 보다 크면, 다른 모든 꼭짓점에서의 목적함수값보다 크다.

앞의 예에서 꼭짓점 $O$에서의 목적함수값은 $A$와 $C$에서의 목적함수값보다 작다. 두 꼭짓점 $A$와 $C$에서의 목적함수값은 한 이웃꼭짓점($B$)에서 보다는 작고, 다른 이웃꼭짓점 $O$에서 보다 크다. 그러므로 이런 꼭짓점은 해가 아니다. 한편 꼭짓점 $B$에서의 함수값은 이웃꼭짓점 $C$와 $A$에서보다 크므로 $B$에서의 함수값이 최댓값이다.

최댓값에서 3의 특성이 만족되는 이유는 실현가능영역이 볼록집합이기 때문이다. 최적해의 이러한 특성을 이용하면 해가 가능한 모든 꼭짓점에서의 함수 값을 모두 계산하여 비교할 필요가 없어지며, 해의 가능성이 많은 소수의 꼭짓점만을 조사하여 최적해인가를 판단해 가다가 최적해에 도달하면 3의 특성이 만족되는지 확인하여 멈출 수가 있다.

이러한 방법을 체계적으로 적용하는 것이 심플렉스 방법이다. 심플렉스 방법에서는 현재의 꼭짓점으로부터 더 큰 목적함수값을 갖는 이웃꼭짓점으로 계속 이동하다가 더 이상 더 큰 목적함수값을 갖는 이웃꼭짓점이 없는 꼭짓점에 도달하면 멈추게 된다. 심플렉스 방법에서의 과정을 단계적으로 요약하면,

1. 한 꼭짓점을 시작점으로 선정한다.
2. 더 큰 목적함수값을 갖는 이웃꼭짓점으로 이동한다. 새 꼭짓점을 시작점으로 하여 더 큰 목적함수값을 갖는 이웃꼭짓점으로 이동하는 과정을 필요한 만큼 계속 반복한다.
3. 새로운 꼭짓점에서 더 큰 목적함수값을 갖는 이웃꼭짓점이 존재하지 않으면 이 꼭짓점을 최적해로 선택한다.

## 13.2 심플렉스 방법의 원리[3)]

선형계획법에서 가장 중요한 연산법인 심플렉스 방법의 기본적인 개념을 그래프를 이용하여 살펴보았다. 선형계획법의 대부분의 실제 문제는 컴퓨터를 이용하여 해결하게 되며, 컴퓨터는 단지 대수적(algebraic) 지시만을 따르므로 앞 절에서 소개한 기하학적인 과정을 대수적으로 표현하여 바꾸어 줄 필요가 있다. 이제 위에서 설명한 1에서 3까지의 과정을 대수적으로 표현하여 보자.

부등식보다는 등식이 다루기 편리하므로, 각 부등식마다 여유변수를 도입하여 등식으로 13.1의 기본문제를 표현하면

$$\begin{aligned} \text{Max} \quad & z = 4x + 5y \\ \text{s.t.} \quad & 3x + 7y + s_1 \qquad = 10 \\ & 2x + y \qquad + s_2 = 3 \\ & x \geq 0,\ y \geq 0,\ s_1 \geq 0,\ s_2 \geq 0 \end{aligned} \tag{3}$$

이 된다. 이제 변수는 $x$, $y$, $s_1$, $s_2$ 4개이며, 각각의 꼭짓점을 이들 변수의 값을 이용하여 $(x,\ y,\ s_1,\ s_2)$로 표현하면, 표 13-1에서 보는 바와 같이 각각의 꼭짓점에서 2개의 변수값은 0이고 나머지 두 개의 변수는 0이 아닌 것을 알 수 있다. $x = 0$ 이면 $y$축상에 있다는 것이고, $y = 0$ 이면 $x$축, $s_1 = 0$ 이면 직선 $3x + 7y = 10$, $s_2 = 0$ 이면 직선 $2x + y = 3$ 상에 있다는 것을 의미하므로, 어떤 두 변수가 0인가를 보면 그 꼭짓점이 어떤 두 제약조건이 의하여 결정되는 꼭짓점인가를 알 수가 있다.

3) 1947년에 George B. Danzig는 미국공방성에서 주로 미 공군에 수학적인 조언을 하는 민간인으로 일하고 있었다. 미 공군의 인력, 자금, 비행기 등의 자원을 효율적이고 효과적인 방법으로 배분, 배치하는 실제적인 문제가 자주 Danzig에게 의뢰되었는데, 이러한 문제는 경제적 자원의 배분에 관한 문제이므로 이미 경제학자들은 이러한 문제를 체계적으로 해결하는 방법을 알고 있으리라고 생각한 Danzig는 경제학자인 Tjalling Koopmans에게 이 문제에 대한 조언을 구하였다. 그러나 놀랍게도 경제학자들도 아직 체계적 해결방법을 알고 있지 못하다는 사실을 알게 된 Danzig는 1947년 여름에 이 문제의 해법을 발견하기 위한 노력을 기울이게 되었고, 실현가능영역의 꼭짓점을 체계적으로 이동하여가는 방법을 고안하게 되었다. **그림 13-1**에 나타난 것과 같은 실현가능영역의 모양을 Polytope 또는 Simplex라고 수학에서 부르기 때문에 Simplex Method라는 이름이 붙게 되었다. 처음 이 방법을 생각했을 때 Danzig는 대단히 많은 꼭짓점을 이동해 간다는 것이 실제 문제에 적용가능성이 없는 비효율적인 엄청난 작업으로 생각하였지만, 많은 실제 문제에 적용하여 본 결과 최적해를 찾기 위한 꼭짓점의 이동은 제약조건의 개수만큼만 하면 된다는 것을 알게 된 Danzig는 드디어 심플렉스방법을 고안하게 되었다.

**| 표 13-1 |**

| 꼭짓점 | $(x, y, s_1, s_2)$ | 값이 0인 변수 (비기본변수) | 꼭짓점을 결정하는 방정식 | 값이 0이 아닌 변수(기본변수) |
|---|---|---|---|---|
| $O$ | $(0, 0, 10, 3)$ | $x$ <br> $y$ | $x = 0$ <br> $y = 0$ | $s_1, s_2$ |
| $A$ | $\left(\frac{3}{2}, 0, \frac{11}{2}, 0\right)$ | $y$ <br> $s_2$ | $y = 0$ <br> $2x + y = 3$ | $x, s_1$ |
| $B$ | $(1, 1, 0, 0)$ | $s_1$ <br> $s_2$ | $3x + 7y = 10$ <br> $2x + y = 3$ | $x, y$ |
| $C$ | $\left(0, \frac{10}{7}, 0, \frac{11}{7}\right)$ | $x$ <br> $s_1$ | $x = 0$ <br> $3x + 7y = 10$ | $y, s_2$ |
| $D$ | $\left(\frac{10}{3}, 0, 0, -\frac{11}{3}\right)$ | $y$ <br> $s_1$ | $y = 0$ <br> $3x + 7y = 10$ | $x, s_2$ |
| $E$ | $(0, 3, -11, 0)$ | $x$ <br> $s_2$ | $x = 0$ <br> $2x + y = 3$ | $y, s_2$ |

각 꼭짓점에서 값이 0이 아닌 변수를 기본변수(basic variables)라고 부르고, 값이 0인 변수를 비기본변수(non-basic variables)라고 부른다. 표 13-1을 살펴보면 중요한 사실을 발견할 수가 있다. 실현가능영역에 있는 꼭짓점(이 후로는 실현가능해(feasible solution)라고 부를 것임)의 기본변수의 값은 모두 음이 아니지만, 실현가능영역 밖에 있는 꼭짓점(이 후로는 비실현가능해(non-feasible solution)라고 부를 것임)의 기본변수 값 중에는 음의 값을 갖는 것이 있다. 즉 기본변수값의 부호를 보고 실현가능해인가 비실현가능해인가를 판단할 수 있다.

또 한 가지 관찰할 수 있는 것은 이웃꼭짓점은 각 꼭짓점의 기본변수 중 하나가 서로 다르다는 것이다. 즉 기본변수 중 하나를 다른 변수로 대체하면 이웃꼭짓점으로 이동하게 되며, 이 경우 비기본변수 중에서 기본변수로 받아들이면 목적함수값이 증가하게 되는 그런 비기본변수를 새로운 기본변수로 받아들여 최적해로의 이동이 가능해진다.

지금까지 기본문제에 대하여 살펴본 내용은 $n$개의 변수와 $m$개의 제약조건을 갖고 있는 일반적인 선형계획 문제에도 성립한다.

$$\begin{aligned} \text{Max} \quad & z = c_1x_1 + c_2x_2 + \cdots + c_nx_n \\ \text{s.t.} \quad & a_{11}x_1 + a_{12}x_2 + \cdots + a_{1n}x_n \le b_1 \\ & a_{21}x_1 + a_{22}x_2 + \cdots + a_{2n}x_n \le b_2 \end{aligned} \tag{4}$$

$$\vdots$$
$$a_{m1}x_1 + \cdots + a_{mn}x_n \leq b_m$$
$$x_i \geq 0 \ (i = 1, \ \cdots, \ n)$$

은 $m$개의 여유변수를 이용하여

$$\begin{aligned} \text{Max} \quad & z = \sum_{i=1}^{n} c_i x_i \\ \text{s.t.} \quad & \sum_{i=1}^{n} a_{1i} x_i + s_1 = b_1 \\ & \sum_{i=1}^{n} a_{2i} x_i + s_2 = b_2 \\ & \vdots \\ & \sum_{i=1}^{n} a_{mi} x_i + s_m = b_m \\ & x_i \geq 0, \ s_j \geq 0 \ (i = 1, \ \cdots, \ n, \ j = 1, \cdots, \ m) \end{aligned} \tag{5}$$

으로 표현할 수 있으며, 실현가능 해는 $n+m$개 변수의 값($x_1$, $\cdots$, $x_n$, $s_1$, $\cdots$, $s_n$ )에 의해 정의되는데, 이 중 $n$개의 변수(비기본변수) 값은 0이고, 나머지 $m$개의 변수(기본변수) 값은 0이 아니다. 이웃꼭짓점에 해당하는 실현가능 해는 기본변수 중 하나의 변수가 서로 다르다.

앞에서 설명한 심플렉스 방법에 따라 해를 찾아가는 과정을 다시 대수적으로 살펴보기로 하자.

1. 첫 번째 꼭짓점의 선택 : 심플렉스 방법을 처음 적용할 꼭짓점은 어느 것이어도 상관없기 때문에 쉽고 편리한 점인 원점 $O$에서부터 시작한다. 원점에서의 목적함수 값은 $z = 4x + 5y = 0$ 이다.

   선형계획 문제를 목적함수의 값도 등식으로 표현하여 다음과 같이 쓸 수 있다.

$$z - 4x - 5y \qquad = 0 \tag{6}$$
$$3x + 7y + s_1 = 10 \tag{7}$$
$$2x + \ \ y + s_2 = \ 3 \tag{8}$$

심플렉스 방법을 처음 적용할 꼭짓점, 즉 실현가능해는 $(x, \ y, \ s_1, \ s_2) = (0, \ 0, \ 10, \ 3)$이다. 식 (6), (7), (8)은 이 꼭짓점에서 기본변수가 $s_1$, $s_2$이고 비기본변수가

$x$, $y$라는 것을 한눈에 보고 알 수 있을 뿐만 아니라 각각의 변수의 값과 목적함수의 값을 쉽게 읽을 수 있는 형태를 갖추고 있어서 편리하다.

우선 목적함수 식에는 비기본변수만 포함되어 있으므로 $z$의 값은 등식의 우변에 나타난 상수의 값이 된다. 또한 제약조건에는 각각 기본변수가 하나씩만 포함되어 있고 기본변수의 계수가 1이기 때문에 비기본변수의 값 $x=y=0$ 을 대입하면 우변의 상수가 바로 각각의 기본변수 값이 된다. 따라서 $z=0$, $s_1=10$, $s_2=3$, $x=y=0$ 인 것을 한눈에 알 수 있다. 식 (6), (7), (8)로 표현한 것을 꼭짓점 0에 대한 기본형이라 한다.

심플렉스 방법의 다음 과정을 적용해 갈 때에도 식 (6), (7), (8)과 같은 형식, 즉 기본변수로 선택된 변수의 계수를 1로 유지하고 목적함수의 식에는 비기본변수만 포함되도록 문제를 표현하는 형식을 갖추면, 각각의 단계에서 실현가능해(즉 꼭짓점)가 무엇이고 목적함수의 값이 무엇인가를 한 눈에 알 수가 있다.

2. 이웃꼭짓점으로의 이동: 최초의 실현가능해 $(0, 0, 10, 3)$와 이웃꼭짓점은 기본변수 하나만이 다르므로, 이웃꼭짓점으로 이동하기 위해서는 비기본변수 $x$와 $y$중에서 하나를 선택하여 새로운 기본변수로 포함시키고 기존의 기본변수 $s_1$, $s_2$ 중에서 하나를 제거하여 비기본변수로 변화시키면 된다.

새로운 기본변수로 선택되는 변수는 목적함수 $z=4x+5y$를 가장 크게 증가시키는 변수이다. $x$와 $y$가 모두 0이 아닌 값을 가질 때 목적함수의 값을 증가시키지만 목적함수식에서 $x$의 계수는 4이고 $y$의 계수는 5이므로 $y$가 더 크게 $z$의 값을 증가시킨다. 따라서 새로운 기본변수는 $y$이다. 즉 식 (6)에서 음의 계수를 갖고 있는 비기본변수 중에서 계수의 절댓값이 가장 큰 변수를 새로운 기본변수로 선택하는 것이다.

이제 기존의 기본변수 $s_1$, $s_2$ 중에서 어느 것을 탈락시켜 비기본변수로 만들 것인가를 결정하자. 식 (7)과 식 (8)을 $s_1$, $s_2$에 대하여 정리하면

$$s_1 = 10 - 3x - 7y = 10 - 7y \qquad (\because\ x=0) \tag{9}$$

$$s_2 = 3 - 2x - y = 3 - y \qquad (\because\ x=0) \tag{10}$$

이 된다. 목적함수값을 최대로 증가시키기 위해서는 $y$를 최대한 증가시켜야 한다. 식 (9)에 의하여 $y=\dfrac{10}{7}$ 이면 $s_1=0$ 이 되고, 식 (10)에 의하여 $y=3$ 이면 $s_2=0$ 이 된다. $y$의 값을 $\dfrac{10}{7}$보다 크게 하면 $s_1<0$이 되어 실현가능영역을 벗어나게 되므로 $y$

가 기본변수로서 취할 수 있는 가장 큰 값은 $\frac{10}{7}$이다. 이때 $s_1 = 0$, $s_2 > 0$ 이 되므로 기본변수로부터 제거되는 변수가 $s_1$이다. 따라서 새로운 기본변수가 $y$, $s_2$이고 비기본변수가 $x$, $s_1$인 실현가능해, 즉 그림 13-1에서의 꼭짓점 $C$로 이동하는 것이다.

비기본변수로부터 탈락되는 변수를 선정할 때, 기본형 문제의 조건식에 나타난 $y$의 계수로 각 조건식의 우변에 있는 등식의 값을 나누어서 가장 작은 값을 선정하였다. 그러나 첫 번째 제약조건이 $3x - 7y \le 10$ 이어서 기본형 문제에서의 식 (10)이 $3x - 7y + s_1 = 10$ 이 되었다고 하자. 이 경우에는 $s_1 = 10 - 3x + 7y = 10 + 7y$ $(\because\ x = 0)$가 되므로 $y$를 증가시킬수록 $s_1$도 커져서 0이 되지 않는다. 즉 $y$의 증가에 아무런 제한이 되지 않는다. 따라서 기본형의 조건식에서 새로 선정된 기본변수의 계수가 음인 제약조건은 고려할 필요가 없고 양의 계수들만 취해서 우변을 나누어 주면 된다.

새로운 꼭짓점 $C$에서 각각의 변수값과 목적함수의 값을 계산하기 위해서는 꼭짓점 $O$에 대한 문제의 기본형 (6), (7), (8)을 꼭짓점 $C$에 대한 기본형으로 바꾸어 주면 된다. 즉 각각의 제약조건식에 단 한 개씩의 기본변수가 포함되고, 기본변수의 계수가 1이 되는 형태로 변환하면 되는 것이다. 등식의 양변에 같은 값을 곱하거나 더하여 주어도 등식은 변하지 않으므로, 제거되는 기본변수 $s_1$이 있는 식 (7)에 $\frac{1}{7}$을 곱하여 주어 식 (12)를 얻고, 식 (8)에서 식 (12)를 빼어 식 (13)을 얻고, 다시 목적함수식이 비기본변수만을 포함하도록 하기 위하여 식 (12)에 5를 곱하여 식 (6)에 더해 주면, 새로운 기본형의 문제

$$z - \frac{13}{7}x + \frac{5}{7}s_1 = \frac{50}{7} \tag{11}$$

$$\frac{3}{7}x + y + \frac{1}{7}s_1 = \frac{10}{7} \tag{12}$$

$$\frac{11}{7}x - \frac{1}{7}s_1 + s_2 = \frac{11}{7} \tag{13}$$

을 얻는다. 과정 1에서 한 것처럼 살펴보면, 기본형 문제 (11), (12), (13)에서 비기본변수는 $x$, $s_1$이므로 $x = 0$, $s_1 = 0$이고, 기본변수는 $y$, $s_2$이므로 $y = \frac{10}{7}$, $s_2 = \frac{11}{7}$, 즉 기본형에 대응되는 실현가능해는 $\left(0,\ \frac{10}{7},\ 0,\ \frac{11}{7}\right)$이 되므로 바로 꼭짓점 $C$이며, 이때 목적함수값은 식 (11)에 의하여 $\frac{50}{7}$이다.

3. 최적해인가에 대한 확인: 최적해가 되기 위해서는 모든 이웃꼭짓점에서 보다 더 큰 목적함수값을 가져야 한다. 다시 말하면 이웃꼭짓점으로 이동함으로써 목적함수 값을 증가시킬 수 없으면 최적해이다. 이것은 앞에서 본 것처럼 식 (11)에서 변수 $x$의 계수는 $-\frac{13}{7} < 0$ 이므로 $x$의 값이 증가하면 목적함수의 값도 증가한다.[4] 따라서
현재의 실현가능해 $\left(0,\ \frac{10}{7},\ 0,\ \frac{11}{7}\right)$은 최적해가 아니다.

4. 새로운 실현가능해로의 이동: 이제 과정 2를 다시 반복하여야 하며, 비기본변수 중 새로운 기본변수로 선택되는 변수는 $x$이고, 식 (12)와 (13)에서

$$y = \frac{10}{7} - \frac{1}{7}s_1 - \frac{3}{7}x, \quad s_2 = \frac{11}{7} + \frac{1}{7}s_1 - \frac{11}{7}x$$

이 되므로 $s_1 = 0$을 대입하면, $x = \frac{10}{3}$ 일 때 $y = 0$, $x = 1$일 때 $s_2 = 0$ 이 되므로 $x$가 취할 수 있는 가장 큰 값은 1이다.[5] 따라서 기본변수로부터 제거되는 변수는 $s_2$임을 알 수 있다. 기본변수가 $x, y$이고 비기본변수가 $s_1$, $s_2$가 되는 새로운 실현가능해, 즉 꼭짓점 $B$에 대응하도록 앞에서 한 것과 같은 방법으로 기본형의 문제를 변형하면,

$$z + \frac{42}{77}s_1 + \frac{91}{77}s_2 = 9 \qquad (14)$$

$$(12) - (16) \times \frac{3}{7} \Rightarrow \quad y + \frac{14}{77}s_1 - \frac{21}{77}s_2 = 1 \qquad (15)$$

$$(13) \times \left(\frac{7}{11}\right) \Rightarrow \quad x - \frac{1}{11}s_1 + \frac{7}{11}s_2 = 1 \qquad (16)$$

이 되어 새로운 실현가능해는 (1, 1, 0, 0)이며 목적함수 값은 9가 된다. 식 (14)에서 모든 비기본변수의 계수가 양이므로 이 실현가능해는 최적해이다.

지금까지 설명한 심플렉스 방법은 계수들의 행렬로 이루어진 표를 이용하여 요약할 수가 있다. 이러한 표를 이용하면 지금까지처럼 방정식을 반복해서 기록해 가면서 풀어가지 않고, 기계적으로 심플렉스 방법에서 요구되는 과정을 수행해 갈 수 있어서 편리하다.

---

4) 식 (11)에서 $z = \frac{50}{7} + \frac{13}{7}x - \frac{5}{7}s_1$ 이므로 $s_1 = 0$으로 유지하고 $x > 0$ 이 되게 하면 $z > \frac{50}{7}$ 이 된다.

5) $x > 1$ 이 되면 $s_2 < 0$ 이 되어 실현가능영역을 벗어나게 한다.

## 13.3 심플렉스 방법의 정리: 심플렉스 테이블

심플렉스 방법을 기계적으로 적용하기 위해서는 우선 등식으로 표현된 선형계획 문제의 계수들로 이루어진 테이블(표)을 다음과 같이 구성하여 변환하여 간다. 각각의 변환된 테이블은 13.2에서 각각의 단계에서 구성한 기본형 문제에 해당하는 것으로, 심플렉스 방법을 처음 적용하는 테이블, 즉 실현가능해가 원점인 경우의 심플렉스 테이블은 표 13-2와 같다.

표 13-2는 원점을 실현가능해로 갖는 기본형 문제

$$\begin{aligned} z - c_1x_1 - c_2x_2 - \cdots - c_nx_n \qquad\qquad &= 0 \\ a_{11}x_1 + a_{12}x_2 + \cdots + a_{1n}x_n + s_1 \qquad &= b_1 \\ a_{21}x_1 + a_{22}x_2 + \cdots + a_{2n}x_n \quad + s_2 \qquad &= b_2 \\ \vdots \qquad\qquad\qquad & \\ a_{m1}x_1 + a_{m2}x_2 + \cdots + a_{mn}x_n \qquad\qquad + s_m &= b_m \end{aligned} \tag{17}$$

의 계수를 표로 작성한 것이다. 표에서 첫 번째 열은 기본변수가 무엇인가를 나타내며, 각각의 행은 단 하나씩의 기본변수를 갖고 있으므로 각각의 행에 그 행에 대응되는 기본변수를 나타내었다. 등식의 값을 나타내는 열은 기본형문제에서의 등식의 우변을 나타낸다. 비기본변수 판정값을 나타내는 열은 기본형을 변형시킬 때 어떤 기본변수를 탈락시켜 비기본변수로 만들 것인가를 판정하는 값을 위한 열이다. 13.2에서 풀이한 문제에 대하여 이러한 표를 구성하면 표 13-3과 같다.

**| 표 13-2 |**

| 기본변수 | $z$ | $x_1$ | $x_2$ | $\cdots$ | $x_n$ | $s_1$ | $s_2$ | $\cdots$ | $s_m$ | 등식의 값 | 비기본변수 판정값 |
|---|---|---|---|---|---|---|---|---|---|---|---|
| $z$ | 1 | $-c_1$ | $-c_2$ | $\cdots$ | $-c_n$ | 0 | 0 | $\cdots$ | 0 | 0 | |
| $s_1$ | 0 | $a_{11}$ | $a_{12}$ | $\cdots$ | $a_{1n}$ | 1 | 0 | $\cdots$ | 0 | $b_1$ | |
| $s_2$ | 0 | $a_{21}$ | $a_{22}$ | $\cdots$ | $a_{2n}$ | 0 | 1 | $\cdots$ | 0 | $b_2$ | |
| $\vdots$ | $\vdots$ | $\vdots$ | $\vdots$ | $\vdots$ | $\vdots$ | $\vdots$ | $\vdots$ | $\vdots$ | $\vdots$ | $\vdots$ | |
| $s_m$ | 0 | $a_{m1}$ | $a_{m2}$ | $\cdots$ | $a_{mn}$ | 0 | 0 | $\cdots$ | 1 | $b_m$ | |

| 표 13-3 |

| 기본변수 | $z$ | $x$ | $y$ | $s_1$ | $s_2$ | 등식의 값 | 비기본변수 판정값 |
|---|---|---|---|---|---|---|---|
| $z$ | 1 | −4 | −5 | 0 | 0 | 0 | |
| $s_1$ | 0 | 3 | 7 | 1 | 0 | 10 | |
| $s_2$ | 0 | 2 | 1 | 0 | 1 | 3 | |

표 13-3에서 기본변수의 값은 등식의 값과 같다. 따라서 $s_1 = 10$, $s_2 = 3$, $z = 0$이다. 13.2에서 설명한 것처럼 현재의 실현가능해로부터 이웃꼭짓점으로 이동하기 위하여 표를 변환하려면 다음과 같이 하면 된다.

1. $z$의 값을 나타내는 행에서 음의 부호를 갖는 계수 중 절댓값이 가장 큰 계수가 있는 열을 선택한다. 표 13-3에서는 −5가 가장 큰 절댓값을 갖는 음수이므로 변수 $y$의 열이 선택된다. $y$는 새로운 기본변수이다.
2. 선택된 열에서 제약조건을 나타내는 행의 계수 중 양의 부호를 갖는 계수만 선택하여 등식의 값을 각각 나누어 준다. 7과 1이 모두 양의 부호이므로 10을 7로, 3을 1로 나누어 주어 $\frac{10}{7}$, 3을 표 13-4와 같이 기록한다.
3. 비기본변수 판정값 중 작은 값을 갖고 있는 행을 선택한다. $\min\left(\frac{10}{7},\ 3\right) = \frac{10}{7}$ 이므로 $s_1$행이 선택된다. 기본변수로부터 제거되는 변수는 $s_1$이다.
4. 새로운 실현가능해에 맞게 표를 변형한다. 즉 기본변수를 나타내는 열에서 $s_1$을 $y$로 대체하고, $y$행에 있는 $y$의 계수는 1, $y$열의 나머지 계수는 모두 0이 되도록 기본행연산을 수행한다(표 13-5).
5. $z$행에 나타난 모든 계수가 양의 부호를 가지면 최적해이다. $x$의 계수가 음수이므로 $x$를 새로운 기본변수로 선정하고, $x$의 열에 나타난 제약식의 계수 중에서 양의 부

| 표 13-4 |

| 기본변수 | $z$ | $x$ | $y$ | $s_1$ | $s_2$ | 등식의 값 | 비기본변수 판정값 |
|---|---|---|---|---|---|---|---|
| $z$ | 1 | −4 | −5 | 0 | 0 | 0 | |
| $s_1$ | 0 | 3 | 7 | 1 | 0 | 10 | $\frac{10}{7}$ ← 가장 작은 값 |
| $s_2$ | 0 | 2 | 1 | 0 | 1 | 3 | 3 |

**| 표 13-5 |**

| 기본 변수 | $z$ | $x$ | $y$ | $s_1$ | $s_2$ | 등식의 값 | 비기본변수 판정값 |
|---|---|---|---|---|---|---|---|
| $z$ | 1 | $-\frac{13}{7}$ | 0 | $\frac{5}{7}$ | 0 | $\frac{50}{7}$ | |
| $y$ | 0 | $\frac{3}{7}$ | 1 | $\frac{1}{7}$ | 0 | $\frac{10}{7}$ | |
| $s_2$ | 0 | $\frac{11}{7}$ | 0 | $-\frac{1}{7}$ | 1 | $\frac{11}{7}$ | |

**| 표 13-6 |**

| 기본 변수 | $z$ | $x$ | $y$ | $s_1$ | $s_2$ | 등식의 값 | 비기본변수 판정값 |
|---|---|---|---|---|---|---|---|
| $z$ | 1 | $-\frac{13}{7}$ | 0 | $\frac{5}{7}$ | 0 | $\frac{50}{7}$ | |
| $y$ | 0 | $\frac{3}{7}$ | 1 | $\frac{1}{7}$ | 0 | $\frac{10}{7}$ | $\frac{10}{7} \div \frac{3}{7} = \frac{10}{3}$ |
| $s_2$ | 0 | $\frac{11}{7}$ | 0 | $-\frac{1}{7}$ | 1 | $\frac{11}{7}$ | $\frac{11}{7} \div \frac{11}{7} = 1$ ← 가장 작은 값 |

호를 갖는 것으로 각각 등식의 값을 나누어 준다(표 13-6)

비기본변수 판정값 중에서 가장 작은 값이 1이므로 $s_2$를 기본변수에서 탈락시킨다. 따라서 기본변수 $s_2$를 $x$로 대체시키고, $x$의 계수 중 $s_2$ 행의 것은 1로 나머지는 0으로 만드는 기본행연산을 실행한다(표 13-7).

6. $z$행의 계수가 모두 양의 부호를 가지므로 최적해에 도달하였다. 해는 $x = 1$, $y = 1$ 일 때 $4x + 5y$는 최댓값 9를 갖는다. 이 최댓값에서 $s_2 = s_2 = 0$ 이므로 해는 두 제약조건을 모두 등식으로 만족시킨다. 이상의 과정을 표로 요약하면 표 13-8과 같다.

**| 표 13-7 |**

| 기본 변수 | $z$ | $x$ | $y$ | $s_1$ | $s_2$ | 등식의 값 | 비기본변수 판정값 |
|---|---|---|---|---|---|---|---|
| $z$ | 1 | 0 | 0 | $\frac{42}{77}$ | $\frac{91}{77}$ | 9 | |
| $y$ | 0 | 0 | 1 | $\frac{14}{77}$ | $-\frac{21}{77}$ | 1 | |
| $x$ | 0 | 1 | 0 | $-\frac{1}{11}$ | $\frac{7}{11}$ | 1 | |

| 표 13-8 |

| 기본변수 | $z$ | $x$ | $y$ | $s_1$ | $s_2$ | 등식의 값 | 비기본변수 판정값 |
|---|---|---|---|---|---|---|---|
| $z$ | 1 | −4 | −5 | 0 | 0 | 0 | |
| $s_1$ | 0 | 3 | 7 | 1 | 0 | 10 | $\frac{10}{7}$ ← |
| $s_2$ | 0 | 2 | 1 | 0 | 1 | 3 | 3 |
| $z$ | 1 | $-\frac{13}{7}$ | 0 | $\frac{5}{7}$ | 0 | $\frac{50}{7}$ | |
| $y$ | 0 | $\frac{3}{7}$ | 1 | $\frac{1}{7}$ | 0 | $\frac{10}{7}$ | $\frac{10}{3}$ |
| $s_2$ | 0 | $\frac{11}{7}$ | 0 | $-\frac{1}{7}$ | 1 | $\frac{11}{7}$ | 1 ← |
| $z$ | 1 | 0 | 0 | $\frac{42}{77}$ | $\frac{91}{77}$ | 9 | |
| $y$ | 0 | 0 | 1 | $\frac{14}{77}$ | $-\frac{21}{77}$ | 1 | |
| $x$ | 0 | 1 | 0 | $-\frac{1}{11}$ | $\frac{7}{11}$ | 1 | |

## 13.4 선형계획 문제의 여러 가지 경우

심플렉스 방법을 적용하려면 각 단계마다 선택 판단을 하여야 한다. 모든 문제에서 이러한 판단이 항상 분명하게 이루어질 수 있는 것은 아니므로, 이러한 문제가 발생하는 경우 어떻게 하여야 하는가에 대하여 살펴보자.

1. 새로운 기본변수 선정이 분명치 않은 경우: 새로운 기본변수는 목적함수의 계수가 음의 부호를 갖는 것 중에서 절댓값이 가장 큰 변수를 선정하면 된다. 그러나 둘 또는 그 이상의 변수의 계수가 음수이고 절댓값도 같다면 어느 변수를 기본변수로 선정하여야 할 것인가? 앞에서 예로 든 문제의 첫 번째 기본형(표)에서 목적함수가 $z-4x-4y=0$ 이었다면 $x$와 $y$중에서 어느 변수를 새로운 기본변수로 선정하여야 하나? 대답은 어느 변수를 선정하든지 상관없이 결국은 심플렉스 방법에 의하여 최적해에 도달한다는 것이다. 최적해에 더 빨리 도달하는가 아니면 늦게 도달하는가의 차이는 있지만, 어느 변수의 선택이 가장 효율적으로 최적해에 도달하게 하는가를 사전에 판단할 수 있는 방법은 없다.

**| 표 13-9 |**

| 기본변수 | $z$ | $x$ | $y$ | $s_1$ | $s_2$ | 등식의 값 | 비기본변수 판정값 |
|---|---|---|---|---|---|---|---|
| $z$ | 1 | −4 | −5 | 0 | 0 | 0 | |
| $s_1$ | 0 | 3 | 2 | 1 | 0 | 6 | $6 \div 2 = 3$ ← |
| $s_2$ | 0 | 2 | 1 | 0 | 1 | 3 | $3 \div 1 = 3$ |
| $z$ | 1 | $\frac{7}{2}$ | 0 | $\frac{5}{2}$ | 0 | 15 | |
| $y$ | 0 | $\frac{3}{2}$ | 1 | $\frac{1}{2}$ | 0 | 3 | |
| $s_2$ | 0 | $\frac{1}{2}$ | 0 | $-\frac{1}{2}$ | 1 | 0 | |

2. 기본변수에 제거할 변수가 분명치 않은 경우: 제약조건이 $3x+2y \le 6$와 $2x+y \le 3$이었다고 하자. 심플렉스 방법을 적용하면, 첫 번째 테이블은 표 13-9와 같이 되고, 비기본변수의 판정값이 3으로 같으므로 임의로 $s_1$을 기본변수에서 제거하여 심플렉스 방법을 적용하면 표 13-9의 결과가 얻어진다. 표 13-10은 임의로 $s_2$를 제거하여 심플렉스 방법을 적용한 결과이다.

두 경우가 모두 실현가능해$(x,\ y,\ s_1,\ s_2) = (0,\ 3,\ 0,\ 0)$에서 최댓값 $4x+5y = 15$를 제공한다.

그래프로 이 문제의 실현가능영역을 나타내면 그림 13-2와 같다. 표 13-9와 표 13-10에서 알 수 있듯이 비기본변수 판정값이 같은 경우 한 변수를 임의로 선정하

**| 표 13-10 |**

| 기본변수 | $z$ | $x$ | $y$ | $s_1$ | $s_2$ | 등식의 값 | 비기본변수 판정값 |
|---|---|---|---|---|---|---|---|
| $z$ | 1 | −4 | −5 | 0 | 0 | 0 | |
| $s_1$ | 0 | 3 | 2 | 1 | 0 | 6 | $6 \div 2 = 3$ |
| $s_2$ | 0 | 2 | 1 | 0 | 1 | 3 | $3 \div 1 = 3$ ← |
| $z$ | 1 | $\frac{7}{2}$ | 0 | $\frac{5}{2}$ | 0 | 15 | |
| $y$ | 0 | $\frac{3}{2}$ | 1 | $\frac{1}{2}$ | 0 | 3 | |
| $s_2$ | 0 | $\frac{1}{2}$ | 0 | $-\frac{1}{2}$ | 1 | 0 | |

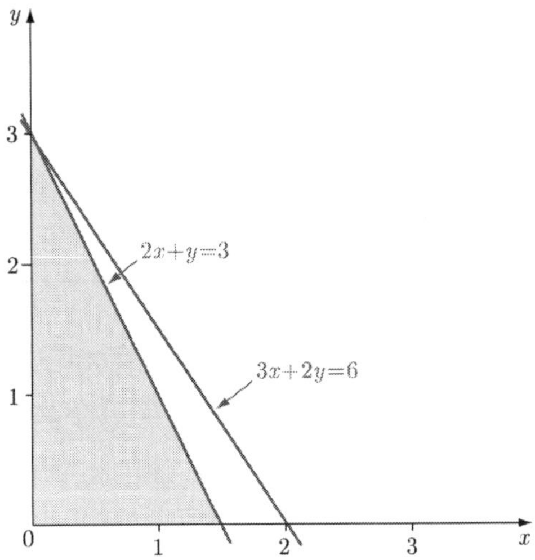


**| 그림 13-2 |**

여 기본변수에서 제거하면 같은 판정값을 갖고 있는 다른 변수는 비록 기본변수로는 남아 있지만 값은 역시 0이 된다. 이 후에 남아 있던 변수를 다시 비기본변수로 바꾸는 변환이 요구되는 경우에도, 이 제기되어야 하는 변수의 값이 이미 0이므로 새로운 기본변수로 도입되는 변수가 취할 수 있는 값도 역시 0이다.

즉 목적함수의 계수 중에 음의 부호를 갖고 있는 것이 아직 남아 있어도 더 이상의 변환은 목적함수의 값에 전혀 영향을 미치지 못한다.

3. 기본변수에서 제거할 변수가 존재하지 않는 경우: 심플렉스 방법을 적용할 때 때로는 기존의 기본변수 중에서 어느 것도 비기본변수로 탈락시킬 것이 없는 경우가 있을 수 있다. 이러한 경우는, 새로운 기본변수로 선정된 변수의 계수가 모든 제약식에서 음이거나 0인 경우에 해당된다.

예를 들면

$$\begin{aligned} &\text{Max} && 4x + 5y \\ &\text{s.t.} && 3x - 2y \le 10 \\ & && 2x \qquad \le 6 \\ & && x \ge 0,\ y \ge 0 \end{aligned} \tag{18}$$

의 심플렉스 테이블은 표 13-11과 같다.

새로운 기본변수는 $y$이지만 제약식에서의 계수가 모두 양의 부호를 갖지 않으

| 표 13-11 |

| 기본변수 | $z$ | $x$ | $y$ | $s_1$ | $s_2$ | 등식의 값 | 비기본변수 판정값 |
|---|---|---|---|---|---|---|---|
| $z$ | 1 | −4 | −5 | 0 | 0 | 0 | |
| $s_1$ | 0 | 3 | −2 | 1 | 0 | 10 | |
| $s_2$ | 0 | 2 | 0 | 0 | 1 | 6 | |

므로 어느 기본변수를 제거하여 비기본변수로 만들 것인가를 결정할 수가 없다.

이것이 의미하는 것은 그림 13-3에서 보듯이 실현간능영역이 $y$에 대하여 제한되어 있지 않기 때문에 제약조건에 구애받지 않고 $y$의 값을 얼마든지 증가시킬 수 있고, 따라서 목적함수의 값도 얼마든지 증가시킬 수 있다는 것이다.

제한된 조건하에서 목적함수를 최대로 하는 것이 관심사인 대부분의 실제 문제에서는, 목적함수를 아무런 제한없이 얼마든지 크게 한다는 것은 가능한 상황이 아니기 때문에 이러한 문제가 발생하면, 그 원인은 대체로 문제가 잘못 구성되어 있기 때문이라고 할 수 있다.

따라서 문제가 바르게 구성되었는가를 다시 세밀하게 검토하는 것이 바람직하다.

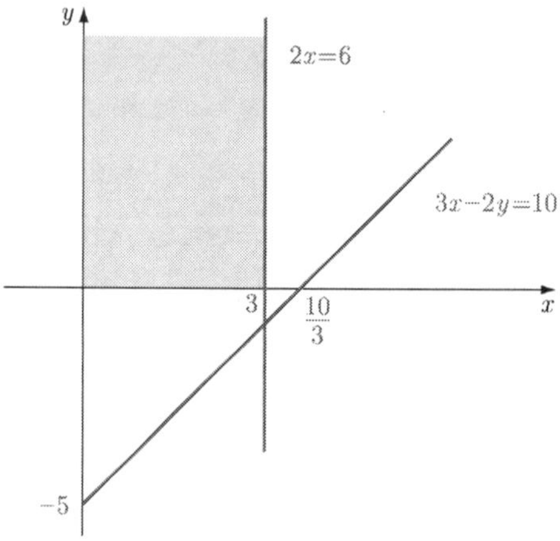


| 그림 13-3 |

4. 해가 여러 개 존재하는 경우: 13.1에서 선형계획문제의 해는 때로 무수히 많이 존재할 수 있다는 것을 설명하였다.

예를 들면

$$\begin{aligned} \text{Max} \quad & 4x + 5y \\ \text{s.t.} \quad & 4x + 5y \le 10 \\ & 2x + y \le 3 \\ & x \ge 0,\ y \ge 0 \end{aligned}$$

가 주어진 문제이면 목적함수의 등고선은 첫 번째 제약조건의 경계선과 나란하기 때문에 무수히 많은 해가 존재한다.

따라서 그림 13-4에서 $B$와 $C$사이에 있는 모든 점에서 최댓값은 10이 된다. 이러한 문제에 심플렉스 방법을 적용하면 목적함수값이 최대가 되는 첫 번째 꼭짓점에 도달하면 멈추게 되므로 해가 유일한지 아니면 무수히 많은지를 확인할 필요가 있다.

심플렉스 방법에 의한 해가 무수히 많은가 하는 것을 확인하는 것은 대단히 쉽다. 선형계획 문제가 하나 이상의 해를 갖고 있으면, 심플렉스 방법에 의한 최종 테이블에서 비기본변수 중에 최소한 한 변수는 목적함수등식에서의 계수가 0이 된다.

위의 문제에 심플렉스 방법을 적용해 보자.

심플렉스 방법을 적용하면 두 번째 테이블이 마지막 테이블로써 최적해는 $x = 0,\ y = 2$, 즉 꼭짓점 $C$에서 최댓값 10이 된다. 목적함수를 나타내는 항에서 비기본변수 $x$의 계수가 0이므로 유일한 해가 아니고 무수히 많은 해가 있다는 것을 알 수 있다.

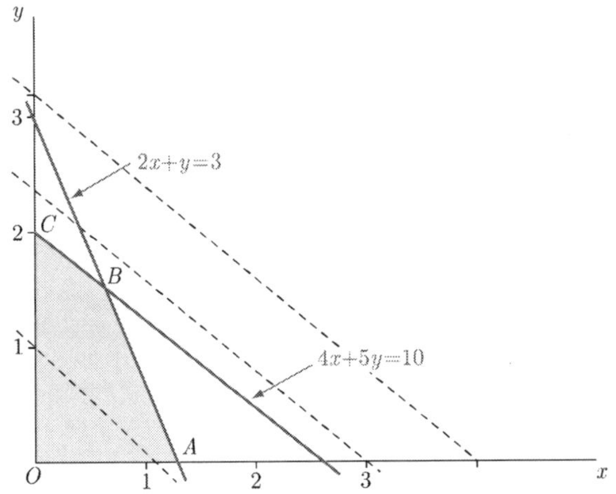


| 그림 13-4 |

**| 표 13-12 |**

| 기본변수 | $z$ | $x$ | $y$ | $s_1$ | $s_2$ | 등식의 값 | 비기본변수 판정값 |
|---|---|---|---|---|---|---|---|
| $z$ | 1 | −4 | −5 | 0 | 0 | 0 | |
| $s_1$ | 0 | 4 | 5 | 1 | 0 | 10 | 2 ← |
| $s_2$ | 0 | 2 | 1 | 0 | 1 | 3 | 3 |
| $z$ | 1 | 0 | 0 | 1 | 0 | 10 | |
| $y$ | 0 | $\frac{4}{5}$ | 1 | $\frac{1}{5}$ | 0 | 2 | $\frac{5}{2}$ |
| $s_2$ | 0 | $\frac{6}{5}$ | 0 | $-\frac{1}{5}$ | 1 | 1 | $\frac{5}{6}$ ← |
| $z$ | 1 | 0 | 0 | 1 | 0 | 10 | |
| $y$ | 0 | 0 | 1 | $\frac{1}{3}$ | $-\frac{2}{3}$ | $\frac{4}{3}$ | |
| $x$ | 0 | 1 | 0 | $-\frac{1}{6}$ | $\frac{5}{6}$ | $\frac{5}{6}$ | |

$x$를 새로운 기본변수로 선정하여 심플렉스 방법을 다시 한 번 적용하면, 세 번째 테이블이 된다. 이것도 역시 최적해의 조건을 만족하며, 목적함수의 값은 10으로 동일하고, 최적해는 $x = \frac{5}{6}$, $y = \frac{4}{3}$ , 즉 꼭짓점 $B$에서 얻어진다.

이 테이블에 같은 방법으로 심플렉스 방법을 적용하면 테이블은 다시 두 번째 테이블로 환원되는 것을 쉽게 알 수 있다. (0, 2)와 $\left(\frac{5}{6}, \frac{4}{3}\right)$ 뿐만 아니라 이 두 점의 연결선상에 있는 모든 점, 즉 이 두 점의 모든 가중평균점이 다 최적해로서 동일한 목적함수값 10을 제공한다.

## 13.5 형태가 다른 선형계획 문제

지금까지 우리가 취급한 문제는 (4)에서 보는 것처럼 제약조건의 우변 $b_i > 0$이고, 제약조건이 $g_i(x_1, \cdots x_n) \le b_i$ 형식을 갖고 있으며, 변수가 음이 아니고, 목적함수를 최대화하는 표준형의 문제였다.

선형계획 문제가 이런 표준형과 다른 형태를 갖고 있어도 심플렉스 방법을 이용하여 문제를 해결할 수가 있다.

1. 제약조건이 등식인 경우

제약조건 중의 하나가 등식으로 되어 있다고 하자. 예로, 식 (1)로 표현된 문제에서 두 번째 제약조건이 $2x + y = 3$ 이라면 해는 이 직선 상에서, 더 구체적으로 말하면 그림 13-1에서 $A$와 $B$ 사이의 직선에서 구해야 한다. 심플렉스 방법을 적용하기 위하여 실현가능해에 대응하는 기본형으로 바꾸면

$$z - 4x - 5y = 0 \quad (19)$$

$$3x + 7y + s_1 = 10 \quad (20)$$

$$2x + y = 3 \quad (21)$$

이 된다. 그러나 식 (21)은 여유변수를 갖고 있지 않으므로 앞에서 한 것처럼 심플렉스 방법을 적용할 최초의 실현가능해(꼭짓점)를 결정할 수가 없다.

이 문제를 해결하는 방법은 식 (21)에 임의변수(artificial variable) $\overline{s_2}$를 도입하여 마치 $\overline{s_2}$가 여유변수인 것처럼 취급하면서 심플렉스 방법을 적용하는 것이다.

즉, 식 (21)을 다음과 같이 변형한다.

$$2x + y + \overline{s_2} = 3 \quad (22)$$

그러나 이렇게 하면 (21)이 등식의 제약조건인 문제의 해를 구하는 것이 아니고 부등식인 문제, 즉 (1)의 해를 구하는 것이 된다. 최적해에서 다행히 $\overline{s_2} = 0$ 가 되면 이 해는 우리가 원하는 해이지만 이런 문제의 해에서 항상 임의변수의 값이 0이 된다는 보장이 없다.

최적해에서 항상 $\overline{s_2}$가 0이 되도록 하기 위하여는, $\overline{s_2}$가 0이 아니면 목적함수의 값이 형편없이 작아지도록 목적함수를 변형시키면 된다. $M$을 임의의 대단히 큰 실수라 하자. 목적함수를

$$z = 4x + 5y - M\overline{s_2}$$

로 변형하면 $z$가 최댓값을 갖기 위해서는 $\overline{s_2}$가 0이 되어야만 한다.

따라서 식 (19)는

$$z - 4x - 5y + M\overline{s_2} = 0 \quad (23)$$

이 된다. 그러나 아직도 심플렉스 방법을 적용하기에는 적합하지 않다. 심플렉스 방

**| 표 13-13 |**

| 기본변수 | $z$ | $x$ | $y$ | $s_1$ | $\overline{s_2}$ | 등식의 값 | 비기본변수 판정값 |
|---|---|---|---|---|---|---|---|
| $z$ | 1 | $(-4-2M)$ | $(-5-M)$ | 0 | 0 | $-3M$ | |
| $s_1$ | 0 | 3 | 7 | 1 | 0 | 10 | $\frac{10}{3}$ |
| $\overline{s_2}$ | 0 | 2 | 1 | 0 | 1 | 3 | $\frac{3}{2}$ ← |
| $z$ | 1 | 0 | −3 | 0 | $2+M$ | 6 | |
| $s_1$ | 0 | 0 | $\frac{11}{2}$ | 1 | $-\frac{3}{2}$ | $\frac{11}{2}$ | 1 ← |
| $x$ | 0 | 1 | $\frac{1}{2}$ | 0 | $\frac{1}{2}$ | $\frac{3}{2}$ | 3 |
| $z$ | 1 | 0 | 0 | $\frac{6}{11}$ | $\frac{13}{11}+M$ | 9 | |
| $y$ | 0 | 0 | 1 | $\frac{2}{11}$ | $-\frac{3}{11}$ | 1 | |
| $x$ | 0 | 1 | 0 | $-\frac{1}{11}$ | $\frac{7}{11}$ | 1 | |

법에서는 목적함수 등식이 비기본변수만을 포함하고 있어야 되는데 기본변수인 $\overline{s_2}$가 포함되어 있는 것이다. 따라서 $\overline{s_2}$항을 식 (23)에서 제거하여야 한다. 식 (22)에 $M$을 곱하여 식 (23)에서 빼어주면, 목적함수 등식은

$$z - (4 + 2M)x - (5 + M)y = -3M$$

이 된다.

심플렉스 방법에서의 기본형이 갖추어야 할 모든 조건을 만족시키도록 변형되었으므로 이제 심플렉스 방법을 적용하면, $M$이 대단히 큰 수이므로 표 13-13에서처럼 변환을 하면 최적해는 $x = y = 1$ 일 때 최댓값 9가 된다.

여러 개의 제약조건이 등식인 선형계획 문제도 같은 방법으로 심플렉스 방법을 이용하여 최적해를 구할 수 있다. 각각의 등식에 임의변수를 도입하고, 목적함수에 이 변수에 $-M$을 곱한 항을 추가한 후, 각각의 등식에 $M$을 곱한 것을 변형된 목적함수 등식에서 빼주면 심플렉스 방법을 적용할 수 있는 기본형이 되는 것이다.

### 2. 최소화(Minimizing) 문제

목적함수를 최대화하는 것이 아니고 최소화하는 문제

$$\text{Min } z = \sum_{i=1}^{n} c_i x_i$$

는 바로

$$\text{Max} \quad (-z) = \sum_{i=1}^{n}(-c_i)x_i$$

와 같으므로 최대화 문제로 바꾸어서 풀면 된다.

### 3. 제약조건의 부등호의 방향이 반대인 경우

제약조건 중의 하나가 예를 들어 $3x + y \geq 10$ 으로 되어 있으면, 부등식의 양변에 $(-1)$을 곱하여 표준형의 문제로 표현할 수가 있다. 즉

$$-3x - 7y \leq -10 \tag{24}$$

을 제약조건으로 사용하면 된다.

### 4. 제약조건 등식의 우변이 음수인 경우

지금까지 우리가 다룬 표준형의 문제에서는, 제약조건 등식의 우변이 양의 부호를 갖는 수였기 때문에 $(b_i > 0)$ 심플렉스 방법을 적용할 때 여유변수를 기본변수로 취급할 수가 있다. 그러나 $b_i < 0$이면 심플렉스 방법의 첫 테이블에서 여유변수의 값이 음수가 되므로 이런 값은 실현가능해가 될 수 없다.

식 (24)와 같은 계약조건이 주어져 있는 경우에는 여유변수를 이용하여 등식으로 표현한 후 양변에 $(-1)$을 곱하면

$$3x + 7y - s_1 = 10 \tag{25}$$

이 된다. 이 경우 식 (24)는 등식의 제약조건으로 간주할 수 있으므로 앞에서 한 것처럼 임의변수 $\overline{s_1}$과 대단히 큰 숫자 $M$을 이용하여 심플렉스 방법을 적용할 수가 있다.

이제 2, 3, 4의 경우를 모두 포함하는 예를 하나 살펴보자.

$$\begin{aligned} \text{Min} \quad & z = 4x + 5y \\ \text{s.t.} \quad & 3x + 7y \geq 10 \\ & 2x + y = 3 \\ & x \geq 0, \ y \geq 0 \end{aligned} \tag{26}$$

문제 (26)은 최대화문제로 바꿀 수가 있다.

**| 표 13-14 |**

| 기본 변수 | $z$ | $x$ | $y$ | $s_1$ | $\overline{s_1}$ | $\overline{s_2}$ | 등식의 값 | 비기본변수 판정값 |
|---|---|---|---|---|---|---|---|---|
| $z$ | $-1$ | $4-5M$ | $5-8M$ | $M$ | $0$ | $0$ | $-13M$ | |
| $\overline{s_1}$ | $0$ | $3$ | $7$ | $-1$ | $1$ | $0$ | $10$ | $\frac{10}{7}$ ← |
| $\overline{s_2}$ | $0$ | $2$ | $1$ | $0$ | $0$ | $1$ | $3$ | $3$ |
| $z$ | $-1$ | $\frac{13}{7}-\frac{11}{7}M$ | $0$ | $\frac{5}{7}+\frac{1}{7}M$ | $-\frac{5}{7}+\frac{8}{7}M$ | $0$ | $-\frac{50}{7}-\frac{11}{7}M$ | |
| $s_1$ | $0$ | $\frac{3}{7}$ | $1$ | $-\frac{1}{7}$ | $\frac{1}{7}$ | $0$ | $\frac{10}{7}$ | $\frac{10}{3}$ |
| $\overline{s_2}$ | $0$ | $\frac{11}{7}$ | $0$ | $\frac{1}{7}$ | $-\frac{1}{7}$ | $1$ | $\frac{11}{7}$ | $1$ ← |
| $z$ | $-1$ | $0$ | $0$ | $\frac{42}{77}+\frac{22}{77}M$ | $-\frac{42}{77}+M$ | $-\frac{13}{11}+M$ | $-9$ | |
| $y$ | $0$ | $0$ | $1$ | $\frac{10}{77}$ | $\frac{14}{77}$ | $-\frac{3}{11}$ | $1$ | |
| $x$ | $0$ | $1$ | $0$ | $\frac{1}{11}$ | $-\frac{1}{11}$ | $\frac{7}{11}$ | $1$ | |

$$\begin{aligned} \text{Max} \quad & -z = -4x - 5y \\ \text{s.t.} \quad & 3x + 7y - s_1 + \overline{s_1} = 10 \\ & 2x + y \qquad\quad + \overline{s_2} = 3 \\ & x \geq 0,\ y \geq 0,\ \overline{s_1} \geq 0,\ \overline{s_2} \geq 0 \end{aligned} \tag{27}$$

대단히 큰 숫자 $M$을 이용하여 목적함수를 조정하면

$$\begin{aligned} & -z + 4x + 5y \qquad + M\overline{s_1} + M\overline{s_2} = 0 \\ -M[ & \quad 3x + 7y - s_1 + \overline{s_1} \quad ] = -10M \\ -M[ & \quad 2x + y \qquad\qquad + \overline{s_2}] = -3M \\ \hline & -z + (4-5M)x + (5-8M)y + Ms_1 = -13M \end{aligned} \tag{28}$$

이 되므로 심플렉스 방법의 첫 테이블을 구성하여 문제를 풀 수 있다.

그림 13-1에서 볼 수 있듯이 문제 (26)의 실현가능영역은 $B$와 $E$ 사이의 직선이고 최솟값은 $x=1$, $y=1$일 때 $4x+5y=9$가 되는 것을 알 수 있다.

표 13-14의 마지막 테이블에서 볼 수 있듯이 최적해에서 임의변수 $\overline{s_1}$와 $\overline{s_2}$는 모두 0이다. 원래의 문제가 때에 따라서는 실현가능해를 전혀 갖고 있지 않는 경우도

있을 수 있는데, 이런 문제에 심플렉스 방법을 적용하면 최적해에서 임의변수 중 최소한 하나는 반드시 0이 아닌 것이 있게 되므로, 임의변수가 모두 0이 되지 않는 경우에는 실현가능해가 존재하지 않는다고 간단히 결론지을 수 있다.

# 13 연습문제

**01** 다음 선형계획문제를 그래프를 이용하는 방법과 심플렉스 방법으로 계산하라.

(1) Max $3x_1 + x_2$
s.t. $x_1 \le 4$
$x_2 \le 5$
$x_1 + x_2 \le 7$
$x_1,\ x_2 \ge 0$

(2) Min $2x_1 + x_2$
s.t. $x_1 + 2x_2 \ge 80$
$3x_1 + x_2 \ge 90$
$x_1,\ x_2 \ge 0$

(3) Max $3x_1 + x_2$
s.t. $-x_1 + x_2 \le 1$
$x_1 - 2x_2 \le 2$
$x_1,\ x_2 \ge 0$

(4) Max $2x_1 + 4x_2$
s.t. $x_1 + x_2 \le 1$
$x_1 + 2x_2 \ge 4$
$x_1,\ x_2 \ge 0$

(5) Min $5x_1 + 10x_2$
s.t. $10x_1 + 7x_2 \ge 36$
$4x_1 - 10x_2 \le 40$
$x_1 \ge 0$

(6) Max $5x_1 + 3x_2$
s.t. $2x_1 + 6x_2 \le 15$
$3x_1 + x_2 \ge -8$
$4x_1 + 2x_2 = 24$
$x_1,\ x_2 \ge 0$

(7) Min $x_1 + x_2$
s.t. $3x_1 + 4x_2 \le 12$
$3x_1 + 2x_2 = 9$
$x_1,\ x_2 \ge 0$

**02** (주) 안암은 세 모델의 자동차를 생산하고 있으며, 이를 국내외시장에 판매하고 있다. 각 모델의 생산원가와 판매가격은 다음과 같다.

| | 생산원가 | 국내판매가격 | 유럽판매가격 | 미국판매가격 |
|---|---|---|---|---|
| $A$모델 | 400 | 420 | 450 | 430 |
| $B$모델 | 500 | 510 | 540 | 506 |
| $C$모델 | 700 | 706 | 736 | 702 |

이 회사의 연간 자동차생산능력은 모델에 상관없이 900만 대라고 하며, 국내판매량을 생산대수의 60%을 유지하려고 한다. 유럽시장에서의 판매예상대수는 $A$모델 70만대, $B$모델 20만대, $C$모델 30만대이다.

(주) 안암의 이익을 최대로 하기 위해서는 지역별 판매량이 각각 얼마이어야 하는가? 이 문제를 선형계획모형으로 구성하고 계산하라.

**03** (주) 안암은 $A$, $B$ 두 제품을 생산하고 있는데 제품 $A$를 1단위 생산하려면 4시간의 노동과 3kg의 원료를 투입해야 하고, 제품 $B$를 1단위 생산하려면 3시간의 노동과 6kg의 원료를 투입해야 한다. 사용가능한 일일 노동시간은 24시간이고, 원료는 일일 33kg이다. 제품 $B$는 하루 4단위까지만 판매할 수 있다. 제품 $A$와 $B$의 단위당 이익은 각각 20원과 16원이다.
선형계획모형을 세우고 이익이 최대가 되는 생산량을 계산하라.

# Part 04 부 록

Appendix A Mathematica

Appendix B 상용대수
자연대수
지수함수

## A.1 Mathematica와 함께 하는 수학 공부와 응용

수학을 공부하거나 응용하는 사람들이 부딪치게 되는 가장 큰 문제는 수학으로 표현된 문제를 어떻게 정확하게 풀고, 이를 수치 또는 그림으로 표현하는가 하는 것이다. 이러한 문제를 해결해 주는 컴퓨터 프로그램이 Mathematica이다.

1988년 Stephen Wolfram[1)]이 CEO로 있는 Wolfram Research에 의하여 처음 공개된 Mathematica는 컴퓨터를 이용하여 모든 수학 문제를 해결하는 세계 최초의 종합 프로그램이다. 특수한 문제를 해결하는 프로그램은 과거에도 있었지만 거의 모든 수학적 문제를 일관성 있게 해결하는 종합 프로그램은 Mathematica가 처음이며, Mathematica는 새로운 symbolic computer language를 이용하여 기술적 연산의 다양한 문제를 손쉽게 해결하는 혁명적인 프로그램인 것이다.

Mathematica는 물리학이나 수학, 공학, 생물학 등 자연과학뿐만이 아니라, 사회 과학 분야에서도 널리 사용되고 있으며, 이러한 분야의 연구와 응용에서 중요한 새로운 발견을 가능하게 해 주었고, 특히 경제, 경영분야에서도 financial modeling이나 계획(planning)과 분석의 도구 등으로 널리 사용되고 있다. Mathematica는 기술적 전문가나 학자뿐만 아니라, 모든 fortune 50대 기업, 미국 정부의 모든 15개 중요 관청, 세계 50대 모든 대학은 물론이고, 예술가, 작곡가, 법률가 등에 의해서도 널리 응용되고 있기 때문에, 이미 전 세계적으로 고등학교에서 대학원까지 수백 개의 교과과정이 Mathematica를 중심으로 구성되어 교육되고 있다.

우리나라에서는 대학의 수학과나 이공계통 학과의 일부를 제외하고는 Mathematica의 중요성을 인식하고 교과과정에 이용하는 경우가 거의 없는 실정이다. 이 책에서

1) Stephen Wolfram: 1959년 London에서 태어나서 , Eaton과 Oxford에서 공부하고, 15세 때 처음 과학 논문을 발표하고 20세에 이론 물리학으로 Caltech에서 박사학위를 받음.
High-energy Physics, quantum field theory, cosmology분야에서 중요한 공헌을 함 1973년 처음 컴퓨터를 사용한 후, scientific computing의 대가가 됨. 1979년 세계 최초의 SMP, 즉 computer algebra system개발을 시작하여 1981년 완성하여 발표하였다. 이 후 자연에서의 복잡계(complex systems)에 관한 general theory of complexity, artificial life등 연구를 주도 하고, 1986년 세계 최초로 이 분야의 연구 센터를 세우고 전문 학술지를 창간하였다. 1986년 후반에 Mathematica의 개발에 착수하여, 1988년 6월 23일 첫 번째 version을 발표하고, 1991년 두 번째 version이 발표된 후, 이를 이용한 과학연구로 물리학, 생물학, computer science,수학 등의 분야에 관한 중요한 연구를 수행하고, 이러한 연구를 통해 과거와 다른 새로운 연구 개념 체계(fundamentally new conceptual framework)를 제시하였다. 이는 과학의 역사 중 중요한 패러다임의 변화라고 인식되고 있으며 이에 대한 견해는 2002년 5월 14일 발간된 저서 'A New Kind of Science'에 소개되어 있다.

는 모든 내용을 Mathematica와 연계하여 이 책으로 공부하는 동안 학생이나 교육자가 스스로 Mathematica의 기본적 내용에 익숙하여 질 수 있도록 할 것이다. Mathematica를 이용하기 위해서는 Mathematica 프로그램을 구입하여 컴퓨터에 설치하여야 하나 경제적 부담이 많기 때문에, 경제적 여유가 있는 교육기관은 학생용 프로그램을 구입하여 단체로 설치할 수도 있고, 그렇지 않은 경우 Mathematica(Trial Version)를 인터넷에서 무상으로 다운 받거나 CD로 제공 받아서 사용할 수도 있다. Trial Version에서는 Mathematica 프로그램의 모든 기능을 수행할 수 있으나 이를 저장할 수 없다는 제약이 따른다. 책의 연습문제를 풀어 본 후 자신의 답이 맞는가를 확인하거나 관심 있는 문제를 풀어 보는 데는 Trial Version으로도 아무런 불편이 없다. Mathematica 5.1 Trial Version은

http://www.wolfram.com/products/mathematica/trial.cgi

에서 CD 또는 다운로드 버전의 두 가지 중 하나를 선택하여 받을 수 있다. CD로 받는 방법을 선택하게 되면 대략 한달 정도가 소요되기 때문에 바로 이용하고자 할 때는 다운로드를 선택하는 것이 좋다. 이때 이메일 주소로 다운로드 주소가 전달되며 기회는 한 번뿐이므로 이메일 주소는 정확히 입력을 해야 하며, 다운로드시 취소 버튼을 누르지 않도록 주의해야 한다.

Mathematica에 관한 모든 서비스 및 기술지원은 Mathematica의 국내 단독 공인업체인 (주)다한테크에서 제공하며, 아래의 전화나 이메일 주소로 문의하면 된다.

연락처 : 02-515-2845

이메일 : wonny@dahan.co.kr

Mathematica를 만든 본사인 Wolfram Research(www.wolfram.com)에 문의를 할 수도 있다.

## A.2 Mathematica의 사용에 대한 소개

Mathematica 프로그램을 열면 세 개의 창이 나타난다. 수식이나 text를 입력하고 그 결과를 볼 수 있는 notebook 창, palette 창과 도움말 창이다. 메뉴의 file/palettes을 클릭하면 알 수 있듯이 여러 가지 palette가 준비되어 있다. 특히 수식을 입력할 때

사용할 수 있는 기본적인 기호나 함수를 나열한 Basic Input은 이 책으로 공부하는 동안 유용하게 사용할 수 있으므로 항상 열어 두고 사용하는 것이 좋다. Mathematica를 처음 열면 도움말 창에 있는 Ten-minute Tutorial을 클릭해서 Mathematica 사용법을 익히는 것이 필요하다. Mathematica에 관하여 자세히 설명한 책이 많기 때문에 이 후 정도 높은 차원에서 이 프로그램을 사용하고자 하는 경우, 구입하여 사용하면 편리할 것이다. 도움말 창의 Help Browser를 열면, 여러 가지 도움을 받을 수 있는데, 그 중에서도 "The Mathematica Book"은 Wolfram Research가 만든 Mathematica 해설 책이 그대로 수록되어 있다. 편리하게 원하는 내용을 찾아 갈 수 있도록 되어 있기 때문에 많은 도움이 될 것이다.

Notebook 창에 수식이나 기타 무엇인가를 입력하고 Shift/Enter를 누르면, 입력한 내용의 결과가 나타나며, 입력한 내용과 결과의 옆에는 각각 In[n]:=과 Out[n]:=의 표시가 나타난다. 여기서 n은 입력한 순서에 따라 매겨지는 숫자이다. 예를 들어 2+4를 입력하고 Shift/Enter를 누르면 다음과 같이 나타난다.

```
 In[1]:=   2+4
Out[1]:=   6
```

수식의 입력은 일반 수학에서와 같이 x+y, x−y, x/y 로 덧셈, 뺄셈, 나눗셈을 입력하면 되지만, 곱은 문자 사이의 간격 또는 *에 의하여 입력된다는 것을 조심하여야 한다. 수식 입력의 예를 들면

| | | |
|---|---|---|
| X^y | 는 | $x^y$ |
| x y z 또는 x*y*z | 는 | xyz |
| xyz | 는 | xyz로 이름된 변수(x, y, z의 곱이 아님) |
| 5x 또는 5 x | 는 | 5와 x의 곱 |
| x^2y | 는 | (x^2)y. x^(2y)가 아님 |

수학에서 많이 사용되는 특수한 문자는 다음과 같이 입력한다. (Palette에서 입력하여도 됨)

| | | |
|---|---|---|
| Pi | 는 | $\pi \fallingdotseq 3.14159$ |
| E | 는 | $e \fallingdotseq 2.71828$ |
| Infinity | 는 | $\infty$ |

수식에서는 일반 수학에서와 같이 괄호를 이용하여 필요한 부분을 묶을 수 있으나

이 때 사용할 수 있는 괄호는 (,) 또는 {,}이다. 꺾은 괄호 [, ]는 함수의 표현에만 사용되는 특수한 기능을 갖는다. 함수는 항상 대문자로 시작하고 함수의 변수는 [ ]안에 표시한다.

| | | |
|---|---|---|
| Sqrt[x] | 는 | X의 제곱근 |
| Exp[x] | 는 | $e^x$ |
| Log[x] | 는 | $\ln x = \log_e x$ |
| Log[b, x] | 는 | $\log_b x$ |
| Sin[x], Cos[x], Tan[x] | 는 | 각각의 삼각함수 |
| n! | 는 | n factorial (즉 1×2×3×⋯⋯×n) |
| Abs[x] | 는 | x의 절대값 |
| Round[x] | 는 | x에 가장 가까운 정수 |
| Mod[n, m] | 는 | n modulo m (n을 m으로 나눌 때의 나머지) |
| Max[f, x], Min[f, x] | 는 | 독립변수 x 에 대한 f의 최대, 최솟값 |
| Sum[f, {i, imin, imax}] | 는 | $\sum_{imin}^{imax} f$ |
| FactorInteger[x] | 는 | x의 소인수 분해[2)] |
| Expand[x] | 는 | x의 전개 |
| Factor[x] | 는 | x의 인수분해 |
| Simplify[x] | 는 | x를 가능한 간단한 형태로 표현 |
| FullSimplify[x] | 는 | Simplify보다 더 강력하게 작용. 시간이 더 걸림. |

연산에서 근사값을 구하고 싶을 때에는 입력식의 끝에 //N을 붙이거나, N[입력식]으로 입력하면 되고, 특히 n자리까지 정확한 값을 원할 때는 N[입력식, n]으로 입력하면 된다.

```
 In[1]:=  Pi 하고 Shift/Enter 하면
Out[1]:   π

 In[2]:   Pi//N 하고 Shift/Enter 하면
Out[2]:   3.14159

 In[3]:   N[Pi] 하고 Shift/Enter 하면
Out[3]:   3.14159
```

2) 예로 In[1]:= FactorInteger[24]을 입력하고 Shift/Enter 를 누르면, Out[1]:={{2, 3}, {3, 1}}로 나타나는데 이 때 각각의 괄호안의 첫 번째 숫자는 소인수이고 두 번째 숫자는 소인수의 지수이다.

```
 In[4]:    N[Pi, 10] 하고 Shift/Enter 하면
Out[4]:    3.141592654

 In[5]:    N[Sqrt[7], 30] 하고 Shift/Enter 하면
Out[5]:    2.64575131106459059050161575364
```

숫자를 입력하고 연산을 하는 경우에도 같은 방법으로 할 수 있으며, 입력되는 숫자 중 하나에 소수점을 붙여도 근사값으로 계산된다.

```
 In[6]:=   2^100 하고 Shift/Enter 하면
Out[6]:=   1267650600228229401496703205376

 In[7]:=   2^100 //N 하고 Shift/Enter 하면
Out[7]:=   1.26765×1030

 In[8]:=   1/3 + 2/7 하고 Shift/Enter 하면
Out[8]:=   13/21

 In[9]:=   1/3 + 2/7 //N 하고 Shift/Enter 하면
Out[9]:=   0.619048

 In[10]:=  452/62 하고 Shift/Enter 하면
Outt10]:=  226/31

 In[11]:=  452./62 하고 Shift/Enter 하면
Out[11]:=  7.29032

 In[12]:=  1.+452/62 하고 Shift/Enter 하면
Out[12]:=  8.29032
```

기호 %는 지금까지의 연산 중 마지막 결과를 의미하고, %%는 마지막에서 두 번째 결과, %기호를 k 번 사용하면 마지막에서 k 번째 결과를 의미한다. 따라서

```
 In[13]:=  Expand[(a b-c d)^2+ (a d+b c)^2] 하고 Shift/Enter 하면
Out[13]:=  a2b2+b2c2+a2d2+c2d2

 In[14]:=  Factor[%] 하고 Shift/Enter 하면
Out[14]:=  (a2+c2)(b2+d2)

 In[15]:=  Simplify[%%] 하고 Shift/Enter 하면
Out[15]:=  (a2+c2)(b2+d2)
```

이 책의 각 장에서 Mathematica를 어떻게 사용할 것인가 하는 것은 이 부록에서 각 장별로 설명한다. 이 책으로 공부를 하면서, 본문의 내용 즉 수학적 지식만을 습득하는 데 그치지 않고 조금 더 노력하여, 현대 기업과 다양한 조직은 물론 각종 전문 분야에서 필수로 되어 가고 있는 Mathematica에 익숙하여져서 보다 생산적이고 경쟁력 있는 능력을 갖출 수 있게 되기를 바란다.

## A.3 기본개념: 집합, 관계, 함수 (2장)

### (1) 변수의 정의, 방정식, 부등식

Mathematica에서 =는 변수에 특정한 값을 지정(정의)하여 주기 위하여 사용되므로 방정식 등의 입력에 =을 사용하면 안 된다. 방정식에서는 = 대신 ==이 사용되어야 한다.

```
 In[1]:=     x = 5
Out[1]:=     5

 In[2]:=     x ^ 2
Out[2]:=     25

 In[3]:=     x = y = 3
Out[3]:=     3
```

이와 같은 =의 사용은 특히 긴 연산을 하는 경우, 중간과정의 결과에 이름을 붙여줌으로써 이후의 연산을 간략히 할 수 있는 장점이 있다. 변수의 값을 지정하면 다른 값이 다시 지정될 때까지 이후의 모든 연산에서 지정된 값으로 연산이 이루어진다.

방정식은 =가 아닌 ==를 이용하여 입력되어야 한다. 방정식 $x^2-5x-4=0$을 In[4]와 같이 입력하면 아직 $x=3$으로 지정되어 있으므로 이 등식이 옳지 않다는 결과를 보여준다.

```
 In[4]:=     x ^ 2 - 5x - 4 == 0
Out[4]:=     False
```

이와 같이 변수의 값을 계속 고정시키지 않고, 해당 입력에서만 특정한 값으로 연산하도록 하려면, 입력식 뒤에 /.x -> 3과 같이 붙여 주면 된다. ->은 -과 >를 연속하여 입력하면 된다.

```
 In[5]:=     x^2 - 3x - 4/.x ->3
Out[5]:=     -4
```

In[3]에서와 같이 지정된 값을 없애려면 x=. 또는 Clear[x]하면 된다. 지정된 값을 In[6]로 청소를 하고 방정식을 입력하면, 방정식을 오름차순으로 정리하여 보여준다.

```
 In[6]:=     Clear [x, y]
 In[7]:=     x^2 - 3x - 4 == 0
Out[7]:=     -4 - 3x + x2 == 0
```

방정식의 해를 구하기 위한 명령어는 Solve이다.

```
 In[8]:=     Solve [%, x]
Out[8]:=     {{x→-1}, {x→4}}
```

또는

```
 In[9]:=     Solve [x^2 - 3x -4 = =0, x]
Out[9]:=     {{x→-1}, {x→4}}
```

입력의 괄호 안의 두 번째 항은 어떤 변수에 대하여 방정식을 풀 것인가를 지정한다. 방정식의 해가 복잡한 수식으로 나타나는 경우, 근사적 수치의 해를 얻으려면, N[%]라고 입력하여 마지막 결과의 수치 값을 얻던가, 처음 입력할 때 Solve 대신 NSolve를 사용하면 된다.

 In[10]:=     Solve[2x^2 - 6x + 3 = =0, x]

Out[10]:=     $\{\{x \to \frac{1}{2}(3-\sqrt{3}\}, \{x \to \frac{1}{2}(3+\sqrt{3}\}\}$

```
 In[11]:=     N[%]
Out[11]:=     {{x→0.633975}, {x→2.36603}}

 In[12]:=     N Solve [2x^2 - 6x + 3 == 0, x]
Out[12]:=     {{x→0.633975}, {x→2.36603}
```

연립방정식은 각각의 방정식 사이에 &&를 넣어 입력하거나 방정식을 { }로 묶어 입력하고, 괄호 안의 두 번째 항에서의 변수 지정은 {x, y, …}와 같이 하면 된다.

```
In[13]:=    Solve [a x + y == 0 && 2x + (1 - a) y == 1, {x, y}] 또는
            Solve [{a x + y == 0, 2x + (1 - a) y == 1}, {x, y}]
```

Out[13]:= $\left\{x \to \frac{1}{-2+a-a^2},\ y \to \frac{1}{-2+a-a^2}\right\}$

부등식 >, <의 기호를 그대로 사용하여 입력하고, ≤는 <=로 ≥는 >=로 입력한다. 부등식의 해는 Reduce[ ]에 의하여 구하고, 여러 개의 부등식은 { }로 묶어서 입력한다. 방정식의 해를 구할 때도 Solve[ ] 대신 Reduce[ ]를 사용해도 된다. 이 때 결과에 나타나는 ||는 "또는" (or)을 의미한다.

```
In[14]:=    Reduce[{0 < x < 2, 1 < x < 4}, x]
Out[14]:=   1 < x < 2
```

In[15]:= `Reduce[x ^ 2 + 3x == 2, x]`

Out[15]:= $x == \frac{1}{2}(-3 - \sqrt{17}) \,||\, x == \frac{1}{2}(-3 + \sqrt{17})$

In[16]:= `Reduce[x ^ 2 + 3x > 2, x]`

Out[16]:= $x < \frac{1}{2}(-3 - \sqrt{17}) \,||\, x > \frac{1}{2}(-3 + \sqrt{17})$

In[17]:= `Reduce[x ^ 2 - 3x + 1 <= 0, x]`

Out[17]:= $\frac{1}{2}(3 - \sqrt{5}) \le x \le \frac{1}{2}(3 + \sqrt{5})$

In[18]:= `Reduce[{x^ 2 + y^ 2 < 1, x + 3y > 2}, {x, y}]`

Out[18]:= $\frac{1}{10}(2-3\sqrt{6}) < x < \frac{1}{10}(2+3\sqrt{6})\ \&\&\ \frac{2-x}{3} < y < \sqrt{1-x^2}$

### (2) 집합

집합과 같이 여러 요소를 한 묶음으로 나열할 때는 { }에 의하여 입력한다.

```
In[19]:=    {5, 8, 6, 9, -2}
Out[19]:=   {5, 8, 6, 9, -2}
```

이렇게 나열된 것을 list라고 부르며, 이러한 list의 특정한 원소만 찾을 수도 있고, 이러한 특정한 원소들만으로 list를 만들 수도 있다. list 다음에 [[n]]을 붙이면 list 중 $n$번째 원소가 찾아진다.

```
In[20]:=    %[[3]]
```

```
Out[20]:=    6

 In[21]:=    {5, 8, 6, 9, -2}[[{3, 1, 4}]]
Out[21]:=    {6, 5, 9}

 In[22]:=    v={4, -1, 8, 7}
Out[22]:=    {4, -1, 8, 7}

 In[23]:=    v[[3]]=0
Out[23]:=    0

 In[24]:=    v
Out[24]:=    {4, -1, 0, 7}
```

In[23]에서는 v라고 이름 붙여진 list의 세 번째 원소 값을 0으로 하라는 것이고, 이후 v는 Out[24]와 같이 변하게 된다.

두 집합의 합집합은 Union[ ], 교집합은 Intersection[ ], 여집합은 Complement[ ]에 의하여 구한다.

```
 In[25]:=    Union[{c, a, b}, {d, a, c}, {a, e}]
Out[25]:=    {a, b, c, d, e}

 In[26]:=    Intersection[{a, c, b}, {b, a, d, a}]
Out[26]:=    {a, b}

 In[27]:=    Complement[{a, b, c, d}, {a, d}]
Out[27]:=    {b, c}
```

List 또는 집합에서의 최소원소는 Min[ ], 최대원소는 Max[ ], 원소의 모든 순열은 Permutations[ ]에 의하여 구한다.

```
 In[28]:=    t={2, 4, 6}
Out[28]:=    {2, 4, 6}

 In[29]:=    Min[t]
Out[29]:=    2

 In[30]:=    Max[t]
Out[30]:=    6

 In[31]:=    Permutations[t]
Out[31]:=    {{2, 4, 6}, {2, 6, 4}, {4, 2, 6}, {4, 6, 2}, {6, 2, 4}, {6, 4,
```

```
2}}
```

### (3) 함수의 그래프

함수의 그래프는

Plot[함수, {x, $xmin$, $xmax$}]하면, x의 함수로서 x의 값이 $xmin$에서 $xmax$까지

Plot[{함수1, 함수2, …}, {x, $xmin$, $xmax$}]하면, x의 함수로서 x 값이 $xmin$에서 $xmax$까지의 여러 함수의 그래프를 동시에 그릴 수 있다.

예로 $y=x^2-x+2/x$의 그래프를 $(-2, 2)$의 $x$값 구간에서 그리면

```
In[32]:=        Plot[x^2 - x + 2/x, {x
```

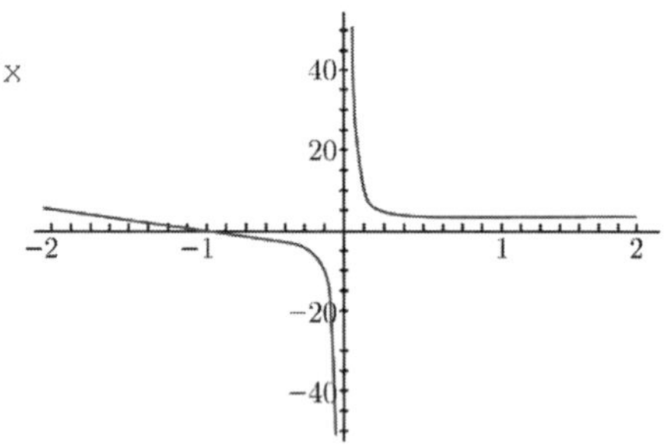

```
Out[32]:=       -Graphics-
```

0에서 $2\pi$까지의 $x$구간에서 함수 $y=\sin x$와 $y=\sin 2x$의 그래프를 함께 그리면

```
In[33]:=        Plot[{Sin[x], Sin[2x]}, {x, 0, 2Pi}]
```

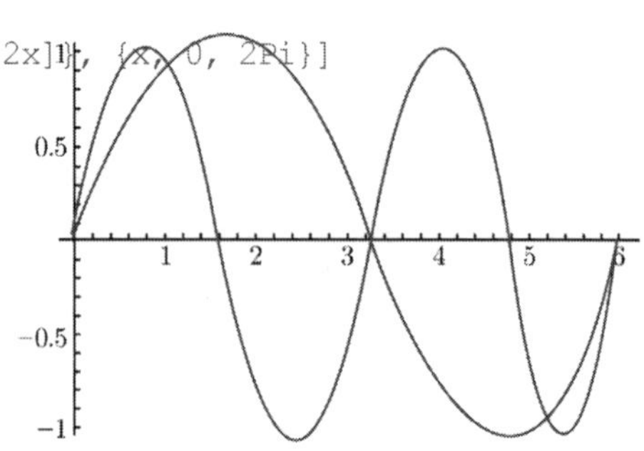

```
Out[33]:=       -Graphics-
```

그래프를 원하는 대로 그리기 위하여 여러 가지 option을 설정할 수 있다. Option은 Option -> option 값의 형태로 Plot의 [ ] 끝 부분에 첨부하면 되며, 여러 가지 options을 동시에 사용하여도 된다. 다양한 option이 있지만 몇 가지 예를 들면,

AxesLabel -> {x label, y label} : x축과 y축에 이름을 붙인다.

Frame -> True or False : 그래프를 둘러 쌓는 frame을 넣거나(true), 넣지 않는다(false).

GridLines -> Automatic : 그래프 바탕에 눈금선을 넣는다.

PlotRange -> {min, max} : 함수값이 범위가 min과 max 사이에 있도록 그래프를 나타낸다.

예를 들면,

```
In[34]:=        Plot[Sin[x^2], {x, 0, 3}]
```

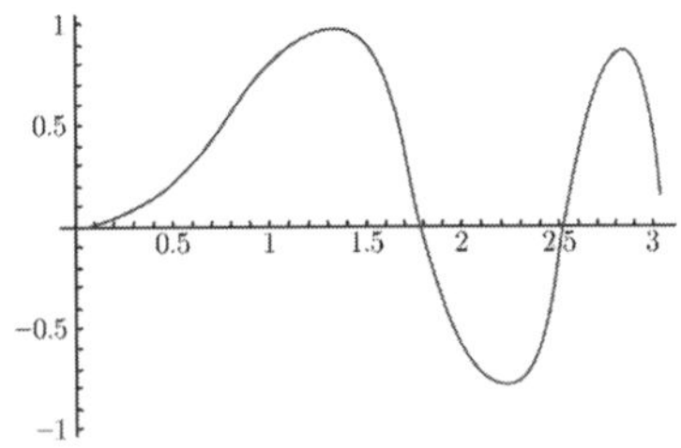

```
Out[34]:=       -Graphics-

In[35]:=        Plot[Sin [x^2], {x, 0, 3}, AxesLabel->{x, y}]
```

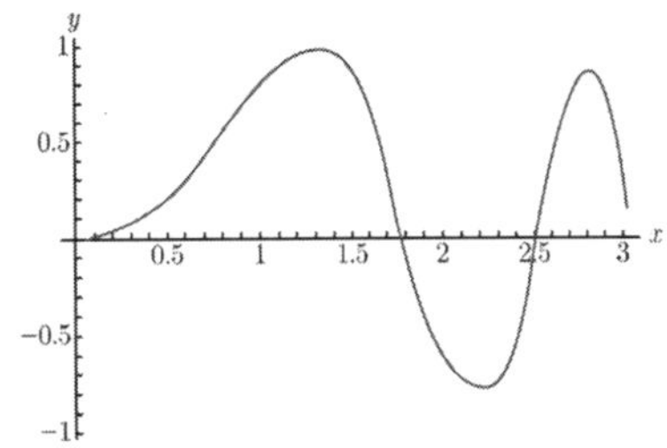

```
Out[35]:=       -Graphics-

In[36]:=        Plot[Sin[x^2],{x, 0, 3}, AxesLabel->{x, y}, Frame
                ->True, GridLines->Automatic]
```

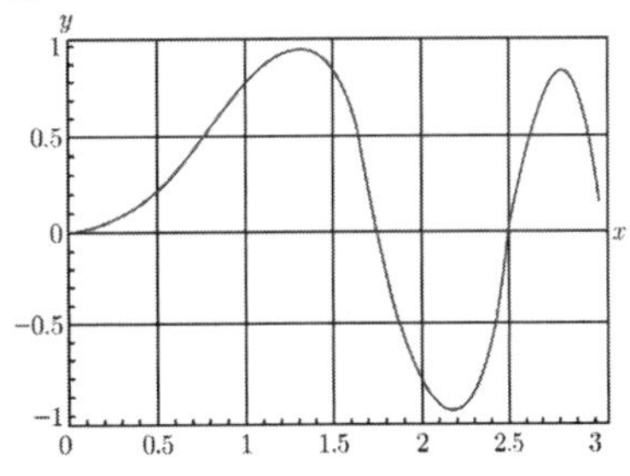

```
Out[36]:=        -Graphics-
```

한 번 그린 그래프를 다시 조정하여 그리고 싶으면, Show[ ], 또는 option을 추가해서 Show[그래프 이름, option -> value] 하면 된다. 여러 가지 그래프를 다시 함께 그리고 싶을 때도 Show[{그래프 이름 1, 그래프 이름 2, ⋯}, option -> value]하면 된다.

```
In[37]:=        g1 = Plot[Sin[x^2], {x, 0, 3}]
```

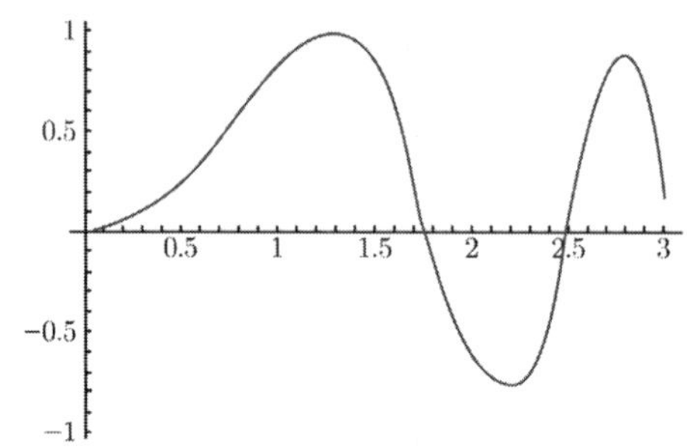

```
Out[37]:=        -Graphics-
```

```
In[38]:=        Show[g1] 또는 Show[%]
```

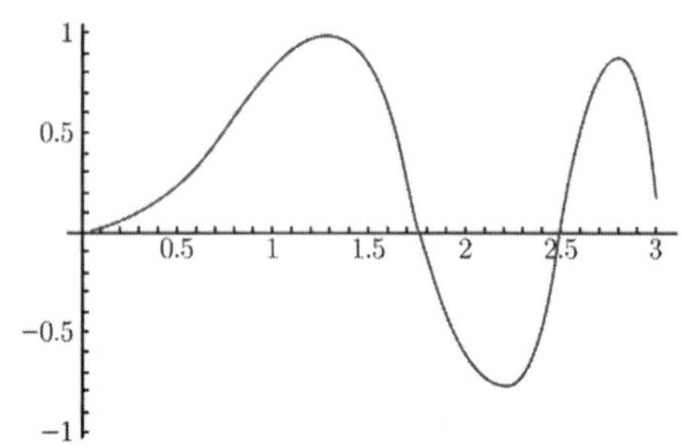

```
Out[38]:=        -Graphics-
```

```
In[39]:=        Show[g1, PlotRange -> {0, 1} , Frame -> True]
```

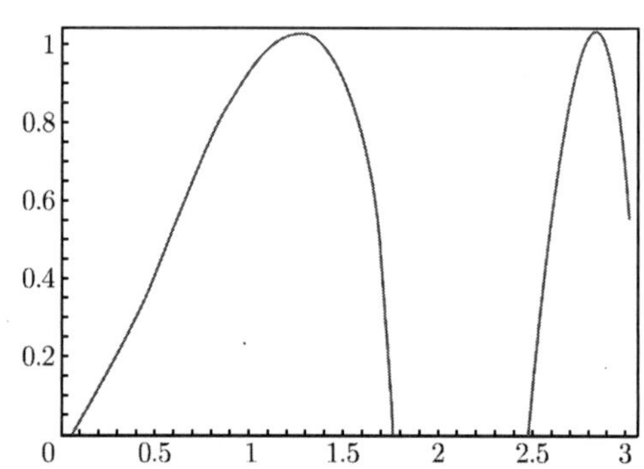

```
Out[39]:=        -Graphics-
```

이 외에도 그래프가 연속적으로 변화하도록 하거나(animated graphs), 그래프를 이용하여 정확한 음(sound)을 내도록 하는 등 아주 다양한 option과 그래프 사용법이 있다. 더 자세한 내용은 Mathematica의 Help Browser나 책을 참조하기 바란다. 특히 3차원 그래프를 입체적으로 그리고 이를 다양한 각도에서 살펴보는 방법 등에 관하여는 10장에서 설명할 것이다.

## A.4 선형대수 I (3장)

### (1) 표(table)와 행렬

이미 2장에서 list를 만드는 법을 보았다. 이렇게 만든 list를 이용하여 여러 가지 연산을 적용할 수 있다. 예를 들면

```
In[1]:=     {2, 3, 4}
Out[1]:=    {2, 3, 4}
```

x를 각항만큼 거듭제곱한 후 1을 뺀 것으로 list를 만들고자 하면

```
In[2]:=     x^%-1
Out[2]:=    {-1 + x^2, -1 + x^3, -1 + x^4}
```

도함수에 관하여는 뒤에 배우게 되겠지만, 이 list의 각 항의 도함수로 이루어진 list를 만들고자 하면,

```
In[3]:=     D[%, x]
Out[3]:=    {2x, 3x^2, 4x^3}
```

여기서 D[ ]는 도함수를 구하라는 명령이고, 괄호 안의 두 번째 항은 어떤 변수에 대한 도함수인가를 나타낸다. $x=3$일 때의 이들 도함수의 값을 얻고자 하면

```
In[4]:=     %/. x->3
Out[4]:=    {6, 27, 108}
```

이러한 list를 Table을 이용하여 얻을 수 있다.

Table[입력식, {6}]하면 같은 입력식 6개로 이루어진 list를 구하는 것이고,

Table[입력식, {변수, 6}]하면 변수가 1에서 6까지 변할 때 얻어지는 입력식의 list를 구하는 것이고,

Table[입력식, {변수, 2, 6}]하면 변수가 2에서 6까지 변할 때의 list

Table[입력식, {변수, 2, 6, d}]하면 변수가 2에서 6까지 $d$만큼씩 증가할 때의 list를 구하는 것이다. 여러 개의 변수에 대하여도 같은 방법으로

Table[입력식, {i, i의 최소, i의 최대}, {j, j의 최소, j의 최대}, …]하면 된다.

```
 In[5]:=     Table[x^i + 2i, {5}]
Out[5]:=     {2i + xi, 2i + xi, 2i + xi, 2i + xi, 2i + xi}

 In[6]:=     Table[x^i + 2i, {i, 5}]
Out[6]:=     {2 + x, 4 + x2, 6 + x3, 8 + x4, 10 + x5}

 In[7]:=     Table[x^i + 2i, {i, 2, 4}]
Out[7]:=     {4 + x2, 6 + x3, 8 + x4}

 In[8]:=     Table[x^i + 2i, {i, 2, 4, 0.5}]
Out[8]:=     {4. + x2, 5. + x2.5, 6. + x3., 7. + x3.5, 8. + x4}

 In[9]:=     Table[x^i + 2j, {i, 2}, {j, 2}]
Out[9]:=     {{2 + x, 4 + x}, {2 + x2, 4 + x 2}}
```

Out[9]의 첫 번째 괄호는 $i=1$일 때 $j$가 1, 2로 변하여서 얻어지는 list이고, 두 번째 괄호는 $i=2$일 때 $j$가 1, 2로 변하여서 얻어지는 list이다.

이와 같이 여러 개의 list가 있는 경우가 바로 각 항을 행으로 갖는 행렬이다. 위의 Out[9]을 행렬(table)의 형태로 보고 싶으면 TableForm[ ]하면 된다.

```
 In[10]:=    TableForm[%]
Out[10]:=    2 + x       4 + x
             2 + x2      4 + x2
```

따라서 Mathematica에서는

벡터 $(a,\ b,\ c)$는 {a, b, c}로

행렬 $\begin{pmatrix} a & b \\ c & d \end{pmatrix}$는 {{a, b}, {c, d}}로

입력하면 된다. 첫 번째 괄호가 첫 행이고 두 번째 괄호가 두 번째 행이다. 행렬 입력식 뒤에 [[i]]를 붙이면 $i$행이 얻어지고, [[i, j]]를 붙이면, $i$행, $j$열 원소가 얻어진다.

표준적인 행렬의 형태로 변환하고 싶으면 TableForm[ ] 또는 MatrixForm[A]를 사용하면 된다.

```
 In[11]:=     A={{a, b}, {c, d}}
Out[11]:=     {{a, b}, {c, d}}

 In[12]:=     TableForm[A]
Out[12]:=     a  b
              c  d

 In[13]:=     MatrixForm[A]
Out[13]:=     a  b
              c  d

 In[14]:=     A[[2]]
Out[14]:=     {c, d}

 In[15]:=     A[[2, 1]]
Out[15]:=     c
```

인덱스가 붙은 문자로 된 원소를 갖고 있는 벡터 $(v_1, v_2, v_3)$를 입력하려면

```
 In[16]:=     Array[v, 3]
Out[16]:=     {v[1], v[2], v[3]}
```

$3 \times 2$ 행렬 $A = (a_{ij})$와 같이 행과 열을 나타내는 인덱스가 첨부된 문자 원소를 갖고 있는 행렬을 입력하려면,

```
 In[17]:=     A=Array[a, {3, 2}]
Out[17]:=     {{a[1, 1], a[1, 2]}, {a[2, 1], {a[2, 2]}, {a[3, 1], a[3, 2]}}
```

(입력식의 괄호 안의 두 번째와 세 번째 숫자는 각각 행과 열의 개수를 나타낸다)

```
 In[18]:=     MatrixForm[A]
Out[18]:=     a[1, 1]  a[1, 2]
              a[2, 1]  a[2, 2]
              a[3, 1]  a[3, 2]
```

주대각선 원소가 $a$, $b$, $c$인 대각선 행렬은

```
 In[19]:=     DiagonalMatrix[{a, b, c}]
Out[19]:=     {{a, 0, 0}, {0, b, 0}, {0, 0, c}}
```

단위행렬은 IdentityMatrix[ ]로 하면 된다.

```
 In[20]:=        I = IdentityMatrix[3]
Out[20]:=        {{1, 0, 0}, {0, 1, 0}, {0, 0, 1}}
```

$m \times n$ 영행렬은 Table[0, {m}, {n}]로 입력하면 된다.

```
 In[21]:=        Table[0, {3}, {2}]
Out[21]:=        {{0, 0}, {0, 0}, {0, 0}}
```

### (2) 행렬의 연산

행렬의 연산도 다른 수식의 연산과 같이 입력하면 된다. 여러 개의 변수를 정의할 때는 중간에 ; 으로 분리하여 입력하면 되고, 이 때 결과는 마지막 정의의 결과만 나타난다.

```
 In[22]:=        A = {{a, b}, {c, d}}; B = {{e, f}, {g, h}}
Out[22]:=        {{e, f}, {g, h}}

 In[23]:=        A + B
Out[23]:=        {{a + e, b + f}, {c + g, d + h}}

 In[24]:=        k A
Out[24]:=        {{a k, b k}, {c k, d k}}

 In[25]:=        A . B
Out[25]:=        {{a e + b g, a f + b h}, {c e + d g, c f + d h}}

 In[26]:=        A . {e, f}
Out[26]:=        {a e + b g, c e + d f}
```

A의 첫 행에 2를 곱하여 두 번째 행에 더하여 주는 기본행연산의 결과는

```
 In[27]:=        {A[[1]], 2A[[1]]+A[[2]]}
Out[27]:=        {{a, b}, {2a + c, 2b + d}}
```

이 결과에다 다시 첫 번째 행과 두 번째 행을 바꾸면

```
 In[28]:=        {%[[2]], %[[1]]}
Out[28]:=        {{2a + c, 2b + d}, {a, b}}
```

전치행렬은 Transpose[ ]에 의하여 구하고 역행렬은 inverse[ ]에 의하여 구할 수

있다.

```
 In[29]:=        Transpose[A]
Out[29]:=        {{a, c}, {b, d}}

 In[30]:=        Inverse[A]
Out[30]:=
```

$$\left\{\left\{\frac{d}{-bc+ad}, -\frac{b}{-bc+a}\right\}, \left\{\frac{c}{-bc+a}, -\frac{a}{-bc+a}\right\}\right\}$$

(3) 연립방정식

2장에서 설명하였듯이, [예 7]의 연립방정식은 다음과 같이 풀 수 있다.

```
 In[31]:=        Solve[x+2y+3z==5 && 2x+5y+3z==3 && x+8z==17, {x,
y, z}]
Out[31]:=        {{x→1, y→-1, z→2}}
```

이 연립방정식을 행렬의 형태로 입력하여 푼다면,

```
 In[32]:=        solve[{{1, 2, 3}, {2, 5, 3}, {1, 0, 8}}.{x, y, z}=={5,
                 3, 17}, {x, y, z}]
Out[32]:=        {{x→1, y→-1, z→2}}
```

또는

```
 In[33]:=        m={{1, 2, 3}, {2, 5, 3}, {1, 0, 8}}
Out[33]:=        {{1, 2, 3}, {2, 5, 3}, {1, 0, 8}}

 In[34]:=        Solve[m.{x, y, z}=={5, 3, 17}, {x, y, z}]
Out[34]:=        {{x→1, y→-1, z→2}}
```

행렬로 표시된 연립방정식을 푸는 더 쉬운 방법은 LinearSolve[m, b]를 이용하는 것이다. 여기서 $m$은 계수행렬이고, $b$는 상수행렬이다.

```
 In[35]:=        LinearSolve[m, {5, 3, 17}]
Out[35]:=        {1, -1, 2}
```

LinearSolve를 이용하면, 동일한 연립방정식에서 상수를 계속 바꾸었을 때의 연산도 쉽게 할 수 있다.

```
 In[36]:=        A={{1, 5}, {2, 1}}
```

```
Out[36]:=    {{1, 5}, {2, 1}}

 In[37]:=    LinearSolve[A, {a, b}]
Out[37]:=    {1/9 (-a+5b), 1/9 (2a-b)}

 In[38]:=    LinearSolve[A, {5, 3}]
Out[38]:=    {10/9, 7/9}
```

이를 더 쉽게 하는 방법은, LinearSolve[계수행렬]을 이용하여 LinearSolve Function을 정의한 다음, 이 함수의 값을 지정된 상수값에서 계산하게 하는 것이다.

```
 In[39]:=    f=LinearSolve[{{1, 4}, {2, 3}}]
Out[39]:=    LinearSolveFunction[{2, 2}, <>]

 In[40]:=    f[{5, 7}]
Out[40]:=    {13/5, 3/5}

 In[41]:=    f[{-5, 9}]
Out[41]:=    {51/5, -19/5}
```

## A.5 선형대수 II (4장)

행렬의

| | |
|---|---|
| 행렬식은 | Det[ ] |
| 고유값은 | Eigenvalues[ ] |
| 고유벡터는 | Eigenvectors[ ] |
| 고유방정식은 | CharacteristicPolynomial[ , ] |

에 의하여 구하면 된다.

```
 In[1]:=    m={{3, 2}, {-1, 0}}
Out[1]:=    {{3, 2}, {-1, 0}}

 In[2]:=    Det[m]
Out[2]:=    2

 In[3]:=    Eigenvalues[m]
```

```
Out[3]:=        {2, 1}

 In[4]:=        Eigenvectors[m]
Out[4]:=        {{-2, 1}, {-1 1}}

 In[5]:=        CharacteristicPolynomial[m, x]
Out[5]:=        2 - 3x + x^2
```

주어진 행렬의 특정한 원소, 행, 열 만을 뽑거나, 그 행렬의 특정한 행과 열로 이루어진 부분행렬을 구하는 것이 필요한 경우에는 다음과 같이 하면 된다. 여기서 $m$은 행렬의 이름이다.

| | |
|---|---|
| `m[[i, j]]` | i행, j열 원소 |
| `m[[i]]` | i행 |
| `m[[All, j]]` | j열 |
| `Take[m, {i0, ir}, {j0, js}]` | $i_0$행에서 $i_r$행까지, $j_0$열에서 $j_s$열까지의 부분행렬 |
| `m[[{i1, …, ir}, {j1, …, js}]]` | $i_1$, …, $i_r$행과 $j_1$, …, $j_s$로 이루어진 부분행렬 |
| `Tr[m, List]` | 주대각선 원소 |

예를 들면

```
 In[6]:=        m={{a, b, c}, {d, e, f}, {g, h, i}}
Out[6]:=        {{a, b, c}, {d, e, f}, {g, h, i}}

 In[7]:=        m[[2, 3]]
Out[7]:=        f

 In[8]:=        m[[2]]
Out[8]:=        {d, e, f}

 In[9]:=        m[[All, 3]]
Out[9]:=        {c, f, i}

 In[10]:=       Take[m, {2, 3}, {1, 2}]
Out[10]:=       {{d, e}, {g, h}}

 In[11]:=       m[[{1, 3}, {2, 3}]]
Out[11]:=       {{b, c}, {h, i}}
```

## A.6 함수의 극한과 연속 (5장)

$x$가 $x_0$로 접근할 때의

| | |
|---|---|
| 함수의 극한은 | `Limit[함수, x->x0]` |
| 좌극한은 | `Limit[함수, x->x0, Direction->1]` |
| 우극한은 | `Limit[함수, x->x0, Direction->-1]` |

하면 된다.

```
 In[1]:=      Limit[Sin[x], x->0]
Out[1]:=      1
```

In[2]:= $\text{Limit}\left[\dfrac{\sqrt[3]{x}-\sqrt[5]{x}}{\sqrt[3]{x}+\sqrt[5]{x}},\ x->\infty\right]$

Out[2]:= 1

```
 In[3]:=      Limit[(1+2x)^(1/x), x->0]
```

Out[3]:= $e^2$

```
 In[4]:=      Sign[0]
Out[4]:=      0
```

(Mathematica에서 Sign[x]는 $x$의 부호를 결정하는 함수이다. $x$가 음이면 $-1$, 양이면 1, 0이면 0의 값을 갖는다.)

```
 In[5]:=      Limit[Sin[x], x->0]
Out[5]:=      1

 In[6]:=      Plot[1/x, {x, -1, 1}]
```

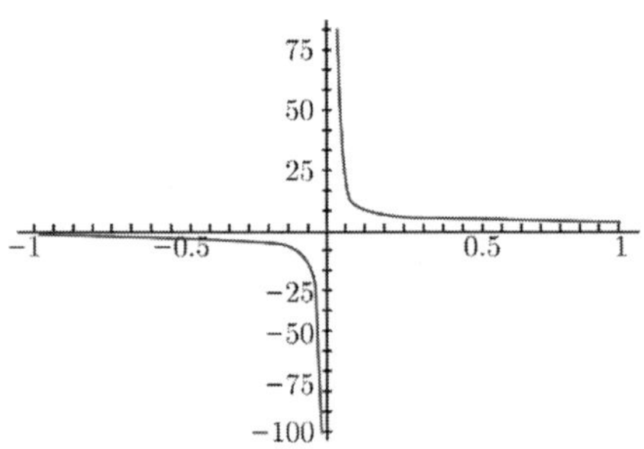


```
Out[6]:=      -Graphics-

 In[7]:=      Limit[1/x, x->0, Direction->1]
Out[7]:=      -∞
```

```
 In[8]:=     Limit[1/x, x -> 0, Direction -> -1]
Out[8]:=     ∞
```

## A.7 도함수 (6장)

### (1) 도함수

도함수는 다음과 같이 구한다.

```
   D[f, x]     f의 x에 대한 도함수
D[f,{x, n}]    f의 x에 대한 n차 도함수

 In[1]:=       D[x^n, x]
Out[1]:=       nx^(-1+n)
```

$x=3$에서 도함수 값을 계산하려면

```
 In[2]:=       %/. x -> 3
Out[2]:=       3^(-1+n) n

 In[3]:=       D[x^n, {x, 3}]
Out[3]:=       (-2 + n) (-1 + n) n x^(-3+n)

 In[4]:=       D[f[x]^2, x]
Out[4]:=       2 f[x] f'[x]

 In[5]:=       D[x f[x^2], x]
Out[5]:=       f[x^2] + 2x^2 f'[x^2]

 In[6]:=       D[x^2 + y^2, x]
Out[6]:=       2x
```

위의 경우, $x$에 관한 도함수를 구하기 때문에 $x$ 이외의 모든 문자는 상수로 취급하여 도함수가 구해진다. (이러한 도함수를 편도함수라 하며, 10장에서 공부한다.)

### (2) 음함수

$x^2+y^2$에서 $y$가 $x$의 음함수로 정의되는 경우에는,

1) $y$대신에 $y[x]$를 입력하여 $y$가 $x$의 함수임을 분명히 하거나 (이때, $y$와 $[x]$ 사이를 떼어 쓰면 함수가 아니라 곱셈으로 인식하니 주의할 것)
2) 입력식의 [ ] 끝부분에 NonConstants -> {y}를 지정해서 $y$가 상수가 아니고 $x$의 함수임을 분명히 하면 된다.

```
In[7]:=     D[x^2+y[x]^2, x]
Out[7]:=    2x+2y[x] y'[x]

In[8]:=     D[x^2+y^2, x, NonConstants -> {y}]
Out[8]:=    2x+2y D[y, x, NonConstants -> {y}]
```

위의 결과에서 D[y, x, Nonconstants -> {y}]는 $y$를 $x$의 함수로 생각할 때의 도함수를 곱하여 준다는 의미이다. D[f, x, Nonconstants -> {v1, v2, …}]는 $f$의 $x$에 관한 도함수를 구하되, $v1$, $v2$, … 는 상수가 아니고 $x$의 함수라는 것을 의미한다.

### (3) 방정식의 근사해

방정식의 해를 수치로 구할 때는

```
NSolve[방정식, x]
NSolve[{방정식1, 방정식 2, …}, {x, y, …}]
```

하면 되며, 특정한 값 $x = x_0$를 최초해로 시작하여, 근사해를 구할 때는

```
FindRoot[방정식, {x, x0}]
FindRoot[{방정식1, 방정식2, …}, {{x, x0}, {y, y0}, …}]
```

하면 된다.

```
In[9]:=     Nsolve [x^5+x+1==0, x]
Out[9]:=    {{x -> -0.754878}, {x -> -0.5-0.866025},
            {x -> -0.5+0.866025i}, {x -> 0.877439-0.744862i},
            {x -> 0.877439+0.744862i}}
```

(여기서 i는 허수(imaginary number)이다)

```
In[10]:=    Nsolve[{x+y==2, x-3y+z==3, x-y+z==0}, {x, y, z}]
Out[10]:=   {{x -> 3.5, y -> -1.5, z -> -5.}}

In[11]:=    FindRoot[x^5+x+1==0, {x, 1}]
```

```
Out[11]:=     {x -> -0.754878}

 In[12]:=     FindRoot[3 Cos[x] == Log[x], {x, 1}]
Out[12]:=     {x -> 1.44726}

 In[13]:=     FindRoot[3 Cos[x] == Log[x], {x, 10}]
Out[13]:=     {x -> 13.1064}

 In[14]:=     FindRoot[{x == Log[y], y == Log[x]}, {{x, i}, {y, 2}}]
Out[14]:=     {x -> 0.318132 + 1.33724i, y -> 0.318132 + 1.33724i}

 In[15]:=     D[x^2 + y^2, x]
Out[15]:=     2x
```

## A.8 적 분 (7장)

(1) 적분

Integrate[f, x]하면, 함수 f의 x에 대한 부정적분 $\int f\ dx$

Integrate[f, {x, xmin, xmax}]하면, 정적분 $\int_{x\ \min}^{x\ \max} f\ dx$

예를 들면,

 In[1]:= Integrate[x^2, x]

Out[1]:= $\frac{x^3}{3}$ (부정적분의 상수는 표시되지 않는다)

 In[2]:= D[% + c, x]

Out[2]:= x2

 In[3]:= Integrate[a x^2, x]

Out[3]:= $\frac{ax^3}{3}$

 In[4]:= Integrate[x b[x]]^2, b[x]]

Out[4]:= $\frac{1}{3}$x b[x]3

 In[5]:= Integrate[1/(x^2-1)], x]

Out[5]:= $\frac{1}{2}$Log[-1 + x] - $\frac{1}{2}$Log[1 + x]

In[6]:= Integrate[x ^ 2. {x, a, b}]
Out[6]:= $\frac{1}{3}$(-a3 + b3)

In[7]:= Integrate[1/x ^ 2, {x, -2, 2}]
Out[7]:= ∞

In[8]:= Integrate[x ^ 2 + y ^ 2, {x, 0, a}, {y, 0, b}]
Out[8]:= $\frac{1}{3}$a b (a2 + b2)

### (2) 미분방정식

미분방정식을 푸는 것은 그 미분방정식을 만족하는 함수를 찾는 것이다. *Mathematica*에서는 정확한 함수식을 알지 못하는 함수는 y[x] 도함수는 y'[x], y''[x] 등으로 표현된다. 미분방정식은 DSolve[방정식, y[x], x] 또는 DSolve[방정식, y, x]에 의하여 독립변수가 x인 함수 y[x]가 구해진다. Mathematica에서는 미분방정식이 미분이 아니라 도함수에 의하여 입력되어야 한다.

DSolve[방정식, y[x], x]하면, 함수 y[x]가 얻어지며, 이 후 y[x]만이 이 함수로 인식된다. 도함수 등이 자동으로 인식되지 않는다.

DSolve[방정식, y, x]하면, x의 함수로서의 y가 얻어지며, 이 후 y[x]와 연관된 도함수 등이 자동으로 인식된다.

연립방정식인 경우에는 방정식과 종속변수를 각각 { }로 묶어 입력하면 된다. 따라서 초기조건과 같은 조건들도 연립방정식과 같이 입력하면 된다.

In[9]:= DSolve[y'[x] + y[x] == 1, y[x], x]
Out[9]:= {{y[x] -> 1 + e-x C[1]}} (여기서 C[1]은 C1을 의미한다)

In[10]:= y[x] + 2y'[x] + y[0]/. %
Out[10]:= {{1 + e-x C[1] + y[0] + 2 y'[x]}}
(마지막 결과, 즉 $y[x] = 1 + e^{-x} C_1$을 이용하여 y[x] + 2y'[x] + y[0]을 계산하라는 것이지만, 이 계산에서 y'[x], y[0] 등은 자동으로 계산되어 인식되지 않고 y[x]만이 사용되었다.

```
In[11]:=      DSolve[y'[x] + y[x] == 1, y, x]
Out[11]:=     {{y -> Function[{x}, 1 + e-x C[1]}}
```

(이 경우에는, y가 x의 함수로서 $1 + e^{-x}C_1$의 형태를 갖는다는 것을 나타낸다. 이후 y를 포함하는 모든 표현에 이 함수가 적용된다.

```
In[12]:=      y[x] + 2y'[x] + y[0]/.%
Out[12]:=     {2+C[1] - e^-x C[1]}
```

(마지막 결과, 즉 $y[x] = 1 + e^{-x}C_1$뿐만이 아니라, $y'[x] = -e^{-x}C_1$, $y[0] = 1 + C_1$도 자동으로 계산되어 사용되었다.)

```
In[13]:=      DSolve[y[x] y'[x] == 1, y, x]
Out[13]:=     {{y -> Function[{x}, - √2 √(x+C[1]) ]}
              {{y -> Function[{x}, √2 √(x+C[1]) ]}}
```

연립방정식의 경우,

```
In[14]:=      DSolve[{y[x] == -z'[x], z[x] == -y'[x], [y, z], x}]
Out[14]:=     {{z -> Function[{x},       1/2 e-x(1+e2x)C[1] - 1/2 e-x(-1 +
e2x)C[2]],
              y -> Function[{x},       -1/2 e-x(-1+e2x)C[1] - 1/2 e-x(1 +
e2x)C[2]]}}
```

y[0] = 1과 같은 초기조건이 있는 경우에도,

```
In[15]:=      DSolve[{y'[x] == a y[x], y[0] == 1}, y[x], x]
Out[15]:=     {{y[x] -> eax}}

In[16]:=      DSolve[{y''''[x]== y[x], y[0] == y'[0]== 0}, y[x], x]
Out[16]:=     {{y[x] -> e-x (C[3] + e2x C[3] - e2x C[4] - 2ex c[3] Cos[x]
              + ex C[4] Cos[x] + ex C[4] Sin[x])}}
```

## A.9 지수함수와 로그함수 (8장)

8장에서 필요한 Mathematica의 내용은 거의 대부분 이미 소개가 되었다. 다시 한 번 기본적인 사항을 확인하고, 부분분수 등의 내용을 소개하기로 한다.

## (1) 기본 입력 사항의 확인

지수함수, 대수함수와 연관된 입력은 이미 2장에서 설명하였다.
다시 한 번 살펴보면,

| | |
|---|---|
| e는 | E 또는 [esc] ee [esc] 또는 palette에서 클릭해서 |
| ∞는 | Infinity 또는 [esc] inf [esc] 또는 palette에서 클릭해서 |
| $\lvert x \rvert$ 는 | Abs[x]로 |

입력하면 된다. 지수함수와 대수함수도

| | |
|---|---|
| $e^x$은 | Exp[x] 또는 E^x 또는 palette에서 ■□을 클릭해서 |
| $a^x$은 | a^x 또는 palette에서 ■□을 클릭해서 |
| $\ln x$는 | Log[x] |
| $\log_b x$는 | Log[b, x] |

로 입력하면 된다. e의 값을 보려면

```
In[1]:=        N[E] 또는 E//N
Out[1]:=       2.71828

In[2]:=        N[E, 10]
Out[2]:=       2.718281828
```

$\int \frac{\sqrt{\ln x}}{x} dx$ 를 구하려면,

```
In[3]:=        Integrate[Sqrt[Log[x]] / x , x]
```

Out[3]:= $\frac{2}{3}\text{Log}[x]^{\frac{3}{2}}$

(In[3]는, palette에서 부정적분 형태를 클릭하고, 다시 바로 분수형태를 클릭한 다음 분자에 나타나는 네모를 클릭하고, 제곱근 형태를 클릭한 후에 Log[x]와 x를 필요한 곳에 입력하여도 된다.)

## (2) 부분분수

이미 1장에서 Expand[ ], Factor[ ], Simplify[ ]에 대하여 간략하게 소개하였다. 분수 형태의 식에 적용되는 경우를 더 자세히 살펴보면,

| | |
|---|---|
| Expand[ ] 하면 | 분자만 전개를 하여서 분자의 각항을 분모로 나눈 형태로 |
| ExpandNumerator[ ]하면, | 분수의 형태는 그대로 두고 각 항의 분자만 전개 |
| ExpandDenominator[ ] 하면, | 각항의 분모만 전개 |
| ExpandAll[ ] 하면, | 분자와 분모를 모두 전개하여 분자의 각 항을 분모로 나눈 형태로 |
| Together[ ] 하면, | 공통 분모로 통분하여 하나의 항으로 모아 주고 |
| Apart[ ] 하면, | 부분분수로 표현해 주고 |
| Factor[ ]하면, | 분자와 분모를 모두 인수분해 하여 주고 |
| Simplify[ ]하면, | 가장 간단한 형태의 분수로 표현해 준다. |

In[4]:= v=(x - 1)^2 (2 + x) / ((1 + x) (x -3)^2)

Out[4]:= $\frac{(-1+x)^2(2+x)}{(-3+x)^2(1+x)}$

In[5]:= Expand[v]

Out[5]:= $\frac{2}{(-3+x)^2(1+x)}-\frac{3x}{(-3+x)^2(1+x)}+\frac{x^3}{(-3+x)^2(1+x)}$

In[6]:= ExpandNumerator[v]

Out[6]:= $\frac{2-3x+x^3}{(-3+x)^2(1+x)}$

In[7]:= ExpandDenominator[v]

Out[7]:= $\frac{(-1+x)^2(2+x)}{9+3x-5x^2+x^3}$

In[8]:= Simplify[%]

Out[8]:= $\frac{(-1+x)^2(2+x)}{(-3+x)^2(1+x)}$

In[9]:= ExpandAll[v]

Out[9]:= $\frac{2}{9+3x-5x^2+x^3}-\frac{3x}{9+3x-5x^2+x^3}+\frac{x^3}{9+3x-5x^2+x^3}$

In[10]:= Together[%]

Out[10]:= $\frac{2-3x+x}{(-3+x)^2(1+x)}$

In[11]:= Apart[%]

Out[11]:= $1+\frac{5}{(-3+x)^2}+\frac{19}{4(-3+x)}+\frac{1}{4(1+x)}$

In[12]:= Factor[%]

Out[12]:= $\frac{(-1+x)^2(2+x)}{(-3+x)^2(1+x)}$

## A.10 도함수의 응용 (9장)

### (1) 최대, 최소

최댓값은 Maximize[입력식, x]

최솟값은 Minimize[입력식, x]

하면 된다. 최소, 최댓값을 찾는 구간에 대한 조건 등이 있을 때는 조건식을 입력식과 함께 { }로 묶어서 입력하면 된다.

In[1]:= Minimize[x^2 - 3x + 6, x]

Out[1]:= $\left\{\frac{15}{4}, \left\{x \to \frac{3}{2}\right\}\right\}$

(즉 x가 3/2일 때 최솟값 15/4)

구간 [−1, 1]에서 최솟값을 구하려면

In[2]:= Minimize[{x^2 - 3x + 6, x <= 1, x >= -1}, x]

Out[2]:= {4, {x → 1}}

### (2) 거듭제곱급수

$x=x_0$에서의 $n$차 테일러다항식은 Series[입력식, {x, x0, n}]

따라서 매클로린다항식은 Series[입력식, {x, 0, n}]

하면 된다. 결과에는 나머지 항이 0[x]n+1로 나타난다. 나머지 항 없이 다항식을 표현하고 싶으면 Normal[ ]을 이용하면 된다.

In[3]:= Series[(1+x)^n, {x, 0, 3}]

Out[3]:= $1+nx+\frac{1}{2}(-1+n)nx^2+\frac{1}{6}(-2+n)(-1+n)nx^3+0[x]^4$

```
In[4]:=       Series[1+f[t], [t, 0, 3]]
```
Out[4]:= $1+f[0]+f'[0]t+\frac{1}{2}f''[0]t^2+\frac{1}{6}f^{(3)}[0]t^3+0[t]^4$

```
In[5]:=       Series[Exp[x], {t, 1, 4}]
```
Out[5]:= $e+e(x-1)+\frac{1}{2}e(x-1)^2+\frac{1}{6}e(x-1)^3+\frac{1}{24}e(x-1)^4+0[x-1]^5$

```
In[6]:=       Series[Exp[x], {x, 0, 5}]
```
Out[6]:= $1+x+\frac{x^2}{2}+\frac{x^3}{6}+\frac{x^4}{24}+\frac{x^5}{120}+0[x]^6$

```
In[7]:=       Normal[%]
```
Out[7]:= $1+x+\frac{x^2}{2}+\frac{x^3}{6}+\frac{x^4}{24}+\frac{x^5}{120}$

다항식을 이용한 연산도 가능하다.

```
In[8]:=       %^2
```
Out[8]:= $\left(1+x+\frac{x^2}{2}+\frac{x^3}{6}+\frac{x^4}{24}+\frac{x^5}{120}\right)^2$

```
In[9]:=       Expand[%]
```
Out[9]:= $1+2x+2x^2+\frac{4x^3}{3}+\frac{2x^4}{3}+\frac{4x^5}{15}+\frac{31x^6}{360}+\frac{x^7}{45}+\frac{13x^8}{2,880}+\frac{x^9}{1,440}+\frac{x^{10}}{14,400}$

참고로 몇 가지 예를 더 들면,

```
In[10]:=      Series[Exp[2x]Log[x], {x, 0, 2}]
Out[11]:=     Log[x] + 2Log[x]x + 2Log[x]x2 + 0[x]3
```

```
In[12]:=      Series[Exp[Sprt[x]], {x, 0, 2}]
```
Out[13]:= $1+\sqrt{x}+\frac{x}{2}+\frac{x^{3/2}}{6}+\frac{x^2}{24}+0[x]^{5/2}$

(이와 같이 지수가 분수인 거듭제곱급수도 가능하다)

## A.11 편미분 (10장)

### (1) 편도함수

이미 도함수 또는 편도함수를 구하는 방법에 대하여 소개를 하였다. 다시 한 번 살펴보면,

D[f, x] 은 x에 관한 도함수, 즉 $\frac{\partial f}{\partial x}$

D[f, x1, x2] 은 $\frac{\partial}{\partial x_1}\left(\frac{\partial}{\partial x_1}f\right)$

D[f, {x, n}] 은 $\frac{\partial'' f}{\partial x''}$

연쇄법칙 등을 이용하여 미분을 하려면, 어떤 문자가 x의 함수인가를 지정하면 된다. 즉 D[f, x, NonConstants -> {y, z, w}]하면 y, z, w가 x의 함수로 인식되어 미분한 결과를 얻어진다. 이렇게 입력하지 않고 f를 입력할 때, y, z, w가 x의 함수라는 것을 분명히 하여 y[x], z[x], w[x]로 입력하여도 된다.

```
 In[1]:=    D[x^2+y^2, x]
Out[1]:=    2x

 In[2]:=    D[x^2+y[x]^2, x]
Out[2]:=    2x+2y[x]y'[x]

 In[3]:=    D[x^2+y^2, x, Nonconstants -> {y}]
Out[3]:=    2x+2yD[y, x, NonConstants -> {y}]
```

(2) 음함수의 도함수와 연쇄법칙

지금까지 우리가 공부한 사항을 응용하면 음함수의 도함수를 구할 수 있다. 방정식 $F(x, y, z)=0$ 에 의하여 음함수 $z=f(x, y)$가 정의될 때 $\frac{\partial z}{\partial x}$를 구하고자 한다면,

$\frac{\partial z}{\partial x} = -\frac{F_x}{F_z}$ 이므로, 식 $F$를 정의한 다음, $-$D[f, x]/ D[F, z]하면 된다.

교과서의 [예 13]에서 $z=(x, y)$가 $x^2z^2+xy^2-z^3+4yz-5=0$에 의하여 정의될 때 $\frac{\partial z}{\partial x}$를 구하고자 한다면,

```
 In[4]:=    F=x^2z^2+xy^2-z^3+4yz-5
Out[4]:=    -5+xy^2+4yz+x^2z^2-z^3

 In[5]:=    -D[F, x]/D[F,z]
Out[5]:=    (y^2-2xz)/(4y+2x^2z-3z^2)
```

따라서 $\frac{\partial z}{\partial y}$는

```
In[6]:=        -D[F, y] / D[F,z]
Out[6]:=       (-2xy-4z)/(4y+2x^2z-3z^2)
```

방정식 $F(x,\ t,\ y,\ v)=0$ 와 $G(x,\ y,\ u,\ v)=0$ 에 의하여 $u$와 $v$가 $x$와 $y$의 함수로 정의될 때,

$$\frac{\partial u}{\partial x}=-\frac{\begin{vmatrix} F_y & F_w \\ G_y & G_w \end{vmatrix}}{\begin{vmatrix} F_z & F_w \\ G_z & G_w \end{vmatrix}}$$

를 구하는 경우도 마찬가지로 할 수 있다.

[예 15]의 경우 $3x^2-2xy+yzw-w=0$와 $x+2yz-z+w=0$에 의하여 $z$와 $w$가 $x$와 $y$의 함수로 정의되므로,

```
In[7]:=        F = 3x^2 - 2x y + xyz - w
Out[7]:=       -w + 3x^2 - 2x y + xyz

In[8]:=        G = x + 2y z - z + w
Out[8]:=       w + x - z + 2yz

In[9]:=        -Det[{{D[F, x], D[F, w]}, {D[G, x], D[G, w]}}] /
               Det[{{D[F, z], D[F, w]}, {D[G, z], D[G, w]}}]
Out[9]:=       (-1-6x+2y-yz)/(-1+2y+xy)
```

연쇄법칙이 적용되어야 하는 경우, 즉 [예 11]에서와 같이

$$w=3r^2+s^3,\ \ r=xy,\ \ s=x^2y$$

이면 $w=3(xy)^2+(x^2y)^3$로 대처하여 도함수를 구하면 된다. 따라서 $\frac{\partial w}{\partial x}$는

```
In[10]:=       D[3 (x y) ^2+(x ^2 y) ^3, x]
Out[10]:=      6 x y+6 x5 y3
```

### (3) 테일러다항식

테일러 또는 매클로린 다항식으로의 전개도 이미 소개하였다.

Series[입력식, {x, x0, n}] 은 $(x-x_0)$의 n차 다항식

Series[입력식, {x, x0, n}, {y, y0, n}] 은 $(x-x_0)$와 $(y-y_0)$의 n차 다항식

($y$에 관한 $n$차 다항식으로 전개한 다음 다시 $x$에 관한 $n$차 다항식으로 전개한다)

In[12]:= Series[Exp[x], {x, 1, 3}]

Out[12]:= $e+e(x-1)+\frac{1}{2}e(x-1)^2+\frac{1}{6}e(x-1)^3+0[x-1]^4$

X = 1.2일 때 Exp[x]의 근사값을 $n$차 테일러다항식을 이용하여 구하려면,

In[13]:= Normal[%]

Out[13]:= $e+e(-1+x)+\frac{1}{2}e(-1+x)^2+\frac{1}{6}e(-1+x)^3$

```
In[14]:=    %/. x -> 1.2
Out[14]:=   3.31993
```

다변수함수인 경우, 교과서 [예 16]을 보면

```
In[15]:=    Series[x^2+3y-2, {x, 1, 3}, {y, -2, 3}]
Out[15]:=   (-7+3(y+2)+0[y+2]4)+2(x-1)+2(x-1)2+0[x-1]4

In[16]:=    Normal[%]
Out[16]:=   -7+2(-1+x)+(-1+x)2+3(2+y)
```

(4) 3차원 그래프

그래프를 그리려면 다음과 같이 하면 된다고 이미 설명하였다.

Plot[f, {x, xmin, xmax}] 하면 구간 [$x_{min}$, $x_{max}$]에서의 f의 그래프

Plot[{f1, f2, …}, {x, xmin, xmax}] 하면 여러 함수의 그래프

3차원 공간에서의 그래프를 그리려면

Plot3D[f, {x, xmin, xmax}, {y, ymin, ymax}]

그래프를 자기가 원하는 대로 그리기 위하여 여러 가지 option을 다음과 같이 선정할 수 있다.

Plot[f, {x, xmin, xmax}, option → option value]

Plot[{f1, f2, …}, {x, xmin, xmax], option → option value]

Plot3D[f, {x, xmin, xmax}, {y, ymin, ymax}, option → option value]

사용할 수 있는 몇 가지 option의 예를 들면,

AspectRatio → 숫자　그래프의 넓이 대 높이의 비율 (지정 안 하면 황금률)
AxesLabel → {"x label", "y label"}　x축과 y축에 이름을 붙여준다.
Frame → True or False　그래프를 둘러 쌓는 틀을 넣거나(True) 안 넣음(False)
GridLines → Automatic 또는 None　눈금줄을 넣거나(Automatic), 없앤다(None)
PlotRange → {y0, y1}　그래프를 y값의 범위가 [$y_0$, $y_1$]가 되도록 제한

3차원 그래프에서의 option의 예를 몇 가지 들면,

| | |
|---|---|
| Boxed -> True 또는 False | 그래프를 둘러 쌓는 상자 |
| Mesh -> True 또는 False | 그래프 표면의 망 |
| ViewPoint -> {a, b, c} | 그래프를 보는 관점의 위치 |

이 때 {a, b, c}를

| | | |
|---|---|---|
| {1.3, -2.4, 2} | 하면 | Default(지정하지 않은 때의 관점) |
| {0, -2, 0} | 하면 | 바로 정면에서 본 그래프 |
| {0, -2, 2} | 하면 | 바로 위쪽에서 본 그래프 |
| {0, -2, -2} | 하면 | 정면 아래쪽에서 본 그래프 |
| {-2, -2, 0} | 하면 | 왼쪽 모퉁이에서 본 그래프 |
| {2, -2, 0} | 하면 | 오른쪽 모퉁이에서 본 그래프 |
| {0, 0, 2} | 하면 | 바로 위에서 본 그래프가 된다. |

이러한 option 외에도 많은 option이 있으니, Help Browser의 The Mathematica Book에서 A Practical Introduction to Mathematica / Graphics Sound / Options를 참조하기 바란다. 이제 이러한 option을 사용하는 예를 들어보자.

```
In[17]:=        Plot[Exp[x^2], {x, -1, 1}]
```

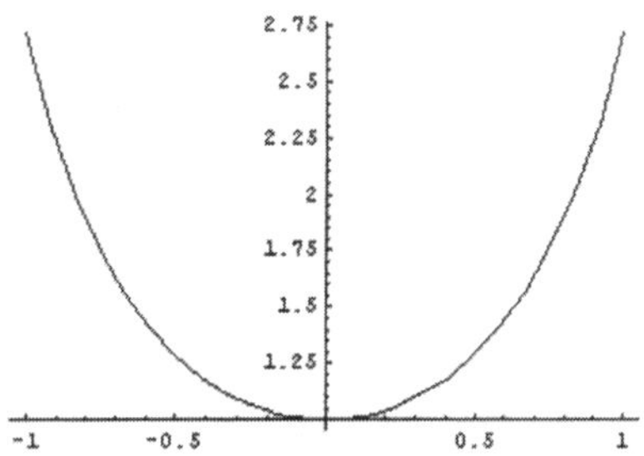


```
Out[17]:=       -Graphics-
```

```
In[18]:=    Plot[Exp[x^2], {x, -1, 1}, PlotRange -> {0, 2}]
```

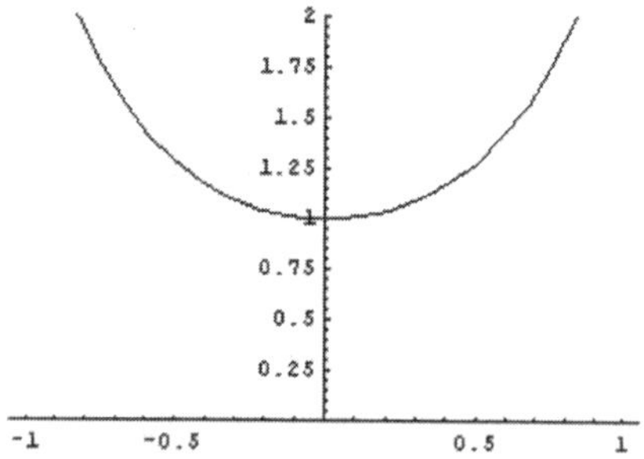

```
Out[18]:=   -Graphics-

In[19]:=    Plot[Exp[x^2], {x, -1, 1}, PlotRange -> {0, 2}, Frame ->
            True,
            GridLines -> Automatic]
```

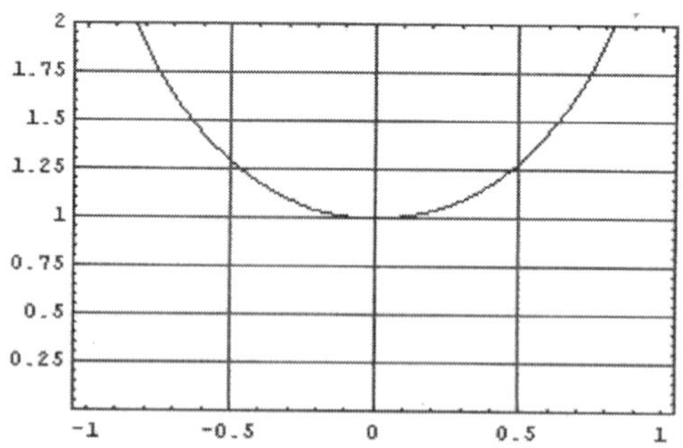

```
Out[19]:=   -Graphics-

In[20]=     g=Plot3D[Exp[-(x^2+y^2)], {x, -2, 2}, {y, -2, 2}]
```

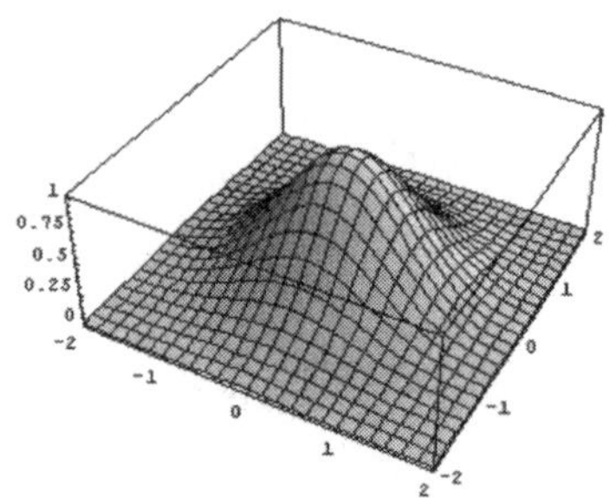

```
Out[20]=    -SurfaceGraphics-

In[21]=     Show[g, Mesh -> False]
```

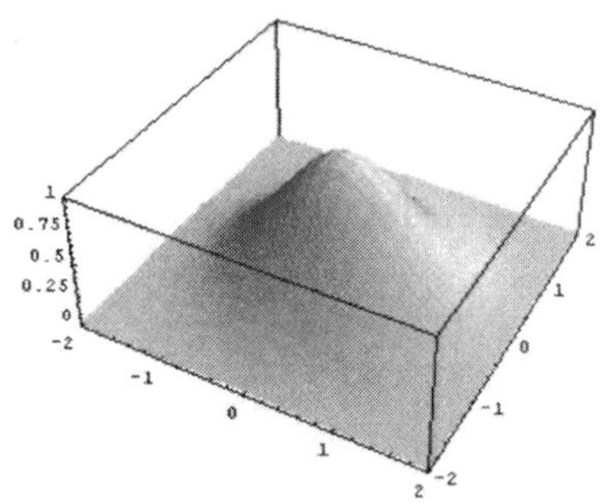

```
Out[21]=    -SurfaceGraphics-

In[22]=     Show[g, Shading -> False]
```

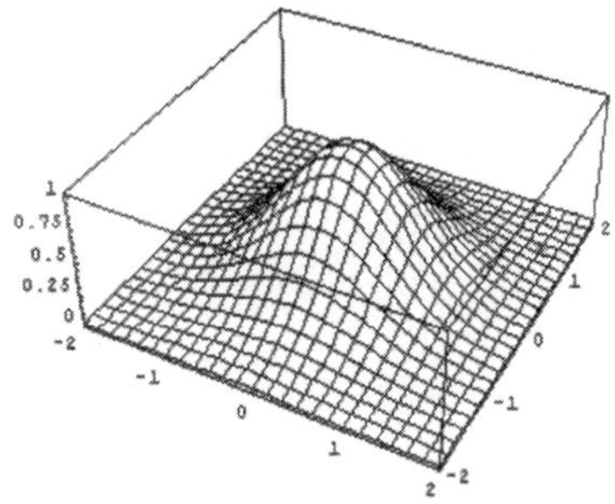

```
Out[22]=        -SurfaceGraphics-

 In[23]=        Show[g, ViewPoint -> {0, -2, 0}, Boxed -> False]
```

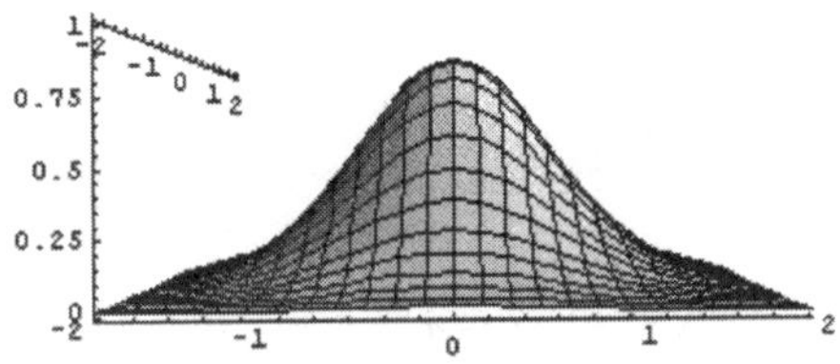

```
Out[23]=        -SurfaceGraphics-
```

## A.12 다변수함수의 극대, 극소 (11장)

(1) 제약조건이 있는 최적화 문제

제약조건이 있는 경우의 최대, 최솟값을 구하는 경우도 이미 설명하였듯이, 목적함수와 제약조건을 { }로 한 데 묶어 다음과 같이 하면 된다.

| | |
|---|---|
| Maximize[입력식, {x1, x2, …}] | 제약 조건이 없는 경우의 최대 |
| Minimize[입력식, {x1, x2, …}] | 제약 조건이 없는 경우의 최소 |
| Maximize[{입력식, 제약조건}, {x1, x2, …}] | 제약조건이 있는 경우의 최대 |
| Minimize[[{입력식, 제약조건}, {x1, x2, …}] | 제약조건이 있는 경우의 최소 |

제약조건이 여러 개 있는 경우에도 제약조건을 모든 목적함수와 함께 { }로 묶어 입력하면 된다.

최대, 최소가 아니고, 극대, 극소를 구하려면,

| | |
|---|---|
| FindMaximize[입력식, {x, x0}] | $x = x_0$에서 시작하여 극대 찾음 |

FindMinimize[입력식, {x, x0}] $x = x_0$에서 시작하여 극소 찾음
FindMaximize[입력식, {x, x0}, {y, y0}, …] 다변수함수의 극대
FindMinimize[[입력식, {x, x0}, {y, y0}, …] 다변수함수의 극소

```
In[1]:=    Plot[x^4 - 3x^2 + x, {x, -3, 2}]
```

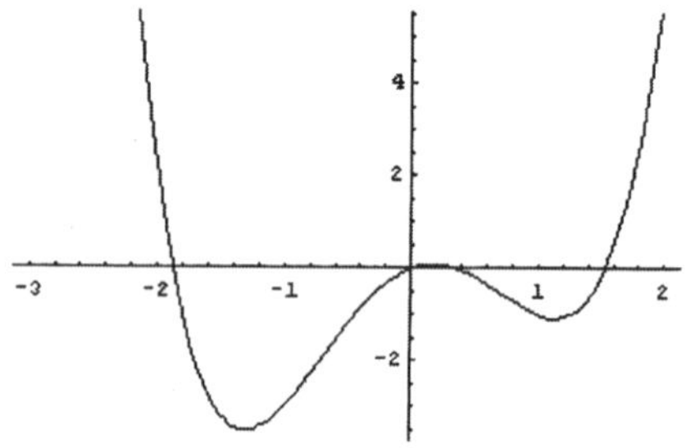

```
Out[1]:=   -Graphics-

In[2]:=    FindMinimum[x^4 - 3x^2 + x, {x, 1}]
Out[2]:=   {-1.07023, {x -> 1.1309}}

In[3]:=    FindMinimum[x^4 - 3x^2 + x, {x, -1}]
Out[3]:=   {-3.51391, {x -> -1.30084}}
```

교과서의 예를 풀어보면,

**예 1**

```
In[4]:=    f = x^2 - 4x y + y^3 + 4y
Out[4]:=   x2 + 4y -4x  y + y3

In[5]:=    Maximize[f, {x, y}]
           Maximize: : natt: The maximum is not attained at any point
             satisfying the given constraints, More …
Out[5]:=   {∞, {x -> Indeterminate, y -> Indeterminate}}
```

(경고 내용은 이 함수의 최댓값이 없다는 것이며, 최대 또는 최소가 존재하지 않는 경우, 결과는 ∞ 또는 −∞로 나타난다)

```
In[6]:=    Minimize[f, {x, y}]
           Maximize: : natt: The maximum is not attained at any point
             satisfying the given constraints, More …
Out[6]:=   {-∞, x -> Indeterminate, y -> Indeterminate}
```

극대, 극소를 구하려면, 우선 일차 편도함수의 값이 0이 되는 점을 찾아서 각 점에서 판별식의 부호를 점검하면 된다.

```
In[7]:=     Solve[D[f, x]==0, D[f, y]==0, {x, y}]
```
Out[7]:= $\left\{\left\{x\to\frac{4}{3},\ y\to\frac{2}{3}\right\},\ \{x\to4,\ y\to2\}\right\}$

```
In[8]:=     Sign[D[f, x, x]D[f, y, y]-D[f, x, y]^2/.{x->4, y->2}]
Out[8]:=    1

In[9]:=     Sign[D[f, x, x]/.{x->4, y->2}]
Out[9]:=    1

In[10]:=    f/.{x->4, y->2}]
Out[10]:=   0
```
(따라서 (4, 2)에서 극소값 0이 된다)

FindMinimum[ ]사용하면,

```
In[11]:=    FindMinimum[f, {x, 10}, {y, 10}]
Out[11]:=   {0., {x->4., y->2.}
```

**예 2**
```
In[12]:=    Maximize[{x y(108-2x-2y), x>=0, y>=0, x+y<=54},{x,
y}]
Out[12]:=   {11664, {x→18, y→18}}

In[13]:=    Minimize[{x y (108-2x-2y), x>=0, y>=0, x+y<=54}.
{x, y}]
Out[13]:=   {0, {x→27, y→0}}
```

**예 3**
```
In[14]:=    Minimize[{x y+2y z+2x z, x y z==32, x>=0, y>=0,
            z>=0}, {x, y, z}]
Out[14]:=   {48, {x→4, y→4, z→2}}
```

**예 5**
```
In[15]:=    Minimize[{x^2+y^2, x^2+8x y+7y^2-225==0}, {x,
            y}]
```
Out[15]:= $\{25,\ \{x\to-\sqrt{5},\ y\to-2\sqrt{5}\}\}$

**예 6**
```
In[16]:=    Maximize[{x^2+y^2+z^2, x^2/4+y^2/5+z^2/25==1,
            z==x+y}, {x, y, z}]
```
Out[16]:= $\left\{10,\ \left\{x\to-2\sqrt{\frac{5}{19}},\ y\to-3\sqrt{\frac{5}{19}},\ z\to-5\sqrt{\frac{5}{19}}\right\}\right\}$

```
In[17]:=    Minimize[{x^2+y^2+z^2, x^2/4+y^2/5+z^2/25==1,
            z==x+y}, {x, y, z}]
```

Out[17]:= $\left\{\frac{75}{17}, \left\{x \to 20\sqrt{\frac{2}{323}},\ y \to -\sqrt{\frac{35}{646}},\ z \to \frac{5}{\sqrt{646}}\right\}\right\}$

**예 8** In[18]:= `Maximize[{3 + 4y, x^2 + y^2 == 1, {x, y}]`

Out[18]:= $\left\{5, \left\{x \to \frac{3}{5},\ y \to \frac{4}{5}\right\}\right\}$

In[19]:= `Minimize[{3x + 4y, x^2 + y^2 == 1}, {x, y}]`

Out[19]:= $\left\{-5, \left\{x \to -\frac{3}{5},\ y \to -\frac{4}{5}\right\}\right\}$

**예 9** In[20]:= `Maximize[{x^2 + y^2 + z^2, x^2 + y^2 == 1, x + y + z == 1}, {x, y, z}]`

Out[20]:= $\left\{-2(-2-\sqrt{2}), \left\{x \to \frac{1}{\sqrt{2}} - \sqrt{2},\ y \to -\frac{1}{\sqrt{2}},\ z \to 1 + -\sqrt{2}\right\}\right\}$

In[21]:= `Minimize[{x^2 + y^2 + z^2, x^2 + y^2 == 1, x + y + z == 1}, {x, y, z}]`

Out[21]:= `{1, {x→1, y→0, z→0}}`

### (2) 등고선(등위선)

3차원 곡면의 등고선은 ContourPlot[f, {x, xmin, xmax}, {y, ymin, ymax}]에 의하여 그릴 수 있다. 이 때 사용할 수 있는 option은 여러 가지가 있다. 몇 가지만 소개하면,

| | |
|---|---|
| Contours -> z | Contours수를 z개 |
| Contours -> True 또는 False | Shading의 사용 |

In[22]:= `Plot3D[Sin[x] Sin[y], {x, -2, 2}, {y, -2, 2}]`

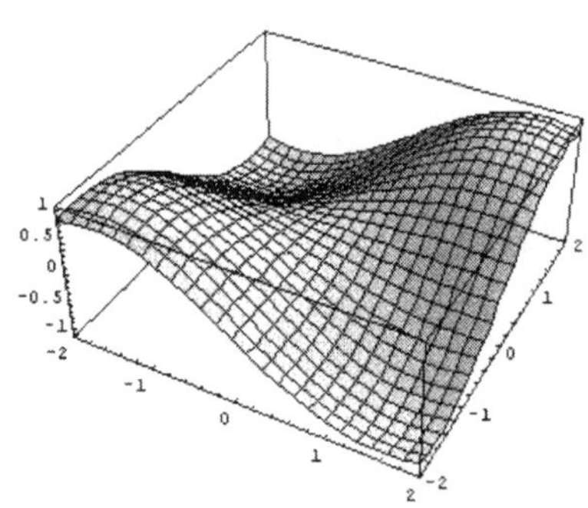

Out[22]:= `-SurfaceGraphics-`

In[23]:= `ContourPlot[Sin[x] Sin[y], {x, -2, 2}, {y, -2, 2}]`

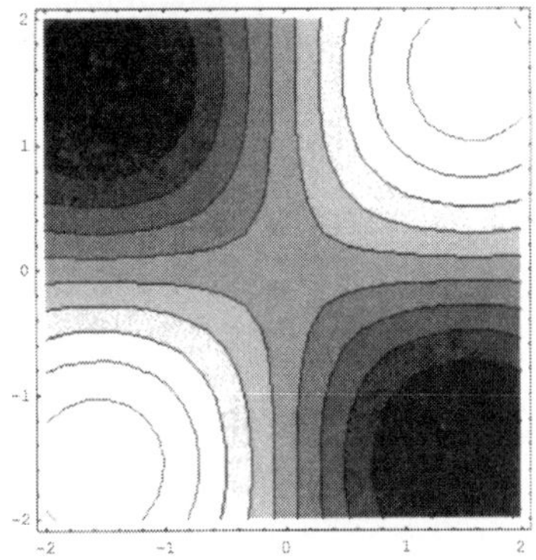

```
Out[23]:=        -ContourGraphics-

 In[24]:=        Show[%, ContourShading -> False]
```

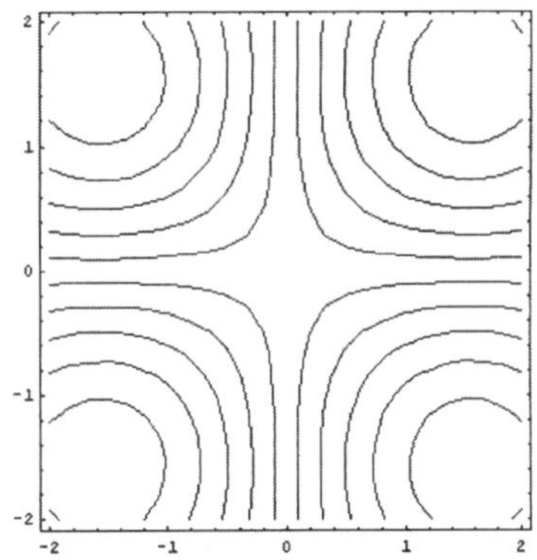

```
Out[24]:=        -ContourGraphics-
```

특정한 값을 갖는 등고선만을 그린다면, 예를 들어 교과서 그림 11-1에서 함수값이 75인 등고선을 그리려면,

```
 In[25]:=        Solve[100 - x ^ 2 - y ^ 2 == 75, y]
Out[25]:=        {y→-√(25-x²), y→√(25-x²)}

 In[26]:=        Plot[{-√(25-x²), √(25-x²)}, {x, -5, 5}, AspectRatio ->
                 Automatic
```

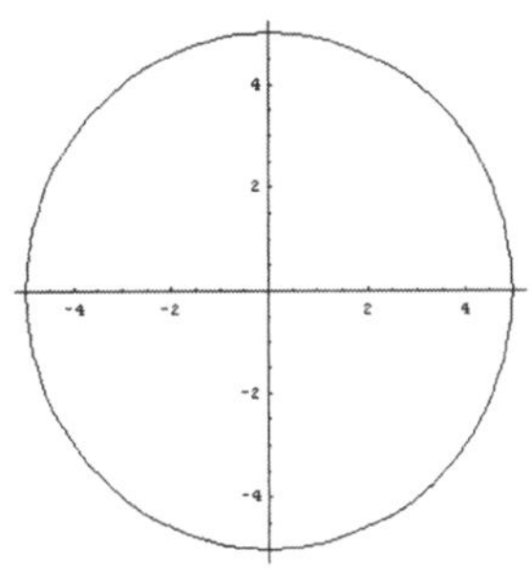

```
Out[26]:=        -Graphics-
```

위의 In[22]의 경우, 함수값이 0.4인 등고선을 그리면,

```
In[27]:=      Solve[Sin[x] Sin[y] == 0.4, y]
Out[27]:=     {{y -> ArcSin[0.5(0. + 0.8 Csc[x]2) Sin[x]}}

In[28]:=      Plot[ArcSin[0.5(0. + 0.8 Csc[x]2) Sin[x], {x, -2, 2}]
```

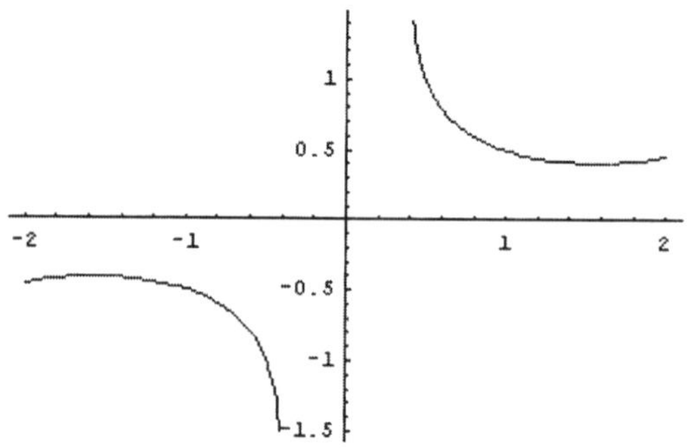


```
Out[28]:=     -Graphics-
```

### (3) 유계헤시안의 부호

Mathematica를 이용하여 최대, 최소를 구하는 경우 유계헤시안의 부호를 확인할 필요는 없다. 그러나 행렬에 관한 연습으로 유계헤시안의 부호를 확인하여 보기로 하자. 이미 배운 행렬에 관한 사항을 다시 한번 연습하는 것이다. 조건식이 $g^1$, $g^2$, $\cdots$, $g^m$ 의 $m$개가 있고 변수가 $x_1$, $x_2$, $\cdots$, $x_n$ 의 $n$개가 있는 경우, 우선 목적함수와 조건식을 정의한 다음, 헤시안 행렬 $H$를 입력하여야 한다.

$$\begin{vmatrix} 0 & \cdots & 0 & g_1^1 & \cdots & g_n^1 \\ \vdots & & \vdots & \vdots & \ddots & \vdots \\ 0 & \cdots & 0 & g_1^m & \cdots & g_n^m \\ g_1^1 & \cdots & g_1^m & L_{11} & \cdots & L_{1n} \\ \vdots & \ddots & \vdots & \vdots & \ddots & \vdots \\ g_n^1 & \cdots & g_n^m & L_{n1} & \cdots & L_{nm} \end{vmatrix} = \begin{vmatrix} 0 & \cdots & 0 & D[g^1, x_1] & \cdots & D[g^1, x_n] \\ \vdots & \ddots & \vdots & \vdots & \ddots & \vdots \\ 0 & \cdots & 0 & D[g^m, x_1] & \cdots & D[g^m, x_n] \\ D[g^1, x_1] & \cdots & D[g^m, x_1] & D[L, x_1, x_1] & \cdots & D[L, x_1, x_n] \\ \vdots & \ddots & \vdots & \vdots & \ddots & \vdots \\ D[g^1, x_n] & \cdots & D[g^m, x_n] & D[L, x_n, x_1] & \cdots & D[L, x_n, x_n] \end{vmatrix}$$

```
In[ ]:=     H = {{0, …, 0, D[g1, x1], …, D[g1, xn]}, …}}, …,
            {0, …, 0, D[gm, x1], …, D[gm, xn]}, …,
            {D[g1, x1], …, D[gm, x1]}, D[L, x1, x1], …, D[L, x1, xn]},
            …,
            {D[g1, xn], …, D[gm, xn]}, D[L, xn, x1], …, D[L, xn, xn]}}
```

이제 $H_1$, $H_2$, $\cdots$ $H_n$ 을 정의하면

```
In[ ]:=     H 1 = {{H[[1,1]], H[[1,2]], …, H[[1, m + 1]]},
```

{H[[2,1]], H[[2,2]], ⋯, H[[2, m + 1]]}, ⋯,
{H[[m + 1, 1]], H[[m + 1, 2]], ⋯, H[[m + 1, m + 1]]}}

```
In[ ]:=    H i = {{H[[1,1]], H[[1,2]], ⋯, H[[1, m + i]]},
              {H[[2,1]], H[[2,2]], ⋯, H[[2, m + i]]}, ⋯,
              {H[[m + i, 1]], H[[m + i, 2]], ⋯, H[[m + i, m + i]]}}
```

다음에는 Det[Hi]를 각각의 임계점에서 계산하면 된다. 교과서의 [예 7]의 경우,

```
In[29]:=    f = x y
Out[29]:=   x y
In[30]:=    g = x^2/8 + y^2/2 - 1
```

Out[30]:= $-1+\frac{x^2}{8}+\frac{y^2}{2}$

```
In[31]:=    H = {{0, D[g, x], D[g, y]}, {D[g, x], D[f + a g, x, x],
               D[f + a g, x, y]}, {D[g, y], D[f + a g, y, x],
               D[f + a g, y, y]}}
```

(라그랑즈 승수를 a로 표현했다)

Out[31]:= $\left\{\left\{0, \frac{x}{4}, y\right\}, \left\{\frac{x}{4}, \frac{a}{4}, a\right\}, \{y, 1, a\}\right\}$

```
In[32]:=    Det[h] /. {x -> -2, y -> -1, a -> -2}
Out[32]:=   2
```

## A.13 비선형계획법 (12장)

비선형계획법의 문제도 제약조건이 있는 경우의 최대, 최솟값을 구하는 문제이므로 11장에서 설명한 것과 같이 하면 된다.

| | |
|---|---|
| Maximize[{입력식, 조건}, {x1, x2, ⋯}] | 제약 조건이 있는 경우의 최대 |
| Minimize[{입력식, 조건}, {x1, x2, ⋯}] | 제약 조건이 있는 경우의 최소 |

교과서에 있는 예를 살펴보자.

**예 4** In[1]:= Maximize[{2x + y, y - (1 - x) ^ 3 <= 0, x >= 0, y >= 0}, {x, y}]

Out[1]:= {2, {x→1, y→0}}

**예 5** In[2]:= Maximize[{x y, x + 8y - 4 >= 0, x ^ 2 + y ^ 2-1 == 0, x >= 0}, {x, y}]

Out[2]:= $\left\{\frac{1}{2}, \left\{x \to \frac{1}{\sqrt{2}}, y \to \frac{1}{\sqrt{2}}\right\}\right\}$

**예 7** In[3]:= Maximize[{x y, x ^ 2 + y ^ 2 <= 5, x ^ 2 + y < 6, x >= 0, Y >= 0}, {X, Y}]

Out[3]:= $\left\{\frac{5}{2}, \left\{x \to \sqrt{\frac{5}{2}}, y \to \sqrt{\frac{5}{2}}\right\}\right\}$

**예 8** In[4]:= Maximize[{x y, x ^ 2 + y ^ 2 <= 5. x ^ 2 + y <= 4, x >= 0, y >= 0} , {x, y}]

Out[4]:= {-Root[11 - 8#12 + #14 &, 1]

$\{x \to -\frac{2\text{Root}[11 - 8\#12 + \#14 \&, 1]}{1+\sqrt{5}}, y \to \frac{1}{2}(1+\sqrt{5})]$

이 예에서처럼 해를 명확한 식으로 표현하는 것이 어려울 때 Mathematica는 소위 Root object라는 것을 이용하여 해를 표현한다. 이 때 해의 값을 수치로 알고 싶으면

In[1]:= N[%]
Out[1]:= {2.49721, {x→1.54336, y→1.61803}}

이것은 교과서의 해답$\left(\sqrt{\frac{7-\sqrt{5}}{2}}, \frac{1+\sqrt{5}}{2}\right)$일 때 함수값 $\frac{1+\sqrt{5}}{2}\sqrt{\frac{7-\sqrt{5}}{2}}$ 와 같은 값인 것을 다음과 같이 볼 수 있다. 함수값을 확인하여 보면,

In[6]:= (1 + Sqrt[5])/2 (Sqrt[(7 - Sqrt[5])/2])

Out[6]:= $\frac{1}{2}\sqrt{\frac{1}{2}(7-\sqrt{5})}(1+\sqrt{5})$

In[7]:= N[%]
Out[7]:= 2.49721

## A.14 선형계획법 (13장)

선형계획법의 문제도 제약조건이 있는 경우의 최대, 최솟값을 구하는 문제이므로 11장과 12장에서 설명한 것과 같이 하면 된다.

Maximize[{입력식, 조건}, {x1, x2, …}] 제약 조건이 있는 경우의 최대
Minimize[{입력식, 조건}, {x1, x2, …}] 제약 조건이 있는 경우의 최소

그러나 수많은 변수와 제약조건이 있는 경우 위에서처럼 식으로 모두 입력하는 것은 쉽지 않다. 이런 경우 LinearProgramming[ ]를 이용하여 행렬로 입력하면 쉽게 해결할 수 있다. 선형계획법 문제를 행렬로 표현하면 다음과 같다고 하자.

Min $AX$
s.t. $CX \geq B$

여기서 $A=\{a_1, a_2, \cdots, a_n\}$는 목적함수의 계수행렬, $B=\{b_1, b_2, \cdots, b_m\}^t$는 상수행렬, $X=\{x_1, x_2, \cdots, x_n\}^t$는 변수행렬, $C=(\{c_1\}, \{c_2\}, \cdots, \{c_n\})$는 제약조건식의 계수행렬이다. ($\{c_i\}=\{c_{i1}, c_{i2}, \cdots, c_{in}\}$)는 제약조건 계수행렬의 $i$번째 행이다.

LinearProgramming[A, C, B] $CX \geq B$와 $X \geq 0$을 만족하는 $AX$의 최솟값
LinearProgramming[A, C, B, L] $CX \geq B$와 $X \geq L$을 만족하는 $AX$의 최솟값
단, $L=\{l_1, l_2, \cdots, l_n\}$

예를 들어 문제가 Min $2x+3y$
s.t. $x+5y \geq 10$
$x-y \geq 2$
$x \geq 1,\ y \geq 0$ 이라면

```
In[1]:=     Minimize[{2x + 3y, x + 5y >= 10. x - y >= 2. x >=
            1, y >= 0}, {x, y}]
Out[1]:=    {32/3, {x -> 10/3, y -> 4/3}}
```

LinearProgramming[A, C, B]를 이용하여 문제를 푼다면,

```
In[2]:=     LinearProgramming[{2, 3}, {{1, 5}, {1, -1}, {1, 0}},
```

```
                {10, 2, 1}]
Out[2]:=        {10/3, 4/3}
```

이 문제를 LinearProgramming[A, C, B, L]를 이용하여 해결하려면

```
In[3]:=         LinearProgramming[{2, 3}, {{1, 5}, {1, -1}, {10, 2}},
                {1, 0}]
Out[3]:=        {10/3, 4/3}
```

LinearProgramming[ ]은 위에서 보듯이 선형계획법 문제를 최소화 문제로 인식하여 해결하므로, 최대화 문제인 경우 목적함수에 $(-1)$을 곱하여서, 즉 목적함수의 계수의 부호를 모두 바꾸어서 입력하면 된다.

LinearProgramming[A, C, B]를 이용할 때 변수가 음이 아니라는 조건, 즉 $y \geq 0$는 입력할 필요가 없다. 등식이나 양방향의 부등식이 제약조건에 있는 경우에는, $B$의 각 항을 $\{b_i,\ s_i\}$로 입력하여 해결할 수 있다. 여기서 $s_i$가

| | |
|---|---|
| 1이면 | $i$번째 조건식이 $c_i \cdot X \geq b_i$ |
| 0이면 | $i$번째 조건식이 $c_i \cdot X = b_i$ |
| −1이면 | $i$번째 조건식이 $c_i \cdot X \leq b_i$ |

예를 들어 위의 문제에서 제약식이 $x+5y \leq 10,\ x-y \geq 2,\ x \geq 1$이었다면,

```
In[4]:=         LinearProgramming[{2, 3}, {{1, 5}, {1, -1}, {1, 0}},
                {10, -1}, [2, 1}, {1, 1}]
Out[4]:=        {2, 0}
```

변수와 제약조건의 숫자가 굉장히 많은 대규모 선형계획법 문제인 경우에는, 행렬의 많은 부분이 0으로 되어 있는 경우가 많으므로, SparseArray[ ]를 이용하면 편하다. SparseArray[ ]는 행렬에서 0이 아닌 원소값만을 지정하여 주면 나머지 원소들은 모두 자동으로 0이 입력되도록 하는 기능을 갖는다.

예를 들어, 행렬 $\{0,\ a,\ 0,\ 0,\ 0,\ 0,\ b\}$를 입력한다면

```
In[5]:=         SparseArray[{2 -> a, 7 ->b}]
Out[5]:=        SparseArray[<2>, {7}]
```

(7개의 원소로 이루어진 list에서 2개의 0이 아닌 원소가 지정됨)

```
In[6]:=     Normal[%]
Out[5]:=    {0, a, 0, 0, 0, 0, b}
```

(Normal[%]은 여러 가지 형태로 표현된 결과를 일반적인 형태로 바꾸어 준다. 예를 들어 거듭제곱에 사용하면, 전에 본 것처럼 고차의 나머지 항을 잘라낸 다항식으로 표현해 준다)

행렬

$$\begin{bmatrix} 0 & a & 0 \\ 0 & 0 & 0 \\ 0 & b & c \end{bmatrix}$$

을 입력한다면

```
In[7]:=     SparseArray[{{1, 2} -> a, {3, 2} -> b, {3, 3} -> c}]
Out[7]:=    SparseArray[<3>, {3, 3}]
```

(3×3 행렬에서 0이 아닌 원소가 3개 지정되었다)

```
In[8]:=     Normal[%]
Out[8]:=    {{0, a, 0}, {0, 0, 0}, {0, b, c}}
```

## B.1 상용대수

| N | 0 | 1 | 2 | 3 | 4 | 5 | 6 | 7 | 8 | 9 |
|---|---|---|---|---|---|---|---|---|---|---|
| 1.0 | .0000 | .0043 | .0086 | .0128 | .0170 | .0212 | .0253 | .0294 | .0334 | .0374 |
| 1.1 | .0414 | .0453 | .0492 | .0531 | .0569 | .0607 | .0645 | .0682 | .0719 | .0755 |
| 1.2 | .0792 | .0828 | .0864 | .0899 | .0934 | .0969 | .1004 | .1038 | .1072 | .1106 |
| 1.3 | .1139 | .1173 | .1206 | .1239 | .1271 | .1303 | .1335 | .1367 | .1399 | .1430 |
| 1.4 | .1461 | .1492 | .1523 | .1553 | .1584 | .1614 | .1644 | .1673 | .1703 | .1732 |
| 1.5 | .1761 | .1790 | .1818 | .1847 | .1875 | .1903 | .1931 | .1959 | .1987 | .2014 |
| 1.6 | .2041 | .2068 | .2095 | .2122 | .2148 | .2175 | .2201 | .2227 | .2253 | .2279 |
| 1.7 | .2304 | .2330 | .2355 | .2380 | .2405 | .2430 | .2455 | .2480 | .2504 | .2529 |
| 1.8 | .2553 | .2577 | .2601 | .2625 | .2648 | .2672 | .2695 | .2718 | .2742 | .2765 |
| 1.9 | .27C3 | .2810 | .2833 | .2856 | .2878 | .2900 | .2923 | .2945 | .2967 | .2989 |
| 2.0 | .3010 | .3032 | .3054 | .3075 | .3096 | .3118 | .3139 | .3160 | .3181 | .3201 |
| 2.1 | .3222 | .3243 | .3263 | .3284 | .3304 | .3324 | .3345 | .3365 | .3385 | .3404 |
| 2.2 | .3424 | .3444 | .3464 | .3483 | .3502 | .3522 | .3541 | .3560 | .3579 | .3598 |
| 2.3 | .3617 | .3636 | .3655 | .3674 | .3692 | .3711 | .3729 | .3747 | .3766 | .3784 |
| 2.4 | .3802 | .3820 | .3838 | .3856 | .3874 | .3892 | .3909 | .3927 | .3945 | .3962 |
| 2.5 | .3979 | .3997 | .4014 | .4031 | .4048 | .4065 | .4082 | .4099 | .4116 | .4133 |
| 2.6 | .4150 | .4166 | .4183 | .4200 | .4216 | .4232 | .4249 | .4265 | .4281 | .4298 |
| 2.7 | .4314 | .4330 | .4346 | .4362 | .4378 | .4393 | .4409 | .4425 | .4440 | .4456 |
| 2.8 | .4472 | .4487 | .4502 | .4518 | .4533 | .4548 | .4564 | .4579 | .4594 | .4609 |
| 2.9 | .4624 | .4639 | .4654 | .4669 | .4683 | .4698 | .4713 | .4728 | .4742 | .4757 |
| 3.0 | .4771 | .4786 | .4800 | .4814 | .4829 | .4843 | .4857 | .4871 | .4886 | .4900 |
| 3.1 | .4914 | .4928 | .4942 | .4955 | .4969 | .4983 | .4997 | .5011 | .5024 | .5038 |
| 3.2 | .5051 | .5065 | .5079 | .5092 | .5105 | .5119 | .5132 | .5145 | .5159 | .5172 |
| 3.3 | .5185 | .5198 | .5211 | .5224 | .5237 | .5250 | .5263 | .5276 | .5289 | .5302 |
| 3.4 | .5315 | .5328 | .5340 | .5353 | .5366 | .5378 | .5391 | .5403 | .5416 | .5428 |
| 3.5 | .5441 | .5453 | .5465 | .5478 | .5490 | .5502 | .5514 | .5527 | .5539 | .5551 |
| 3.6 | .5563 | .5575 | .5587 | .5599 | .5611 | .5623 | .5635 | .5647 | .5658 | .5670 |
| 3.7 | .5682 | .5694 | .5705 | .5717 | .5729 | .5740 | .5752 | .5763 | .5775 | .5786 |
| 3.8 | .5798 | .5809 | .5821 | .5832 | .5843 | .5855 | .5866 | .5877 | .5888 | .5899 |
| 3.9 | .5911 | .5922 | .5933 | .5944 | .5955 | .5966 | .5977 | .5988 | .5999 | .6010 |
| 4.0 | .6021 | .6031 | .6042 | .6053 | .6064 | .6075 | .6085 | .6096 | .6107 | .6117 |
| 4.1 | .6128 | .6138 | .6149 | .6160 | .6170 | .6180 | .6191 | .6201 | .6212 | .6222 |
| 4.2 | .6232 | .6243 | .6253 | .6263 | .6274 | .6284 | .6294 | .6304 | .6314 | .6325 |
| 4.3 | .6335 | .6345 | .6355 | .6365 | .6375 | .6385 | .6395 | .6405 | .6415 | .6425 |
| 4.4 | .6435 | .6444 | .6454 | .6464 | .6474 | .6484 | .6493 | .6503 | .6513 | .6522 |
| 4.5 | .6532 | .6542 | .6551 | .6561 | .6571 | .6580 | .6590 | .6599 | .6609 | .6618 |
| 4.6 | .6628 | .6637 | .6646 | .6656 | .6665 | .6675 | .6684 | .6693 | .6702 | .6712 |
| 4.7 | .6721 | .6730 | .6739 | .6749 | .6758 | .6767 | .6776 | .6785 | .6794 | .6803 |
| 4.8 | .6812 | .6821 | .6830 | .6839 | .6848 | .6857 | .6866 | .6875 | .6884 | .6893 |
| 4.9 | .6902 | .6911 | .6920 | .6928 | .6937 | .6946 | .6955 | .6964 | .6972 | .6981 |
| N | 0 | 1 | 2 | 3 | 4 | 5 | 6 | 7 | 8 | 9 |

| N | 0 | 1 | 2 | 3 | 4 | 5 | 6 | 7 | 8 | 9 |
|---|---|---|---|---|---|---|---|---|---|---|
| 5.0 | .6990 | .6998 | .7007 | .7016 | .7024 | .7033 | .7042 | .7050 | .7059 | .7067 |
| 5.1 | .7076 | .7084 | .7093 | .7101 | .7110 | .7118 | .7126 | .7135 | .7143 | .7152 |
| 5.2 | .7160 | .7168 | .7177 | .7185 | .7193 | .7202 | .7210 | .7218 | .7226 | .7235 |
| 5.3 | .7243 | .7251 | .7259 | .7267 | .7275 | .7284 | .7292 | .7300 | .7308 | .7316 |
| 5.4 | .7324 | .7332 | .7340 | .7348 | .7356 | .7364 | .7372 | .7380 | .7388 | .7396 |
| 5.5 | .7404 | .7412 | .7419 | .7427 | .7435 | .7443 | .7451 | .7459 | .7466 | .7474 |
| 5.6 | .7482 | .7490 | .7497 | .7505 | .7513 | .7520 | .7528 | .7536 | .7543 | .7551 |
| 5.7 | .7559 | .7566 | .7574 | .7582 | .7589 | .7597 | .7604 | .7612 | .7619 | .7627 |
| 5.8 | .7634 | .7642 | .7649 | .7657 | .7664 | .7672 | .7679 | .7686 | .7694 | .7701 |
| 5.9 | .7709 | .7716 | .7723 | .7731 | .7738 | .7745 | .7752 | .7760 | .7767 | .7774 |
| 6.0 | .7782 | .7789 | .7796 | .7803 | .7810 | .7818 | .7825 | .7832 | .7839 | .7846 |
| 6.1 | .7853 | .7860 | .7868 | .7875 | .7882 | .7889 | .7896 | .7903 | .7910 | .7917 |
| 6.2 | .7924 | .7931 | .7938 | .7945 | .7952 | .7959 | .7966 | .7973 | .7980 | .7987 |
| 6.3 | .7993 | .8000 | .8007 | .8014 | .8021 | .8028 | .8035 | .8041 | .8048 | .8055 |
| 6.4 | .8062 | .8069 | .8075 | .8082 | .8089 | .8096 | .8102 | .8109 | .8116 | .8122 |
| 6.5 | .8129 | .8136 | .8142 | .8149 | .8156 | .8162 | .8169 | .8176 | .8182 | .8189 |
| 6.6 | .8195 | .8202 | .8209 | .8215 | .8222 | .8228 | .8235 | .8241 | .8248 | .8254 |
| 6.7 | .8261 | .8267 | .8274 | .8280 | .8287 | .8293 | .8299 | .8306 | .8312 | .8319 |
| 6.8 | .8325 | .8331 | .8338 | .8344 | .8351 | .8357 | .8363 | .8370 | .8376 | .8382 |
| 6.9 | .8388 | .8395 | .8401 | .8407 | .8414 | .8420 | .8426 | .8432 | .8439 | .8445 |
| 7.0 | .8451 | .8457 | .8463 | .8470 | .8476 | .8482 | .8488 | .8494 | .8500 | .8506 |
| 7.1 | .8513 | .8519 | .8525 | .8531 | .8537 | .8543 | .8549 | .8555 | .8561 | .8567 |
| 7.2 | .8573 | .8579 | .8585 | .8591 | .8597 | .8603 | .8609 | .8615 | .8621 | .8627 |
| 7.3 | .8633 | .8639 | .8645 | .8651 | .8657 | .8663 | .8669 | .8675 | .8681 | .8686 |
| 7.4 | .8692 | .8698 | .8704 | .8710 | .8716 | .8722 | .8727 | .8733 | .8739 | .8745 |
| 7.5 | .8751 | .8756 | .8762 | .8768 | .8774 | .8779 | .8785 | .8791 | .8797 | .8802 |
| 7.6 | .8808 | .8814 | .8820 | .8825 | .8831 | .8837 | .8842 | .8848 | .8854 | .8859 |
| 7.7 | .8865 | .8871 | .8876 | .8882 | .8887 | .8893 | .8899 | .8904 | .8910 | .8915 |
| 7.8 | .8921 | .8927 | .8932 | .8938 | .8943 | .8949 | .8954 | .8960 | .8965 | .8971 |
| 7.9 | .8976 | .8982 | .8987 | .8993 | .8998 | .9004 | .9009 | .9015 | .9020 | .9025 |
| 8.0 | .9031 | .9036 | .9042 | .9047 | .9053 | .9058 | .9063 | .9069 | .9074 | .9079 |
| 8.1 | .9085 | .9090 | .9096 | .9101 | .9106 | .9112 | .9117 | .9122 | .9128 | .9133 |
| 8.2 | .9138 | .9143 | .9149 | .9154 | .9159 | .9165 | .9170 | .9175 | .9180 | .9186 |
| 8.3 | .9191 | .9196 | .9201 | .9206 | .9212 | .9217 | .9222 | .9227 | .9232 | .9238 |
| 8.4 | .9243 | .9248 | .9253 | .9258 | .9263 | .9269 | .9274 | .9279 | .9284 | .9289 |
| 8.5 | .9294 | .9299 | .9304 | .9309 | .9315 | .9320 | .9325 | .9330 | .9335 | .9340 |
| 8.6 | .9345 | .9350 | .9355 | .9360 | .9365 | .9370 | .9375 | .9380 | .9385 | .9390 |
| 8.7 | .9395 | .9400 | .9405 | .9410 | .9415 | .9420 | .9425 | .9430 | .9435 | .9440 |
| 8.8 | .9445 | .9450 | .9455 | .9460 | .9465 | .9469 | .9474 | .9479 | .9484 | .9489 |
| 8.9 | .9494 | .9499 | .9504 | .9509 | .9513 | .9518 | .9523 | .9528 | .9533 | .9538 |
| 9.0 | .9542 | .9547 | .9552 | .9557 | .9562 | .9566 | .9571 | .9576 | .9581 | .9586 |
| 9.1 | .9590 | .9595 | .9600 | .9605 | .9609 | .9614 | .9619 | .9624 | .9628 | .9633 |
| 9.2 | .9638 | .9643 | .9647 | .9652 | .9657 | .9661 | .9666 | .9671 | .9675 | .9680 |
| 9.3 | .9685 | .9689 | .9694 | .9699 | .9703 | .9708 | .9713 | .9717 | .9722 | .9727 |
| 9.4 | .9731 | .9736 | .9741 | .9745 | .9750 | .9754 | .9759 | .9763 | .9768 | .9773 |
| 9.5 | .9777 | .9782 | .9786 | .9791 | .9795 | .9800 | .9805 | .9809 | .9814 | .9818 |
| 9.6 | .9823 | .9827 | .9832 | .9836 | .9841 | .9845 | .9850 | .9854 | .9859 | .9863 |
| 9.7 | .9868 | .9872 | .9877 | .9881 | .9886 | .9890 | .9894 | .9899 | .9903 | .9908 |
| 9.8 | .9912 | .9917 | .9921 | .9926 | .9930 | .9934 | .9939 | .9943 | .9948 | .9952 |
| 9.9 | .9956 | .9961 | .9965 | .9969 | .9974 | .9978 | .9983 | .9987 | .9991 | .9996 |
| N | 0 | 1 | 2 | 3 | 4 | 5 | 6 | 7 | 8 | 9 |

## B.2 자연대수

| | 0.00 | 0.01 | 0.02 | 0.03 | 0.04 | 0.05 | 0.06 | 0.07 | 0.08 | 0.09 |
|---|---|---|---|---|---|---|---|---|---|---|
| 1.0 | 0.0000 | 0.0100 | 0.0198 | 0.0296 | 0.0392 | 0.0488 | 0.0583 | 0.0677 | 0.0770 | 0.0862 |
| 1.1 | 0.0953 | 0.1044 | 0.1133 | 0.1222 | 0.1310 | 0.1398 | 0.1484 | 0.1570 | 0.1655 | 0.1740 |
| 1.2 | 0.1823 | 0.1906 | 0.1989 | 0.2070 | 0.2151 | 0.2231 | 0.2311 | 0.2390 | 0.2469 | 0.2546 |
| 1.3 | 0.2624 | 0.2700 | 0.2776 | 0.2852 | 0.2927 | 0.3001 | 0.3075 | 0.3148 | 0.3221 | 0.3293 |
| 1.4 | 0.3365 | 0.3436 | 0.3507 | 0.3577 | 0.3646 | 0.3716 | 0.3784 | 0.3853 | 0.3920 | 0.3988 |
| 1.5 | 0.4055 | 0.4121 | 0.4187 | 0.4253 | 0.4318 | 0.4383 | 0.4447 | 0.4511 | 0.4574 | 0.4637 |
| 1.6 | 0.4700 | 0.4762 | 0.4824 | 0.4886 | 0.4947 | 0.5008 | 0.5068 | 0.5128 | 0.5188 | 0.5247 |
| 1.7 | 0.5306 | 0.5365 | 0.5423 | 0.5481 | 0.5539 | 0.5596 | 0.5653 | 0.5710 | 0.5766 | 0.5822 |
| 1.8 | 0.5878 | 0.5933 | 0.5988 | 0.6043 | 0.6098 | 0.6152 | 0.6206 | 0.6259 | 0.6313 | 0.6366 |
| 1.9 | 0.6419 | 0.6471 | 0.6523 | 0.6575 | 0.6627 | 0.6678 | 0.6729 | 0.6780 | 0.6831 | 0.6881 |
| 2.0 | 0.6931 | 0.6981 | 0.7031 | 0.7080 | 0.7130 | 0.7178 | 0.7227 | 0.7275 | 0.7324 | 0.7372 |
| 2.1 | 0.7419 | 0.7467 | 0.7514 | 0.7561 | 0.7608 | 0.7655 | 0.7701 | 0.7747 | 0.7793 | 0.7839 |
| 2.2 | 0.7885 | 0.7930 | 0.7975 | 0.8020 | 0.8065 | 0.8109 | 0.8154 | 0.8198 | 0.8242 | 0.8286 |
| 2.3 | 0.8329 | 0.8372 | 0.8416 | 0.8459 | 0.8502 | 0.8544 | 0.8587 | 0.8629 | 0.8671 | 0.8713 |
| 2.4 | 0.8755 | 0.8796 | 0.8838 | 0.8879 | 0.8920 | 0.8961 | 0.9002 | 0.9042 | 0.9083 | 0.9123 |
| 2.5 | 0.9163 | 0.9203 | 0.9243 | 0.9282 | 0.9322 | 0.9361 | 0.9400 | 0.9439 | 0.9478 | 0.9517 |
| 2.6 | 0.9555 | 0.9594 | 0.9632 | 0.9670 | 0.9708 | 0.9746 | 0.9783 | 0.9821 | 0.9858 | 0.9895 |
| 2.7 | 0.9933 | 1.9969 | 1.0006 | 1.0043 | 1.0080 | 1.0116 | 1.0152 | 1.0188 | 1.0225 | 1.0260 |
| 2.8 | 1.0296 | 1.0332 | 1.0367 | 1.0403 | 1.0438 | 1.0473 | 1.0508 | 1.0543 | 1.0578 | 1.0613 |
| 2.9 | 1.0647 | 1.0682 | 1.0716 | 1.0750 | 1.0784 | 1.0818 | 1.0852 | 1.0886 | 1.0919 | 1.0953 |
| 3.0 | 1.0986 | 1.1019 | 1.1053 | 1.1086 | 1.1119 | 1.1151 | 1.1184 | 1.1217 | 1.1249 | 1.1282 |
| 3.1 | 1.1314 | 1.1346 | 1.1378 | 1.1410 | 1.1442 | 1.1474 | 1.1506 | 1.1537 | 1.1569 | 1.1600 |
| 3.2 | 1.1632 | 1.1663 | 1.1694 | 1.1725 | 1.1756 | 1.1787 | 1.1817 | 1.1848 | 1.1878 | 1.1909 |
| 3.3 | 1.1939 | 1.1970 | 1.2000 | 1.2030 | 1.2060 | 1.2090 | 1.2119 | 1.2149 | 1.2179 | 1.2208 |
| 3.4 | 1.2238 | 1.2267 | 1.2296 | 1.2326 | 1.2355 | 1.2384 | 1.2413 | 1.2442 | 1.2470 | 1.2499 |
| 3.5 | 1.2528 | 1.2556 | 1.2585 | 1.2613 | 1.2641 | 1.2669 | 1.2698 | 1.2726 | 1.2754 | 1.2782 |
| 3.6 | 1.2809 | 1.2837 | 1.2865 | 1.2892 | 1.2920 | 1.2947 | 1.2975 | 1.3002 | 1.3029 | 1.3056 |
| 3.7 | 1.3083 | 1.3110 | 1.3137 | 1.3164 | 1.3191 | 1.3218 | 1.3244 | 1.3271 | 1.3297 | 1.3324 |
| 3.8 | 1.3350 | 1.3376 | 1.3403 | 1.3429 | 1.3455 | 1.3481 | 1.3507 | 1.3533 | 1.3558 | 1.3584 |
| 3.9 | 1.3610 | 1.3635 | 1.3661 | 1.3686 | 1.3712 | 1.3737 | 1.3762 | 1.3788 | 1.3813 | 1.3838 |
| 4.0 | 1.3863 | 1.3888 | 1.3913 | 1.3938 | 1.3962 | 1.3987 | 1.4012 | 1.4036 | 1.4061 | 1.4085 |
| 4.1 | 1.4110 | 1.4134 | 1.4159 | 1.4183 | 1.4207 | 1.4231 | 1.4255 | 1.4279 | 1.4303 | 1.4327 |
| 4.2 | 1.4351 | 1.4375 | 1.4398 | 1.4422 | 1.4446 | 1.4469 | 1.4493 | 1.4516 | 1.4540 | 1.4563 |
| 4.3 | 1.4586 | 1.4609 | 1.4633 | 1.4656 | 1.4679 | 1.4702 | 1.4725 | 1.4748 | 1.4770 | 1.4793 |
| 4.4 | 1.4816 | 1.4839 | 1.4861 | 1.4884 | 1.4907 | 1.4929 | 1.4952 | 1.4974 | 1.4996 | 1.5019 |
| 4.5 | 1.5041 | 1.5063 | 1.5085 | 1.5107 | 1.5129 | 1.5151 | 1.5173 | 1.5195 | 1.5217 | 1.5239 |
| 4.6 | 1.5261 | 1.5282 | 1.5304 | 1.5326 | 1.5347 | 1.5369 | 1.5390 | 1.5412 | 1.5433 | 1.5454 |
| 4.7 | 1.5476 | 1.5497 | 1.5518 | 1.5539 | 1.5560 | 1.5581 | 1.5602 | 1.5623 | 1.5644 | 1.5665 |
| 4.8 | 1.5686 | 1.5707 | 1.5728 | 1.5748 | 1.5769 | 1.5790 | 1.5810 | 1.5831 | 1.5851 | 1.5872 |
| 4.9 | 1.5892 | 1.5913 | 1.5933 | 1.5953 | 1.5974 | 1.5994 | 1.6014 | 1.6034 | 1.6054 | 1.6074 |

$\text{In}(N \cdot 10^m) = \text{In}\ N + m\ \text{In}\ 20,\quad \text{In}\ 10 = 2.3026$

| | 0.00 | 0.01 | 0.02 | 0.03 | 0.04 | 0.05 | 0.06 | 0.07 | 0.08 | 0.09 |
|---|---|---|---|---|---|---|---|---|---|---|
| 5.0 | 1.6094 | 1.6114 | 1.6134 | 1.6154 | 1.6174 | 1.6194 | 1.6214 | 1.6233 | 1.6253 | 1.6273 |
| 5.1 | 1.6292 | 1.6312 | 1.6332 | 1.6351 | 1.6371 | 1.6390 | 1.6409 | 1.6429 | 1.6448 | 1.6467 |
| 5.2 | 1.6487 | 1.6506 | 1.6525 | 1.6544 | 1.6563 | 1.6582 | 1.6601 | 1.6620 | 1.6639 | 1.6658 |
| 5.3 | 1.6677 | 1.6696 | 1.6715 | 1.6734 | 1.6752 | 1.6771 | 1.6790 | 1.6808 | 1.6827 | 1.6845 |
| 5.4 | 1.6864 | 1.6882 | 1.6901 | 1.6919 | 1.6938 | 1.6956 | 1.6974 | 1.6993 | 1.7011 | 1.7029 |
| 5.5 | 1.7047 | 1.7066 | 1.7084 | 1.7102 | 1.7120 | 1.7138 | 1.7156 | 1.7174 | 1.7192 | 1.7210 |
| 5.6 | 1.7228 | 1.7246 | 1.7263 | 1.7281 | 1.7299 | 1.7317 | 1.7334 | 1.7352 | 1.7370 | 1.7387 |
| 5.7 | 1.7405 | 1.7422 | 1.7440 | 1.7457 | 1.7475 | 1.7492 | 1.7509 | 1.7527 | 1.7544 | 1.7561 |
| 5.8 | 1.7579 | 1.7596 | 1.7613 | 1.7630 | 1.7647 | 1.7664 | 1.7682 | 1.7699 | 1.7716 | 1.7733 |
| 5.9 | 1.7750 | 1.7766 | 1.7783 | 1.7800 | 1.7817 | 1.7834 | 1.7851 | 1.7867 | 1.7884 | 1.7901 |
| 6.0 | 1.7918 | 1.7934 | 1.7951 | 1.7967 | 1.7984 | 1.8001 | 1.8017 | 1.8034 | 1.8050 | 1.8066 |
| 6.1 | 1.8083 | 1.8099 | 1.8116 | 1.8132 | 1.8148 | 1.8165 | 1.8181 | 1.8197 | 1.8213 | 1.8229 |
| 6.2 | 1.8245 | 1.8262 | 1.8278 | 1.8294 | 1.8310 | 1.8326 | 1.8342 | 1.8358 | 1.8374 | 1.8390 |
| 6.3 | 1.8406 | 1.8421 | 1.8437 | 1.8453 | 1.8469 | 1.8485 | 1.8500 | 1.8516 | 1.8532 | 1.8547 |
| 6.4 | 1.8563 | 1.8579 | 1.8594 | 1.8610 | 1.8625 | 1.8641 | 1.8656 | 1.8672 | 1.8687 | 1.8703 |
| 6.5 | 1.8718 | 1.8733 | 1.8749 | 1.8764 | 1.8779 | 1.8795 | 1.8810 | 1.8825 | 1.8840 | 1.8856 |
| 6.6 | 1.8871 | 1.8886 | 1.8901 | 1.8916 | 1.8931 | 1.8946 | 1.8961 | 1.8976 | 1.8991 | 1.9006 |
| 6.7 | 1.9021 | 1.9036 | 1.9051 | 1.9066 | 1.9081 | 1.9095 | 1.9110 | 1.9125 | 1.9140 | 1.9155 |
| 6.8 | 1.9169 | 1.9184 | 1.9199 | 1.9213 | 1.9228 | 1.9242 | 1.9257 | 1.9272 | 1.9286 | 1.9301 |
| 6.9 | 1.9315 | 1.9330 | 1.9344 | 1.9359 | 1.9373 | 1.9387 | 1.9402 | 1.9416 | 1.9430 | 1.9445 |
| 7.0 | 1.9459 | 1.9473 | 1.9488 | 1.9502 | 1.9516 | 1.9530 | 1.9544 | 1.9559 | 1.9573 | 1.9587 |
| 7.1 | 1.9601 | 1.9615 | 1.9629 | 1.9643 | 1.9657 | 1.9671 | 1.9685 | 1.9699 | 1.9713 | 1.9727 |
| 7.2 | 1.9741 | 1.9755 | 1.9769 | 1.9782 | 1.9796 | 1.9810 | 1.9824 | 1.9838 | 1.9851 | 1.9865 |
| 7.3 | 1.9879 | 1.9892 | 1.9906 | 1.9920 | 1.9933 | 1.9947 | 1.9961 | 1.9974 | 1.9988 | 2.0001 |
| 7.4 | 2.0015 | 2.0028 | 2.0042 | 2.0055 | 2.0069 | 2.0082 | 2.0096 | 2.0109 | 2.0122 | 2.0136 |
| 7.5 | 2.0149 | 2.0162 | 2.0176 | 2.0189 | 2.0202 | 2.0215 | 2.0229 | 2.0242 | 2.0255 | 2.0268 |
| 7.6 | 2.0282 | 2.0295 | 2.0308 | 2.0321 | 2.0334 | 2.0347 | 2.0360 | 2.0373 | 2.0386 | 2.0399 |
| 7.7 | 2.0412 | 2.0425 | 2.0438 | 2.0451 | 2.0464 | 2.0477 | 2.0490 | 2.0503 | 2.0516 | 2.0528 |
| 7.8 | 2.0541 | 2.0554 | 2.0567 | 2.0580 | 2.0592 | 2.0605 | 2.0618 | 2.0631 | 2.0643 | 2.0656 |
| 7.9 | 2.0669 | 2.0681 | 2.0694 | 2.0707 | 2.0719 | 2.0732 | 2.0744 | 2.0757 | 2.0769 | 2.0782 |
| 8.0 | 2.0794 | 2.0807 | 2.0819 | 2.0832 | 2.0844 | 2.0857 | 2.0869 | 2.0882 | 2.0894 | 2.0906 |
| 8.1 | 2.0919 | 2.0931 | 2.0943 | 2.0956 | 2.0968 | 2.0980 | 2.0992 | 2.1005 | 2.1017 | 2.1029 |
| 8.2 | 2.1041 | 2.1054 | 2.1066 | 2.1078 | 2.1090 | 2.1102 | 2.1114 | 2 1126 | 2.1138 | 2.1150 |
| 8.3 | 2.1163 | 2.1175 | 2.1187 | 2.1190 | 2.1211 | 2.1223 | 2.1235 | 2.1247 | 2.1258 | 2.1270 |
| 8.4 | 2.1282 | 2.1294 | 2.1306 | 2.1318 | 2.1330 | 2.1342 | 2.1353 | 2.1365 | 2.1377 | 2.1389 |
| 8.5 | 2.1401 | 2.1412 | 2.1424 | 2.1436 | 2.1448 | 2.1459 | 2.1471 | 2.1483 | 2.1494 | 2.1506 |
| 8.6 | 2.1518 | 2.1529 | 2.1541 | 2.1552 | 2.1564 | 2.1576 | 2.1587 | 2.1599 | 2.1610 | 2.1622 |
| 8.7 | 2.1633 | 2.1645 | 2.1656 | 2.1668 | 2.1679 | 2.1691 | 2.1702 | 2.1713 | 2.1725 | 2.1736 |
| 8.8 | 2.1748 | 2.1759 | 2.1770 | 2.1782 | 2.1793 | 2.1804 | 2.1815 | 2.1827 | 2.1838 | 2.1849 |
| 8.9 | 2.1861 | 2.1872 | 2.1883 | 2.1894 | 2.1905 | 2.1917 | 2.1928 | 2.1939 | 2.1950 | 2.1961 |
| 9.0 | 2.1972 | 2.1983 | 2.1994 | 2.2006 | 2.2017 | 2.2028 | 2.2039 | 2.2050 | 2.2061 | 2.2072 |
| 9.1 | 2.2083 | 2.2094 | 2.2105 | 2.2116 | 2.2127 | 2.2138 | 2.2148 | 2.2159 | 2.2170 | 2.2181 |
| 9.2 | 2.2192 | 2.2203 | 2.2214 | 2.2225 | 2.2235 | 2.2246 | 2.2257 | 2.2268 | 2.2279 | 2.2289 |
| 9.3 | 2.2300 | 2.2311 | 2.2322 | 2.2332 | 2.2343 | 2.2354 | 2.2364 | 2.2375 | 2.2386 | 2.2396 |
| 9.4 | 2.2407 | 2.2418 | 2.2428 | 2.2439 | 2.2450 | 2.2460 | 2.2471 | 2.2481 | 2.2492 | 2.2502 |
| 9.5 | 2.2513 | 2.2523 | 2.2534 | 2.2544 | 2.2555 | 2.2565 | 2.2576 | 2.2586 | 2.2597 | 2.2607 |
| 9.6 | 2.2618 | 2.2628 | 2.2638 | 2.2649 | 2.2659 | 2.2670 | 2.2680 | 2.2690 | 2.2701 | 2.2711 |
| 9.7 | 2.2721 | 2.2732 | 2.2742 | 2.2752 | 2.2762 | 2.2773 | 2.2783 | 2.2793 | 2.2803 | 2.2814 |
| 9.8 | 2.2824 | 2.2834 | 2.2844 | 2.2854 | 2.2865 | 2.2875 | 2.2885 | 2.2895 | 2.2905 | 2.2915 |
| 9.9 | 2.2925 | 2.2935 | 2.2946 | 2.2956 | 2.2966 | 2.2976 | 2.2986 | 2.2996 | 2.3006 | 2.3016 |

## B.3 지수함수

| $x$ | $e^x$ | $e^{-x}$ |
|---|---|---|
| 0.00 | 1.0000 | 1.0000 |
| 0.01 | 1.0101 | 0.9900 |
| 0.02 | 1.0202 | 0.9802 |
| 0.03 | 1.0305 | 0.9704 |
| 0.04 | 1.0408 | 0.9608 |
| 0.05 | 1.0513 | 0.9512 |
| 0.06 | 1.0618 | 0.9418 |
| 0.07 | 1.0725 | 0.9324 |
| 0.08 | 1.0833 | 0.9231 |
| 0.09 | 1.0942 | 0.9139 |
| 0.10 | 1.1052 | 0.9048 |
| 0.11 | 1.1163 | 0.8958 |
| 0.12 | 1.1275 | 0.8869 |
| 0.13 | 1.1388 | 0.8781 |
| 0.14 | 1.1503 | 0.9694 |
| 0.15 | 1.1618 | 0.8607 |
| 0.16 | 1.1735 | 0.8521 |
| 0.17 | 1.1853 | 0.8437 |
| 0.18 | 1.1972 | 0.8353 |
| 0.19 | 1.2092 | 0.8270 |
| 0.20 | 1.2214 | 0.8187 |
| 0.21 | 1.2337 | 0.8106 |
| 0.22 | 1.2461 | 0.8025 |
| 0.23 | 1.2586 | 0.7945 |
| 0.24 | 1.2712 | 0.7866 |
| 0.25 | 1.2840 | 0.7788 |
| 0.26 | 1.2969 | 0.7711 |
| 0.27 | 1.3100 | 0.7634 |
| 0.28 | 1.3231 | 0.7558 |
| 0.29 | 1.3364 | 0.7483 |
| 0.30 | 1.3499 | 0.7408 |
| 0.31 | 1.3634 | 0.7334 |
| 0.32 | 1.3771 | 0.7261 |
| 0.33 | 1.3910 | 0.7189 |
| 0.34 | 1.4049 | 0.7118 |
| 0.35 | 1.4191 | 0.7047 |
| 0.36 | 1.4333 | 0.6977 |
| 0.37 | 1.4477 | 0.6907 |
| 0.38 | 1.4623 | 0.6839 |
| 0.39 | 1.4770 | 0.6771 |
| 0.40 | 1.4918 | 0.6703 |
| 0.41 | 1.5068 | 0.6637 |
| 0.42 | 1.5220 | 0.6570 |
| 0.43 | 1.5373 | 0.6505 |
| 0.44 | 1.5527 | 0.6440 |
| 0.45 | 1.5683 | 0.6376 |
| 0.46 | 1.5841 | 0.6313 |
| 0.47 | 1.6000 | 0.6250 |
| 0.48 | 1.6161 | 0.6188 |
| 0.49 | 1.6323 | 0.6126 |
| 0.50 | 1.6487 | 0.6065 |
| 0.51 | 1.6653 | 0.6005 |
| 0.52 | 1.6820 | 0.5945 |
| 0.53 | 1.6989 | 0.5886 |
| 0.54 | 1.7160 | 0.5827 |
| 0.55 | 1.7333 | 0.5769 |
| 0.56 | 1.7507 | 0.5712 |
| 0.57 | 1.7683 | 0.5655 |
| 0.58 | 1.7860 | 0.5599 |
| 0.59 | 1.8040 | 0.5543 |
| 0.60 | 1.8221 | 0.5488 |
| 0.61 | 1.8044 | 0.5434 |
| 0.62 | 1.8589 | 0.5379 |
| 0.63 | 1.8776 | 0.5326 |
| 0.64 | 1.8965 | 0.5273 |
| 0.65 | 1.9155 | 0.5220 |
| 0.66 | 1.9348 | 0.5169 |
| 0.67 | 1.9542 | 0.5117 |
| 0.68 | 1.9739 | 0.5066 |
| 0.69 | 1.9937 | 0.5016 |
| 0.70 | 2.0138 | 0.4966 |
| 0.71 | 2.0340 | 0.4916 |
| 0.72 | 2.0544 | 0.4868 |
| 0.73 | 2.0751 | 0.4819 |
| 0.74 | 2.0959 | 0.4771 |
| 0.75 | 2.1170 | 0.4724 |
| 0.76 | 2.1383 | 0.4677 |
| 0.77 | 2.1598 | 0.4630 |
| 0.78 | 2.1815 | 0.4584 |
| 0.79 | 2.2034 | 0.4538 |
| 0.80 | 2.2255 | 0.4493 |
| 0.81 | 2.2479 | 0.4449 |
| 0.82 | 2.2705 | 0.4404 |
| 0.83 | 2.2933 | 0.4360 |
| 0.84 | 2.3164 | 0.4317 |
| 0.85 | 2.3396 | 0.4274 |
| 0.86 | 2.3632 | 0.4232 |
| 0.87 | 2.3869 | 0.4190 |
| 0.88 | 2.4109 | 0.4148 |
| 0.89 | 2.4351 | 0.4107 |

| $x$ | $e^x$ | $e^{-x}$ |
|---|---|---|
| 0.90 | 2.4596 | 0.4066 |
| 0.91 | 2.4843 | 0.4025 |
| 0.92 | 2.5093 | 0.3985 |
| 0.93 | 2.5345 | 0.3946 |
| 0.94 | 2.5600 | 0.3906 |
| 0.95 | 2.5857 | 0.3867 |
| 0.96 | 2.6117 | 0.3829 |
| 0.97 | 2.6379 | 0.3791 |
| 0.98 | 2.6645 | 0.3753 |
| 0.99 | 2.6912 | 0.3716 |
| 1.00 | 2.7183 | 0.3679 |
| 1.05 | 2.8577 | 0.3499 |
| 1.10 | 3.0042 | 0.3329 |
| 1.15 | 3.1582 | 0.3166 |
| 1.20 | 3.3201 | 0.3012 |
| 1.25 | 3.4903 | 0.2865 |
| 1.30 | 3.6693 | 0.2725 |
| 1.35 | 3.8574 | 0.2592 |
| 1.40 | 4.0552 | 0.2466 |
| 1.45 | 4.2631 | 0.2346 |
| 1.50 | 4.4817 | 0.2231 |
| 1.55 | 4.7115 | 0.2122 |
| 1.60 | 4.9530 | 0.2019 |
| 1.65 | 5.2070 | 0.1920 |
| 1.70 | 5.4739 | 0.1827 |
| 1.75 | 5.7546 | 0.1738 |
| 1.80 | 6.0496 | 0.1653 |
| 1.85 | 6.3598 | 0.1572 |
| 1.90 | 6.6859 | 0.1496 |
| 1.95 | 7.0287 | 0.1423 |
| 2.00 | 7.3891 | 0.1353 |
| 2.05 | 7.7679 | 0.1287 |
| 2.10 | 8.1662 | 0.1225 |
| 2.15 | 8.5849 | 0.1165 |
| 2.20 | 9.0250 | 0.1108 |
| 2.25 | 9.4877 | 0.1054 |
| 2.30 | 9.9742 | 0.1003 |
| 2.35 | 10.486 | 0.0954 |
| 2.40 | 11.023 | 0.0907 |
| 2.45 | 11.588 | 0.0863 |
| 2.50 | 12.182 | 0.0821 |
| 2.55 | 12.807 | 0.0781 |
| 2.60 | 13.464 | 0.0743 |
| 2.65 | 14.154 | 0.0707 |
| 2.70 | 14.880 | 0.0672 |
| 2.75 | 15.643 | 0.0639 |
| 2.80 | 16.445 | 0.0608 |
| 2.85 | 17.288 | 0.0578 |
| 2.90 | 18.174 | 0.0550 |
| 2.95 | 19.106 | 0.0523 |
| 3.00 | 20.086 | 0.0498 |
| 3.05 | 21.115 | 0.0474 |
| 3.10 | 22.198 | 0.0450 |
| 3.15 | 23.336 | 0.0429 |
| 3.20 | 24.533 | 0.0408 |
| 3.25 | 25.790 | 0.0388 |
| 3.30 | 27.113 | 0.0369 |
| 3.35 | 28.503 | 0.0351 |
| 3.40 | 29.964 | 0.0334 |
| 3.45 | 31.500 | 0.0317 |
| 3.50 | 33.115 | 0.0302 |
| 3.55 | 34.813 | 0.0287 |
| 3.60 | 36.598 | 0.0273 |
| 3.65 | 38.475 | 0.0260 |
| 3.70 | 40.447 | 0.0247 |
| 3.75 | 42.521 | 0.0235 |
| 3.80 | 44.701 | 0.0224 |
| 3.85 | 46.993 | 0.0213 |
| 3.90 | 49.402 | 0.0202 |
| 3.95 | 51.935 | 0.0193 |
| 4.00 | 54.598 | 0.0183 |
| 4.10 | 60.340 | 0.0166 |
| 4.20 | 66.686 | 0.0150 |
| 4.30 | 73.700 | 0.0136 |
| 4.40 | 81.451 | 0.0123 |
| 4.50 | 90.017 | 0.0111 |
| 4.60 | 99.484 | 0.0101 |
| 4.70 | 109.95 | 0.0091 |
| 4.80 | 121.51 | 0.0082 |
| 4.90 | 134.29 | 0.0074 |
| 5.00 | 148.41 | 0.0067 |
| 5.20 | 181.27 | 0.0055 |
| 5.40 | 221.41 | 0.0045 |
| 5.60 | 270.43 | 0.0037 |
| 5.80 | 330.30 | 0.0030 |
| 6.00 | 403.43 | 0.0025 |
| 7.00 | 1096.6 | 0.0009 |
| 8.00 | 2981.0 | 0.0003 |
| 9.00 | 8103.1 | 0.0001 |
| 10.00 | 22026. | 0.00005 |

Chapter

# 찾아보기

Mathematics for Economics & Management

저자 소개

**신 준 용**

미국 University of Minnesota 경영학 박사
미국 University of Iowa 교수
미국 University of Southern California 초빙교수
싱가포르 Nanyang Technological University 교수
미국 University of Hawaii 초빙교수
Vietnam 국립대학(Hanoi) 초빙교수
카작스탄 KIMEP 교수
전 한국회계학회 회장
전 한국관리회계학회 회장
한국 디지털대학교 사무총장
고려대학교 사회교육원장
현재 고려대학교 경영대학 교수

〈저서〉
21세기 사이버경영, 학현사, 1999(공저)
원가관리회계, 학현사, 2000(공저)
최신 원가관리회계, 학현사, 2003(공저)



**[제3판] 경영 · 경제수학**

2023년 6월 26일 3판 2쇄 발행

저　자 / 신준용
발행자 / 오판근
발행처 / 교우사

주　소 / 서울 동대문구 약령시로 8 교우빌딩 2층
전　화 / 925-2861~2, 편집부 / 925-2825
팩　스 / 925-2860

E-mail / kyowoo@kyowoo.co.kr
http://www.kyowoo.co.kr

등록 / 1994. 3. 24 제6-0256호

ISBN 978-89-8172-913-4 (93320)

값 32,000 원



© KyoWooSa, 2023.

※ 이 책의 무단전재, 복제를 금합니다.